憲法概説

［第2版］

松浦　一夫　　奥村　公輔
［編著］

山中倫太郎　　横手　逸男

西土彰一郎　　水谷瑛嗣郎

河嶋　春菜　　上代　庸平

團上　智也　　北村　　貴
［共著］

成 文 堂

第2版　まえがき

　本書の初版が出版されてから3年が経過した。この間に、平成から令和の時代になり、情報の更新のため、講義の際にかなりの程度の補足が必要になった。また今回、旧版にはなかった「統治総論」(第20章)を新設し、統治機構の基本原理と各論的事項との連関を理解し易くした。この他、旧版の全体的特徴はそのままに、説明内容をなるべく平易にするように心がけ、主要参考文献を章末に付記した。

　　令和2年9月

　　　　　　　　　　　　　著者代表　　松浦一夫　奥村公輔

初版　まえがき

　西　修先生（駒澤大学名誉教授）のもとで『エレメンタリ憲法』の初版が編纂・出版されたのは、平成13年4月であるから、今から16年以上も前のことになる。同書は平成20年6月に改訂され、今日まで使用されてきた。本書は、その後継書として刊行されるものである。

　旧著の編集から今までに、日本国憲法を取り巻く環境は大きく変わった。憲法の講義で扱うべき最高裁の新判例も数多く下され、重要な制度改正も多く行われた。授業で補足説明をすべき事項が増加したことが、今回、教科書の再編纂が必要と考えた理由の一つである。

　憲法環境の変化は、新判例や法改正によるものだけではない。憲法の基本原則にかかわる大きな憲法運用の変更や改憲への政治動向が顕在化したことも、あらためて教科書を編み直そうと考えた動機である。平成26年7月にこれまで一切違憲とされてきた集団的自衛権行使の一部容認が閣議決定されたことにより、9条に関する政府見解が修正された。昨年3月に施行された平和安全法制関連二法により、自衛隊の活動任務は拡大され、憲法平和主義のあり方も再考を求められている。また、衆参両院の憲法審査会における改憲項目の検討も進み、本書を編集している間にも、自衛隊の地位規定や緊急事態条項などの具体案が検討されつつある。

　新著編集に当たっては、中堅・若手の気鋭の研究者にご参加いただいた。執筆者は全て大学で憲法の講義を担当している教員であり、それぞれの講義体験を踏まえて、教科書として過不足のない説明がなされている。初学者を対象とした入門書である本書の特徴としては、各章の「ねらい」を冒頭で明示し、中立的な立場から諸学説を簡明に説明することを心がけるとともに、図・表を適所に挿入することで読者の理解に配慮した。

　もとより、本書の執筆内容に関する責任は、各章の執筆者にあることをお断りしておきたい。

　　平成29年9月

著者代表　　松浦一夫　奥村公輔

目　　次

主要判例目次

凡 例

1 法令等について

(1) 日本国憲法については、原則として条数のみで表記した。

(2) 他の法令等については、適宜下記の通り略語を用いた。

学教法	学校教育法	自治法	地方自治法
教基法	教育基本法	衆規	衆議院規則
行訴法	行政事件訴訟法	地公法	地方公務員法
刑訴規	刑事訴訟規則	地公労法	地方公営企業等の労働関係に関する法律
刑訴法	刑事訴訟法		
軽犯法	軽犯罪法	地税法	地方税法
刑補法	刑事補償法	道交法	道路交通法
皇経法	皇室経済法	特労法	特定独立行政法人等の労働関係に関する法律
公選法	公職選挙法		
国賠法	国家賠償法	破法	破壊活動防止法
国連憲章	国際連合憲章	法税法	法人税法
国公法	国家公務員法	民執法	民事執行法
最裁規	最高裁判所規則	民訴法	民事訴訟法
裁弾法	裁判官弾劾法	明憲法	大日本帝国憲法
裁法	裁判所法	労基法	労働基準法
財法	財政法	労組法	労働組合法
参規	参議院規則		

2 判例について

(1) 判例集等については、下記の通り略語を用いた。

民(刑)集	最高裁判所民(刑)事判例集	判タ	判例タイムズ
		労判	労働判例
高民(刑)集	高等裁判所民(刑)事判例集	訟月	訟務月報
		集民(刑)	最高裁判所裁判集民事(刑事)
下民(刑)集	下級裁判所民(刑)事裁判例集	裁時	裁判所時報
		労民集	労働関係民事裁判例集
行集	行政事件裁判例集	家月	家庭裁判所月報
判時	判例時報		

(2) 事件・裁判の名称は、通称として一般化しているもの以外は裁判所判例集の記載に従った。また、特に重要な判例については各章末で詳しく紹介した（例 判例21-1⇒21章章末の判例21-1を参照）。

3 その他

判決文・条文の引用に際しては原則として原典通りの表記としたが、学習上の便宜を考え、旧字を新字、漢数字をアラビア数字、促音便等は現代仮名遣いとした。

第1章

憲法総論

── 本章のねらい ─────────
　本章では、国家と憲法の概念を学んだ後、特に近現代の憲法を学んでゆく上で共通の基礎となる原理原則を学んでゆく。そのことは、そもそもこれから何を学んでゆくのかを知る上で大切であるし、さらに、近現代の立憲主義国家の憲法について広く学んでゆく際に、また、特に日本国憲法に定められた条文を解釈する際にも共通の基礎になる。

1　国家の概念

　近代以降の憲法は、**国家**に密接に関わってきたし、その点は、基本的には現在も同様である。それゆえに、憲法を学ぶためには国家について学んでおくことが不可欠である。

　一定の領域において人が政治的な関係を形成し、その領域とそこで生活する人を実効的に支配する権力が成立すると、その政治共同体は、国家として成立する。事実として観察した場合の国家は、領域（領土、領空、領海）、国民および統治権（主権）という三つの要素を備えている（**国家三要素説**）。他方、法の視点からみた場合には、その共同体は、一定の領域に成立した団体を基礎とする法人として捉えられる（**国家法人説**）。

　なお、国家ということばは、政治共同体としての国家ではなく、その一要素である国家権力・公権力（またはその担い手としての政府）を指している場合もある（例えば、「国家からの自由」「国家による自由」）ので、そのことばが使われる文脈に注意しなくてはならない。

2　憲法の概念

　日本語の憲法ということばは、元来、規範（おきて、のり）をあらわしており、日本史で有名な「十七条憲法」の「憲法」も、その意味であった。しかし、現在の憲法ということばは、欧米のconstitution（英・仏）ということばの翻訳であって、原語がいくつかの意味をもっているのに対応して、いくつかの意味をもつようになった。特に重要なのは、法的意味で憲法という場合には、実質的意味の憲法と形式的意味の憲法という二つの意味があることである。

1　実質的意味の憲法

　実質的意味の憲法とは、一定の内容をもっている法規範を指す。この意味において、憲法とは、国家の統治に関する基礎的な法を指し、あらゆる国家はこの意味の憲法をもっている（**固有の意味の憲法**）。

　この意味の憲法のうち、特に、権力分立や人権保障などの近代立憲主義の基本原理を内容とするものを、**近代的意味の憲法**（または**立憲的意味の憲法**）という。1789年の**フランス人権宣言**では、「権利の保障が確保されず、権力の分立も定められていない社会は、すべて憲法をもつものではない。」（16条）と述べられた。そこでいう「憲法」とは、近代的意味の憲法を指している。

2　形式的意味の憲法

　形式的意味の憲法とは、**憲法典**それ自体または憲法典に定められた法規範を指す。憲法典には、基本的には、「アメリカ合衆国憲法」といった名称がついているが、ドイツの憲法典のように、「ドイツ連邦共和国基本法」といった名前がつけられている場合もある。また、近代立憲主義国家では、憲法典に定められた法規範には、最高法規としての資格が与えられ、その改正には通常の法律よりも厳格な手続が必要とされるのが一般的になった。

　現代国家は、わずかな例外を除いて、この意味での憲法をもっている。日本では、1889年に**大日本帝国憲法**（明治憲法）が制定され、さらに、1946年に**日本国憲法**が制定された（第2章を参照）。他方、近代立憲主義国家にも、例外的に憲法典をもたない国があり、その代表格がイギリスである。イギリスは、近

図　憲法ということばの2つの意味

代立憲主義の母国といってよいが、憲法典をもたず、議会が制定する法律や慣習法などによって、国家の統治に関する基本が定められている。

　なお、憲法典は、統治に関する基本的な規範の主要部分を体系的に規律する点に特徴を有するが、それとはあまり関係のないような規範が憲法典に定められることもないではない。

3　憲法の法源

　憲法の**法源**という場合、実質的意味における憲法がどのような法の形式で存在しているかということに関わる。憲法の法源は、成文の法源と不文の法源に区別される。

　成文の法源には、まず憲法典がある。近代立憲主義国家では、憲法典が制定されるのが通常であり、実質的意味の憲法に属する法規範の主要な部分が、憲法典（＝形式的意味の憲法）のなかに書き込まれ、そこから導かれる法規範には、最高法規としての性格を与えられるようになった。そのことに応じて、憲法の法源として最も重要なのは、憲法典ということになる。けれども、実質的意味の憲法を憲法典で定め尽くすことは不可能であるので、憲法典とは別の法令でもその内容は定められる。日本でも、日本国憲法の他に、法律（皇室典範、公職選挙法、国会法、内閣法、国家行政組織法、裁判所法、地方自治法、財政法、国籍法、人身保護法、生活保護法、教育基本法、憲法改正手続法など）、議院規則（衆議院規

則、参議院規則など）、最高裁判所規則、および条約（国際人権規約など）にも、実質的意味の憲法に相当する内容の定めが含まれることがある。

　不文の法源としては、まず、憲法判例が問題となる。一般に、**判例**とは、具体的な事件の解決に必要な判決理由の部分である。事件の解決に必要ない部分は**傍論**といわれ、判例としての資格を認められない。憲法判例についても、具体的な事件の解決に必要な判決理由のうち、特に憲法問題に関する判断が、憲法判例としての価値をもつ。日本国憲法の下では、通説によれば、憲法判例は、法的拘束力をもたないが、同種の事件を同様に解決するために先例として事実上扱われてきたので、**事実上の拘束力**をもつと考えられてきた。この見解によれば、憲法判例は、法源ではないことになる。これに対して、憲法判例を法源として認める見解も、有力である。また、不文の法源としては、条理や憲法慣習が法源になりうるかについても、議論がある。

3　憲法の分類

1　成文憲法、不文憲法

　実質的意味の憲法が成文法を中心に規律されている場合、その憲法を**成文憲法**という。これに対して、不文法を中心に規律されている場合には、**不文憲法**という。この分類によれば、憲法典が制定されている国は、成文憲法国として分類されるのに対して、憲法典をもたない国は、不文憲法国とされる。イギリスでは、憲法典が制定されず、不文法である慣習法が重要な意味をもつので、同国は、不文憲法の国として分類されている。もっとも、両者の区別は相対的なものであって、イギリスでも、成文法である議会制定法（1701年の王位継承法、1911年の議会法および1998年の人権法など）によって実質的意味の憲法が規律されている部分が少なくない。

2　硬性憲法、軟性憲法

　憲法の変更が手続上困難かどうかの違いに応じて、**硬性憲法**と**軟性憲法**に区別される。その変更の法的手続きが、通常の法律の変更よりも難しい場合には、硬性憲法に分類される。これに対して、通常の法律を変更する場合と同様である場合には、軟性憲法に分類される。憲法典をもつ国の大半では、憲法典

は、法律の改正よりも鄭重な手続きを踏まないと改正できない。したがって、憲法典をもつ国の大半は、硬性憲法をもつ国である。

3 欽定憲法、民定憲法、協約憲法

憲法を制定する権威に着目した場合には、君主によって制定された憲法としての**欽定憲法**、国民によって制定された憲法としての**民定憲法**、君主と国民の協約に基づいて制定された憲法である**協約憲法**に区別される。協約憲法とは、憲法を制定する権威が君主から国民へと移行する途上の時代に、君主と国民の間の妥協の結果、君主と国民の間の「協約」として制定された憲法である。

以上の区別によれば、明治憲法は、成文憲法、硬性憲法、欽定憲法である。これに対して、日本国憲法は、成文憲法、硬性憲法、民定憲法である（民定憲法としての性格については、前文第1項を参照）。

4 近代立憲主義の基本原理とその展開

1 近代立憲主義の基本原理

立憲主義とは、ごく抽象的にいえば、憲法に従って統治を行うべきであるという理念を指している。立憲主義の源泉は、古代にまで遡ることができるが、特に近代の立憲主義（**近代立憲主義**）は、憲法によって国家権力の恣意的な行使を抑制し、国民の自由を守ることを目的とする。そのため、近代立憲主義に基づく**近代憲法**は、国家機関を創設しそれに権限を与える**授権規範**としての性格に加え、その権力を制限する**制限規範**としての特徴を備え、後者の特徴が特に強調されがちである。近代立憲主義の基本原理として挙げることができるのは、①人権の保障、②法の支配、③権力分立、④国民主権である。

① **人権の保障**　近代立憲主義の根本的な目的は、**人権の保障**である。歴史的には、国家権力によって人権（特に自由権）が脅かされてきたので、憲法によって国家権力を制限することにより、人権が侵害されることを防止すること――「**権力からの自由**」（「国家からの自由」）――が課題となった。その後、人権の内容が自由権から社会権へと充実してゆくなかで、「**権力による自由**」（「国家による自由」）をどのように保障するかも、重要な課題となった。

② **法の支配**　　法の支配（rule of law）とは、一般的にいえば、恣意的・専断的な支配（人の支配）に対比され、法に従って統治がなされるべきであるという理念である。法の支配の歴史的伝統を育んできたイギリスには、「国王は何人の下にもあるべきでないが、神と法の下にある。」（ヘンリー・ブラクトン（Henry de Bracton））という格言があるが、それは法の支配の本質を示している。それは、17世紀初頭に、**サー・エドワード・コーク**（Sir Edward Coke）によって、国王をいさめるために語り継がれ、恣意的・専断的な支配を排して、国民の自由を保障することを目的とする理念と考えられるようになった。

　法の支配という場合における「法」とは、自由の保障を内容とする合理的な法を意味する。この意味での法の支配が基礎となって、近代立憲主義が花開くことになった。

　法の支配の理念は、その形成や維持のあり方も含め、より具体的な内容を込めて論じられてきた。現代的には、憲法の最高法規性の観念、権力によって侵されない個人の人権、法の内容・手続の公正を要求する適正手続、権力の恣意的行使をコントロールする裁判所の役割に対する尊重が挙げられる。

　なお、法の支配は、本来は、英米に由来する概念であるが、ヨーロッパ大陸には「**法治国家**（Rechtsstaat）」と呼ばれる概念がある。学説では、二つの間の違いがいくつかの側面から強調されることがある。「法」の内容の側面からいえば、例えば、法の支配における「法」は、自由の保障を目的とする合理的な内容をもつのに対して、法治国家における「法」は、いかなる内容にも結びつくので、両者には違いがあると指摘されることもある。もっとも、少なくとも戦後には、法治国家における「法」も、人権や人間の尊厳を実質として備えていなくてはならず、そのことが憲法裁判制度により担保されるようになった（実質的法治国家）ので、内容面では接近してきた。

③ **権力分立**　　近代立憲主義の基本原理の一つであり、統治機構の基本設計思想であるのが、**権力分立**の原則である。権力分立の原則は、いろいろな統治制度—例えば、君主制と民主制、大統領制と議院内閣制—と結びつくが、その抑制装置として自由を保障する機能をもっている。

　近代的な権力分立思想を示した論者として、まず、17世紀イギリスのジョン・ロック（John Locke）が重要である。ロックは、その著『**市民政府論**』（1689年）において、自然権をよく守るためには、立法権と執行権（さらに、軍

事・外交を内容とする連合権）を区別し、両者を異なる者に担当させる必要があることを説いた。同じ者が立法と執行の両権力をもつと、立法においても執行においても、「彼ら自身の私的利益を追求し、社会および政府の目的に反」するであろうと考えたからである。

　その後、18世紀フランスの**シャルル・ド・モンテスキュー**（Charles de Montesquieu）が権力分立思想を明らかにし、その後の近代的な権力分立思想に決定的な影響を与えた。モンテスキューは、その著書『法の精神』（1748年）で、「イギリスの国制」を観察して、権力分立論をより理論的に導き出した。その権力分立論において、「およそ権力をもつ者はそれを濫用しがちである」という悲観的な人間観から出発し、自由を保障するためには、国家権力の集中を避けること、より具体的には、「立法権」、「万民法に関する事項の執行権」、および「市民法に関する事項の執行権」（「裁判権」）を区別し、それらを別々の担当に委ね、「権力が権力を抑制」することが重要であると考えた。

　その後、モンテスキューの権力分立思想は、各国の近代立憲主義憲法の制定に大きな影響を与え、1787年の**アメリカ合衆国憲法**において具体的な制度として結実した。また、1789年のフランス人権宣言でも、「権利の保障が確保されず、権力の分立も定められていない社会は、すべて憲法をもつものではない。」（16条）と定められ、権力分立思想に立つことが表明された。その後も、その思想は、近代立憲主義憲法の基本設計思想として広く採用されてゆくことになった。但し、その際、各国の権力分立制には、政治的・歴史的な事情の違いから、様々な具体的違いが生まれたことには注意しなくてはならない。現代では、大統領制と議院内閣制の違いに応じて、執行府と議会の間の権力分立関係―特に権力分立の厳格さ―に大きな違いが生まれているし、また、違憲審査制度の違いも、議会・執行府と裁判所の間の権力分立のあり方を大いに左右している。

　以上のような権力分立の思想は、人間性に対する悲観的な見方に立った上で、自由を保障するための統治組織の基本設計を示している。その思想は、①統治権の全体を、その作用に応じて、立法権、執行権（または行政権）および司法権に区別すること（権力の区別）、②異なった者によって自律的に活動するように編成された国家機関―議会、裁判所および内閣・行政部門―に各権力（作用）を分担させること（権力の分離）、その上で、③国家機関相互の間に抑制均

衡（checks and balances）の関係を設定すること（権力の均衡）を内容としている。この場合、一つの機関に一つの権力（作用）が専属するのではなく、複数の機関によって一つの権力（作用）が協働して行使されることもあることには、注意したい。

　日本では、かつて明治憲法にも権力分立の発想がみられなかったわけではない。もっとも、明治憲法では、天皇が統治権を一手にもっている（「統治権ヲ総攬」（4条））という考え方の下で、国務大臣、帝国議会、裁判所は、天皇を補助する機関であるに過ぎなかったので、本来の意味での権力分立には及ばないものであった。しかし、その後、日本国憲法の制定によって、権力分立の原則と制度が確立されることになった（**第20章2**を参照）。

④　**国民主権**　　　近代立憲主義は、国民主権の原理と結びつき、例えば、1789年のフランス人権宣言では、「いかなる主権の原理も、本質的に国民に存する。」（3条）と定められていた。その後も、近代立憲主義諸国において様々な次元で立憲主義と国民主権の結びつきがみられるようになった。国民主権については、**第3章1**で、より詳しく学んでゆくことにしよう。

2　近代憲法から現代憲法へ

　近代立憲主義の諸原理を内容とする近代憲法は、19世紀を通じて欧米各国に普及していったが、その普及の時期や度合いは様々であった。近代憲法が早くから制定されたアメリカやフランスとは異なって、ドイツでは、憲法が制定されたものの、君主主義の下で、不完全な人権保障と名目的な権力分立が確立されるにとどまり、しばしば**外見的立憲主義**と呼ばれた。

　その後も、近代憲法は、より広く普及し浸透してゆくと同時に、その基本的な内容を維持しつつ、**現代憲法**へと次のように変容も遂げた。

　一つには、近代立憲主義に**福祉国家**（または**社会国家**）の理念が取り入れられるようになった。近代初頭の憲法の下では、各人の自由な活動が個人および社会の発展を保障するので、政府は消極的な最小限の活動（警察、国防および司法など）にとどめるべきであるという国家観（**夜警国家観**）があり、その法的基礎となる自由権、とりわけ経済的自由権の保障の下で、資本主義経済が発達した。しかし、それは経済的な発展と裕福をもたらした反面で、貧困、貧富の格差、劣悪な環境での労働などが社会問題化していった。こうした問題に直面し

て、一方では、社会主義思想が普及し、革命に発展して社会主義憲法が誕生する国が生まれた（1918年のロシア革命）。他方、そのような根本的な体制転換には至らないまでも、政府は、国民の生存に配慮し福祉を向上させるために積極的に活動するべきであるという考え（福祉国家（または社会国家）の理念）が各国の法や政策に反映され、その理念を明確に記した憲法典も現れるようになった。その有名な例が1919年に制定された**ワイマール憲法**である。その憲法典には、「経済生活の秩序は、すべての人に人間に値する生活を保障することを目的とする正義の原則に適合していなくてはならない」（151条1項）、「所有権は、義務を伴う。その行使は、同時に、公共の善に役立つべきである」（153条3項）と定められ、社会国家の理念が反映された。

　また、近代憲法の下で具体的な制度やその運用のあり方が変容していったことも重要である。現代国家において社会が発展してゆくと、政府の任務が増え、多様化し、専門化した。これに伴って、執行部門の役割が大きくなり、官僚機構の肥大化や委任立法の増加といった**行政国家現象**がみられ、議会の影響力が低下した。他面で、裁判所による違憲審査の制度がより広く普及し、これにより従来の役割以上に裁判所が政治過程に関与する**司法国家現象**がみられるようになった。また、選挙権がより広く保障されるようになってゆくと、国民の票を組織し民意を集約して国政に反映させる政党の役割が民主政の過程において大きな地位を占めるようになり（**政党国家現象**）、これらの変化は、権力分立および民主政のあり方にも大きな変容をもたらし、現代憲法を特徴づけている（**第20章2**も参照）。

[主要参考文献]
・芦部信喜［高橋和之補訂］『憲法［第7版］』（岩波書店、2019年）
・大石眞『憲法講義I［第3版］』（有斐閣、2014年）
・佐藤幸治『日本国憲法論』（成文堂、2011年）
・高橋和之『立憲主義と日本国憲法［第5版］』（有斐閣、2020年）

第2章

日本国憲法の制定過程

---**本章のねらい**---

　日本国憲法は、「世界に類を見ない絶対非戦の平和憲法であり、唯一の核被爆国である日本の国民意思が色濃くそこに反映されている」といった賛美がなされる反面、「戦後の混乱期に占領軍の押し付けによって定められたものであり、日本国民の総意に基づくとはいえない」と、その正当性を否定する主張も根強くある。本章の目的は、評価の基礎とされるべき日本国憲法制定過程の客観的事実経過を概観することにある。

1　ポツダム宣言受諾までの経緯

1　ポツダム宣言の要点

　現在の日本国憲法は、手続上は大日本帝国憲法（明治憲法）を全面改正することにより成立した。改正の遠因は、日本が1945（昭和20）年8月14日に**ポツダム宣言**（「日本国の降伏条件を定める宣言」）を受諾したことにある。

　ポツダム宣言は、同年7月26日に、アメリカ合衆国大統領、中華民国政府主席および「グレートブリテン」国総理大臣の名により、「日本国ニ対シ今次ノ戦争ヲ終結スルノ機会ヲ与フルコト」（1項）を目的として発せられたものである。日本がポツダム宣言を受諾することにより、日本の軍国主義勢力は排除され、「平和、安全及正義ノ新秩序」を建設し、日本の武装解除が確実になるまでの間、連合国が日本を占領する（6項、7項）ことになる。また、日本政府は「日本国国民ノ間ニ於ケル民主主義的傾向ノ復活強化ニ対スル一切ノ障礙ヲ除去」し、「言論、宗教及思想ノ自由並ニ基本的人権ノ尊重」を確立する義務を負うこととされた（10項）。

2　受諾の条件

　当初、日本政府は、ポツダム宣言を黙殺したが、8月6日に広島、9日には長崎に原子爆弾が投下されると、受諾やむなしと考えるに至った。ただ、受諾にあたっては、同宣言を受けいれても、日本の「**国体**」（「万世一系」の天皇による国家統治体制）が護持できるかに懸念が残されていた。というのも、ポツダム宣言12項は、日本からの占領軍の撤収の条件について、「日本国国民ノ自由ニ表明セル意思ニ従ヒ平和的傾向ヲ有シ且責任アル政府ガ樹立」されることと定めていたからである。この規定の解釈上、日本国民の自由意思により戦後の日本の統治体制を決めうるのであれば、日本国民が国体護持を求めることにより、天皇親政の従来の国家統治体制の核心は変更する必要はないとも解しうる。しかし、この規定が、天皇主権から国民主権への移行を日本に求めるものであるとすれば、これを受諾すべきでなく、受諾するのであれば国体護持を条件とすべきであるとする意見が支配的であった。そこで日本政府は、8月10日、連合国に対して、「天皇ノ国家統治ノ大権ヲ変更スルノ要求ヲ包含シ居ラザル」ことを条件に受諾する旨回答し、その是非をただした。これに対して連合国は、翌11日に、ポツダム宣言受諾により、日本国政府および天皇が、占領政策を遂行する連合国軍最高司令官に従属すると回答するとともに、最終的な日本国政府の形態は「日本国国民ノ自由ニ表明セル意思」により決定されることを再確認した。つまり、天皇の国家統治の大権を変更しないという受諾条件を連合国側が容認するか否かについては、明言を避けたのである。

　政府内では、受諾の可否について意見が割れたが、昭和天皇の「御聖断」により受諾が決定され、8月14日に**終戦の詔書**が発せられ、翌日の「玉音放送」を通じて日本国民に伝えられた。終戦の詔書には「朕ハ茲ニ国体ヲ護持シ得テ」と記されていることから、日本側は、ポツダム宣言を条件付きで受諾したと理解していたことがわかる。

2　改憲案起草をめぐる混乱

1　日本政府による改憲案作成

　日本の占領政策に責任を負う連合国軍最高司令官 D. マッカーサー元帥は、1945年10月4日、東久邇宮内閣に参加していた近衛文麿公に対して、大日本帝

国憲法の改正を指示した。しかし、同年10月9日に幣原喜重郎内閣が発足すると、幣原総理に対しても憲法改正を指示し、以後、幣原内閣の下で改憲作業が進められることになる。

　幣原内閣は、10月25日、**憲法問題調査委員会**を設置し、憲法改正案の検討に着手する。東京帝大教授の経験もある松本烝治が憲法改正担当の国務大臣として委員長に就任したことから**松本委員会**とも呼ばれるこの委員会には、美濃部達吉（元東京帝大教授）、河村又介（九州帝大教授）、清宮四郎（東北帝大教授）等が参加し、10月27日の第1回会合以降翌年2月初旬まで会議を重ねた。しかし、秘密厳守であったため、審議内容は国民の知るところではなかった。

　国民が憲法改正の基本方針を知ったのは、同年12月8日、衆議院予算委員会で松本大臣が明らかにした、いわゆる「**松本4原則**」からであった。①天皇の統治権総攬の原則は変更しないこと。②議会の議決を必要とする事項を拡大するとともに、天皇の大権事項を制限すること。③国務大臣の責任を国務の全般に拡大し、議会に対して責任を負うようにすること。④人民の自由・権利の保護を拡大し、その侵害に対する救済を完全なものにすること。つまり、日本政府は、日本の民主化と天皇の統治権総攬原則の維持は何ら背反するものではないと考え、内閣の権限強化や議会に対する責任の重視、議会の権限拡大、基本的人権の尊重により日本の民主化に配慮することで、ポツダム宣言の要求にこたえようとしたのである。

　1946（昭和21）年1月になると、松本委員長は自ら私案を作成し、憲法問題調査委員会の委員であった宮沢俊義（東京帝大教授）が要綱案にまとめた。これは「憲法改正要綱」（甲案と呼ばれる。以下、「松本委員会案」とする。より大幅な改正を内容とする「憲法改正案」は乙案と呼ばれた。）となり、2月8日に連合国軍最高司令官総司令部（以下、「総司令部」とする）に提出された。

2　総司令部案の作成

　しかし、日本政府の改憲方針は、米国政府と総司令部を満足させるものではなかった。松本委員会案が正式に総司令部に提出される1週間前の1946年2月1日、憲法問題調査委員会の試案が毎日新聞にスクープされたことにより、それまで日本政府の改憲作業を見守っていた総司令部の態度が一変する。総司令部民政局長C.ホイットニー准将は、毎日新聞の記事を英訳し、マッカーサー

に手渡す際、松本委員会案が旧憲法を大きく修正するものではなく、その頃すでに発表されていた憲法研究会「憲法草案要綱」（1945年12月26日）等の**民間憲法案**と比較しても極めて保守的なものであることなど、消極的な意見を添えた。

マッカーサーは、2月3日、松本委員会案を拒否し、民政局内部で独自に改憲案を作成するようホイットニー局長に命じた。その際、マッカーサーは以下の3点を改憲案に盛り込むよう指示するメモを提示した。①天皇は国家の元首の地位にあり、世襲であること。その権能は憲法に基づき、国民の基本的意思に責任を負うこと。②国家の主権的権利としての戦争を放棄すること。陸海空軍を保有せず、交戦者の権利も与えられないこと。③封建制度は廃止され、皇族を除き、華族等の特権は認められないこと。予算は英国型にすること。「**マッカーサー・ノート（3原則）**」と呼ばれるこのメモは、以後、日本国憲法の内容に大きく影響を与えることになる。

マッカーサーの命を受け、ホイットニー局長の下、総司令部民政局スタッフ25名が改憲案の作成に着手する。彼らは憲法の専門家というわけではなかったが、メンバーの中にはハーバード大、スタンフォード大などの名門大学出身者もおり、占領地行政を専門とする人たちであった。2月10日には一応の素案が出来上がり、12日にマッカーサーの了承を得て総司令部案が完成した。改憲案作成指示からわずか10日である。

勿論、上述のような総司令部内部の改憲案起草作業は、日本政府には知らされることはなかった。2月13日、外務大臣官邸でホイットニー局長等と松本国務大臣、吉田茂外務大臣が会談したが、このとき日本側は、2月8日に総司令部に提出した松本委員会案に関する米国側の意見を期待していた。しかし、ホイットニーは冒頭から松本委員会案の拒否を明言し、総司令部が作成した改憲案が日本側に提示された。しかもその内容は、国家・国民の統合の象徴である天皇（1条）、戦争放棄・戦力不保持（8条）、外国人の平等な法的保護の享受（18条）、土地・天然資源の国有化（28条）、国会一院制（41条）など、日本側の構想とは全く異質な内容を含むものであった。総司令部側は、松本委員会案では昭和天皇の一身の安泰は保証し難いことなどに言及し、総司令部案に基づく改憲案を早急に作成するよう強く迫った。日本側は、2月18日に再度松本委員会案の補充説明書を提出して巻き返しを図ったが、総司令部には受け入れられず、結局、2月21日の幣原・マッカーサー会談の翌日、総司令部案を基に憲法

改正案を作成することを閣議決定した。

3　改憲作業への総司令部の直接的介入の理由

ところで、総司令部はなぜ1946年2月になって憲法改正作業への介入を強め、その内容にまで立ち入った指示を出すようになったのか。松本委員会案の内容に異議があったとしても、一旦差し戻し、日本側に再検討を求めることもできたはずである。それにもかかわらず、総司令部民政局内部で極めて短期間に改憲案を作成し、これを日本側に高圧的な姿勢で強要したのには理由がある。

第一に、1946年1月になって、米国政府から「日本の統治体制の改革」(SWNCC-228) [国務省・陸軍省・海軍省三省調整委員会文書228号] という文書がマッカーサーに送付され、憲法改正問題に関する米国政府の方針が具体的かつ詳細に示されたことである。この文書は、日本の統治体制の民主化に必要な事項を列記するものであるが、なかでも天皇制は廃止が望ましいこと、かりに天皇制を存続することを日本国民が求めた場合でも、内閣の助言と承認の下に民主的に統制され、軍に関する権能はすべて剥奪すべきことなどが明記されていた。旧憲法の細部の変更にとどまる松本委員会案では、SWNCC-228が示す米国政府の要求を満たせないことが明らかとなったのである。

第二に、1945年12月のモスクワ外相会議において、日本の占領政策に関する連合国の最高意思決定機関として**極東委員会**がワシントンに設置されることが決まり、翌年2月26日に活動を開始することになったことである。終戦後、日本の占領政策は、実質的には米国単独で実施されていたが、極東委員会発足後は総司令部もその決定に従うこととされた。米国政府も、憲法改正問題について極東委員会の同意なく指示を出すことができなくなる。そうなれば、ソ連、中国などが憲法問題に介入することが予想され、米国にとっても不都合な事態となるおそれがあった。極東委員会が発足する前に、米国政府と総司令部（マッカーサー）の意向にそった日本国憲法案の完成を急ぐ必要があったのである。

3　総司令部案に基づく改憲案の作成と帝国議会審議

1　帝国憲法改正草案の諮詢

1946年3月2日に、総司令部案を日本側の意向にそうよう一部修正した改憲

案が作成され、4日から5日にかけ総司令部との間で折衝がなされた。天皇の行為に対する内閣の役割等、多くの条項が元の総司令部案の形に戻されたが、土地・天然資源の国有化規定の削除や国会の両院制への変更など、日本側の提案が受けいれられたところもあった。3月6日、この折衝の結果まとまった案が「帝国憲法改正草案要綱」として公表された。2月1日の毎日新聞によるスクープ以後、上述のような水面下の作業を知らない国民は、松本委員会案との違いに驚いたが、共産党など一部急進派を除き、諸政党はこれに同調する姿勢をみせた。4月10日に衆議院の総選挙が行われ、新憲法案を支持する政党が多数を得た。このことをもって、国民の新憲法案への支持が表明されたと理解する論者もあるが、これが日本国民の真の世論であったかは疑わしい。総司令部は、この時期、世論統制のため、「日本新聞規則ニ関スル覚書」（昭和20年9月19日）等による検閲を厳しく実施しており、新憲法制定作業への総司令部の介入の事実を報じ、これを批判することを禁じていた。この時期だけでなく、戦後長く日本国憲法制定の舞台裏が国民に秘匿されていた事実は無視できない。

　内閣は「帝国憲法改正草案要綱」を成文憲法案に作り直し、4月17日に「憲法改正草案」として発表、天皇の勅裁を得て、枢密院に諮詢した。総選挙後、幣原内閣は4月22日に総辞職したが、その後1ヵ月間の政治空白が生じ、5月22日に第一次吉田茂内閣が発足した。吉田内閣は、同月25日、すでに枢密院に諮詢していた改憲案を撤回し、一部修正して29日に再諮詢した。枢密院が6月8日にこれを可決したのをうけ、同月19日、金森徳次郎が憲法問題専任大臣に任命され、帝国議会での審議が開始されることになる。

2　帝国議会審議（芦田修正と文民条項の導入）

　6月20日に開会した第90帝国議会に提出された「帝国憲法改正案」は、大日本帝国憲法73条の改正手続にのっとり審議された。6月28日、衆議院に芦田均を委員長とする帝国憲法改正案委員会が設置され、改憲案が付託された。約2ヵ月の審議を経て、8月24日、本会議において、投票総数429票、賛成421票、反対8票の圧倒的多数で改憲案は可決された。

　衆議院通過後、貴族院に審議の場が移ったが、この段階で**文民条項**が新たに追加されることになった。文民条項の導入は、衆議院審議段階の8月1日に行われた、いわゆる**芦田修正**と密接な関係にある。帝国憲法改正案委員小委員会

の委員長であった芦田均の発案で行われたこの修正は、9条1項の冒頭に「日本国民は正義と秩序を基調とする国際平和を誠実に希求し」という文言を、2項のはじめに「前項の目的を達するため」という句を補うものであった。より積極的に国際平和への国民の願いを表現するため、この修正が加えられたものと当時は説明された。

　しかし、この修正により、日本は自衛目的であれば戦力を保有することが可能になるのではないか、との懸念が極東委員会のなかに生まれた。つまり、戦力不保持を定める2項冒頭に「前項の目的を達するため」という句が挿入されたことにより、戦力不保持の目的を限定する解釈の余地を認めることになり、「前項」（1項）の目的である国際紛争解決のための武力使用を禁じる以外の目的、たとえば自衛の目的のためであれば戦力保有を容認しうる文理解釈が可能なのではないか、芦田修正には日本再軍備の隠された意図があるのではないか、という懸念が表明されたのである。

　このため、1946年8月24日に芦田修正を含む憲法改正案が衆議院で可決されると、極東委員会は、9月20日、ソ連の提案により、日本が将来自衛軍を設置するようなことになっても軍人が政府に参画することがないよう、内閣構成員を文民に限定する条項を憲法に新設するよう正式に要請するに至った。これをうけ総司令部は、貴族院審議段階の9月24日になって、強く文民条項の導入を日本政府に求めた結果、現在の66条2項が挿入されることになったのである。

　この修正をうけ、改正案は10月6日に再度衆議院に回付され、翌日可決された。これをもって、帝国議会の改憲案審議は終了した。帝国議会を通過した改憲案は、再び枢密院に諮られ10月29日に可決、天皇による裁可を経て11月3日に日本国憲法は公布された。公布の日から6ヵ月後の1947年5月3日より施行され、以後一度の改正もなく今日に至っている。

4　憲法制定過程の問題点

　日本国憲法の公布にあたり付された上諭には、次のように記されている。「朕は、日本国民の総意に基づいて、新日本建設の礎が、定まるに至ったことを、深くよろこび、枢密顧問の諮詢及び帝国憲法第七十三条による帝国議会の議決を経た帝国憲法の改正を裁可し、ここにこれを公布せしめる」。ここから

明らかなように、日本国憲法は、手続的には欽定憲法の体裁をとっている。他方、日本国憲法は、その前文1段が示すように、国民主権原理を柱としている。つまり憲法改正により主権者の移動が生じたことになる。

憲法改正無限界説（第29章3を参照）に立てば、形式的改正手続を経ていれば主権の所在を含め、憲法の基本原理を変更することに法的問題はない。しかし、大日本帝国憲法において、天皇の国家統治の大権は、「朕カ之ヲ祖宗ニ承ケテ之ヲ子孫ニ伝フル所」（上論2段）であると、その世襲による永続性が強調されている。また帝国憲法73条は「憲法ノ或ル条章ヲ改正スルノ必要」（同5段）がある場合、すなわち部分改正に備えたものであることから、全面改正による主権の移動を容認する憲法改正無限界説に立つことはできない。

憲法改正限界説の立場に立てば、天皇主権から国民主権への転換は憲法改正によっては不可能である。このため、改憲の事実との憲法学説との矛盾を論理的に解消するよう、ポツダム宣言が国民主権原理の受容を日本に要求するものと解し、その受諾により、法的意味での「革命」が生じたと説明する説が唱えられたこともある（**8月革命説**）。しかし、ポツダム宣言の受諾に伴い履行すべき国際法上の義務に、大日本帝国憲法の改正は直接的には含まれてはいない。また、日本側も「天皇ノ国家統治ノ大権ヲ変更スルノ要求ヲ包含シ居ラザル」ことを条件に受諾し、受諾後も「国体ヲ護持」しうるものと認識していたことから、占領下においても大日本帝国憲法は実効力を維持していたのである。8月革命説は、この事実を説明できない。この説は、旧憲法の全面改正によって生じた主権の所在の変更を、憲法改正限界説の枠内で論理整合的に説明するための法的擬制にすぎない。

日本国憲法の制定過程が上述のような経過をたどったのは、新憲法制定が日本側の自発的意思によりなされたという体裁を保ちつつ、旧憲法と新憲法の法的連続性を強調し、かつ、限られた期間内に新憲法案を完成させたい総司令部側の意図によるものである。

とはいえ、憲法制定から70年以上が経過した今、改憲手続の瑕疵のみを理由として日本国憲法の無効を主張する現実的意味は薄い。日本国憲法は、占領下で法的瑕疵のある手続により制定されたが、日本の主権回復の時点をもって法的に追認されたと理解するのが、最も現実的かつ簡明な説明である。

日本国憲法制定年表

1945年	
7月26日	ポツダム宣言発せられる
8月10日	最高戦争指導会議（御前会議）開催（ポツダム宣言受諾の基本方針決定。「天皇ノ国家統治ノ大権ヲ変更スルノ要求ヲ包含シ居ラザルコトノ了解ノ下ニ」受諾する旨連合国側に伝達。
11日	「バーンズ回答」（「降伏ノ時ヨリ天皇及日本国政府ノ国家統治ノ権限ハ降伏条項ノ実施ノ為其ノ必要ト認ムル措置ヲ執ル連合国軍最高司令官ノ制限ノ下ニ置カルルモノトス」）
14日	「バーンズ回答」を受け入れ、最終的にポツダム宣言受諾を通告。「戦争終結に関する詔書」（「朕ハ茲ニ国体ヲ護持し得テ……」）
15日	天皇による終戦詔書の録音を放送（玉音放送）
9月2日	ミズーリ号上にて降伏文書に調印
10月4日	近衛文麿公、マッカーサー元帥から改憲の指示を受ける
5日	東久邇稔彦内閣総辞職
9日	幣原喜重郎内閣成立
11日	近衛公、内大臣府御用掛に任命され、改憲作業継続。マッカーサー、幣原首相にも改憲を指示（結果的に二重の指示となる）。
27日	憲法問題調査委員会（通称・松本委員会）第 1 回会合
11月1日	総司令部、近衛公による改憲作業を否定
22日	近衛案奉呈
23日	佐々木惣一（内大臣府御用掛）案奉呈
24日	佐々木惣一案進講・内大臣府廃止
12月8日	衆議院予算委員会で「松本 4 原則」を説明
1946年	
1月1日	「新日本建設に関する詔書」（天皇の「人間宣言」）
4日	「憲法改正私案」（いわゆる松本私案）完成
11日	SWNCC-228マッカーサーに伝達
2月1日	毎日新聞「憲法問題調査委員会試案」をスクープ掲載
3日	「マッカーサー・ノート（3原則）」がホイットニー民政局長に示される（翌 4 日より総司令部案作成開始）
8日	日本政府、「憲法改正要綱」（英訳版）とその解説書を総司令部に提出
13日	総司令部案（全92ヵ条）を日本側に交付
21日	幣原・マッカーサー会談（翌日の閣議で総司令部案に基づく改憲を決定）
26日	極東委員会第 1 回会議
3月2日	「3 月 2 日案」作成（4 日に日本語のまま総司令部に提出）
6日	「帝国憲法改正草案要綱」発表
4月10日	衆議院総選挙
17日	「憲法改正草案」発表
22日	幣原内閣総辞職（後継内閣決まらず 1 ヵ月の政治空白）。枢密院、憲法改正案審査開始
5月22日	第 1 次吉田茂内閣成立（枢密院に諮詢した改憲案を25日撤回、一部修正後29日に再度諮詢）
6月8日	枢密院、改憲案を可決
19日	金森徳次郎を憲法問題専任大臣に任命
20日	第90回帝国議会開会（「帝国憲法改正案」を提出）
28日	帝国憲法改正案委員会設置（委員長・芦田均。7 月23日小委員会設置。8 月 1 日「芦田修正」。）
8月24日	改憲案、衆議院本会議で修正可決後、貴族院に送付（9 月24日総司令部から文民条項挿入の要請）
10月6日	貴族院本会議で修正可決後、衆議院に回付
7日	衆議院、回付案に同意（議会審議手続完了）
29日	議会における修正についての枢密院の事後審査後、改憲案確定
11月3日	「日本国憲法」公布（翌年 5 月 3 日施行）

[主要参考文献]

・犬丸秀雄監修『日本国憲法制定の経緯——連合国総司令部の憲法文書による』（第
　　一法規出版、1989年）

・佐々木高雄『戦争放棄条項の成立経緯』（成文堂、1997年）

・西修『日本国憲法成立過程の研究』（成文堂、2004年）

第3章

国民主権と天皇

本章のねらい
　大日本帝国憲法（明治憲法）下の天皇は、日本国の統治権の総攬者たる地位に
あるとされていた。これに対し、日本国憲法は、前文で「主権が国民に存するこ
とを宣言」し、1条で「天皇は日本国の象徴であり日本国民統合の象徴」である
と規定する。
　本章では、国民主権と天皇の地位・権限等をめぐる諸問題について考察する。

1　国民主権の概念

1　日本国憲法の基本原理

　日本国憲法は、平和主義・基本的人権の尊重・国民主権を基本原理として掲
げている。

　憲法前文1段は、「日本国民は、正当に選挙された国会における代表者を通
じて行動し……ここに主権が国民に存することを宣言し、この憲法を確定す
る。そもそも国政は、国民の厳粛な信託によるものであつて、その権威は国民
に由来し、その権力は国民の代表者がこれを行使し、その福利は国民がこれを
享受する」とし、これを「人類普遍の原理」としている。

　前文2段は、「日本国民は、恒久の平和を念願し、人間相互の関係を支配す
る崇高な理想を深く自覚するのであつて、平和を愛する諸国民の公正と信義に
信頼して、われらの安全と生存を保持しようと決意し……全世界の国民が、ひ
としく恐怖と欠乏から免かれ、平和のうちに生存する権利を有することを確認
する」とし、平和主義を掲げ、9条で戦争放棄について定める（**第27章を参照**）。

　「第3章　国民の権利及び義務」（10条～40条）では、各種の権利について規定
し、「この憲法が国民に保障する基本的人権は、侵すことのできない永久の権
利」（11条）であるとしている。

2 国民主権の概念

　憲法前文および1条にいう「国民」とは誰を指すのか。「主権」とは何か、「国民主権」とは何を意味するのか。

　学説を概観すれば、「主権者としての国民とは、具体的な個々人のことではない」とする説（以下、A説とする）、「主権者としての国民を、特定の自然人の集合」とみなす説（以下、B説とする）、A説とB説の並存を認める説（以下、C説とする）がある。特にC説は、近年の有力説である。

　A説はさらに、「国民」を国籍保有者の統一体とする考えや「過去・現在・未来にわたる世代を超えた国民共同体」とみなす考えに分かれる。また、B説も「国民」を有権者とみなす説、「社会契約締結権者（労働者階級を中心とする民衆）」と捉える説に分かれる。

　C説は、国民主権の原理には、「国の政治のあり方を最終的に決定する権力を国民自身が行使するという**権力的契機**」と「国家の権力行使を正当づける究極的な権威は国民に存するという**正当性の契機**」の二要素が含まれていると説く。そして、前者の要素における「国民」とは、実際に政治的意思表示を行なう「有権者」を意味し、後者の要素における「国民」とは「有権者に限定されるべきでなく、全国民である」とする。

　「主権」の概念を導入し、近代国家を理論的に基礎づけたのがフランスの**J. ボダン**（Jean Bodin）である。彼が登場した16世紀当時のフランスでは、国王への中央集権化がすすむ一方で、宗教改革によってユグノー戦争が起こり、カルヴァン派プロテスタントとカトリック派が激しく争っていた。このような状況を収拾し、国王を中心とする中央集権国家の権力を確立することを目指して執筆されたのが、その主著『国家論六巻』（1576年）である。

　ボダンは、同書において、主権を「国家の絶対的かつ永久的権力」と定義し、具体的には、立法権・宣戦講和権・官吏任命権・最終審裁判権・恩赦権・貨幣鋳造権・課税権等がこれにあたるとした。そして、主権者は、このような絶対的な権力を無制約に行使できるのではなく、神の命令である神法や自然法に拘束されるとも説く。

　この思想をもとに、**「朕は国家なり」**という言葉にも示されるように、当時の君主には、対外的および対内的な最高独立の権力そのものが体現されていると考えられた。

3　君主主権から国民主権へ

ボダンの主権論は**王権神授説**に基づく絶対王政の論拠ともなった。その後、**T. ホッブズ**（Thomas Hobbes）は、社会契約説により主権を論じ、主著『リヴァイアサン』（1651年）において、人間は自然状態においては「万人の万人に対する闘争」の状態にあり、このような状況を脱するため、各人は契約して国家を樹立し、その自然権を主権者（統治者）に委譲すると述べ、絶対王政を擁護した。

一方、**J. ロック**（John Locke）は、主著『統治二論』（1690）において、王権神授説を批判して、人民主権に基づく社会契約説を説いた。彼は、人間は生命・自由・財産を維持する自然権をもっており、このような自然権を守るために社会契約を結んで、自然権の一部を国家に信託して国家を作ったと考えた。そして、政府が人民の信託に反して権力を濫用した場合には、人民はこれに抵抗して新たな政府を樹立できると主張した。彼の人民主権に基づく代表民主制の理論や抵抗権（革命権）の考えは、名誉革命（1688年）やその後のアメリカ独立革命（1776年）、フランス革命（1789年）に影響を与えた。

J-J. ルソー（Jean-Jacques Rousseau）は、ロックの考えをさらに発展させ、人民主権による直接民主制を主張し、近代の人民主権の理論を完成させた。彼は、主著『社会契約論』（1762年）において、自由で平等な自然状態を取り戻し、すべての人の幸福を実現するためには、一般意志（公共の利益をめざす普遍的な意思）の下に社会契約を結び、これに従うべきであり、自らが制定した法に従うことによって、個人は共同体によって権利を保障され、道徳的・社会的自由を獲得すると説いた。

ロックやルソーの**社会契約説**は、市民革命を経て各国の人権宣言や近代憲法に大きな影響を与えた。アメリカ独立宣言（1776年）は、「権力は被治者の同意に由来する」とし、フランス人権宣言（1789年）は、「すべての主権の淵源は、本質的に国民にある。いかなる団体も、いかなる個人も、国民から明示的に発しない権威を行使することはできない。」（3条）と規定し、国民主権を表明している。

フランス革命後の最初の憲法である1791年憲法では、主権が国籍保持者の総体としての「国民（ナシオン）」にあるとする**ナシオン主権**の原理が採られた。これに対して1793年憲法では、ルソーの理論をもとに、主権の担い手を有権者

の総体としての「人民（プープル）」に置く**プープル主権**の原理が採用された。

　これらの2つの主権論については、1970年代以降、わが国の憲法学界でも盛んに議論されたが、論者の「国民（ナシオン）主権」と「人民（プープル）主権」の用法は、必ずしも一定ではない。

4　主権の用例・国体論争

　現在、憲法学上、主権の概念は、①国家権力そのもの（国家の統治権）、②国家権力の属性としての最高独立性（国内において最高であり、国外に対しては独立であること）、③最高決定権（政治の最終的な意思決定権）の三つの意味で用いられている。

　①の主権とは、「日本国ノ主権ハ、本州、北海道、九州及四国並ニ吾等ノ決定スル諸小島ニ局限セラルベシ」（ポツダム宣言8項）にみられるように、立法権・行政権・司法権を総称する統治権とほぼ同じ意味である。

　②の主権は、「政治道徳の法則は、普遍的なものであり、この法則に従ふことは、自国の主権を維持し、他国と対等関係に立たうとする各国の責務である」（日本国憲法前文3段）というように国家権力の最高独立性を意味する。

　③の主権とは、「主権が国民に存することを宣言」（同前文1段）、「主権の存する日本国民の総意」（同1条）とあるように、国の政治のあり方を最終的に決定する力または権威という意味である。

　大日本帝国憲法の改正により、天皇主権から国民主権へ転換し、天皇の地位も大きく変化した（**第2章**参照）。それにともない、このような変更が**国体**（「万世一系」の天皇による国家統治体制）の変更を意味するかどうかをめぐって、佐々木惣一と和辻哲郎との間で、あるいは尾高朝雄と宮沢俊義との間で論争があった。

　佐々木・和辻論争では、「国体には、政治の様式からみた概念と精神的倫理的観念よりみた概念の二種類があり、憲法学で問題にするのは前者であり天皇が統治権の総攬者でなくなったのであるから国体は変更したといわざるをえない」と説く佐々木に対し、和辻は、天皇は「国民の憧れの中心」とみなす歴史的事実にはかわりはないとしてこれに反論した。

　尾高・宮沢論争では、主権は「ノモス」（法の理念）にあり、「ノモスを最高の政治原理とする点では、天皇の統治も国民主権も同じである」と主張する尾

高に対し、宮沢は、主権とは「国家の政治のあり方を最終的に決める力」または「権力ないし権威」「国家における最高の意志」であると捉え、天皇主権から国民主権への変更により国体は変更されたと主張した。

　なお、現在の国際社会においては、国際的人権保障の発展とともに、あるいは経済のグローバル化・ボーダレス化や地域的経済統合の動きにともない、従来の主権国家を単位とする近代国民国家システムが大きく変容し、「主権」概念自体も変質しつつある。

5　国民主権の具体化

　国民主権を「国家の政治のあり方を最終的に決める力」と捉えた場合、日本国憲法の下では、その具体的な意思の表明は、国民投票や参政権の行使などにより実現される。

　憲法改正に際しては国民の承認が必要（96条1項）であり、一の地方公共団体のみに適用される特別法の制定に際しては地方住民の同意を得なければならない（95条）。また憲法は、「公務員を選定し、及びこれを罷免することは、国民固有の権利である」（15条1項）と定め、国会議員の選挙（43条）、「地方公共団体の長、その議会の議員及び法律の定めるその他の吏員」の選挙（93条2項）、最高裁判所裁判官の国民審査（79条2項〜4項）について規定している。

　地方自治法では、地方の住民に、条例の制定・改廃、事務の監査、議会の解散、議員・長・主要公務員の解職請求に関する直接請求権を定める（**第26章8**を参照）。また国民の意思表明の手段としては、請願権（16条）の行使やパブリック・コメント等の方法もある。

2　天皇の地位

1　象徴とは

　旧憲法下の天皇は、日本国の統治権の総攬者たる地位にあるとされていた。これに対して日本国憲法は、「天皇は、日本国の象徴であり日本国民統合の象徴であつて、この地位は、主権の存する日本国民の総意に基く」（1条）と定める。

　象徴とは、無形で抽象的なものを表すところの有形で具体的なものをいう。

国旗・王冠・紋章・十字架は、それぞれ国家・王位・家系・キリスト教の象徴であり、鳩や原爆ドームは平和の象徴であるとされる。このような物の象徴のほかに、国王や大統領などの人が象徴とされる場合もある。1931年のウェストミンスター法は、前文で「国王は、イギリス連邦を構成する諸国の自由な結合の象徴」であると定める。また明文で定められていなくても、歴史的・伝説的人物が象徴たる役割を果たす場合もある。スイス独立の「象徴」であるウィリアム・テルやフランス民族の統一性の「象徴」であるジャンヌ・ダルクなどいずれもその例である。

　大日本帝国憲法における天皇の地位は、神聖不可侵とされていた（3条）。天皇は元首にして統治権を総攬し、陸海軍を統帥した。また、帝国議会は天皇の協賛機関であり、内閣（国務各大臣）は天皇を輔弼し、裁判所は天皇の名において司法権を行使した。これに対し、日本国憲法は、天皇を象徴とし、その地位も国民の総意に基づく。天皇の地位の変化にともない旧憲法の下で存在した不敬罪も廃止された。天皇は、国事に関する行為のみを行い、国政に関する権能を有しない（4条）。

2　天皇は君主か

　現憲法上、天皇は象徴とされ、その権能も儀礼的、名目的なものに限られているが、このような天皇を君主と称することができるかどうかという問題が生じる。かつて、君主とは国家の「最高権力者」（主権者）であるというような定義づけがなされていたが、このような定義も現状にはそぐわない。

　学説上は、**君主の標識**として、①独任機関であり、②統治権の重要な部分、少なくとも行政権を保有し、③対外的に国家を代表する資格を有し、④その地位は世襲であり、⑤その地位に何らかの伝統的ないしカリスマ的威厳が必要であり、⑥象徴たる役割を有することなどを掲げ、わが国の天皇の場合、②の要件を欠くから君主とはいえないとする説もある。しかし君主の概念は歴史とともに変化するものであり、今日では絶対君主制はほとんど影をひそめ、「立憲的」形態においてのみ君主制は存在の基盤をもちうる現状から見れば、世襲、独任、象徴たる特色をもつ天皇をもって君主とみなすこともできよう。

3　天皇は元首か

　大日本帝国憲法4条には「天皇ハ国ノ元首」であると明記されていたが、現行憲法にはこのような規定がない。それゆえ、わが国には元首が存在するのか、存在するとすれば誰なのか、天皇を元首とみなすことができるのかというような問題が生ずる。

　本来、元首の概念は、国家を人間の身体にたとえると、統治権の総攬者としての君主が頭部のようなものであるとみる**国家有機体説**に由来する。しかし、この概念も歴史とともに推移し、今日では統治権を有しない国王あるいは大統領を元首とする国もある。また同じ元首でも、行政権の保持者として、対内的・対外的に強い権限をもっている元首もいれば、対外的に名目的な代表者にとどまっている元首もいる。

　元首の標識につき各国の趨勢をみた場合、今日ではとくに対内的な権能はともかくも、対外的にその国家を代表する権能をもっている者を元首と称する傾向にある。この標識に照らせば、わが国の対外的代表権は、内閣と天皇が分担しているようにも思われる。すなわち、憲法上、内閣は条約を締結し、外交関係を処理する権限を有する（73条2号および3号）。他方、天皇は全権委任状、大使および公使の信任状の認証、批准書その他の外交文書の認証、および外国の大使・公使の接受（7条5号、8号、9号）を行い、その限りで国を代表する。その権限の実効性に着目すれば、内閣の首長である内閣総理大臣を元首とみなす学説に導かれるが、対外的代表権のうち、とくに外国の大使・公使の接受については、国の元首が行うのが国際的通例であり、この見方からすれば天皇が元首となる。

4　元号法、国旗・国歌法

　1979（昭和54）年に制定された「元号法」は、元号を政令で定め、皇位の継承があった場合に限り改めると規定する。平成から令和への改元も、本法に基づき行われた。

　1999（平成11）年には「国旗及び国歌に関する法律」が制定された。同法は「国旗は、日章旗」（1条）とし「国歌は、君が代とする」（2条）とのみ定めている。本法をめぐっては、特に教育現場における国旗の掲揚、君が代の斉唱をめぐる訴訟が多く提起されている（後掲・判例8-3　国歌起立斉唱事件を参照）。

3　皇位継承

1　皇位継承の順位・原因

　大日本帝国憲法は、「大日本帝国ハ万世一系ノ天皇之ヲ統治ス」（1条）、「皇位ハ皇室典範ノ定ムル所ニ依リ皇男子孫之ヲ継承ス」（2条）と定め、旧皇室典範は、第1章（1条〜9条）において皇位継承について規定した。

　日本国憲法は「皇位は、世襲のものであつて、国会の議決した皇室典範の定めるところにより、これを継承する」（2条）と明記し、現行皇室典範は、皇位継承について、次のように定めている。

　第1条　皇位は、皇統に属する男系の男子が、これを継承する。

　第2条　皇位は、左の順序により、皇族に、これを伝える。

　　　　　1　皇長子　　2　皇長孫　　3　その他の皇長子の子孫

　　　　　4　皇次子及びその子孫　　　5　その他の皇子孫

　　　　　6　皇兄弟及びその子孫　　　7　皇伯叔父及びその子孫

　　②　前項各号の皇族がないときは、皇位は、それ以上で、最近親の系統の皇族に、これを伝える。

　　③　前二項の場合においては、長系を先にし、同等内では、長を先にする。

　旧皇室典範4条では、皇庶子孫（非嫡出子）の継承を規定していたが、現行の皇室典範では、このような制度は廃止された。新旧両典範ともに、皇位継承資格を男系男子に限定している。

　皇位継承原因について、旧皇室典範10条は、「天皇崩スルトキハ皇嗣即チ践祚シ祖宗ノ神器ヲ承ク」と規定し、現行皇室典範4条も「天皇が崩じたときは、皇嗣が、直ちに即位する」と規定しており、いずれも天皇が崩御（死亡）によらず皇位から退く退位（譲位）は認めていなかった。

　これに関しては、2016（平成28）年9月に「天皇の負担軽減等に関する有識者会議」が発足し、現行の法制度を見直す検討が進められた結果、「天皇の退位等に関する皇室典範特例法」が制定され、2017（平成29）年6月16日に公布された。同法は、皇室典範4条の特例として、天皇陛下の生前退位と皇嗣の即位を実現するとともに、天皇陛下の退位後の地位その他の退位に伴い必要とな

る事項を定めるものである（特例法1条）。前天皇は、この法律の施行の日（2019（平成31）年4月30日）限りで退位し、皇嗣が直ちに即位することとなった（2条）。これにより、1817年の第119代・光格天皇の退位以来、約200年ぶりに、天皇の退位（譲位）が行われた。退位した天皇の呼称は「上皇」（3条）、上皇の后は「上皇后」とされた（4条）。

2　「女性宮家の創設等」をめぐる論議

　皇室典範は、「皇位は、皇統に属する男系の男子が、これを継承する」（1条）と規定している。男系の男子が現在3人いるという現状においても、皇位の安定的継承の確保は、わが国の重要課題であり、過去に小泉純一郎内閣や野田佳彦内閣でも諮問機関において検討されたところである。

　皇室典範特例法の制定に際しては、参議院の特別委員会において、安定的な

図　皇室の構成

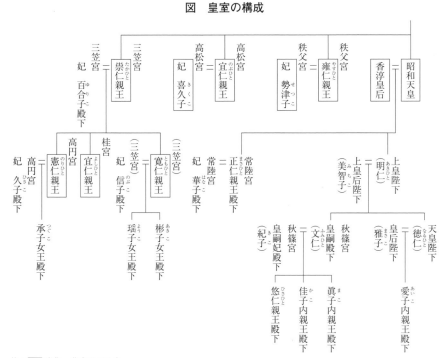

注：□　崩御・薨去された方
出典：宮内庁ホームページを基に著者作成

皇位継承を確保するために、政府は、「女性宮家の創設等について、……皇族方の御事情等を踏まえ、全体として整合性が取れるよう検討を行い、その結果を、速やかに国会に報告すること」等の附帯決議が採択された。

　皇統に属する嫡出の男系男子のみに皇位継承資格を認める現行皇室典範の下では安定的皇位継承は困難であることから、継承資格を女子や女系の皇族に拡大すべきとする意見がある。一方で、それは皇室の伝統からの逸脱であり、とくに先例のない「女系天皇」を認めることは、かえって皇位継承の不安定化を招くとの理由から、依然として国民の間に反対論も根強い。

4　天皇の権能——国事行為・公的行為——

1　天皇の権能
　天皇の権能に関して憲法は、「天皇は、憲法の定める国事に関する行為のみを行い、国政に関する権能を有しない」（4条）と定める。ただし、憲法上許される天皇の行為は、国事行為だけではない。学説上は、①国事行為と私的行為の2種類しか認められていないとする説、②国事行為、私的行為以外にその地位にともなう公的行為が認められるとする説、③国事行為、公的行為、その他の行為に分類され、その他の行為には公的性格の強い行為と私的行為があるとする説、④国事行為、公人行為（公的行為）、社会的行為、皇室行為、私的単独行為に分類する説などがある。

2　国事行為
　憲法6条、7条に定める天皇の国事行為には、以下のようなものがある。
　①　**内閣総理大臣および最高裁判所長官の任命**（6条）　　天皇は、国会の指名に基づき内閣総理大臣を任命する。内閣総理大臣の指名は、衆議院議長から、内閣を経由して、奏上される（国会法65条2項）。任命書は、前内閣総理大臣により伝達される。
　天皇は、内閣の指名に基づいて、最高裁判所の長たる裁判官を任命する。任命書は、内閣総理大臣により伝達される。
　②　**憲法改正、法律、政令および条約の公布**（7条1号）　　公布とは、すでに成立した拘束力をもつものを国民に知らせるための形式的表示行為である。

天皇に裁可権はなく、その成立にも関与できない。

　③　**国会の召集**（7条2号）　　召集とは、国会議員に対する常会・臨時会・特別会の集会期日の告知であり、詔書をもってなされる。召集日の実質的決定権は内閣にある。

　④　**衆議院の解散**（7条3号）　　衆議院の解散とは、衆議院議員の任期満了以前に議員たる資格を失わせることをいう。解散の実質的決定権は内閣にある。解散は天皇の詔書により行われる。苫米地事件では、本条のみによる解散の合憲性が争点となったが、裁判所は「衆議院の解散は、憲法69条の場合に限定されない。いかなる場合に解散を命じるかは憲法に明示してないが、内閣の政治的裁量に委ねられている」[東京高判昭和29年9月22日行集5巻9号2181頁]と判示した（後掲・判例22-1　苫米地事件も参照）。

　⑤　**国会議員の総選挙施行の公示**（7条4号）　　本号にいう総選挙には、衆議院議員の任期満了による総選挙と、衆議院の解散による総選挙のみならず、参議院議員の半数を改選する3年ごとの通常選挙も含まれる。その公示は、天皇の詔書により行われる。この7条4号は、憲法起草時に総司令部案の一院制が衆参両院制に修正されたにもかかわらず、そのまま残ってしまったものである。本来ならば両院制に修正された段階で本号も見直されなければならなかった。その意味で、現行憲法の欠陥条項となっている。

　⑥　**国務大臣および法律の定めるその他の官吏の任免、全権委任状の認証、大使および公使の信任状の認証**（7条5号）　　認証とは、ある行為が正当になされたことを公に確認、証明することをいう。天皇は、国務大臣、副大臣、内閣官房副長官、（人事院）人事官、（会計検査院）検査官、公正取引委員会委員長、原子力規制委員会委員長、宮内庁長官、侍従長、上皇侍従長、特命全権大使、特命全権公使、最高裁判所判事、高等裁判所長官、検事総長、次長検事、検事長の認証を行う。認証は公文書（辞令）への天皇の親署によってなされる。

　⑦　**大赦、特赦、減刑、刑の執行の免除および復権の認証**（7条6号）　　これらを総称して恩赦という。恩赦の決定は内閣が行い（73条7号）、その内容については恩赦法で定める。令和の代替わりに際しては、令和元年10月の「即位礼正殿の儀」に合わせ約55万人を対象に恩赦が実施された。

　⑧　**栄典の授与**（7条7号）　　旧憲法は「天皇ハ爵位勲章及其ノ他ノ栄典ヲ授与ス」（15条）と規定していた。現憲法下では、1963（昭和38）年より、勲章

制度が復活した。勲章の受章者は、地方自治体や各種団体などが関係省庁に対
象者を推薦して、内閣府賞勲局が審査して原案をまとめ、閣議に諮って決める。

　⑨　**批准書および法律の定めるその他の外交文書の認証**（7条8号）　　批准
とは、署名・調印された条約を承認することをいい、批准書の作成および外交
文書（大使・公使の解任状、領事官の委任状など）の作成は内閣が行う。天皇は形式
的に認証するのみである。

　⑩　**外国の大使および公使の接受**（7条9号）　　接受とは、外国の大使・公
使を接見し、自らに宛てられた信任状を受理することをいう。重要なのは後者
であって、この点が国家元首たることの一つのメルクマール（指標）である。

　⑪　**儀式の挙行**（7条10号）　　ここにいう儀式とは、天皇が主宰して行う国
家的儀式のみをいう。皇位の継承があったときに行われる「即位の礼」（皇室典
範24条）、天皇が崩じたときに行われる「大喪の礼」（同25条）、皇太子であるこ
とを公に明らかにする「立太子の礼」などがある。皇室の私的な儀式や、他の
者の主宰する儀式（国会の行う開会式や外国元首の載冠式など）への参列は、これに
含まれない。

3　公的行為

　国事行為は憲法に明記されているが、天皇の行為は、これに限定されてはい
ない。国事行為以外に天皇の行いうる行為としては、純然たる私的行為があ
る。また、天皇は国会の開会式に出席して「おことば」を述べたり、外国の元
首と親書、親電を交換したりすることなど純然たる私的行為ともいえず、かと
いって国事行為にも規定されていない公的色彩の強い行為をする場合がある。
憲法上問題になるのがこれらの**公的行為**である。

　天皇は「日本国の象徴であり日本国民統合の象徴」である。憲法は天皇の行
いうる国事行為を憲法6条および7条に列挙したが、これらの国事行為に付随
し必要な限度で、内閣の認めたものにつき形式的・儀礼的行為を行うことは違
憲ではない。もちろん、天皇に特定の政党や宗教団体と結びつくような行為が
許されないことはいうまでもない。

4　内閣の助言と承認

　国事行為については、内閣の**「助言と承認」**が必要であり、これについては

内閣がその責任を負う（憲法3条）。本条の解釈につき、必ず「助言と承認という二つの行為を必要とする」と述べる学説や判例もあるが、事実上、「助言と承認」を厳格に分ける実益に乏しく、「助言と承認」という一体不可分の行為をもって足りると解すべきであろう。

　国事行為については内閣が責任を負う。すなわち、内閣は天皇の国事行為について国会に対し、そして国民に対し責任を負うのである。ゆえに天皇は国事に関する行為につき責任は負わない。

　国事行為以外の行為についての天皇の刑事上の責任や民事上の責任に関してはどう考えるべきか。刑事上の責任については、天皇の象徴たる地位にかんがみ、あるいは憲法75条や皇室典範21条が、それぞれ国務大臣および摂政について、その在任中訴追されないと定めていることから類推して、これを否定的に解する見解が多い。これに対し民事上の責任については、一般的にこれを除外すべき理由はないが、**「記帳所」事件**において最高裁は、象徴天皇には民事裁判権が及ばないとしている（**判例3-1　「記帳所」事件**〔最二判平成元年11月20日民集43巻10号1160頁〕参照）。

5　権能の代行

　「天皇は、法律の定めるところにより、その国事に関する行為を委任することができる」（4条2項）。本条の規定に基づき1964（昭和39）年には**「国事行為の臨時代行に関する法律」**が定められ、昭和天皇の病気のときには明仁皇太子が臨時代行を務めた。平成になり、天皇の海外訪問等の際には、皇太子徳仁親王殿下（今上天皇）が本法により国事行為の代行を務めている。

　摂政は、天皇に支障がある場合、天皇に代わってその行為を代行する機関である。旧憲法では「摂政ハ天皇ノ名ニ於テ大権ヲ行フ」（17条）と定めていたが、現行憲法5条は「皇室典範の定めるところにより摂政を置くときは、摂政は、天皇の名でその国事に関する行為を行ふ」と定めている。現行皇室典範は、①天皇が成年に達しないとき、あるいは、②精神もしくは身体の重患または重大な事故により、国事に関する行為をみずからすることができないとき、**皇室会議**の議により摂政をおくと定める（16条）。

5　皇室経済

1　皇室財産

　天皇と皇族とをあわせて皇室と称する。戦前の皇室財産は、広大な土地・山林・牧場・建物・公債・有価証券などから構成されていた。

　旧憲法下においては、皇室財産に関し議会が関与することは許されず、皇室経費についても増額を要求する場合以外は、議会の協賛を要しないとされていた。しかし、戦後、連合国軍総司令部（GHQ）により皇室財産の解体が行われ、当時の皇室財産総額37億7500万円のうち33億3800万円が財産税として国へ納入された。また、お手元金として1500万円が残され、残りもほとんど国へ移管された。

　日本国憲法88条は「すべて皇室財産は、国に属する。すべて皇室の費用は、予算に計上して国会の議決を経なければならない」と規定し、皇室財政の民主化を図っている。ただし本条は、皇室のいっさいの財産を国に帰属せしめるという趣旨ではない。

　純然たる私用のための財産、たとえば生活必需品や日常愛用品、あるいは三種の神器や宮中三殿のごとき「皇位にともなう由緒ある物」については、その私有が認められる。また皇居、離宮、御所、鴨場等の国有財産については、皇室の使用が許されている。

　予算に計上され国会の議決を経る皇室の費用には、**内廷費、宮廷費、皇族費**の三種類がある（皇経法3条）。

　内廷費は、天皇や皇后、皇太子夫妻などの内廷にある皇族の日常の費用にあてるもので、お手元金として自由に使用することができ、宮内庁の経理に属する公金としない（同法4条2項）。

　宮廷費は、天皇や皇后、皇太子夫妻などの行幸、儀式、祭典など公的活動のために用いられるもので「内廷諸費以外の宮廷諸費に充てるものとし、宮内庁で、これを経理する」（同法5条）。

　皇族費には、皇族としての品位保持の資にあてるために毎年支給されるものと、皇族が独立の生計を営む際に、あるいはその身分を離れる際に一時金として支給されるものがある（同法6条）。

2　皇室の財産授受

「皇室に財産を譲り渡し、又は皇室が、財産を譲り受け、若しくは賜与することは、国会の議決に基かなければならない」（憲法8条）。本条の趣旨は、皇室の財閥化を防止し、あるいは皇室と特定の国民との好ましくない結びつきが生じることを防止しようとすることにある。

皇室関係の財産の授受は、原則として国会の議決を要するが、相当の対価による売買など通常の私的経済行為、外国との交際のための儀礼上の贈答、公共のためになす遺贈または遺産の賜与などの場合は、国会の議決を経なくてもよい（皇経法2条）。

皇室経済に関する審議機関として、皇室経済会議が設置されている。皇室経済会議は、衆参両議院の議長・副議長、内閣総理大臣、財務大臣、宮内庁の長並びに会計検査院の長から構成される（同法8条）。

判例3-1

争点

天皇に民事裁判権は及ぶか―「記帳所」事件〔最二判平成元年11月20日民集43巻10号1160頁〕

事案

昭和天皇が病床にあった1988年、日本各地で病気快癒を願う記帳が行われたが、このような状況下において、千葉県知事が記帳所を公費で設置したことに対して、千葉県の住民である原告Xにより、知事に対する損害賠償請求と天皇に対する不当利得の返還請求の訴えが提起された。

判旨

上告棄却。「天皇は日本国の象徴であり日本国民統合の象徴であることにかんがみ、天皇には民事裁判権が及ばないものと解するのが相当である。したがって、訴状において天皇を被告とする訴えについては、その訴状を却下すべきものであるが、本件訴えを不適法として却下した第1審判決を維持した原判決は、これを違法として破棄するまでもない。記録によれば、本件訴訟手続に所論の違法はなく、また、所論違憲の主張はその実質において法令違背を主張するものにすぎず、論旨は採用することができない」。

［主要参考文献］

・皇室事典編集委員会『皇室事典 令和版』（角川書店、2019年）

・園部逸夫『皇室法概論』（第一法規出版、2002年）

第4章

人権総論

── 本章のねらい ──
　本章では、人権一般に共通する理論や知見を学んでゆく。その理論や知見は、哲学、思想、政治、歴史など、多角的な考察を含み、日本国憲法の人権の保障をより根本的に考える際に、また、それぞれの人権を個別に学んでゆく際にも、共通の知的基盤となる。

1　人権の概念と理念

1　人権の理念

　人権とは、人間であるという資格に基づいて当然にもっている権利である。そのことから人権の本来の特徴が導かれる。その特徴とは、①人間は生まれつき人権をもっており、それは憲法や国王などによって与えられたものではないこと（人権の**固有性**）、②人権が原則として公権力によって侵されないこと（人権の**不可侵性**）、および、③人種、性別、身分などにかかわらず、すべて人間は、人権をもっていること（人権の**普遍性**）である。世界初の近代的な人権宣言である**ヴァージニア州権利章典**（1776年）では、「すべての人は、生まれつき等しく自由かつ独立しており、一定の生まれつきの権利をもっている。これら権利は、人民が社会を組織するにあたり、いかなる契約によっても、その子孫からこれを奪うことのできない」（1条）と定められ、そこには人権の本来の特徴がよくあらわれている。日本国憲法では、「国民は、すべての基本的人権の享有を妨げられない。この憲法が国民に保障する基本的人権は、侵すことのできない永久の権利として、現在及び将来の国民に与へられる」（11条）と述べられ、そこにも人権の本来の特徴が宣言されている。

2　人権の理念の根拠

　人権の理念は、近代立憲主義が成立した当初は、自然権思想に基づいていた。近代の自然権思想としては、ロック（『市民政府論』）の思想が重要である。ロックによれば、次のような説明がなされた。すべての人間は、政府が設立される前の自然状態において、理性の法則である自然法に従って生活し、独立し平等の存在として、一定の自然権をもっており、その基本的な内容は、生命、自由および財産である。しかし、自然状態においては自然権の保護はとても不確実であるので、よりよく自然権を保障するために人々が契約（**社会契約**）を締結することによって共通の権力として政府を設立し、これに自然権を保護することを委ねた。

　このような議論の背景には、自然法があり、それを付与する神の存在が前提とされていた。しかし、その後、神やかつての自然法思想への信仰が必ずしも自明ではなくなると、人権の理念の基礎づけのあり方が問い直されるようにもなっていった。

　人権の根拠づけの試みには、様々な潮流があり、その際、装いをあらたに自然法が再び脚光を浴びることもある。人権の根拠づけの大きな流れとして挙げられるのは、人間の尊厳または個人の尊厳による基礎づけである。これによれば、人権とは、「人間が社会を構成する自律的な個人として自由と生存を確保し、その尊厳性を維持するため」に必要な一定の権利が人権であるとされる。この系統の議論との関係で注目されるのは、国際人権規約前文において、「人間の固有の尊厳」に人権が由来することが謳われていることである。日本国憲法が保障する人権の根拠については、個人の尊厳の原理が挙げられ、人間の尊厳の原理と大きく重なっている。

3　理念としての人権、憲法上の権利としての人権

　近代立憲主義国家では、憲法の制定以前に成立している道徳的権利としての人権（**理念としての人権**）は、憲法が保障する実定法上の権利（**憲法上の権利**）として確認されて保障されるようになった（**憲法上の権利としての人権**）。理念としての人権は、理念、道徳および倫理に関わる概念であるのに対して、憲法上の権利としての人権は、実定法、特に憲法に関わる概念である。以下、実定法に関する記述に入っていくので、単に「人権」という表現が用いられる場合に

は、基本的に、憲法上の権利としての人権を指している。

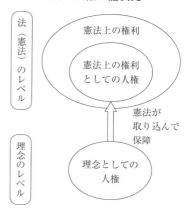

図　人権の諸次元

2　人権の歴史

1　人権の成立と普及

　近代までのイギリスにおける権利保障の歴史は、その後の人権保障にとって重要な前段階である。1215年の**マグナ・カルタ**（大憲章）は、君主の恣意的な支配に対して封臣の権利を文書で確認した。その後、1628年の**権利請願**、1689年の**権利章典**では、イギリス国民の権利の保障が文書で確認された。もっとも、こうした権利宣言は、当初はイギリスの貴族の権利を宣言するものであり、それがイギリスの国民の権利を宣言するものへと展開していったが、人に普遍的に保障される人権を宣言するものではなかった。

　その後、17世紀から18世紀にかけて、ロックなどの唱えた近代自然権思想が普及してゆくようになると、その思想が原動力となって、近代人権宣言が誕生するようになっていった。イギリスの植民地であったアメリカでは、既に、独立宣言の前後には、アメリカの各州でも権利宣言・権利章典が制定され、例えば、ヴァージニア州権利章典は、「すべての人は、生まれつき等しく自由かつ独立しており、一定の生まれつきの権利をもっている。これら権利は、人民が社会を組織するにあたり、いかなる契約によっても、その子孫からこれを奪うことはできない」（1条）と定め、そこには自然権の発想がみられる。さらに、1776年には、**独立宣言**が可決され、1791年には合衆国憲法（1787年に制定）に人権に関する条項が追加された。また、ヨーロッパ大陸では、1789年にフランス革命が起こって封建制が打ち倒されて、フランス人権宣言が制定された。その宣言では、「人権の無知、忘却または軽視が、公の不幸と政府の腐敗の唯一の原因であることを考慮して、一つの厳粛な宣言において人間の譲渡できない神聖な自然的諸権利を提示することを決意した。」（前文）、「人間は、自由で、権利において平等な者として出生し、生存する。」（1条1文）と述べられてい

る。これらの人権宣言を発端として、人権は、19世紀にかけて、次第に欧米諸国に普及し、定着してゆくことになった。但し、その普及および定着のしかたは、政治や経済社会の発展の違い、また、法文化の基本的な違いもあり、欧米諸国の間でも一様ではなかった。

　日本では、1889年に制定された明治憲法で、自由権を中心とした法的権利が**臣民の権利**として保障された。しかし、臣民の権利の保障は、天皇の臣下としての資格に着目して天皇が明治憲法の制定によって恩恵的に与えた権利であったに過ぎず、法律によって広く制限されえた（「**法律の留保**」）。それでも、当時としては画期的なものであったが、人権理念の本来の特徴—固有性、不可侵性および普遍性—からすれば、その保障は不十分なものという評価となり、それは否定的意味合いを込めて「外見的人権宣言」と呼ばれることもある。

　これに対して、日本国憲法は、「この憲法が日本国民に保障する基本的人権は、人類の多年にわたる自由獲得の努力の成果であつて、これらの権利は、過去幾多の試練に堪へ、現在及び将来の国民に対し、侵すことのできない永久の権利として信託されたものである」（97条）と述べ、人権の成立と発展の正統な歴史を踏まえたものであることを明らかにしている。

　人権の普及にとって、人権保障が国際化・グローバル化していったことも重要である。国際法では、ながらく人権保障は国内事項と考えられてきたが、とりわけ第二次世界大戦以降、人権の国際的保障が試みられるようになっていった。1945年の国連憲章は、「基本的人権と人間の尊厳および価値と男女および大小諸国の同権とに関する信念をあらためて確認」（前文）することを謳っていたが、その後、1948年の**世界人権宣言**、1966年には**国際人権規約**（経済的、社会的および文化的権利に関する国際規約（A規約）、市民的および政治的権利に関する国際規約（B規約））が採択され、国際人権規約は締約国に法的拘束力を生じさせる点でも画期的であった（日本は1979年に批准）。さらに、**女子差別撤廃条約**（1981年発効、85年日本批准）、**児童の権利に関する条約**（1990年発効、94年日本批准）など個別分野での人権条約が締結され、保障が個別分野ごとに強化されるようになっていった。また、1953年に発効した**ヨーロッパ人権条約**、1978年に発効した**米州人権条約**など、地域的な国際人権保障も発展し、それが各国国内法にも影響を与えている。このことも、現代の人権保障の特徴として重要である。

2 人権の内容的充実

人権の保障が普及してゆくと同時に、人権の内容は、次第に充実していった。18世紀末から19世紀にかけての憲法典には、生命、自由、財産という権利が挙げられ、まずは自由権の保障が中心となった。特に、「財産権は、不可侵で神聖な権利である……」（フランス人権宣言17条）という条項にみられるように、経済的自由権が手厚く保障され、資本主義経済の発展の法的基礎となった。

その後、資本主義体制の下での自由競争が貧困、貧富の格差および劣悪な労働環境での労働などの社会問題を生み出し、福祉国家（社会国家）の理念がより広く受け入れられるようになると、自由権を中心としていた人権の内容に社会権が加わるようになっていった。1919年にドイツで制定されたワイマール憲法では、労働者の団結権・団体行動権の保障（ワイマール憲法159条）が定められたし、第二次世界大戦後には、社会権の規定をもつ憲法典が数多く生まれた。

また、19世紀から20世紀にかけて各国で民主主義思想がより広く普及し、国民の政治参加の要求が高まっていった。それに対応して、人権の内容に参政権が加わり、また、その保障が拡大し強化されていった。それ以前には、財産や納税額、性別および人種などによって参政権が否定され、人権の普遍性という本来の観念との乖離があったので、このことは重要な転換であった。

現代の立憲主義諸国では、伝統的な人権がさらに強化されるという現象がみられるが、また、「新しい人権」と呼ばれる人権、具体的には、プライバシー権、自己決定権などが、その時代の意識の変化にも対応して主張され、場合によっては、憲法上の権利として承認されるようになった。

3 人権の分類

憲法上の権利を分類することによって人権を整理する手掛かりになるのが、19世紀ドイツの**ゲオルク・イェリネック**（Georg Jellinek）の地位論である。その理論によれば、国家との関係で国民が立っている地位は、①国家の支配から自由な地位（**消極的地位**）、②国家に対して自己の利益のために積極的な活動を要求しうる地位（**積極的地位**）、③国家の機関としての国家のために活動する地位（**能動的地位**）、④国家に従属する地位（**受動的地位**）に分類される。そのような分類に対応させて、憲法上の権利としての人権を分類すると、①国家の不作

為を請求する権利（**消極的権利**）、②国家の作為を請求する権利（**積極的権利**）、③国家の意思形成に参加する権利（**能動的権利**）に分けることができる（なお、④は権利ではなく義務に関係するので、憲法上の権利の分類には入らない）。

　このような区別に立つと、一次的には、自由権は消極的権利としての性格を、社会権と国務請求権は積極的権利の性格を、参政権は能動的権利の性格をもっていることになる。その対応関係を踏まえて、憲法上の権利としての人権は、①自由権、②社会権と国務請求権、③参政権に区別できる。その上で、国務請求権と社会権の内容および性格は異なるので、①自由権、②社会権、③国務請求権、④参政権という分類とし、また、その分類に含まれていない内容の憲法上の権利として、⑤包括的人権と⑥平等権を分類に追加する。本書では、総則的な内容をもつ、包括的人権（**第6章**）および平等権（**第7章**）をまず学んだ上で、自由権（精神的自由権（**第8章－13章**）、経済的自由権（**第14章－第15章**）、人身の自由（**第16章**））、社会権（**第17章**）、国務請求権（**第18章**）、参政権（**第19章**）の順に、それぞれの人権について個別に学んでゆくことにしよう。

　ところで、一次的には、自由権は消極的権利の性格をもっており、社会権と国務請求権は積極的権利の性格をもち、参政権は能動的権利の性格をもっていると述べたが、正確には、そのように単純に割り切れるわけでもない。例えば、自由権である表現の自由（21条1項）から導かれる「知る権利」は、国民が情報を受けることを国家によって妨げられないという意味で消極的権利の性質をもつが、それだけでなく、国家に情報開示を請求する権利という積極的権利の性格ももっている。また、社会権である生存権（25条1項）は、基本的には国家に生活の配慮を請求する権利として積極的権利の性質をもっているが、最低限度の生活への国家の不当な介入を排除するという消極的権利の性質をも兼ね備えている。このように、一つの憲法上の権利が複数の性質を兼ね備えることがあるので、注意しなくてはならない。

4　人権の享有主体性

　憲法は、いかなる法的主体に人権を保障しているのであろうか。この問題は、**人権の享有主体性**の問題といわれる。ここでは、日本国憲法によれば、どのように考えられるかをみてゆく。

1　国民（個々の国民）

　日本国憲法の人権規定を定める第3章の表題は、「国民の権利及び義務」であり、個々の国民に人権が保障されることは疑いがない。そして、日本国憲法によれば、「日本国民たる要件は、法律でこれを定める。」(10条)とされるが、国民としての法的な地位が人権の保障にとって極めて重要な意味をもっている以上、法律でどのようにでも国籍付与の範囲を決めてよいのではなく、国籍を付与する一定の基準は予め日本国憲法によって定まっていると考えられるようになってきた（**憲法上の国民**）。なお、現在、国籍法によれば、子は、生まれたときに父または母が日本国民であれば日本国籍を取得する（国籍法2条1号）。このような基準は、**血統主義**といわれ、**出生地主義**と対比される。

2　外国人

　外国人には、人権は保障されるであろうか。人権の理念からいえば、外国人は、人である以上、人権が保障されることになりそうであるが、日本国憲法では、「国民の権利及び義務」という表題の下で、憲法上の権利としての人権の保障を日本国民に限っているようにもみえ、国際化の進展とともに益々重要な問題となっている。

　かつて、日本国憲法の文言を重視して、「何人」という文言で定められている人権は外国人にも保障されるが、「国民」という文言で定められている人権は日本国民にしか保障されないという説もあった（**文言説**）。しかし、最高裁は、**判例4-1　マクリーン事件**〔最大判昭和53年10月4日民集32巻7号1223頁〕において、「外国人に対する憲法の基本的人権の保障は、……外国人在留制度のわく内で与えられているにすぎない」という条件つきではあるが、「憲法第3章の諸規定による基本的人権の保障は、権利の性質上日本国民のみをその対象としていると解されるものを除き、わが国に在留する外国人に対しても等しく及ぶものと解すべき」と述べ、在留外国人の人権の保障について、権利の性質に応じて判断する立場を明らかにし、そのような考え方は通説にもなった（**権利性質説**）。その理由として、人権が前国家的性格をもっていること、日本国憲法が、国際協調主義の立場から条約および確立された国際法規を遵守すべきことを定めている（98条2項）こと、および人権の国際化の傾向を挙げることができる。

　権利性質説によれば、具体的にどのような人権が外国人に保障され、どのような人権が保障されないかが権利の性質の違いに応じて個別に検討される。具体的には、外国人に自由権が保障されるが、参政権、社会権および入国の自由については、保障されないと考えられてきた。

　参政権は、国民が自らの所属する国の政治に参加する権利であり、日本国憲法の国民主権の原理からすれば、その性質上、その憲法上の保障は日本国民に限られると考えられる。したがって、外国人には、選挙権・被選挙権は、憲法では保障されていないことになる。現在の法律でも、外国人には、選挙権・被選挙権は認められていない（公選法9条・10条、自治法18条・19条）。もっとも、憲法では保障されないにしても、法律で外国人に参政権を付与することが国民主権との関係で憲法に反しないかどうかは別に問題になり、特に、地方公共団体に定住している外国人に法律で選挙権を付与できるかが問題になる。最高裁は、定住外国人に法律で地方公共団体の長、およびその議会の議員等に対する選挙権を付与することは憲法上禁止されていないと述べた［最三判平成7年2月28日民集49巻2号639頁］。但し、それは傍論で示された判断であることに注意が必要である。また、外国人の公務就任権につき、公権力の行使または国家意思の形成への参画にたずさわる公職への就任が国民主権との関係で問題となる［最大判平成17年1月26日民集59巻1号128頁］。

　また、社会権も、これまでの通説によれば、基本的には、国籍を基準にしてそれぞれの本国によって保障される権利とされる。最高裁は、「社会保障上の施策において在留外国人をどのように処遇するかについては、国は、特別の条約の存しない限り」、外交関係および国内外の情勢に照らして「その政治的判断によりこれを決定することができるのであり、その限られた財源の下で福祉的給付を行うに当たり、自国民を在留外国人より優先的に扱うことも、許される」と判示した［最一判平成元年3月2日判時1363号68頁］。もっとも、法律で参政権を外国人に付与する場合には、憲法の国民主権原理と抵触することも考えられるのに対して、社会権の場合にはそのような原理的な支障がないから、財政状況、資金拠出方法および給付の性格などを考慮の上で、法律または行政措置で外国人に給付請求権を付与することは、裁量の範囲内にある。なお、現在では、国際人権規約A規約（2条2項）および難民条約（第4章）における内外人平等処遇原則の趣旨を踏まえて、社会保障関連法令における国籍要

件は原則的に撤廃されている。

　さらに、判例によれば、外国人に**入国の自由**が保障されないことは、国際慣習法上当然であると考えられ［最大判昭和32年6月19日刑集11巻6号1663頁］、定住外国人の**再入国の権利**も認められていない［最一判平成4年11月16日集民166号575頁］。このような判断に対しては、日本を生活の拠点とする外国人に再入国の権利が認められないと、実質的に海外渡航の自由の制限となってしまうという問題が指摘されてきた。

　以上のような検討に従って外国人に人権が保障される場合でも、外国人と国民では、人権の制限のあり方が異なる場合があり、それが合理的理由に基づくものである限り、憲法上許される。その際、外国人には、一般外国人（一時旅行者）、永住者・特別永住者、および難民など、様々な種類があることも意味をもってくるので、注意しなくてはならない。

3　団体・法人

　人権が、**法人**（法によってあたかも生身の人と同じように扱われる法的主体）または法人格をもたない団体に保障されるかどうかも問題となる。本来の人権の理念からすれば、生身の人（**自然人**）ではない団体・法人に憲法が人権を保障していることには直ちにはならない。しかし、団体・法人の活動が社会において重要になってくると、憲法が団体・法人にも人権を保障しているとみるべきではないかと考えられるようになった。ドイツ憲法のように、国内の法人にもその性質に応じて人権が保障されることが明文化されている場合もある（ドイツ基本法19条3項）。

　日本では、最高裁は、**判例4-2　八幡製鉄政治献金事件**［最大判昭和45年6月24日民集24巻6号625頁］で、「憲法第3章に定める国民の権利および義務の各条項は、性質上可能なかぎり、内国の法人にも適用されるものと解すべきである」と述べ、憲法上の権利としての人権の保障が、権利の性質に応じて、法人にも及びうるとした。その判示は傍論に過ぎず判例としての資格をもたないのではないかという指摘もあるが、通説も、基本的に同様の考え方に立っている（**権利性質説**）。その理由として、学説では、団体・法人に人権を保障することによってその構成員に利益や効果が及ぶこと、また、現代社会において団体・法人が一つの実体として重要な活動を行っていることなどが根拠として挙

げられる。

　権利性質説の考え方からすれば、具体的にどのような人権が団体・法人に保障されるかが、より個別的に検討されることになる。その性質上、自然人のみにしか保障されないと考えられる人権、例えば、選挙権、生存権、および一定の人身の自由などは、団体・法人には保障されない。これに対して、法人・団体にも保障されるのは、例えば、財産権（29条）、結社の自由（21条1項）、宗教法人について信教の自由（20条1項、2項）、報道機関について報道の自由（21条1項）、プライバシー権（13条）などである。

　以上のように団体・法人に人権が保障される場合があるとしても、その保障および制限のあり方は、自然人の場合とは必ずしも同じではない。法人の権利能力がその目的との関係で限定され、その活動がその構成員の人権と衝突することがあること（強制加入団体に関する事例として、南九州税理士会政治献金事件［最三判平成8年3月19日民集50巻3号615頁（**第8章**を参照）］、群馬司法書士会事件［最一判平成14年4月25日判時1785号31頁］）、また、団体・法人の経済的・社会的影響力が大きいことなど様々な理由から団体・法人には自然人の場合とは異なった特別の規律が存在し、それが特有の憲法問題を引き起こすことがある。

4　天皇・皇族

　天皇・皇族に人権が保障されるかも問題となる。普遍的な人権の保障とは本質を異にする天皇制という身分制を日本国憲法自体が残しているので、そもそも人権は保障されないと考える学説も有力である。しかし、通説によれば、天皇・皇族も人であり日本国民であるので人権は保障されるが、憲法が皇位の世襲と特殊な職務を予定していることから、天皇の人権保障には、必要最小限度の特例が認められるものと考えられている。この考えに立って、具体的にどのような特例が憲法で許されているかが問題となる。選挙権や被選挙権は、天皇が「国政に関する権能を有しない」（4条1項）ことから認められず、また、婚姻の自由、財産権および表現の自由などに対する一定の特別の制約も、天皇の地位の世襲制と職務の特殊性を理由に許されると考えられている。現在の法律では、皇族男子の婚姻には皇室会議の議を経ることを要し（皇室典範10条）、皇室の財産授受には一定の場合を除き国会の議決を要する（8条、皇経法2条）などの制限がある。

5　人権と公共の福祉

　人権には、絶対的に保障され制限されない種類・内容がある（内心の思想良心の自由、内心の信仰の自由、拷問の禁止など）。しかし、それ以外については、①法律によって（または法律に基づいて）（人権制限に関する**「法律の留保」**）、かつ、②「公共の福祉」のために必要かつ合理的な限度で、制限されうる。日本国憲法では、人権に関する総則的な規定で「公共の福祉」による制限が明文化され（12条・13条）、特に居住移転、職業選択の自由（22条1項）および財産権（29条）につき、「公共の福祉」のための制限が明文化されているが、それらの「公共の福祉」がそもそもどのような意味なのかが、②の問題の出発点として問題となる。

1　従来の通説

　日本国憲法制定後の初期には、憲法12条・13条の「公共の福祉」は、人権の外にあってそれを制約することができる一般的原理を意味し、22条および29条の「公共の福祉」も同様に考える見解（**一元的外在制約説**）があった。これに対しては、憲法22条および29条とは異なり、12条・13条には訓示規定・倫理的規定としての意味しか認めず、経済的自由権および社会権とは別の人権については、権利が社会的なものであることに内在する制約のみが認められるとする見解が対立していた（**二元的内在外在制約説**）。

　しかし、戦後の日本の憲法学でながらく通説となってきたのは、「公共の福祉」とは、「人権相互の矛盾・衝突を調整するための実質的公平の原理」であり、それが憲法13条で法的に表現されていると考える見解である（**一元的内在制約説**）。これよれば、「公共の福祉」の考え方は、各人に等しく人権を保障しようとする限り、人権に論理必然的に含まれるから、日本国憲法の個別の人権条項にそのための制限が明記されていなくても「公共の福祉」のための制限は許されることになる。この説によれば、自由国家の理念に基づいて自由権を等しく保障するための「自由国家的公共の福祉」と社会国家（福祉国家）の理念に基づいて社会権の保障を実質化するための「社会国家的公共の福祉」が区別される。同説は、他の人権とのぶつかり合いを公平に調整するためにのみ人権を

制限できるという指標を打ち出すことによって、戦前に個人を犠牲にして個人を超えた全体的利益を追求することが強制された経緯に鑑みて「公共の福祉」の内容が際限なく広くなることに歯止めをかける意義を担っていた。また、この説は、憲法13条を単に訓示規定とは考えずこれに法的意味を認めるので、同条から「新しい人権」を導き出すことが可能となる。

2   最近の傾向

しかし、一元的内在的制約説に対しては、その後の学説において、いくつかの批判がなげかけられた。

その一つは、その説によれば、「自由国家的公共の福祉」に基づく人権制限は、「必要最小限度」でのみ、「社会国家的公共の福祉」に基づく人権制限は、「必要な限度」でのみ制限が許されるといわれるが、その規準が余りにも抽象的で人権制限の限界について具体的に線引きできないのではないかという批判である。そのような問題関心から、学説では、特に憲法訴訟の場面で人権制限が許されるかどうかを測定する尺度が洗練されるようになり、違憲審査基準論が理論化されてきた（**第5章**を参照）。

もう一つには、「公共の福祉」は、人権と人権の共存・調整という利益のみに還元できるわけではないのではないかという批判があり、その際、そのような利益に無理に還元することは、人権の概念を希薄化し、かえって人権の名の下に広い制限が正当化される危険があることが指摘されている。「公共の福祉」を内容をより広く捉えようとする学説においては、これを類型化することによって限定することが試みられている。この場合、その類型化には諸説あるが、本人の基本的な利益・自由を不可逆的に損なうような場合のみに限って、本人の利益のために本人の自由に干渉し、人権を制限すること（**限定的パターナリズム**）、さらには、ある種の社会的利益（論者によっては国家的利益）も、「公共の福祉」の内容として挙げる見解がある。他方、「公共の福祉」をなんらかの意味で個人の利益になお還元できる利益に限定して考えるべきことを強調する見解もみられる。

この問題との関係では、恣意的な目的は「公共の福祉」ではないこと、また、制限される人権の種類やその制限の様態との関係でその制限の目的の正当性や重要性が見合わないものとなっていないかを個別具体的に判断するべきこ

とが指摘されるようになっており、その判断は、違憲審査基準（**第5章を参照**）による判断の一部に重なってくる。

　ところで、市民的及び政治的権利に関する国際規約（国際人権規約B規約）では、宗教的自由の制限について、「公共の安全、公の秩序、公衆の健康もしくは道徳または他の者の基本的な権利および自由を保護」するという目的が挙げられ（18条3項）、表現の自由を制限する根拠としては、「他の者の権利または信用の尊重」「国の安全、公の秩序または公衆の健康もしくは道徳の保護」が挙げられている（19条3項）。国際法と日本国憲法の関係には注意しなくてはならないが、国際人権規約では、人権の制限の目的に関する定めは、人権の種類の違いに応じてより詳しく具体的に定められており、この場合、人権の共存のための調整にとどまっていない。

6　特別の法的関係における人権の保障

　憲法は、一般国民と公権力の関係において、憲法上の権利としての人権を保障し、一定の限度でのみ人権の制限を認めている。しかし、国民（場合によっては、外国人）は、公権力との間で、特別の法的関係の下におかれることがある。例えば、刑事施設被収容者（被疑者・被告人で逮捕・勾留されている者、受刑者）は、法律に基づいて特別の法的地位に立つし、公務員や国公立学校学生は、本人の意思に基づいて特別の関係に立つ。このように公権力との間で特別な関係の下におかれる者の人権の保障と制限について、どのように考えられるか。

　かつての学説では、このような特別の法的関係は、**特別権力関係**という概念で一括りに説明されてきた。特別権力関係においては、①公権力は包括的な支配権をもっており、個々の場合に法律の根拠がなくても、その関係に属する私人を包括的に支配できる、②公権力は、その関係に属する私人に対して、一般国民として保障される人権を、法律の根拠がなくても制限することができる、③特別権力関係における公権力の行為は、原則的に司法審査に服さない、と説明された。

　この意味での特別権力関係の理論は、戦前と戦後の一時期までは有力であった。しかし、その後、その理論は日本国憲法の下では成り立つ余地がないと考えられるようになった。というのは、日本国憲法の下では、特別の法的関係に

ある者にも人権が保障されると考えられ、その人権の制限にも法律の根拠が必要とされるし、人権の制限は必要かつ合理的な限度にとどまるべきであるので、包括的支配権という考え方が成り立つ余地がないからである。さらに、裁判所の「司法権」は、明治憲法の時代とは異なってより広く及び、特別の法的関係においても司法審査の排除は基本的に考えられない。

　以上の問題点を踏まえて、現在の学説では、かつてのように特別権力関係の考えで性質の違う様々な法的関係を一括りに説明するのではなく、公務員関係、刑事施設被収容関係、在学関係など、それぞれの法的関係の違いに応じて人権制限の許容性を判断するようになってきた。最高裁も、特別の法的関係にある者にも人権が保障されることを大前提にして、その制限が許されるかどうかをそれぞれの法的関係の具体的内容に則して審査している。

1　公務員関係

　公務員は、その勤務において特別な法的関係の下におかれ、その法的関係は日本国憲法自体によって予定されている（15条、73条4号）が、現在では、もはや特別権力関係という概念では説明されない。むしろ、特別な法的関係の下にある公務員に人権が保障されその制限には法律の根拠を要すること、また、人権を侵害する国家行為が司法審査に服することには、異論がない。

　以上を前提にして、公務員特有の人権制限がいかなる理由でどの程度まで許されるかが、個別の人権それぞれについて問題とされる。現在の法律には、例えば、公務員特有の人権制限として、政治活動の自由の制限（国公法102条、人事院規則14-7）や労働基本権の制限（国公法98条2項、地公法37条など）などがあり、その合憲性が問題にされてきた。いずれについても、あらためてそれぞれの人権に即して、具体的にみてゆくことにしよう（第11章3の1、第17章3の2を参照）。

2　刑事施設被収容関係

　判決確定前の身柄拘束（逮捕、未決勾留）および有罪判決後の身柄拘束（懲役、禁錮、拘留などの自由刑）によって刑事施設に収容されている者も特別な法的関係の下におかれるが、これも、現在では特別権力関係の概念では説明されていない。刑事施設被収容関係は、日本国憲法によって予定されている（18条、31条など）が、刑事施設に収容されている者にも人権は保障され、罪証隠滅の防

止、逃亡の防止、および矯正教化のため、また、そのための施設における秩序維持のために、必要最小限度の人権制限が許されると解されている。刑事施設被収容関係については、現在では、刑事施設収容法が制定され、刑事施設に収容されている者の人権制限の根拠となっている。

　最高裁は、**よど号ハイジャック記事抹消事件**［最大判昭和58年6月22日民集37巻5号793頁］において、「意見、知識、情報の伝達の媒体である新聞紙、図書等の閲読の自由」につき、逃亡、罪証隠滅の防止、刑事施設内の規律・秩序の維持のために一定の制限が認められるが、刑事施設（当時は、「監獄」）における規律および秩序が放置できない程度に害される「相当の蓋然性」が具体的事情の下で認められる場合に限って必要かつ合理的な程度でのみ制限できると判示し、刑事施設被収容関係の目的と「閲読の自由」との間の調整をはかった。

7　私人間の関係における人権の保障

　近代立憲主義の考え方によれば、憲法は、公権力に対して法的な制限を加えるものであるので、憲法上の権利としての人権は、公権力との関係で効力を有するにとどまり、私人に対するものではない。しかし、社会が高度化・複雑化してゆくなかで、とりわけ企業、労働組合などの社会的権力によっても一般国民の権利自由が脅かされるようになったので、憲法上の権利としての人権が私人間にも適用されるのではないかが議論されるようになってきた（**人権の私人間効力の問題**）。

　日本国憲法の解釈には、憲法の人権条項は私人間には適用されないと考える説（**無効力説**）、および、憲法の人権条項が私人間に直接適用されると考える見解（**直接適用説**）があるが、通説は、労働基本権（28条）、奴隷的拘束の禁止（18条）などその規定の趣旨・目的からして直接適用されるものを除いては、私人間の関係を規律する民法の一般条項など（例えば、「公序良俗」に反する法律行為を無効とする民法90条、不法行為に関する損害賠償責任を定める民法709条など）に憲法の人権条項の趣旨を読み込むことによってこれを間接的に適用するという見解に立っている（**間接適用説**）。なお、有力な学説によれば、憲法上の権利として保護されている利益を他の私人による侵害から保護する義務（**基本権保護義務**）を国家が客観法上負っていることからも間接適用説の帰結に理論的な基礎が与え

られている。

　最高裁は、**判例4-3　三菱樹脂事件**［最大判昭和48年12月12日民集27巻11号1536頁］において、私的支配関係においては、個人の自由や平等の侵害またはそのおそれがあり、その様態・程度が社会的な許容限度を超える場合には、場合によっては、民法の一般条項の適切な運用によって、私的自治を尊重しつつも、私人間における侵害に対して自由・平等の保護をはかることができると判断し、その判示は間接適用説の立場に立っていると受け止められてきた。また、最高裁は、**昭和女子大事件**［最三判昭和49年7月19日民集28巻5号790頁］でも、三菱樹脂事件判決を参照して、私立大学の校則が、憲法19条、21条、23条等に直接違反するかどうかを論ずる余地を否定した。さらに、最高裁は、**日産自動車事件**［最三判昭和56年3月24日民集35巻2号300頁］で、定年年齢について男女に違い（男性60歳、女性55歳）を設けた、会社の就業規則の部分が性別による不合理な差別を定めたものとして民法90条に反するとして無効と判断した。より最近では、入会権の資格要件に関する性差別の慣習が、「男女の本質的平等を定める日本国憲法の基本的理念に照らし」、性別のみによる不合理な差別として公序良俗（民法90条）に反すると判断した最高裁判決［最二判平成18年3月17日民集60巻3号773頁］がある。

　近時の学説では、無効力説が再評価されるようにもなった（**新無効力説**）。その見解によれば、理念としての人権は、対政府のみでなく私人間にも妥当するところ、これは法律制定を通じて「法律上の人権」として保障されていることに加え、裁判所が民法の一般条項などにその趣旨を読み込むことによっても実定法の次元で保護されることになるから、本来は政府との関係のものであった憲法上の権利としての人権が私人間にも効力をもつと理論構成する必要はないと考えられている。また、学説には、私人間において憲法上の権利としての人権が適用されないことを前提にしつつも、私人の活動が政府の活動と同視できる場合には、その私人に対して人権条項が適用されると考える説もある（**ステイト・アクションの法理**）。そのような場合と考えられるのは、公権力が私人の私的行為に極めて重要な程度にまでかかわり合いになった場合、または、私人が国の行為に準ずるような高度に公的な機能を担っている場合である。

8　制度的保障

　制度的保障とは、憲法が一定の制度自体の核心・本質を保障することであり、それは立法によっても変更することはできないことになる。憲法が人権保障において個人の人権を保障の対象としていたのとは違い、制度的保障は、憲法が一定の制度自体をその核心において保障の対象としている。制度的保障論は、20世紀ドイツの**カール・シュミット**（Carl Schmitt）によって理論化されたものであるが、日本の判例や学説では、その本来の趣旨とは異なるものとして受容されたところがある。日本国憲法の下では、制度的保障の例として、政教分離（20条）、大学の自治（23条）、私有財産制度（29条）、地方自治制度（92条）が挙げられてきた。その例が多様であることに対応して、制度的保障には、人権保障をより確実にするものやその法制度的基盤となるものもあれば、これを相対化する契機を含む場合もある。

　なお、制度的保障の概念は不要であると考える学説もみられるが、本書では、個別の人権・制度を検討する際に、それぞれの問題に即して、再び制度的保障を取り上げることとする。

判例4-1

争点

　外国人は人権（政治活動の自由）の享有主体であるか否か—マクリーン事件
［最大判昭和53年10月4日民集32巻7号1223頁］

事実

　外国人であるXは、1年の在留許可を得て入国。入国後英語教師として就職したが無届で職場を変わり、ベトナム反戦、出入国管理法案反対、日米安保条約反対等のデモや集会などに参加した。Xは、その後、在留期間の更新を申請したが、Y（法務大臣）は120日の出国準備期間につき更新を許可したにとどまり、その後の更新の申請に対しては、更新を許可しなかった。Xは、在留期間更新の不許可処分の取消しを求めた。第1審は、Xの請求を認容し、Yの不許可処分を取り消した［東京地判昭和48年3月27日判時702号46頁］。Yが控訴。控訴審は、控訴を認容し、第1審判決を取り消し、Xの請求を棄却した［東京高判昭和50年9月25日判時792号11頁］。これに対して、Xは上告した。

判旨

　上告棄却。「憲法上、外国人は、わが国に入国する自由を保障されているものでないことはもちろん、所論のように在留の権利ないし引き続き在留することを要求しうる権利を保障されているものでもないと解すべきである」。

　「憲法第 3 章の諸規定による基本的人権の保障は、権利の性質上日本国民のみをその対象としていると解されるものを除き、わが国に在留する外国人に対しても等しく及ぶものと解すべきであり、政治活動の自由についても、わが国の政治的意思決定又はその実施に影響を及ぼす活動等外国人の地位にかんがみこれを認めることが相当でないと解されるものを除き、その保障が及ぶものと解するのが、相当である。しかしながら、前述のように、外国人の在留の許否は国の裁量にゆだねられ、わが国に在留する外国人は、憲法上わが国に在留する権利ないし引き続き在留することを要求することができる権利を保障されているものではなく、ただ、出入国管理令上法務大臣がその裁量により更新を適当と認めるに足りる相当の理由があると判断する場合に限り在留期間の更新を受けることができる地位を与えられているにすぎないものであり、したがつて、外国人に対する憲法の基本的人権の保障は、右のような外国人在留制度のわく内で与えられているにすぎないものと解するのが相当であって、在留の許否を決する国の裁量を拘束するまでの保障、すなわち、在留期間中の憲法の基本的人権の保障を受ける行為を在留期間の更新の際に消極的な事情としてしんしゃくされないことまでの保障が与えられているものと解することはできない。在留中の外国人の行為が合憲合法な場合でも、法務大臣がその行為を当不当の面から日本国にとって好ましいものとはいえないと評価し、また、右行為から将来当該外国人が日本国の利益を害する行為を行うおそれがある者であると推認することは、右行為が上記のような意味において憲法の保障を受けるものであるからといってなんら妨げられるものではない」。

判例4-2

争点

　政党への寄附行為は会社の権利能力の範囲に属する行為か（内国法人は人権（政治活動の自由）の享有主体であるか否かについても判示）―八幡製鉄政治献金事件［最大判昭和45年 6 月24日民集24巻 6 号625頁］

事実

　株式会社 A の代表取締役 Y が政党に対して350万円の政治献金をした。これにつき、同社の株主 X は、株主代表訴訟を提起し、本件寄付は、定款が定めた会社の事業目的の範囲外であるとして、Y に対して損害賠償責任を追及した。第 1 審は、請求を認容［東京地判昭和38年 4 月 5 日判時330号29頁］。Y は控訴。控訴審は、Y の控訴を認容し、第 1 審判決を取り消した［東京高判昭和41年 1 月31日判時433号 9 頁］。これに対して、X は、上告。本件寄附は定款の目的の範囲外の行為であるから会社 A は本件寄附をする権

利能力をもたない、本件寄附が自然人である国民にのみ参政権を認めた憲法に反し、民法90条により無効であるなどの主張をした。

判旨

　上告棄却。会社は、定款に定められた目的の範囲内で権利能力をもち、その目的の遂行のために直接・間接に必要な行為であれば、その範囲内に含まれる。その必要性は、行為の客観的性質に即して、抽象的に判断される。そして、「憲法の定める議会制民主主義は政党を無視しては到底その円滑な運用を期待することはできないのであるから、憲法は、政党の存在を当然に予定しているものというべきであり、政党は議会制民主主義を支える不可欠の要素」であり、同時に、「政党は国民の政治意思を形成する最も有力な媒体である」。このような政党に対する寄附は、客観的、抽象的に観察して、会社の社会的役割を果たすためになされたものと認められる限りにおいては、会社の定款所定の目的の範囲内の行為である。

　「憲法第3章に定める国民の権利および義務の各条項は、性質上可能なかぎり、内国の法人にも適用されるものと解すべきであるから、会社は、自然人たる国民と同様、国や政党の特定の政策を支持、推進しまたは反対するなどの政治的行為をなす自由を有する」のであり、政治資金の寄附もその一環である。

判例4-3

争点

　日本国憲法の人権規定は私人間に適用されるか──三菱樹脂事件［最大判昭和48年12月12日民集27巻11号1536頁］

事実

　Xは、大学卒業後、株式会社Yに入社した。しかし、身上書に団体加入の有無や学生運動の履歴について虚偽の申告をし、また、入社試験の際に虚偽回答などをしたことが、「会社の信頼を著しく裏切るものであり、会社の管理職要員として不適格である」という理由で、3ヶ月の試用期間の満了時に、本採用拒否の告知を受けた。Xは、その告知が無効であると主張して、雇用契約上の地位の確認と賃金の支払いを求める訴えを提起。第1審は、請求を一部認容［東京地判昭和42年7月17日判時498号66頁］。控訴審では、Yが採用試験に際して入社希望者から思想・信条に関する事項の申告を求めたのは、憲法19条に反し、また、信条による差別待遇を禁止する憲法14条、労基法3条にも違反するので、公序良俗違反として本件本採用拒否を無効と判断し、Yの控訴を棄却［東京高判昭和43年6月12日判時523号19頁］。これに対して、Yは、上告。憲法19条、14条は、私人間の関係を直接規律するものではないなどの主張をした。

判旨

　破棄差戻。憲法14条および19条は、「同法第3章のその他の自由権的基本権の保障規定と同じく、国または公共団体の統治行動に対して個人の基本的自由と平等を保障する目

的に出たもので、もっぱら国または公共団体と個人との関係を規律するものであり、私人相互の関係を直接規律することを予定するものではない」。

「もっとも、私人間の関係においても、相互の社会的力関係の相違から、一方が他方に優越し、事実上後者が前者の意思に服従せざるをえない場合があり、このような場合に私的自治の名の下に優位者の支配力を無制限に認めるときは、劣位者の自由や平等を著しく侵害または制限することとなるおそれがあることは否み難いが、そのためにこのような場合に限り憲法の基本権保障規定の適用ないし類推適用を認めるべきであるとする見解もまた、採用することはできない」。「私的支配関係においては、個人の基本的な自由や平等に対する具体的な侵害またはそのおそれがあり、その態様、程度が社会的に許容しうる限度を超えるときは、これに対する立法措置によってその是正を図ることが可能であるし、また、場合によっては、私的自治に対する一般的制限規定である民法1条、90条や不法行為に関する諸規定等の適切な運用によって、一面で私的自治の原則を尊重しながら、他面で社会的許容性の限度を超える侵害に対し基本的な自由や平等の利益を保護し、その間の適切な調整を図る方途も存するのである」。

企業者は、憲法で保障された経済活動の自由の一環として契約の自由を有し、「特定の思想、信条を有する者をそのゆえをもって雇い入れることを拒んでも、それを当然に違法とすることはできない」以上、「労働者の採否決定にあたり、労働者の思想、信条を調査し、そのためその者からこれに関連する事項についての申告を求めることも、これを法律上禁止された違法行為とすべき理由はない」。

もっとも、本件の事実関係の下における本採用拒否は、通常の雇入れの拒否と同視できず、雇入れ後の解雇の性格を有することを踏まえ、本件雇用契約上の留保解約権の趣旨・目的に照らして、本件本採用拒否の客観的に合理的な理由の有無がさらに審理されなければならない。

[主要参考文献]
・小山剛『「憲法上の権利」の作法［第3版］』（尚学社、2016年）
・初宿正典『憲法2 基本権［第3版］』（成文堂、2010年）
・高橋和之『立憲主義と日本国憲法［第5版］』（有斐閣、2020年）
・長谷部恭男『憲法［第7版］』（新世社、2018年）
・渡辺康行・宍戸常寿・松本和彦・工藤達朗『憲法Ⅰ 基本権』（日本評論社、2016年）

第5章

違憲審査基準論

---- **本章のねらい** ----
　憲法上の権利としての人権も、法律による制約に服する場合がある。しかし、法律で定めれば、いかなる人権制約も許されるわけではない。では、どのような場合に、人権を制約する法律は、憲法上、正当化されうるのであろうか。この正当性を判定するために考え出された基準が違憲審査基準と呼ばれるものである。本章では、人権制約立法を憲法上正当化するための論証の手順、その中での基準の使い方について整理しておきたい。

1　問題の所在──利益衡量論と審査基準論──

　国家が憲法上の権利としての人権を制約するとき、次の二つの場合が考えられる。

　第一に、国民による人権の行使により何らかの利益に被害（害悪）が発生する場合である。国家はこの害悪の発生を防止するために、害悪発生の原因である人権行使に制約を課す。

　第二に、人権の行使が他の人権と衝突する場合である。誰もが平等に最大限、人権を行使できるように、国家が人権行使の調整、両立化を図ることになる。

　以上から、国家による人権制約は、利益対立の問題を解決するための措置として把握できる。この措置を正当化するためには、①形式上、法律に基づいていること（**法律の留保**）、②実質上、以上の利益対立の解決が合理的であること、を論証しなければならない。

　①が求められるのは、国民の権利を制約するためには、国民代表機関である議会の制定した法律によらなければならないからである。

　②については、人権制約の実質を利益対立の問題として把握する以上、人権

制約が正当化されるのは、規制により得られる利益と失われる利益を天秤にかけた結果、前者が上回る場合であるということになる。こうした審査方式を**利益衡量論**という。しかし、裁判所が事件ごとに個別に利益衡量を行い人権制約の妥当性を判断するとなると、質を異にする利益をはかる共通の物差しがないことから裁判官の主観的判断を拘束しえず、予測可能性を低下させ、法的安定性を害するとともに、結果として公益優先の判断になりやすい。そこで、裁判所が利益衡量を行う際のポイントを類型化して提供することにより、裁判官の主観的判断を拘束する基準が必要となる。こうした観点から学説により主張されてきたのが、**違憲審査基準論**である。

　この審査基準は、水平的な利益衡量の枠組みを、規制の目的と手段といういわば垂直的な連関構造に再構築したうえで、憲法上の権利の重要性などに応じて、目的と手段それぞれの審査の厳格度を変えるものである。この厳格度に応じ、審査基準は、①**厳格審査基準**、②**中間審査基準**（**厳格な合理性の基準**）、③**合理性審査基準**に区分される。そして、目的と手段の審査それぞれをパスすれば、人権の規制により得られる利益の方が大きいと見なされることになる。以下、利益衡量過程を枠づける審査基準の「使い方」について説明しておく。

　なお、ここであらかじめ次の二点に注意を促しておきたい。

　第一に、学説においても利益衡量論を限定的に用いる可能性が認められていることである。例えば表現の自由とプライバシー権など同程度に重要な利益の対立に限定して、裁判所が第三者的仲裁者の立場で利益衡量による調整を行うことが指摘されている。

　第二に、逆に、対立する利益との衡量を許さない**「切り札」としての権利**の存在を指摘する学説がある。憲法上保護を受けるべき行為類型、さらに検閲の禁止（憲法21条2項）や残虐な刑罰の禁止（憲法36条）など憲法上許容されない国家行為等を憲法レベルで概念定義し、それ以上の衡量は許さない。表現の自由をめぐる**定義づけ衡量**もこの手法の応用として位置づけられる。

2　審査基準の使い方

1　論証すべき点
審査基準の使い方を把握するためには、まず、人権制約立法の憲法適合性判

断の論証過程全体を押さえておく必要がある。この論証過程の見取り図について、学説上、考慮事項を次のように五段階に分けて順次検討していくことが提唱されている。

①まず、どの法令のどの部分が違憲主張ないし違憲審査の対象なのか、規制される権利および規制態様はどのような性格をもつか、合憲性審査はいかなる厳格度で行なわれるべきか、これらを論証する。

②当該法令部分が市民の行為・状態・法的地位を規制する目的は何なのかを論述する。

③その目的の評価を論述する。

④当該規制法令が選択している目的達成手段は何なのかを論述する。

⑤この手段と目的との関係についての評価を論述する。

この学説を参考に整理しておくと、①が前提問題を含む審査の第一段階、②と③が審査の第二段階で、いわゆる**目的審査**とよばれるもの、④と⑤が審査の第三段階で、いわゆる**手段審査**とよばれるものである。審査基準は、このうち第二段階と第三段階で用いられる。

2　第一段階

まず、前提問題として、「憲法上保障されている権利」の「侵害」があることを確認しなければならない。

問題になっている行為や利益の性格を、行為がなされた文脈等も踏まえて確認したうえで、それを保護している人権規定が存在するのか、当該人権を保護する趣旨に立ち返ってしっかりと論証しなければならない。そうして次に、人権規定により保護されている行為に対する国家の侵害行為の存在を、その態様も睨んで把握する必要がある。その際、法令に基づく侵害行為の場合には、違憲審査の対象を侵害行為にするか（これを**適用上判断**といい、主に後述の**比例原則**を用いて合憲性を判断する。これについては**第23章**を参照）、侵害行為の根拠となっている法令の部分にするか、確定しなければならない。審査基準論は、主に後者の法令の憲法適合性審査を念頭においている（なお、適用上判断をしたうえで、法令審査を行うことも、逆に法令審査をしてから適用上判断を行うことも可能である。二つの審査を行うことは、とりわけ**萎縮効果**が問題になる表現の自由の制約を審査する場合に妥当する）。

　以上の確認作業を行った後、人権の重要性などに応じて以後の第二段階、第三段階においてどの審査基準を用いるか、判断することになる。ただし、そこからすぐに第二段階の目的審査に移行せずに、いわば「足切り」として、法令の文面だけ見て違憲と判断しうる場合もある。具体的には、問題となっている法令の規定が、内在的制約に服さないはずの内心の自由に対する規制か、憲法が禁止する制度（華族制度、検閲制度、奴隷制度、拷問等）を定めるものか、罪刑法定主義あるいはデュープロセス（憲法31条）の要請により禁止される、規制対象行為が一義的に判断できない**漠然不明確な文言**によるものか否か（とりわけ表現の自由が問題になる場合には、「萎縮効果」の重大性から明確性が厳格に要請される）、同じく精神的自由の萎縮効果の観点から禁止される**過度に広汎な規制**か否か、が問われることになる。

3　第二段階（目的審査）

　法令の憲法適合性審査の第二段階は、法令による人権規制の目的の正当性審査である。法令は、通常何らかの目的を設定し、それを達成する手段として何らかの規制を選択している。このように法令を目的・手段に再構築したうえで、この規制目的が正当であるのかを審査するのが第二段階での課題である。では、立法目的の正当性審査とは一体何を調べるのであろうか。この点について、学説上、意見の一致をみていない。

　通説的見解によれば、目的審査とは問題となっている人権を制約する目的の重要度を判定するものである。前述の通り、人権制約立法は、第一に、害悪の発生を防止するために害悪発生の原因である人権行使に制約を課すものである、第二に、人権行使の調整のために各人権行使に制約を課すものであるから、ここでの目的審査とは、害悪の深刻度、人権の調整の必要度を判定することに他ならない。したがって、ここでの判定は、第一段階で確定した被制約人権の重要度に応じて、「やむにやまれぬ保護利益」があるか（厳格審査基準）、「重要な保護利益」があるか（中間審査基準）、「正当な保護利益」があるか（合理性審査基準）を問うことになる。

　この第二段階の審査のポイントは、②法令の目的をどのようにして検出し、③その重要度（「やむにやまれぬ」、「重要」、「正当」）をいかにして評価するか、である。

　②の問いについては、法文のみならず、**立法事実**（規制の必要性を根拠づける社会的、経済的事実）を検証することにより、法令が規制対象としている具体的行為の弊害は何か、すなわち、規制によって保護しようとしている法益は何かを合理的に推論しなければならないことが指摘されている。この作業が重要である理由は、「目的と手段の相対性」、すなわち、現実の国家活動は抽象的な目的を設定し、それを実現するための手段を投入し、その手段を中間目的と位置づけてその実現のための手段をさらに投入するというように、目的・手段の連鎖が続くためである。すなわち、この連鎖のどの段階に照準を合わせて立法目的を選択するかによって、次の第三段階の手段審査の評価も変わりうる。

　③については、制約される人権の重要性に見合った利益であることを事案の具体的事実関係に照らしながら論じることになる。

　他方、有力説によれば、人権の制約理由である**内在的制約**を、「他人の生命・健康を害してはならない」、「他人の人間としての尊厳を傷つけてはならない」、「他人の人権と衝突する場合の総合調整の必要」の三点に限定しつつ、ただ経済的自由については内在的制約だけでなく、社会権の実現ないし経済的・社会的弱者の保護という観点からの**政策的制約**も認められるとする。このように人権制約の目的をあらかじめ限定したうえで、目的審査とは法令が規制対象としている行為と以上の「害悪」発生との間にどの程度の関連性（因果関係）が認められれば合憲としうるか、換言すれば、立法事実の存在がどの程度に証明されたら合憲とすることができるのかを問うものである。具体的には、厳格審査基準は因果関係の厳格な密接性（法令が規制対象としている類型ないし範疇に属する行為が一定の「害悪」をもたらすということがほとんど100パーセントそうだといえなければならない、明白な関連性）、中間審査基準は因果関係の密接性（100パーセントとまではいえなくても多くの場合にそうだといえる必要がある、合理的な関連性）、合理性審査基準は一応の因果関係の存立（全然無関係ではないという程度の関連性）を求めることになる。

4　第三段階（手段審査）

　第二段階の審査において立法目的の正当性が承認されたとしても、そこから直ちに規制が許容されるわけではない。さらに目的達成手段の審査が必要となる。

　この手段審査は、通説によれば、第二段階の審査と同様、被制約人権の重要度に応じて、「手段は目的達成のために必要不可欠か」（厳格審査基準）、「手段は目的達成と実質的関連性をもつか」（中間審査基準）、「手段は目的達成と一応の関連性をもつか」（合理性審査基準）を問うことになる。ただし、近年、アメリカを範とする以上の審査基準は、「誰にとっても使い勝手のよいように、細部まで十分練られた道具だとは必ずしもいえない」との批判的観点から、後述するドイツの三段階図式により違憲審査基準論の補充を試みる見解がある。

　なお、手段審査は、正当とされる目的が偽の目的であることを暴く機能をも有していると指摘されている。審査基準は、利益衡量を枠づける機能に加えて、政府の行為理由を統制する機能をも有していることになろう。

　他方、有力説によれば、内在的制約については、人権の制限の程度・手段は、「害悪」発生を防止するという目的達成にとり必要最小限度のものにとどまるかを、立法事実を綿密に審査することにより判定しなければならない。これに対して経済的自由にのみ認められる政策的制約は、国は憲法25条 2 項により社会的・経済的弱者を保護すべき義務を有している以上、原則として立法府の裁量に委ねられており、**必要最小限度の基準**は適用されないと指摘している。すなわち、制約の目的が社会権の実現ないし社会的・経済的弱者の保護にあると認められる限り、制限の程度・手段に関しては**合憲性推定の原則**があてはまり、その法令による制限の程度・手段が著しく不合理であることが明白でない限り合憲とされる。

3　二重の基準論と審査基準論

　具体的事案においてどの審査基準を適用するかの判断は、憲法上の権利の重要性、制約の態様・程度の論証に依存している。こうした論証の見取り図として、いわゆる**二重の基準論**が主張されている。この理論によれば、精神的自由に関する規制の場合は、経済的自由に関する規制の場合と異なり、裁判所は厳格な審査基準を用いなければならないという。その根拠として、以下の三つが挙げられている。

　第一に、**表現の自由の優越的地位論**である。個人の尊厳を基本価値とする社会では、自己実現と自己統治がともに尊重されなければならない。憲法が保障

図　審査基準

		A　文面上無効
A　事前抑制 　　過度広汎規制		**A　文面上無効**
B　表現内容の規制		**B　厳格審査基準**
C　表現の時・所・方法の規制	D　消極目的規制	**C　中間審査基準** **D　中間審査基準**
	E　積極目的規制	**E　合理性の基準**

（表現の自由）　　　　　　　（経済的自由）

※表現内容規制と表現の時・所・方法の規制については**第10章**、消極目的規制と積極目的
　規制については**第14章**を参照。近年、いずれも、区別の妥当性について争われている。
出典：芦部信喜『憲法判例を読む』（岩波書房、1987年）103頁を基に著者作成

する権利はこのいずれかの価値と結び付いている。しかし、表現の自由はこの両者と深く結合している点に特徴がある。この観点から人権体系における表現の自由の「優越的地位」が語られる。それは、「表現の自由を他の人権以上に強固に保障することこそ、人権全体の保障に不可欠であるという信念」を意味する。

　第二に、**裁判所の役割論**である。裁判所の役割は、民主的な政治過程の維持にある。民主的な政治過程が機能している限り、違憲立法の是正は民主的政治過程に委ねるべきである。しかし、民主的な政治過程が正常に機能していない場合には、それを回復するために、裁判所は積極的に介入しなければならない。表現の自由を典型とする精神的自由は、民主的な政治過程を構成する権利であり、精神的自由に関する規制の場合は、民主的な政治過程それ自体が侵害されているおそれがある。したがって、裁判所が積極的に介入しなければならない。しかし、経済的自由に関する規制の場合は、民主的な政治過程が正常に機能しているので、裁判所は介入すべきではない。

　第三に、**裁判所の能力論**である。前述の通り、経済的自由については政策的制約が許される。しかし、社会経済に関する資料収集・分析・評価の能力を有しているのは、裁判所ではなく内閣と議会からなる政治部門である。それゆえ経済的自由の規制については政治部門の判断を尊重すべきである。ただし、この見解に対しては、政治責任に裏打ちされた政治部門の積極的判断を尊重する必要はあるが、裁判所は判断過程を統制できるとの指摘もなされている。

二重の基準論の考え方を踏まえて、参考までに、学説における審査基準の使い方の見取り図を引用しておきたい。

4　審査基準論に対する批判

1　硬直性？

以上、審査基準の使い方について見てきた。しかし、近年、審査基準論に対してはその硬直性が批判されている。すなわち、どの審査基準を適用するかでほとんど結論が決まってしまい、具体的事案の性質に応じた法的分析が軽視されるという批判である。さらに、現在の審査基準論は、審査基準の選択にもっぱら関心を寄せ、その前段階として、問題となる具体的規制が合憲性審査により要求される「憲法上の権利」の「規制」にあたるかどうかの判断を忘却しているという指摘もなされている。

そこで、猿払事件や薬事法違憲判決に代表される日本の判例はドイツでの比例原則による審査と親和性があるとの指摘もあって、**三段階図式**というドイツにおける論証作法を日本にも輸入し、審査基準論の補完を試みる見解も有力になりつつある。

2　三段階図式

この三段階図式は、自由権（＝防御権）の規制に関する「論証作法」である。したがって、平等原則や作為請求権については、この図式は妥当しない。

第一段階において、規制の対象となる行為が憲法上の権利の**保護範囲**に入るかどうか検討する。

第二段階において、問題となる国家行為が憲法上の権利を**侵害**するかどうか検討し、肯定されると国家行為の違憲性が推定される。

第三段階では、以上の違憲性が阻却されるか、つまり**正当化**されるかどうか審査する。その際、形式的審査として法律の留保があるか、実体的審査として、目的の正当性、手段の比例原則の充足の審査を行う。この比例原則は、①**合理性**（適合性）＝手段が目的達成に役立つか、②**必要性**＝手段が目的達成にとって必要最小限度の規制か、③**狭義の比例性**＝規制により得られる利益と失われる利益が均衡しているか、の審査を要求する。ある論者の表現を借りて薬

図　三段階図式と審査基準論

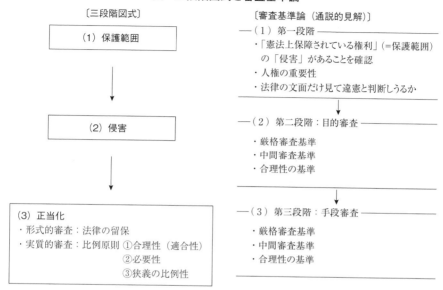

に喩えるならば、①＝副作用のみで治療効果のない薬は、その副作用を正当化しえない。②＝同程度の治療効果を有する薬が複数存在する場合には、副作用の少ない薬が選択されなければならない。③＝軽微な疾病を治療するために重大な副作用のある劇薬を用いてはならない、ということになる。

　以上の三段階図式の特徴を審査基準論と比較しつつまとめておくと、以下のようになる。

　第一段階および第二段階は、正当化の段階の前提として、問題となる規制が「憲法上の権利」の「侵害」かどうかの判断を明確化している。しかし、審査基準論においても、「憲法上の権利の規制」にあたるかどうかの判断は当然に行われなければならないことを前提にしている。したがって、審査方法に関する大きな違いは第三段階、つまり審査基準か比例原則（目的の正当性を前提）かにある。なお、この第三段階は、形式的審査として法律の留保を明確化している。

　では、審査基準と比例原則の違いはどこにあるのであろうか。学説上、裁判官の主観的判断に対する拘束力の違いが大きな違いとして挙げられている。

　それによると、比例原則は「事の性質」に応じてその適用の緩厳（＝**審査密度**）が変化する**スライディングスケール**である。その長所は、審査基準の硬直性を排除し緻密な法的判断を可能にする一方、短所は、裁判官の主観的判断に対する拘束力の弱体化に認められる。

　とりわけ三段階図式では目的審査が実質的に機能していないため、比例原則①②をパスしても失われる利益の方が得られる利益より大きいということがありうるために、③が必要になるとともに決め手ともなる。そうであるならば、比例原則は基準のない「裸の利益衡量」となってしまう。逆に、審査基準論では、憲法上の権利の重要性に応じて手段だけでなく目的に関する審査の厳格度も変化し、目的審査において失われる利益の重要性に見合うだけの目的、つまり得られる利益の重要性が要求されることから、目的・手段審査をパスすれば③は不要なのである。

　ただし、これに対しては、③は実質的に目的審査を行っているのではないか、また、比例原則においては①②をパスしたうえで③が問題となるため、比例原則は裁判官の主観的判断を拘束したうえで、さらに緻密な法的判断を可能にするとの指摘もある。

3　比例原則と審査基準の融合？

　比例原則は、審査基準論のいう手段審査の場面で用いられる。前述の通り、審査基準論の手段審査においてアメリカを範とする審査基準は、「誰にとっても使い勝手のよいように、細部まで十分練られた道具だとは必ずしもいえない」との批判が提起されている。そこで、手段審査における審査基準を、①合理性、②必要性、③狭義の比例性からなる比例原則により補充、再構築して、審査基準をより使いやすくしようと試みる学説もある。審査基準論の枠組みに比例原則を持ち込むことから、③を切り落とすことも可能のように思えるが、この学説は、先ほど言及したように、比例原則は裁判官の主観的判断を拘束したうえで、さらに③により緻密な法的判断を可能にする点を捉えて、③を残している。

　それによると、手段審査とは、選択されている手段が目的実現にとって「有効か」（＝①）、「必要か」（＝②）、「副作用はないか」（＝③）という三点を問う審査であると再構築する。そのうえで厳格審査基準は、①、②、③を根拠づけ

る立法事実を根拠に、とられている手段がどうしても必要な唯一の手段であり、重大な副作用もないという心証が得られなければ違憲と判断するものである。中間審査基準は、手段としての有効性、必要性、重大な副作用の不存在について、立法事実を根拠に心証形成ができなければ違憲と判断するものである。合理性審査基準は、有効・必要な手段で、目に付くような重大な副作用もないという心証が立法事実の分析検討を経なくても、常識に訴える一般論を根拠に形成できれば、十分合憲と判断するものである。

4　ポイント

　繰り返し指摘されているように、審査基準論であれ三段階図式であれ、基準を機械的に適用してはならず、むしろ具体的事案に即して憲法上の権利の重要性、制約の態様・程度を丁寧に論証することが重要である。憲法上の権利の重要性、制約の態様・程度を論ずるポイントについては本書の関係個所の説明に譲りたいが、本章の最後に、近年の学説の整理に従い、後者の制約の態様・程度について簡単にまとめておきたい。

　第一に、**ハードな手法／ソフトな手法の区別**に注意する必要がある。強制力の使用というハードな手法のみならず、監視、誘導など強制力を伴わないソフトな手法が多用されている。後者は、「侵害」概念の拡張により対応することになる。

　第二に、**直接規制／間接・付随規制の区別**がある（なお、厳密には間接規制と付随規制も区別される）。直接規制とは、憲法上の権利の行使を規制することを目的とする一方、間接・付随規制は一般に正当とされる法令を適用した結果、たまたま憲法上の権利行使が規制されてしまうものである。間接・付随規制は直接規制よりも規制の程度が小さいとされるものの、事案によっては直接規制に匹敵する人権侵害をもたらすこともありうるため、この場合「適用違憲」等を検討することになる。

　第三に、**事前規制／事後規制の区別**がある。事前規制とは許可制のように憲法上の権利行使を事前に規制することであり、事後規制とは憲法上の権利行使後に規制することである。事前規制の方が規制の程度が強いと考えられている。なぜなら、事前規制は予測に基づいた抽象的な判断にならざるをえず、規制範囲が広範になりがちで、適用者の恣意的判断の余地があるからである。こ

れに対して事後規制は、因果関係に基づいた判断が可能であるため、以上の懸念は小さい。とりわけ萎縮効果を除去する必要のある表現の自由については事前抑制は原則禁止となり、経済的自由についても事前規制は事後規制より審査の厳格度を高く設定すべきであることが学説により主張されている。

[主要参考文献]

・赤坂正浩『憲法講義（人権）』（信山社、2011年）

・芦部信喜［高橋和之補訂］『憲法［第7版］』（岩波書店、2019年）

・安西文雄・巻美矢紀・宍戸常寿『憲法学読本［第3版］』（有斐閣、2018年）

・浦部法穂『憲法学教室［第3版］』（日本評論社、2016年）

・曽我部真裕・赤坂幸一・新井誠・尾形健編『憲法論点教室［第2版］』（日本評論社、2020年）

第6章

包括的基本権

── 本章のねらい ──

　13条は、前段において「個人の尊厳」原理を規定したうえで、後段においてその具体化として「幸福追求権」について定めている。この「個人の尊厳」原理の意味するところは何だろうか。また、幸福追求権は、「包括的基本権」とも呼ばれることがあるが、それが意味するところは何だろうか。これらについて説明をし、13条で保障される「新しい人権」としてプライバシー権を取り上げたうえ、その変遷について学んでいく。それ以外の名誉権、人格的自己決定権、環境権について、加えてヘアスタイルの自由などを代表格とする一般的行為自由に該当するものについてどのような扱いがなされているかを検討していく。

1 「すべて国民は、個人として尊重される」の意味するところ

1　個人主義とは何か？

　日本国憲法13条は、前段と後段に分けて考えることができる。まず前段は「すべて国民は個人として尊重される」と定めている。ここで示された「個人の尊厳（尊重）」というフレーズは、一般に日本国憲法が、戦前における全体主義の考え方を否定し、代わって「個人主義」を掲げたものとの説明がなされるところである。全体主義においては、国家存続という大目的のために、国民個々人の自由や生命を犠牲にする（いわゆる滅私奉公）ことをいとわないが、個人主義においてはこうした考えは否定される。この点、いわゆる、戦後ドイツにおけるボン基本法1条にも「人間の尊厳」が「不可侵」なものとして掲げられており、それとの類似点が指摘されることもあるが、人間の尊厳は、あくまで「人間」という「類」に対する尊厳を示したものと捉えられる。それは、人間の生命や身体に対する不可侵性を意味している。こうした土台としての生命や身体に対する安全が保障されたうえで、日本国憲法13条は、一人一人の「独

立した人格」を有する個々人が、最大限に尊重されなければならない、という「個人の尊厳」原理を保障する。すなわち、公権力は、個々人の人格的決定に対して、最大限の配慮を行うべきことが要請される。これを言い換えて「人格の尊厳」原理と呼ぶこともある。またこの観点からは、次章の日本国憲法14条は「人格の平等」原理を定めたもの、と捉えることができる。

2　「強い個人」という前提──個人の自律──

　この「個人の尊厳」はまた、個人の自律（≠自立）を尊重するものとも言い換えられる。すなわち、「近代」国家成立のプロセスにおいては、身分制秩序が解体され、それに伴い社会に巣くっていた「中間団体」から「個人」が解放されることになる。そこでは、個人は「自由」の担い手として、「自律（autonomy）」して行動することが前提となっており、それ故に国家は権力を不当に行使して個人の「自由」に介入することは許されない、という憲法学の前提が導出されているのである。そして、ここでいう「自律」は、まさに他者（特に国家）に依存することなく、自分自身が人生の作者として合理的に思考・行動し、その結果を引き受けることで「自己」を「規律」することを意味している。

　もっとも、こうした個々人が、自らについて合理的に思考をしたうえで自己決定を行う、という近代が掲げる「個人」像（これを「強い個人」という）に対する批判も少なくない。すなわち、近代的「強い個人」はあくまでフィクションとしてのみ存在しているに過ぎない。「現実」の多くの個々人にとって、このようなイメージ通りの生き方を貫徹することは不可能に近いであろう。現実の「個人」には「弱い」部分が存在するのであり、したがってそうした側面に対する国家による保護が必要になることも十分あり得る。ただし、「個人の自律」は、日本社会に戦後もなお根強く残る（とされる）集団主義的発想に対する批判的概念として注目される側面もある。この点からは、「法人の人権」論などは見直しを迫られることになろう。

　いずれにせよ、現代においても「個人の尊厳」が日本国憲法の中核をなす原理であることに変わりはなく、そのため、憲法秩序における下位法の中でも原則規範として機能している。例えば、民法2条は、「この法律は、個人の尊厳と両性の本質的平等を旨として、解釈しなければならない。」として具体化を

しており、民法全体における解釈基準として機能している。

2 包括的基本権――幸福追求権の諸相――

1 新しい権利の根拠としての憲法13条

　さて、以上のように13条前段が、「個人の尊厳」原理を定めたものと解する
として、後段との関係性はどのようなものになるだろうか。後段においては
「生命、自由及び幸福追求に対する国民の権利については、公共の福祉に反し
ない限り、立法その他の国政の上で、最大の尊重を必要とする」ことが明らか
にされている。同様の言い回しは、1776年のヴァージニア権利章典やアメリカ
独立宣言にも見出すことができる。この点、後段部分は、前段が定めた憲法上
の客観法原理を具体化し、その実現のために必要不可欠となる権利や自由を包
括的にまとめたものと解することができる。すなわち、個人として尊重される
以上、個々人の「幸福」
もまたそれぞれに多様な
形が尊重されて然るべき
である。ここから、国家
は特定の「幸福」を個人
に押し付けることはでき
ず、個人が幸福を「追
求」するための手段的権
利が保障されることにな
る。これを幸福追求権と
呼んでいるのである。も
っとも、この後段部分に
ついては、憲法が個別に
14条以降で列挙し、保障
している各種基本権を
「総称」したものである
とか、単なる倫理規定
（＝法的権利性は有しない規

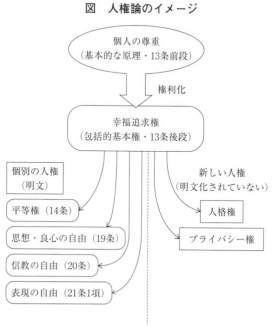

図　人権論のイメージ

出典：高橋和之『立憲主義と日本国憲法［第5版］』（有斐閣、2020年）
146頁を基に著者作成

定）にすぎないとする向きもあった。しかしながら、日本国憲法「典」の中に記述されている基本権は、個人が人格的決定を行うために必要不可欠な権利や自由をすべて列挙しきれているわけではなく、またそうした権利や自由は、憲法制定時からの時代状況の変化による要請に伴い、新たに析出されることもあり得る。ここから、13条は常に日本国憲法典に記述されていない新しい権利や自由を生み出すための法的根拠として機能しうる（図　人権論のイメージを参照　個人の尊重→幸福追求権→個別の人権（新しい人権も含む））。このように、憲法典において列挙されていない権利や自由をまとめた母胎としての役割を果たすことから、13条の主観的権利は、包括的基本権と呼び表されることもある。なおこの点で、アメリカ合衆国憲法修正9条が「この憲法の中に特定の権利が列挙されていることをもって、市民の有するその他の権利を否定し、または軽視したものと解釈してはならない」と定めている意味と同様のものが日本国憲法においても該当するという指摘もある。なお、しばしば13条の包括的基本権については、その補充的性格が指摘されている。すなわち、13条で保障される権利と、14条以下で列挙されている権利の関係性は、「一般法と特別法」の関係にあるとされ、あくまで特別法（14条以下列挙の権利）で解決できない場合に、13条の包括的基本権の行使が認められるという点には注意が必要であろう。

2　幸福追求権の射程──3つの学説──

　上記の幸福追求権の射程、すなわちどこまでを保護範囲に含むのかという点については、これまで大きく分けて2つの学説に対立があった。

　①その一つは、いわゆる人格的利益説（通説）である。こちらは、包括する個別的権利の範囲を、限定的に捉え、あくまで個人の人格的生存に必要不可欠と考えられる利益のみが、新しい権利として保護されることになる。その典型として主張されてきたものが、後述するようなプライバシー権、名誉権、人格的自己決定権、環境権である。他方で、①の説に対しては、「人格的生存に必要不可欠」というような抽象的な文言で、保護される権利の範囲を確定してしまうことについて、批判がなされていた。こうした権利の範囲の確定は、主として裁判官によってなされることになるが、それは裁判官の価値観によって左右されるということになりかねず、そうした権利の範囲から零れ落ちたものへの救済が問題となる。またそもそもある個人にとって最も重要な価値を有する

行為は、たとえ他の多くの人々の目にさして重要な価値を持たない行為として見られたとしても、それを否定することはできないはずとも考えられた。

　②上記の批判に対応する形で、唱えられたのが一般的（行為）自由説である。この説は、個人が行う生活領域におけるあらゆる行為（例：喫煙、酒造り、恋愛、ヘアスタイ等の自由）がその保護範囲に収められる。しかしながら、この説においても、殺人や強盗と言った他者加害的行為までも、いったんは保護の範囲に入れることになる（無限界説）と、それは人権の正当性に対する疑念を生むのではないかといった問題が見出せるほか、「切り札」としての人権が有するその「劇薬性」についても考える必要がある。すなわち、本来の人権の「切り札」性とは、他のあらゆる社会公益をひっくり返す力を秘めていている点にあった（「人権」の「切り札」性　第5章1を参照）。これは民主制国家においては一種の「劇薬」としての側面を有する。なぜならば、社会公益の実現のために

図　新しい人権についての関係性

一般的自由説
13条は、個人が行うあらゆる生活領域における行為を保護しているとする学説。人権の「劇薬性」や「インフレ化」が問題になる。

対立

人格的利益説（通説）
13条は、個人の人格的生存に必要不可欠な利益のみを新しい人権として保障しているとする学説。「人権のインフレ化」を起こさない利点がある一方、保障から零れ落ちるものの救済が問題になる。

読みかえ

新一般的自由説
13条を客観法的側面から読みかえ、実質的法治国家原理の要請として、論理必然性のない恣意的な規制を国家が行うことを禁じたものと解する説。すなわち、幸福追求権は、「違憲の強制」から自由を保障していると考える。

両立

Ex.喫煙
　　酒盛り
　　恋愛
　　ヘアスタイル等

Ex.プライバシー権
　　名誉権
　　人格的自己決定権
　　環境権

民主政治過程で行われる議論を、こうした「切り札」は強制的に断絶させることになり得るからである。例えば、アメリカにおいて論争が絶えない妊娠中絶を女性の人権として裁判所が認めた場合、それ以降、妊娠中絶を規制することは、憲法改正を行う以外に、通常の民主政治過程においては実現不可能になる（仮にそうした立法が民主的に形成されたとしても裁判所によって違憲判決が下される可能性が非常に高い）。このように、新しい権利の「濫発」は、かえって憲法上の民主政治システムを歪ませてしまう規制をはらんでいるのである。そうした危険性を考えると、裁判所も安易に新しい人権を次から次へと認めるわけにはいかなくなる。実際、後述するように、我が国の裁判例においては、一般的自由に該当するであろう、ヘアスタイルの自由や、酒造りの自由、さらには喫煙する自由、恋愛の自由などは裁判で争われているものの、「切り札」としての人権としての地位を獲得しているとは言い難く、規制が正当化され合憲という結論が導出されている。この点、生活領域のあらゆる行為を、裁判で憲法上の権利としてたとえ主張可能になり、その遡上に乗せることができたとしても、多くの場合には対抗する規制利益の存在によって規制が正当化され、結果的に権利の保障が認められないことが重なり、ひいては憲法上の権利の保障全体が希釈されてしまうのではないかという「人権のインフレ化」が、かねてより指摘がされてきたところである。

　③こうした②説が抱える数々の問題点の解消を目指すうえで、近時有力となってきているのが、新一般的（行為）自由説の存在である。この説は、一言でいえば、一見して対立しているように見られがちな①の説と②の説を調和・両立させるものになる。その際に重要となるのは、これまで①にせよ②にせよ、それらが「個人の自由としてどこまで保障されるか」という主観的権利の観点から議論が進められてきたのに対して、③の説は、憲法が国家権力の可動範囲について定めてきた側面（客観法的側面）にかんがみ、実質的法治国家原理の要請から、国家は、法律の根拠を持たず、論理必然性のない恣意的な規制を行ってはならないと考え、翻ってそうした国家の権限濫用から、私たちのあらゆる行為は自由である（これを国家による「違憲の強制」からの自由という）と読みかえるものになる。そして、②の一般的自由説を③のように読み替えるならば、まず第一段階として①の人格的生存に必要不可欠な利益があると裁判所に認められた行為は、憲法上の他の個別の人権と同等の保護を受けることになり、その

うえでそこからたとえ零れ落ちたものがあった場合でも、規制についての法律の根拠があるかどうか、そして恣意的な規制となっていないか（論理的整合性があるか）どうかという一応の目的・手段審査を裁判所から受けることができるようになるのである。（① or ②から① and ③へ　図　新しい人権についての関係性）

　もっともこの① and ③説を採用した場合でも、何が①でいうところの「人格的生存に必要不可欠な利益」に該当するのか、という点に疑問は残る。これについては、❶歴史的正当性があるかという点や、❷普遍性を有するかという点、さらには❸公共性を有しているかという諸点を要件として設定しようという試みがなされているところである。

3　プライバシー権の仕組み

1　プライバシー権の誕生

　幸福追求権に基づき認められる新しい人権の中でも、とりわけよく持ち出されるものに、プライバシー権がある。この権利は、まさに憲法「典」の中からは見いだせず、その権利名がカタカナで表記されていることからもわかるように、新しい人権として戦後憲法の施行後に「輸入」されてきた側面を有する。1949年に公刊されたジョージ・オーウェルによる SF 小説『1984年』は、ビッグブラザーによって人々の私生活上の行動がすべて監視される全体主義社会を描いたことで有名である。このように、プライバシー権は、民主政治社会にとっても必要不可欠な側面も有している。他方で、プライバシー権という言葉の中身は、実は想像以上に複雑で、多様な意味合いを秘めている。それは特に時代状況によって三段階に分かれ、発展してきたとされるところである。ここではまず、プライバシー権の第一段階、「古典的プライバシー権」を見ていくことにする。

　プライバシー権の発祥は、よく言われるように、アメリカ合衆国において、サミュエル・D・ワーレン（Samuel D. Warren）とルイス・D・ブランダイス（Louis D. Brandeis）という二人の若い弁護士によって1890年に執筆された "The Right to Privacy"（4 HARV. L. REV. 193）という論文にあると言われている。この論文の執筆当時、アメリカではイエロー・ジャーナリズムの跋扈によって、人々の私生活が脅かされていたということが背景として指摘されるところ

である。ここで、ワーレンとブランダイスが提唱したのは、「一人にして放っておいてもらう (let me be alone)」権利というべきものであり、自らのプライベートな事柄を勝手に暴露・公開されないことを念頭に置いていた。このような「私生活秘匿権」というべき権利は、我が国においても、1960年代になって導入が議論され、三島由紀夫のモデル小説の内容が争われた**「宴のあと」事件**〔東京地判昭和39年9月28日判時385号12頁〕において、判例法理上も認められることとなった。ここで裁判所は、「いわゆるプライバシー権は私生活をみだりに公開されないという法的保障ないし権利として理解される」としたうえで、「その侵害に対しては侵害行為の差し止めや精神的苦痛に因る損害賠償請求権が認められるべきもの」と判示している。この点、興味深いことに裁判所はこうした「私事をみだりに公開されないという保障」としてのプライバシー権について、「今日のマスコミュニケーションの発達した社会では個人の尊厳を保ち幸福の追求を保障するうえにおいて必要不可欠なものである」としており、単に民法上の人格権の一つとして導出されることはもちろんのこと、その根拠として（はっきりと引用はしていないものの）憲法13条の存在を匂わせている。このような私事公表に対抗する利益としてのプライバシー権は、主として対マスメディアの表現・報道の自由に対抗する法益として、民事訴訟の中で発展を遂げてきた（この点については、**第10章3の7**も参照）。

　こうした、古典的なプライバシー権は、やがて後述するように情報技術の進化を見越して自己情報コントロール権へと発展していくわけであるが、現代においてもその重要性が失われたわけでは決してない。むしろインターネットの発達と拡充により、マスメディアのみならず、個々人が容易に情報発信を行えるようになったことで、その重要性は日増しに高まっていると言ってもよいだろう。例えば、インターネット上への私事に関する性的情報の無断での暴露・公開に対して、立法による一定の保護が必要となる。近時、過去に撮影された自身の私事性的情報が、被撮影者の承諾なしにネット上で暴露・公開されることが問題となった。いわゆるリベンジポルノ問題である。これらの行為は、元配偶者や元交際相手が仕返しとして行われていることが多いため、こうした行為を禁止し、処罰するための**私事性的画像記録の提供等による被害の防止に関する法律**（平成26年法律第126号）が制定された。同法の趣旨は主として二つあり、ひとつはプロバイダ責任制限法の特例を設けて、送信防止措置に関する同

意照会の期限を 2 日間に短縮すること、そしてもう一つが、私事性的画像記録の公表や提供に刑事罰を科すことである。これにより、「個人の名誉及び私生活の平穏の侵害による被害の発生又はその拡大を防止すること」（同法 1 条）が目指されることとなった。

2　自己情報コントロール権への展開

　以上のように第一段階の古典的プライバシー権は、いずれも私事性をもった情報が、不特定多数の者に暴露（＝公開）されて、はじめて権利の侵害が発生すると考えられている点に特徴がある。しかし、すでに60〜70年代ごろには、監視カメラをはじめとするコンピューターを駆使した監視技術が発展し始めており、上記のように私事性のある情報が仮に暴露（＝公開）されていなくとも、プライバシー権にとっての重大な脅威が発生しつつあった。すなわち、勝手に自分の情報が収集されたり、保存されたり、利用されたり、（特定の第三者に）提供されるといったことについても、プライバシー権の侵害として捉えなければ、十分ではないと考えられ、自己情報コントロール権がアメリカにおいて提唱された。日本においても、これらの説が輸入され、そこでは、特に、「人間にとって最も基本的な、愛、友情および信頼の関係にとって不可欠」な情報を保護することが目指された。ここから、情報の主体の同意なく、上記のような情報が、公開のみならず、取得（＝情報の収集）、目的外利用（＝利用方法の変更等）、開示（＝第三者への提供）が行われることでプライバシー権の侵害が発生すると考えられるようになった。上記のように本来的な保護の対象となる情報は、プライバシー固有情報（センシティブ情報）と呼ばれ、特に慎重な扱いが要求される。具体的には、個人の思想・信条や性的情報、傷病の履歴、前科情報など人の心身に関わる情報が該当する。それとは逆に、人に氏名や住所、電話番号といった単純なインデックス情報は、プライバシー外延情報（単純情報）として扱われ、保護の程度は前者に劣る扱いがなされることになる。

　日本の最高裁の判例の中では、いまだ自己情報コントロール権という文言が使われたことはないが、しかし確実にその趣旨に沿った判決を下しつつある。例えば、市役所が保有していた前科情報を弁護士会の照会に応じて本人に同意なく提供したことが問題となった**判例6-1　前科照会事件**［最三判昭和56年 4 月14日民集35巻 3 号620頁］において、最高裁は「前科及び犯罪経歴」を「人

の名誉、信用に直接かかわる」ものとして重視し、みだりにこれを公開されない法律上の保護に値する利益があるとしたうえで、そうした情報については「その取扱いには格別の慎重さが要求される」と判示し、これを「公権力の違法な行使にあたる」と判断している。またこの判決の伊藤正己裁判官による補足意見で、「前科等は、個人のプライバシーのうちでも最も他人に知られたくないものの一つであり、それに関する情報への接近をきわめて困難なものとし、その秘密の保護がはかられているのもそのためである」と判示されている点が注目される。この事件では、古典的プライバシー権におけるポイントであった不特定多数者への公開が問題となったのではなく、あくまで弁護士会という特定の第三者に対する開示が問題となっていたにすぎなかった。にもかかわらず、最高裁は、プライバシー権の「侵害」があると考え、結果的にこれを公権力の違法な行使に当たるとしていることから、この判決は自己情報コントロール権に接近した判決と見ることができるだろう。他方で、大学が警備を理由に警察に対して氏名などが記載された講演会参加者の名簿（＝プライバシー外延情報）を提出していたことが問題となった**早稲田大学江沢民事件**［最二判平成15年9月12日民集57巻8号973頁］では、「学籍番号、氏名、住所及び電話番号」を「秘匿されるべき必要性が必ずしも高いものではない」としつつ、こうした情報も「プライバシーに係る情報として法的保護の対象となる」としたうえで、「このようなプライバシーに係る情報は、取扱い方によっては、個人の人格的な権利利益を損なうおそれのあるものであるから、慎重に取り扱われる必要がある」と判示している。両判決を比較すると、前科情報が情報の取り扱いに「格別の慎重さ」を要求される一方、学籍番号や氏名などの単純な情報の取り扱いについては単に「慎重に取り扱われる」ことを要求する程度とされており、これは、情報のセンシティブ性の高低によって保護の度合いを大きく変えるものと言ってよいだろう。

　また自己情報コントロール権の観点から言えば、例えば自身の過去に犯した犯罪に関する情報（前科情報）は、現代において、一度報道によって実名で公表されればインターネットに半永久的に残り続け、SNS上や検索エンジンによって簡単にアクセスが可能になっている。これは、前科者の社会復帰のための就職活動や友人関係の構築を妨げ、スティグマを発生させる原因ともなっている。こうした問題に対して、例えば欧州司法裁判所は、2014年5月13日に先

決裁定を下し、質問事項に対し、検索エンジン事業者が、検索エンジンの検索結果リストから、第三者が公表したウェブページのリンクを削除する義務があるとしたうえで、それを請求する権利がEU基本権憲章の7条（私生活・家庭生活の尊重）と8条（個人情報保護）に基づいてデータ主体に与えられていると回答しているところである。こうした権利は、「忘れられる権利」と呼ばれ、一種のデータ削除請求権として機能している。我が国においては、民事上の人格権に基づいた妨害排除請求権として主張されることがある。下級審では判断が分かれたものの、2017年に**Google検索結果削除事件最高裁決定**［最三決平成29年1月31民集71巻1号63頁］が下されており、部分的ながら削除請求が認められる余地が形成されている（この点については、**第11章5の2も参照**）。なおEUでは上記の先決裁定の後に、この権利は発展を遂げ、後述する一般データ保護規則（GDPR）の17条において具体化・明文化がなされている点は注目に値しよう。

3　ビッグデータ社会とプライバシー

　第三段階は、ビッグデータ社会におけるプライバシー権である。現代の社会においては、私たちはネットワークに接続されたデバイスを通じ、国家や民間企業を問わず、様々な種類、そして大量の情報を日常的に収集されたうえで、それらを保存・蓄積・整理したデータベース構築に利用され、さらにはAIによって解析がなされている。AIによるビッグデータ解析は、データベースからそれまで発見されていなかったような事物同士のパターンなどを導出し、それをもとにユーザーの行動を高い精度で予測する（プロファイリング）ことを可能にする。そしておそらくは、IoTが普及するSociety5.0の社会においては、この傾向はさらに強まっていくことが予想されている。もっともデータベースに収集され、保管され、分析に利用されている多くの情報は、日々の何気ない単純な情報（例えば、私たちのネットショッピングでの購買履歴等）が多く、それらが収集・保存されている時点では、一見すると前科情報のようなセンシティブ情報が収集・保存されているときほどダメージがないように思われる。しかしながら、ビッグデータ社会においては、こうした単純な情報も、他の情報と連結され、解析され、さらにはその結果が利用されると、プライバシー権に対する脅威に早変わりする危険性が指摘されている。例えば購買履歴からユーザーの妊娠を高い確率で予測するアルゴリズムの存在は有名であるし、昨今の我が国

でも、就活サイトがユーザー（主として大学生）の内定辞退率等を予測し、企業に販売していたといったことが明るみに出ている。そのため、私たちは、常にデータベースに蓄積されている自らの情報が、どのように扱われるかが不明であることから生じる不安によって、長期的に行動への影響が与えられているともの考えられる。

　この点で重要とされるのが、**住基ネット最高裁判決**［最一判平成20年3月6日民集62巻3号665頁］である。これは、平成11年の住民基本台帳法の改正に伴い、基本となる四情報（氏名・生年月日・性別・住所）に住民票コードと転入・出生といった変更情報を加えた本人確認情報について、国・都道府県・市町村にて共有するネットワークシステム、通称住基ネットが構築され、このデータベース構築がプライバシー侵害に当たるかが争われた。判決は、まず憲法13条が「個人の私生活上の自由の一つとして、何人も、個人に関する情報をみだりに第三者に開示又は公表されない自由を」保障しているとしたうえで、「住基ネットによって管理、利用等される本人確認情報は、氏名、生年月日、性別及び住所から成る4情報に、住民票コード及び変更情報を加えたものにすぎない」ため、いずれも、「個人の内面に関わるような秘匿性の高い情報」ではないと述べる一方で、住基ネットのようなデータベースに対して、①法令などの根拠に基づいているという形式的理由が存在すること、②住民サービスの向上と行政事務の効率化という正当な目的のもとで行われているという実質的理由が存在すること、③情報漏洩や濫用の具体的危険が認められないことについて、それぞれ審査したうえで、憲法13条に違反しないと結論付けている。これは、前科情報のようにセンシティブな個人情報が暴露・第三者提供されたことによってその情報主体にどれだけ実害を与えるかという観点ではなく、情報ネットワークシステムと制度の構造それ自体に欠陥がないかという観点を重視したものであり、まさに第三段階への移行の視座を含んだものと評価することができる。

4　個人情報保護法制とプライバシー

　自己情報コントロール（情報自己決定）権としてのプライバシー権には積極的な請求権的側面を見出せるものの、それを憲法13条の解釈のみによって導出することは困難である。そのため、法律（条例）による具体化が必要不可欠とさ

れた。この点、憲法が保障する同権利の具体化立法として、「個人情報の保護に関する法律」（平成15年5月30日公布　以下、個人情報保護法）が定められている。その直接的な導入契機となったのは、上記の住基ネットシステム導入であったといわれており、2003年に個人情報保護関連5法（個人情報保護法、行政機関個人情報保護法、独立行政法人等個人情報保護法、情報公開・個人情報保護審査会設置法、これら諸法の施行に伴う関係法律の整備等に関する法律）が成立することとなった。その後、ビッグデータ社会への対応を考えて、2015年には抜本的改革が行われた。

　同法で「個人情報」は、「生存する個人に関する情報」であり、かつ①「当該情報に含まれる氏名、生年月日その他の記述等により特定の個人を識別することができるもの」（2条1項1号）、または②「個人識別符号が含まれるもの」（同2号）と定義され、その取扱いについて、利用目的の特定（15条1項）、本人の同意を得ない目的外利用の原則禁止（16条1項。3項に例外有）、適正取得（17条）、利用目的の事前の公表等（18条1項）といった様々な義務を、個人情報取扱事業者に課している。さらに「保有個人データ」に該当するものについては、本人に利用停止・消去・第三者提供の停止を請求する権利が与えられている他、「個人データ」の第三者提供は原則禁止とされ、本人の同意がある場合にのみ例外的に許されるオプトイン方式が採用されている。ただし、いくつかの条件のもとでオプトアウト方式も認められている。また、「本人の人種、信条、社会的身分、病歴、犯罪の経歴、犯罪により害を被った事実その他本人に対する不当な差別、偏見その他の不利益が生じないようにその取扱いに特に配慮を要するものとして政令で定める記述等が含まれる」ような、センシティブデータ（または機微情報）を「要配慮個人情報」と定め、これらに該当する情報の場合、一部の例外を除き取得には本人の同意を得ることが原則とされる（17条2項）等、通常の個人情報よりも慎重な取り扱いが義務付けられる。

　またビッグデータ社会の到来に合わせて、非個人情報化（匿名化）されたデータの利活用を推進する目的で「匿名加工情報」という概念が新たに導入された。同情報は❶「個人情報に含まれる記述等の一部を削除」するか（2条9項1号）、❷「個人情報に含まれる個人識別符号の全部を削除」するか（2号）を行い、さらに復元できないようにしたものである。加工の基準は個人情報保護委員会規則で定められ、これらを作成すると、事業者には安全管理義務（36条

2項）と公表義務（同3項）が課せられる。また第三者提供に際しても、事業者は相手方にその旨を明示しなければならず、またそこに含まれている個人に関する情報の項目と提供の方法について公表しなければならない（36条4項）。そして、提供先の第三者は、再識別化を禁じられている（36条5項）。

　加えて、監督機関としては、個人情報保護委員会が設置されている。同委員会は、独立行政委員会としての性格（59条）を有する他、委員長および委員に対して身分保障が設けられている（65条・66条）。同委員会は、義務違反があった事業者に対する勧告・命令権限を有して（42条）おり、さらに違反した事業者に対しては、罰則を設けている（84条）。この他にも、事業者に対して、報告・資料提出を求める権限、立入検査権限（40条）、行政指導を行う権限が与えられている（41条）。

　なお、2020年6月には3年ごとの見直し規定に基づいた改正が行われた（施行は2年以内に行われる予定）。同改正では、あらたに「仮名加工情報」と呼ばれる概念が導入された他、個人情報の保護を強化するために、罰則の法定刑の引き上げや、利用停止・消去・第三者提供の停止請求権の要件緩和、オプトアウト規定の規制強化等が盛り込まれている。

　他方、EUにおいても、昨今強力な個人情報保護制度が制定・施行されている。2016年に成立し、2018年に施行された一般データ保護規則（GDPR）は、その第1条2項で「本規則は、自然人の基本的な権利及び自由、並びに、特に、自然人の個人データの保護の権利を保護する」と定めており、これはEU基本憲章第8条1項の個人データ保護の権利を具体化したものと捉えることができる。同規則には、17条で先述したデータ削除権が認められている他、ビッグデータ・AI社会の到来を見据えて、データ主体に対して、プロファイリングを含む個人データの取り扱いに対する異議申し立て権を保障している他、データ主体に法的効果を発生させる、またはそれと同様の重大な影響を及ぼすプロファイリングを含む自動化決定を拒否する権利（すなわち、決定に人間の関与を請求する権利）の規定を設けている点が特に注目に値しよう。

5　プライバシー権の一類型としての「肖像権」

　なお、ここまで見てきたプライバシー権の一類型として「肖像権」についても触れておきたい。肖像権には、①自己の肖像を無断で作成（撮影）されない

権利、②無断で公開されない権利が含まれている。これについて、**京都府学連事件**［最大判昭和44年12月24日刑集23巻12号1625頁］において、「これを肖像権と称するかどうかは別として」と注記しつつ、私生活上の自由の一つとして「みだりにその容ぼう・姿態を撮影されない自由」が認められた。ここで認められたのは、対国家権力用の権利であった。同判決においては、❶現に犯罪が行われた、または行われた後に間もないと認められるような場合であり、❷証拠の保全についての必要性と緊急性を満たし、❸一般的に許容される限度を超えないような方法で行われた場合という、3つすべての要件を満たした場合にのみ、国家（警察）は、容ぼう・姿態を本人の同意を得ることなく、そして裁判官の発行する令状なしに撮影することができるとされた。

　他方で、私人間において肖像権が問題となる場合には、一般的な古典的プライバシー権侵害の場合と同じく、民法上の人格的利益（709・710条）の問題となる。この点、**法廷内隠し撮り事件**［最一判平成17年11月10日民集59巻9号2428頁］では、基本的に「被撮影者の社会的地位、撮影された被撮影者の活動内容、撮影の場所、撮影の目的、撮影の態様、撮影の必要性等を総合考慮」して肖像権侵害が決せられることが示された。

　なお人格的利益としての、上述の①と②の権利に加えて、その財産的側面として③自己の肖像を無断で営利的利用をされない利益も判例上認められているところである。同権利についてはパブリシティー権と呼ばれており、**ピンク・レディ事件**［最一判平成24年2月2日民集66巻2号89頁］において、この権利を人格権に由来するものとして認めたうえで、「専ら肖像等の有する顧客吸引力の利用を目的とする」場合に問題となると判示されている。

4　その他の人格的生存に必要不可欠な利益

1　名誉権

　明文の規定なしにプライバシーに先んじる形で保障されてきたものとして名誉権も挙げられる。ここでいう「名誉」は、あくまで個人が社会から受けている客観的評価（社会的評価）のことを意味しており、本人が主観的に抱いている、いわゆる名誉感情は含まれない。この名誉権は、まさに人格的生存に必要不可欠な利益の一つとして、例えば、刑法230条1項で、公然と事実を摘示す

ることによって、上記の名誉を低下させた場合には、加害者に対して刑事罰を
科すことによって保護されている（ただし親告罪ではある）。また民事上も、民法
710条によって人格権の一つとして保護されており、損害賠償請求の対象となる
るほか、その救済手段として同723条には、裁判所が名誉回復処分を講じること
ができる旨が定められている。最高裁もまた、**判例10-1　北方ジャーナル
事件**［最大判昭和61年6月11日民集40巻4号872頁］において、「人格権として
の個人の名誉の保護（憲法13条）と表現の自由の保障（同21条）とが衝突し」と
判示しており、名誉権が幸福追求権の一内容を構成することがはっきりと見て
取れる。もっとも、この権利については、もっぱら表現の自由との衝突が問題
となるために、両者の間の調整が必要になる。刑法では定義づけ衡量の一種と
して、免責要件が定められており（230条の2第1項）、民事事件においても判例
により同様の調整が図られているところである（この点については**第10章3の5**を
参照）。

2　人格的自己決定権の仕組み

　人格的生存に必要不可欠な利益の代表格として、プライバシー権が挙げられ
るわけだが、それと並ぶものとして、自己決定権もまたしばしばその中に含ま
れると解されている。もっともここでいう自己決定権には、①生命や身体にか
かわるもの、②家族形成にかかわるもの、③妊娠・出産にかかわるもので形成
された人格的自己決定権と考えられるものであり、広い意味での自己決定権に
は後述する一般的行為自由として保護されるものも含まれる。

　①に関して、**判例6-2　エホバの証人輸血拒否事件最高裁判決**［最三判平成
12年2月29日民集54巻2号582頁］においては、悪性の肝臓血管腫を患った原
告が、宗教的理由により医師に対して絶対的無輸血の意思を伝えたにもかかわ
らず、手術中に生命維持の必要性に迫られたことから、輸血が行われたことに
対する損害賠償請求が争われた。前審である高裁判決［東京高判平成10年2月
9日高民集51巻1号1頁］が、手術に関する患者の同意について「各個人が有
する自己の人生のあり方（ライフスタイル）は自らが決定することができるとい
う自己決定権に由来するもの」としたうえ、尊厳死を選択する自由にまで言及
した一方で、最高裁は「輸血を受けることは自己の宗教上の信念に反するとし
て、輸血を伴う医療行為を拒否するとの明確な意思を有している場合、このよ

うな意思決定をする権利は、人格権の一内容として尊重されなければならない」という程度にとどまっている。結果として、最高裁は、医師の患者に対する説明責任（インフォームド・コンセント）を怠った点を指摘して人格権侵害を認めているが、こうした「自己決定権」と言い切らない部分には、前述の人権の「劇薬性」に対する配慮が見られるところである。すなわち、高裁判決が指摘するような権利は、究極的には積極的に安楽死を選ぶ権利や自殺の権利にまで及ぶことになるわけであるが、これを人権として認めてよいかは生命倫理にもかかわる価値対立的な問題である。少なくとも最高裁は、この判決で上記のような権利を民法上の人格権の一つとして認めるにとどめることで、以後の民主的議論に開いていると見るべきであろう。

　②については、憲法24条（この点については**第7章4を参照**）に大きくかかわることであるが、他方で、近年になって民法750条の夫婦同氏規定の違憲性を争った**夫婦別姓訴訟**［最大判平成27年12月16日民集69巻8号2586頁］において、氏名について「その個人からみれば、人が個人として尊重される基礎であり、その個人の人格の象徴であって、人格権の一内容を構成するもの」であるとしている。他方で、氏に関しては「憲法上一義的に捉えられるべきものではなく、憲法の趣旨を踏まえつつ定められる法制度をまって初めて具体的に捉えられるもの」であり、「具体的な法制度を離れて、氏が変更されること自体を捉えて直ちに人格権を侵害し、違憲であるか否かを論ずることは相当ではない」と判示している。

　③の中には、例えば代理懐胎の権利を認めるべきかといったものも含まれるが、有名なものとしては女性が妊娠中絶を自己決定する権利を認めるべきかという点で議論がある。アメリカにおいては、Roe v. Wade, 410 U.S. 113 (1973) で、女性が妊娠中絶を行う権利がプライバシー権の一種として認められている。この事件では、母体の生命を救うためを除き、中絶を犯罪としていたテキサス州法が、合衆国憲法修正14条によって保護される女性のプライバシー権を侵害するものかが争われた。連邦最高裁は、女性が妊娠を終わらせる（中絶する）権利を憲法で保障されたものとまず認めたうえで、それを規制するには「やむにやまれぬ規制利益」がなくてはならず、その規制手段も極めて限定的になされていなければならないと判示し、テキサス州法が、あまりに広く、漠然と中絶処置を禁止していることから、7対2で当該州法を憲法違反と

した。もっとも、この判決以後も、アメリカでは「生命尊重派（プロ・ライフ）」と「選択支持派（プロ・チョイス）」の間で激しい価値論争が繰り広げられており、連邦最高裁が同判決を覆すかどうかということについては現在においてもたびたび議論となるところである。

3　環境権の仕組み

　人格的生存に必要不可欠な利益として、良好な生活環境を求める権利が「環境権」であると言われる。これも、戦後に環境悪化問題が取り沙汰され、それによる健康被害が生じたことに起因して主張されるようになった新しい人権の一つである。確かに、個人が他の人権を享受し、自由かつ幸福に生活を送るうえで、良好な生活環境は必要不可欠な前提条件とも言えそうである。他方、この環境権を、実際に主観的権利として行使を認めることにはいくつかハードルが立ちはだかる。一つは、環境権の具体的な中身が判然としないという点にある。例えば自然環境が必ずしも人間にとって良好な生活環境と言えない場合があり、人間の良好な生活環境を構築するため人工的に環境を開拓する場合もある。また現在を生きる我々の「快適」さが追及された結果、将来世代にとっての環境が悪化することもあろう。第二に、プライバシー権等と比較して、良好な生活環境は、まさにその地域一帯に居住する人々全員にとって望まれることであり、環境汚染があったとしても特定の個人の権利が侵害されたとは言い難い部分がある（強いて言うならばその汚染地域の住民全体の権利が侵害されている）。そこで、実際には、環境悪化に伴い、個人の健康や財産に対して損害が生じたことを私法上の人格権侵害とみて、差し止め訴訟や損害賠償請求によって救済を図るということがしばしば行われている。その一つが、**大阪空港公害訴訟**［大阪高判昭和50年11月27日判時797号36頁］であり、同判決においては「およそ、個人の生命・身体の安全、精神的自由は、人間の存在に最も基本的なことがらであつて、法律上絶対的に保護されるべきものであることは疑いがなく、また、人間として生存する以上、平穏、自由で人間たる尊厳にふさわしい生活を営むことも、最大限度尊重されるべきものであつて、憲法13条はその趣旨に立脚するものであり、同25条も反面からこれを裏付けているものと解することができる」としたうえで、「このような人格権に基づく妨害排除および妨害予防請求権が私法上の差止請求の根拠となりうる」と判示している。

　他方で、ドイツにおいても環境権の主張が議論されていたが、1994年の憲法
改正において「国家目標」として環境保護の規定が付け加えられている。そこ
では、国民が健康で良好な生活環境を享受するために、環境の整備・維持を行
うことが国家の責務とされ、そのために各種の規制を加えることが認められる
ことになる。憲法上の環境権には、まさにこうした「国家目標」としての環境
保護という側面があるといえる。ただし、そのような責務を憲法レベルで国家
に課すということは、裏返せば、国家がその義務履行を理由に我々の自由（例
えば営業の自由）に規制をかける際の憲法上の根拠となり得るということでもあ
る。こうした国家の権限拡大の側面があり得る点については十分注意をして議
論すべきことであろう。なお我が国においても、例えば「環境基本法」（平成5
年11月19日公布）が、「環境の保全は、環境を健全で恵み豊かなものとして維持
することが人間の健康で文化的な生活に欠くことのできないものであること及
び生態系が微妙な均衡を保つことによって成り立っており人類の存続の基盤で
ある限りある環境が、人間の活動による環境への負荷によって損なわれるおそ
れが生じてきていることにかんがみ、現在及び将来の世代の人間が健全で恵み
豊かな環境の恵沢を享受するとともに人類の存続の基盤である環境が将来にわ
たって維持されるように適切に行われなければならない」（3条）と定め、「国
は、前三条に定める環境の保全についての基本理念（以下「基本理念」という。）
にのっとり、環境の保全に関する基本的かつ総合的な施策を策定し、及び実施
する責務を有する」（6条）と定められているところである。

5　一般的行為の自由の仕組み

　最後に、一般的自由について、身近な例を挙げて説明をしてみたい。先に見
た通り、憲法13条の包括的基本権は、すべての生活領域における行為を人権と
して保護するのではなく、人格的生存に必要不可欠な利益のみを切り出して手
厚く保護し、他方でそこから零れ落ちたものについても最低限度、「違憲の強
制」からの自由が与えられることになる。
　例えば、在監者に対する喫煙を禁じていた当時の監獄法施行規則96条が幸福
追求権を侵害するかについて争った**監獄法事件**［最大判昭和45年9月16日民集
24巻10号1410頁］でも、火災発生の危険や通謀につながるおそれがあること等

の観点から「喫煙の自由は、憲法13条の保障する基本的人権の一に含まれるとしても、あらゆる時、所において保障されなければならないものではな」く、そのため「このような拘禁の目的と制限される基本的人権の内容、制限の必要性などの関係を総合考察すると、前記の喫煙禁止という程度の自由の制限は、必要かつ合理的なものであると解する」とし、結果として「喫煙禁止という程度の自由の制限は、必要かつ合理的なものである」とされた。また、自己消費目的での酒造りが酒税法違反に問われた**どぶろく訴訟**［最一判平成元年12月14日刑集43巻13号841頁］で、最高裁は、憲法31条と13条違反であるとする主張に対し、「酒税法の右各規定は、自己消費を目的とする酒類製造であっても、これを放任するときは酒税収入の減少など酒税の徴収確保に支障を生じる事態が予想されるところから、国の重要な財政収入である酒税の徴収を確保するため、製造目的のいかんを問わず、酒類製造を一律に免許の対象とした上、免許を受けないで酒類を製造した者を処罰することとしたもの」として、その目的と手段の合理性をかなり緩やかに審査し、結果として「自己消費目的の酒類製造の自由が制約されるとしても、そのような規制が立法府の裁量権を逸脱し、著しく不合理であることが明白であるとはいえ」ないため、憲法に違反しないと判示している。これ以外にも、近時には、ストーカー規制法が恋愛の自由を侵害するとして争われた**ストーカー規制法事件**［最一判平成15年12月11日刑集57巻11号1147頁］もまた、ストーカー規制法が「個人の身体、自由及び名誉に対する危害の発生を防止し、あわせて国民の生活の安全と平穏に資することを目的としており、この目的は、もとより正当である」としたうえで、「違反した者に対する法定刑は、刑法、軽犯罪法等の関係法令と比較しても特に過酷ではないから、ストーカー規制法による規制の内容は、合理的で相当なものであると認められる」と結論付けている。

　また最近、公立学校における「ブラック校則」が問題視されることがあったが、その中に、生まれつき茶色の髪の女生徒が、教諭らに染色や脱色を禁じる「生徒心得」を理由として黒染めを強要された件が報じられたことがあった。そもそも自毛でなかったとしてもなぜ児童生徒は髪の色を自由に選んではならないのだろうか。こうした青少年のヘアスタイルの自由については、どのように保護されるべきだろうか。例えば、自己表現の手段を成人ほど多く持たない青少年にとって、髪の色も含めたヘアスタイルは自己表現の一種（憲法21条）

として認められるべきである、という議論はあり得るだろうか。

　この点、男子生徒に対して「丸刈、長髪禁止」とする服務規程（以下、本件校則）が憲法14条、31条、21条に違反するか等が争われた**玉東中学丸刈り校則事件**〔熊本地判昭和60年11月13日判時1174号48頁〕で、裁判所は、「髪形が思想等の表現であるとは特殊な場合を除き、見ることはできず、特に中学生において髪形が思想等の表現であると見られる場合は極めて希有であるから、本件校則は、憲法21条に違反しない」と判示している。このようにヘアスタイルの自由は、憲法上の権利として認められなかったわけであるが、他方で、「中学校長は、教育の実現のため、生徒を規律する校則を定める包括的な権能を有」しているが、この「権能は無制限なものではありえず、中学校における教育に関連し、かつ、その内容が社会通念に照らして合理的と認められる範囲においてのみ是認されるものである」とされ、そのうえで、本件校則の目的と手段についての審査が行われた。結果として、本件校則が、教育目的で制定されたものであり、「本件校則の合理性については疑いを差し挟む余地のあることは否定できない」としつつも、「右に認定した丸刈の社会的許容性や本件校則の運用に照らすと、丸刈を定めた本件校則の内容が著しく不合理であると断定することはできない」と結論付けている。このように、人格的生存に必要不可欠な利益としての保障から零れ落ちた場合でも、目的の正当性や手段の合理性についての一定程度の審査は行われていることがわかる。ただし本判決における問題は、こうした審査の密度はどうしても緩やかになりがちであり、憲法上の権利と同レベルのものは必要ないとしても、教育目的のために丸刈りを強制することの合理性に疑いの余地があることは裁判所も認めるところであり、もう少し緻密に目的との間の合理的関連性についての審査が行われるべきであったとも考えられよう。

***

判例6-1

***

争点

　弁護士法23条の 2 に基づき、政令指定都市の区長が、弁護士に対して前科及び犯罪経歴の情報を開示する行為が、プライバシーを侵害するか―前科照会事件 [最三判昭和56年 4 月14日民集35巻 3 号620頁]

事案

　政令指定都市の区長であった Y は、訴外 A の弁護士からの弁護士法23条の 2 に基づく要請により、X の前科及び犯罪経歴の情報を開示した。この行為が、公権力の違法な行使に当たるとして、X は Y に対して、損害賠償請求等を行った。

判旨

　「前科及び犯罪経歴（以下「前科等」という。）は人の名誉、信用に直接にかかわる事項であり、前科等のある者もこれをみだりに公開されないという法律上の保護に値する利益を有するのであつて、市区町村長が、本来選挙資格の調査のために作成保管する犯罪人名簿に記載されている前科等をみだりに漏えいしてはならないことはいうまでもないところである。前科等の有無が訴訟等の重要な争点となつていて、市区町村長に照会して回答を得るのでなければ他に立証方法がないような場合には、裁判所から前科等の照会を受けた市区町村長は、これに応じて前科等につき回答をすることができるのであり、同様な場合に弁護士法23条の 2 に基づく照会に応じて報告することも許されないわけのものではないが、その取扱いには格別の慎重さが要求されるものといわなければならない」。「市区町村長が漫然と弁護士会の照会に応じ、犯罪の種類、軽重を問わず、前科等のすべてを報告することは、公権力の違法な行使にあたると解するのが相当である。原審の適法に確定した事実関係のもとにおいて、中京区長の本件報告を過失による公権力の違法な行使にあたるとした原審の判断は、結論において正当として是認することができる」。

　伊藤正己裁判官による補足意見

　「国又は地方公共団体においては、行政上の要請など公益上の必要性から個人の情報を収集保管することがますます増大しているのであるが、それと同時に、収集された情報がみだりに公開されてプライバシーが侵害されたりすることのないように情報の管理を厳にする必要も高まつているといつてよい。近時、国又は地方公共団体の保管する情報について、それを広く公開することに対する要求もつよまつてきている。しかし、このことも個人のプライバシーの重要性を減退せしめるものではなく、個人の秘密に属する情報を保管する機関には、プライバシーを侵害しないよう格別に慎重な配慮が求められるのである」。「本件で問題とされた前科等は、個人のプライバシーのうちでも最も他人に知られたくないものの一つであり、それに関する情報への接近をきわめて困難なものとし、その秘密の保護がはかられているのもそのためである」。

判例6-2

争点

　治療方針に関して医師が説明を怠った行為は患者の自己決定権を侵害するか―エホバの証人輸血拒否事件最高裁判決〔最三判平成12年2月29日民集54巻2号582頁〕

事案

　30代にエホバの証人の信者となりその後30年近く同宗教を信仰していたＸは、同宗教独自の聖書解釈からエホバ神が人間に対し血を避けるよう指示していると考え、輸血以外に救命手段がない場合でも輸血を拒否すること（絶対的無輸血）について固い意思を有していた。Ｘは、悪性の肝臓血管腫と診断を受けたが、国が設置・運営している無輸血手術の実績がある病院で治療を受けることを考え、Ｉ医師に「絶対無輸血」の意思を伝えたところ、同医師から「本人の意思を尊重する」旨の回答を受けた。ところが実際には同病院では生命維持のために必要な場合に輸血を行うとの方針〔相対的無輸血〕をとっていたにもかかわらず、Ｉ医師はＸの治療拒否を懸念してそのことをＸに説明せぬまま手術に踏み切った。その結果、手術中に必要に迫られて輸血がなされてしまい、この事実を手術後に知ったＸは、①本件病院を設置・運営するＹ（国）に対して絶対無輸血の特約違反に基づく債務不履行を、また②Ｉ医師を含む6名の医師に対し、自身の自己決定権および信教上の良心を侵害したことによる不法行為などを主張して損害賠償請求訴訟を提起した。第1審〔東京地判平成9年3月12日判タ964号82頁〕は①、②ともにＸの請求を棄却した。その後、Ｘが控訴審係属中に死亡し（以下Ａと呼ぶ）、相続人であるＸ1（夫）とＸ2ないしＸ4（子）が訴訟を承継した。控訴審〔東京高判平成10年2月9日高民集51巻1号1頁〕は、①については特約の成立を否定したが、②について、手術に対する患者の同意は、各個人が有する自己決定権に由来するものであるとした上で、エホバの証人患者に対して輸血が予測される手術をするに先立ち、輸血拒否の意思の具体的内容を確認するとともに、医師の無輸血についての治療方針を説明することが必要であるとして不法行為に基づく損害賠償責任を認めた。そこでＹが上告し、Ｘ1らも①の特約の否定、賠償金額の低さを不服として、附帯上告した。

判旨

　上告棄却、附帯上告棄却。患者が輸血を受けることは自己の宗教上の信念に反するとして輸血を拒否する明確な意思を有していた場合、そのような意思決定を行う権利は、人格権の一内容として尊重されなければならない。そしてＡが、宗教上の信念からいかなる場合にも輸血を受けることは拒否するとの固い意思を有しており、絶対的無輸血による手術を受けることができると期待して本件病院に入院したことをＩ医師らが知っていたとする本件事実関係の下では、Ｉ医師らは、本件病院が相対的無輸血の方針を採っていることをＡに説明した上で、Ｉ医師らの下で本件手術を受けるか否かをＡ自身の意思決定にゆだねるべきであった。本件においては、Ｉ医師らは、そうした説明を怠ったことによってＡが輸血を伴う可能性のあった本件手術を受けるか否かについて意思決定をする権利を奪ったものといわざるを得ず、この点において同人の人格権を侵害したものとし

て、Ａがこれによって被った精神的苦痛を慰謝すべき責任を負うべきである。

［主要参考文献］

・木下智史・只野雅人編『新・コンメンタール　憲法［第 2 版］』（日本評論社、
　　2019年）
・小山剛『「憲法上の権利」の作法［第 3 版］』（尚学社、2017年）
・佐藤功『日本国憲法概説［全訂第 5 版］』（学陽書房、1998年）
・佐藤幸治『憲法［第 3 版］』（青林書院、1995年）
・曽我部真裕・林秀弥・栗田昌裕『情報法概説［第 2 版］』（弘文堂、2019年）
・高橋和之『立憲主義と日本国憲法［第 5 版］』（有斐閣、2020年）
・山本龍彦『プライバシーの権利を考える』（信山社、2017年）

第7章

法の下の平等

―― **本章のねらい** ――

　明治憲法は、公務就任に関する機会均等の規定がおかれているのみであったが（明憲19条）、日本国憲法は、複数の条文で平等を保障している。平等を一般的に保障する14条1項のほか、同条2項は貴族制度を否定し、憲法制定当時には存在していた華族制度を明文で否定するほか、同条3項は栄典のうち特権や世襲を伴うものの授与を禁止する。

　14条の他には、15条3項と44条ただし書が選挙に関する平等、24条が家族生活における平等、そして26条が教育の機会均等を定めている。このうち、24条は、14条1項と相まって婚姻や家族内における平等を保障している。本書では、教育の機会均等については、教育を受ける権利を取り扱う**第17章**で取りあげ、選挙に関する平等は、とくに選挙制度のあり方に関連して一票の較差という形で争点化しているため、選挙制度に関する**第19章**で詳しく取り扱うこととし、本章では平等の一般的保障規定である14条1項について理解を深める。

1　「法の下の平等」

1　「法の下に」の意味

　14条1項は、法の下の平等を定めているが、「法の下に」の意味については、2つの考え方がある。一つは、**法適用平等説**であり、かつて有力であった考え方である。これによれば、14条1項は、国民が司法や行政による法律の適用において差別を受けないことを定めており、立法者の制定する法律の内容が不平等であるかどうかは問わない（そのため、「立法者非拘束説」とも呼ばれる）。しかし、法律の内容自体が不平等であれば、たとえその適用を平等に行っても、真に平等が実現するとはいえない。そこで、判例・通説である**法内容平等説**は、14条1項にいう「法」とは、法律に限らない広い意味の法であって、法適用のみならず立法そのものの平等も求めているから、立法者をも拘束すると考

える（そのため、「立法者拘束説」とも呼ばれる）。つまり、立法者は平等な法律を作らなければならならず、司法や行政はその適用において差別を行わないことが求められるのである。違憲審査においては、もし法律の内容が不平等であれば、法律そのものを14条1項違反とされ、法律の適用が差別を含むものであれば、法律の適用を14条1項違反と判断されることになろう。

2 絶対的平等と相対的平等

14条1項にいう「平等」は、いかなる区別を排除しようとするのか。近代人権思想において平等が目指したものは、封建的な社会的身分からの解放であった。フランス人権宣言第1条も、「人は自由で、権利において平等なものとして生まれ生きつづける。社会的な区別は、共同の利益にもとづいてのみ、行うことができる。」と定め、人一般について、生まれながらに身分や職業によって生き方が制限されたり、差別を受けたりしないことを示している。日本国憲法もこのような考え方の上にたっている。

一方、すべての人が、理念上身分等の縛りから解放されたとしても、実際には、性別や出生地などの違いから、同じ立場や状況にあるわけではない。また、能力など後天的な事情で各人は違う立場や状況におかれる。これらの事実上の差異にかかわらず、すべての人を絶対的に同じように取り扱う**絶対的平等**の考え方をとると、かえって不合理な事態を引き起こしてしまうかもしれない。そこで、日本国憲法における平等は、事実上の差異を認めたうえで、等しいものは等しく、等しくないものは等しくなく取り扱おうとする、**相対的平等**の考え方をとっている。判例も、各人のおかれた立場や状況の違いなど、事柄の性質に応じて合理的と認められる区別をすることは14条1項に反しないという（町職員待命処分事件［最大判昭和39年5月27日民集18巻4号676頁］）。例えば、女性に対してのみ産前産後休業を認める労働基準法第65条は、男女に異なる取扱いをしているが、男女間の身体上の差異に応じた区別であるから、14条1項に反するとはいえない。一方、合理的な理由のない区別は同条に違反し禁止される。そこで、様々な異なる立場や状況を考えたとき、何が区別の合理的な理由なのか、それをどのように判断するのかが問題になる。

図　形式的平等・実質的平等

3　形式的平等と実質的平等

　何が求められる平等かという観点からみると、14条1項の平等は、形式的平等と実質的平等の両方の意味をもつと考えられている。人一般の生まれながらの自由と平等を強調する近代立憲主義においては、人を一律に平等に扱い、**機会の均等**を求める**形式的平等**の保障が目指された。しかし、すべての人が同じスタートラインにたったとしても、自由競争の中では、各人の能力や経済力の違いによって結果に差異が生じてしまう。そこで、自由によってもたらされる社会的・経済的な差を是正するために、**結果の平等**が求められるに至った。しかし、このような考え方は、自由の保障を空洞化してしまうことから、日本国憲法の解釈としては適さないと考えられている。

　そこで、国家が積極的措置をとることにより、各個人のおかれた状況に応じて**条件の平等**を整備することを求める**実質的平等**の考え方が提唱されている。実質的平等は、弱者をスタートラインに立たせることによって実質的に機会の均等を実現しようとするものであるから、直ちに自由と相反するものではない。典型的には、経済的弱者に対し生活保護を給付することは、実質的平等を図るための措置であり、結果の平等を追求するものではない。一方、実質的平等からさらに踏み込んで、歴史的に社会構造的な差別の対象となってきた人々に対し、公権力が優遇措置を行うことを意味する積極的差別是正措置（アファーマティヴ・アクションまたはポジティブ・アクションともいう。）は、優遇措置による結果の平等の実現をも含意する。しかし、自由競争を阻害するに至るような積極的差別是正措置は、むしろ逆差別として14条1項違反とされる可能性がある。

2 区別の合理性

1　14条1項後段の意味

　14条後段は、人種、信条、性別、社会的身分または門地による、政治的、経済的または社会的関係における差別を禁止している。これら5つの差別事由は、14条1項後段に列挙されていることから、**後段列挙事由**とよばれる。いずれも、歴史的に存在し大きな問題となってきた差別事由であるが、後段列挙事由とは別の事柄に基づく差別も存在する。では、後段列挙事由が14条1項後段におかれた意義をどのように理解すればよいだろうか。

　通説である例示説よれば、後段列挙事由は、禁止される差別事由を例として示したものである。ただし、後段列挙事由は、唯一の差別事由として限定列挙されたものではなく、差別事由のうち典型的なものとして例示されたに過ぎない。判例もこの立場にたち、最高裁は、後段列挙事由が例示であり、それに当たらない場合であっても、合理的な根拠に基づかない区別は14条1項に違反するという考えを示している（前掲町職員待命処分事件）。このことから、学説には、判例は後段列挙事由に法的な意味を見出さないとみる見方もある。一方、同じく例示説に立ちながらも、5つの事由が特に例示されたことに法的な意味づけを行い、後段列挙事由による区別は原則として不合理な区別であるとして違憲性を推定する立場が有力になっている（**特別意味説**）。この立場にたつと、公権力が後段列挙事由による区別を行う場合には、公権力側が区別の合理性を論証しなければならない。その場合には、それぞれの後段列挙事由の内容を明らかにする必要がある。

2　後段列挙事由の内容

　人種とは、皮膚、毛髪、体系、目の色など、身体的な特徴によって人類学上なされる区分であるが、人種差別というときには、より広く、「人種、皮膚の色、世系又は民族的若しくは種族的出身」に基づく区別を指すと捉えられている（人種差別撤廃条約1条）。世界では、ユダヤ人差別や有色人種差別が古くより大きな問題であり続けているが、日本では、人種差別が法的問題として取り扱われるようになったのは、比較的最近のことである。例えば、アイヌ民族に関

しては、1997年に旧北海道土人保護法を廃止し、アイヌ文化振興法を制定したが、アイヌ民族が先住民族であることを法的に認めたのは、2019年に制定されたいわゆるアイヌ新法が初めてであった。人種に関しては、他に在日韓国・朝鮮人に対する差別が問題になっている。

　信条とは、宗教や信仰のみならず、広く思想・世界観等を含む個人の根本的な考え方のことをいう。政治的意見や政治的所属関係が信条に含まれるかについては、それが個人の考え方の核心に当たるものではないため信条に当たるとは言い難いとして否定する立場もあるが、通説は、何が個人の根本的な考え方かを明確にすることは困難であるとして、肯定する。もっとも、信条が行為として外部に表出する場合に、このような外部的行為に基づいて区別を行うことは、信条そのものに基づく区別を行うものとは考えられないため、直ちに14条1項違反であるとはいえない。

　性別は、男女の生物的区分を意味し、古くから存在する差別事由である。とりわけ女性は、選挙権・公職就任権等の参政権、高等教育、家族内における地位など、様々な点で法的にも社会的にも差別をうけてきた。このような差別は、身体的な性差（セックス）によって文化的・社会的に形成された区別（ジェンダー）が正当化されるというように、両者の区別がなされない複雑なものであった。日本では、第二次世界大戦後、女性参政権（15条）や、結婚家族関係における男女平等（24条）、教育機会の均等（26条）等が定められ、それに応じて、民法や刑法の改正をはじめとする諸法律の整備がすすんだ。しかし、現在でも性別による差別に関する問題が生じることは少なくない。例えば、**判例7-4　女性再婚禁止期間違憲判決**［最大判平成27年12月16日民集69巻8号2427頁］では、女性についてのみ6か月の再婚禁止期間を定めていた民法旧733条1項および24条2項の違憲性が争われた。最高裁は、同項の定める再婚禁止期間のうち100日を超える部分は、合理性を欠き14条1項および24条2項に違反すると判断した。他にも、夫婦は「夫又は妻の氏を称する」と定める民法750条について、同条が14条1項および24条1項・2項等に違反するかどうかが争われた夫婦同氏制事件が注目される（**夫婦同氏制違憲訴訟**［最大判平成27年12月16日民集69巻8号2586頁］）。最高裁は、女性が姓を変えることが圧倒的多数であるという男女間の事実上の差異を考慮しつつも、家族の呼称を一つにまとめることが合理的であること、夫婦同氏制の規定それ自体に男女間の形式的な不平等が

存在するわけではないこと、そして通称の利用が可能であること等に鑑み、民法750条を合憲と判断した。これらの事例は、家族生活における平等を定めた24条の問題であるともいえる（**本章4を参照**）。なお、性別による差別は、男女間の区別だけでなく、LGBTQ をはじめとするいわゆる性的マイノリティに対する別異取扱いについても問題になっており、同性婚や公立学校における制服の選択制の導入等を巡って議論されている。

　社会的身分とは、人が社会おいて継続的に占める地位のことであるが、具体的にどのような事由に基づく区別が社会的身分に基づく差別として禁止されるのかについては、広狭様々な立場が対立している。典型的には、被差別部落の出身であることや非嫡出子であることが社会的身分にあたるかどうかが問われてきた。このうち、非嫡出子については、とくに2つの違憲判決が重要である。**判例7-2　国籍法違憲判決**［最大判平成20年6月4日民集62巻6号1367頁］は、非嫡出子のうち生後認知の子についてのみ、日本国籍取得の要件として準正（父母が婚姻したこと）をおく国籍法旧3条1項の規定が、国籍の取得について、準正の子と準正でない子とを差別し、憲法14条1項に違反するかどうかが争われたものである。また、**判例7-3　非嫡出子法定相続分違憲決定**［最大決平成25年9月4日民集67巻6号1320頁］では、非嫡出子の相続分を嫡出子の1／2としていた民法旧900条4号ただし書の14条1項違反が争われた。最高裁は、いずれの事件においても、非嫡出子であることが社会的身分に当たるとは述べていないが、それが区別事由であることを考慮して違憲と判断した。

　門地とは、家系・血統等の家柄のことをいう。貴族制度はこの典型であるが、門地に基づく不合理な区別として、14条2項で絶対的に禁止されている。天皇・皇族の地位は、門地による差別であるといえるものの、憲法が世襲の皇位継承を規定しているために認められる例外である。

3　平等の違憲審査基準

1　目的手段審査

　具体的にどのような区別が不合理であるかの判断は、恣意的に行われないよう、その判断基準を予め明確にしておく必要がある。学説と判例では、そのような判断の手法として**目的手段審査**が発展してきた。これは、区別が合憲であ

るためには、①区別の目的が正当で（目的審査）、②その目的を達成するための手段が目的に合理的に関連するものでなければならない（手段審査）、というものである。この二段構えの審査手法を初めて採用したのが、**判例7-1　尊属殺違憲判決**［最大判昭和48年4月4日刑集27巻3号265頁］である。最高裁は、尊属殺については通常の殺人よりも重罰をおく刑法旧200条の憲法適合性につき、「尊属に対する尊重報恩」が刑法上の保護に値するとして、被害者が尊属であることを刑の加重要件とする規定を設けても合理的な根拠を欠くものではないと述べ、同条の目的の正当性を認めた。一方、「刑の加重の程度が極端であって……立法目的達成の手段として甚だしく均衡を失し、これを正当化しうべき根拠を見出しえない」として、手段審査の段階で同条を14条1項違反としたのである。このような多数意見に対し、少数意見の中には、尊属殺の加重刑は封建的身分制に立脚する家族観に立つものであるから、規定の目的そのものが14条1項違反に当たると考えるものもある（田中二郎裁判官の意見）。学説の多くもこの意見を支持し、判決を批判している。

2　立法裁量の審査の展開

　判例の中には、目的手段審査を使わないものもあり、平等に関する審査手法は一定しない。一方で、近年では、目的手段審査を用いるか否かにかかわらず、14条1項に関する審査の密度を深め、立法裁量の枠づけを実質化しようとする判例がみられる。そして、このような平等に関する審査密度の深化の過程で、3つの法令違憲判決が出された。

　まず、何に関する区別が問題になっているかによって、審査密度に濃淡がみられる。前掲**判例7-2　国籍法違法判決**は、国籍が基本的人権の保障等を受ける上で「重要な法的地位」であることや、自らの意思や努力では変えられない事柄であることから、このような事柄に関する区別については「慎重に検討する」と述べ、区別の対象となる地位や権利の性質によっては、厳格な審査が行われる可能性を示した。女性にのみ6か月の再婚禁止期間を設けていた民法旧733条1項が男女間の不合理な区別に当たるかが問われた前掲**判例7-4　女性再婚禁止期間違憲判決**もまた、争点となっている権利の性質を考慮に入れている。最高裁は、「婚姻をするについての自由」が憲法24条1項に照らして十分尊重に値すると位置付け、このような「事柄の性質を十分に考慮に入れた上

で」男女間における再婚禁止期間に関する取り扱いの区別が14条1項に違反するかどうかの検討を行うと述べたのである。そして、父性の推定の重複を回避するという立法目的の合理性を認めたものの、再婚禁止期間規定のうち、そのような回避に厳に必要な期間である100日を超える部分については違憲であるとした。

　一方、区別の対象になっている権利の性質によっては、裁判所による合理性審査が緩やかに行われているとみられる事案もある。例えば、社会権に関する**判例17-2　堀木訴訟**［最大判昭和57年7月7日民集36巻7号1235頁］では、「なんら合理的理由のない不当な差別的取扱い」（傍点筆者）をしたかどうかという観点から区別の合理性が審査され、求められる合理性の程度が緩やかであるようにみえる。また、サラリーマン税金訴訟［最大判昭和60年3月27日民集39巻2号247頁］では、租税分野における国会の裁量を広く認めた上で、給与所得者と事業所得者の間の課税に関する取扱いの区別について、立法目的が正当なものであれば、区別の態様が立法目的との関連で著しく不合理であることが明らかでない限り、14条1項に違反しないと述べ、緩やかな手段審査を行った。社会権に加え租税に関する別異取扱いについても、立法府の裁量が広く認められている。

　次に、立法当初には合憲であった規定が、**時の経過**によって、後に違憲となる場合もある。すなわち、時の経過によって**立法事実**が失われたと考えられるケースである。前掲**判例7-2　国籍法違法判決**において、最高裁は、国籍法3条1項は、制定当時には合憲であったとした上で、「国内的、国際的な社会的環境な等の変化に照らしてみると」、国籍法の規定と「立法目的との間に合理的関連性はなくなった」として、手段審査の段階で時の経過を考慮し、当該規定の14条1項違反を言い渡した。前掲**判例7-4　女性再婚禁止期間違憲判決**も、父性推定の重複を回避するために女性の再婚禁止期間を6か月と定める規定は、立法当時においては合理的であったが、その後、医療・科学技術の発展や再婚への制約を少なくするという要請の高まり等の事情の変化を考慮した上で、再婚禁止期間の100日超過部分を正当化することは困難になったと判示した。

　時の経過によって、最高裁自身が、かつて合憲と判断した規定を後に違憲とする場合もある。最高裁は、1995年の決定［最大決平成7年7月5日民集49巻

７号1789頁］で民法900条４号ただし書を合憲としていたが、2013年の前掲**判例7-3　非嫡出子法定相続分違憲決定**では、目的審査基準を使わずに単に区別に「合理的な根拠」があるかどうかという観点から審査し、同規定を違憲と判断した。その際、「我が国における家族形態の多様化やこれに伴う国民の意識の変化」等によって、家族における「個人の尊重がより明確に認識されてきた」という事情の変更を、違憲の理由として挙げている。

4　家族における平等

　夫婦や子の間における差別は、14条１項だけではなく、24条の問題でもある。大日本帝国憲法下では、家を単位として社会を構成し、家の内部には戸主とその他の者を法的な従属関係におく「家」制度が認められていた（旧民法上の戸主の婚姻等への同意権、長男の家督相続権、妻の無能力等）。これに対し、現行憲法24条は、１項で婚姻の自由と権利における夫婦の平等を、２項で家族における個人の尊厳と両性の本質的平等を定めた。これらは13条や14条１項からも導きうるとされてきたが、近年では、24条固有の意義が明らかにされている。前掲**判例7-4　女性再婚禁止期間違憲判決**は、法令の24条違反を認めた初めての判決である。本判決は、憲法は婚姻制度の構築を国会の合理的な立法裁量に委ねているものの、両性の本質的平等を規定する憲法24条２項がそのような裁量の限界を画しているとして、平等の観点から婚姻制度の枠づけを行い、先述の通り、違憲を言い渡したのである。

　24条は「両性の合意のみ」に基づく婚姻を保護するが、24条のおかれた趣旨に鑑み、**同性婚**を排除していないとすれば、異性婚のみを認める婚姻制度は一部の性的マイノリティに対する差別と考える余地がある（近年の有力説）。ただし、通説は、24条は異性婚保護主義をとると考え、同性婚を認めていない。一方、**パートナーシップ制度**を設け、一部の公共サービスを提供する際に、登録した同性カップルを親族と同等の立場にあるものとして取り扱う地方公共団体が増えている。

判例7-1

争点

　刑法200条は尊属殺の法定刑を死刑および無期懲役に限っているが、この規定は、普通殺人に関する刑法199条の法定刑の下限が懲役3年であることに比して、14条1項に違反するといえるか――尊属殺違憲判決［最大判昭和48年4月4日刑集27巻3号265頁］。

事案

　Xは満14歳の頃から実父に姦淫され5人の子を出産したが、25歳の頃、実父に職場の同僚と結婚したいことを告げると、実父から暴力監禁を受けたので、この窮地から脱するために実父を殺害した。Xは、刑法旧200条（尊属殺人罪）で起訴された。第一審［宇都宮地判昭和44年5月29日刑集27巻3号318頁］は、刑法200条の14条1項違反を認めた上で通常殺人に関する同法199条を適用し且つ過剰防衛を適用して刑を免除したが、第二審［東京高判昭和45年5月12日刑集27巻3号327頁］は、刑法200条の違憲を認めず、第一審判決を破棄した。そこで、被告人が上告した。

判旨

　破棄自判。「尊属の殺人は通常の殺人に比して一般に高度の社会的道義的非難を受けて然るべきであるとして、……のことを類型化し、法律上、刑の加重要件とする規定を設けてもかかる差別的取扱いをもってただちに合理的な根拠を欠くものと断ずることはでき」ない。しかし、「加重の程度が極端であって、前示のごとき立法目的達成の手段として甚だしく均衡を失し、これを正当化しうべき根拠を見出しえないときは、その差別は著しく不合理なものといわなければならない」。刑法200条の法定刑は、減軽規定を適用しても、「尊属殺につき有罪とされた卑属に対して刑を言い渡すべきときには…いかに酌量すべき情状があろうとも法律上刑の執行を猶予することはできないのであり、普通殺の場合とは著しい対象をなす」。尊属殺の法定刑は「あまりにも厳しいものというべく、上記のごとき立法目的……のみをもってしては、これにつき十分納得すべき説明がつきかねるところであり、合理的根拠に基づく差別的取扱いとして正当化することはとうていできない」。したがって、「刑法200条は、尊属殺の法定刑を死刑または無期懲役刑のみに限つている点において、その立法目的達成のため必要な差別的取扱いをするものと認められ、憲法14条1項に違反して無効であるとしなければならず、したがつて、尊属殺にも刑法199条を適用するのほかはない」。

判例7-2

争点

　生後認知の子のうち、準正子にのみ日本国籍の取得を認める国籍法 3 条 1 項は、14条 1 項に違反するか—国籍法違憲判決 ［最大判平成20年 6 月 4 日民集62巻 6 号1367頁］。

事案

　婚姻関係にない日本人の父とフィリピン人の母との子である X は、父から生後認知を受けたことを機に法務大臣に対し、国籍取得届を提出した。しかし、国籍法 3 条 1 項は、少なくとも一方が日本人である「父母の婚姻及びその認知により嫡出子たる身分を取得した子」についてのみ届出による国籍取得を認めていたところ、X は要件を満たさないとして、国籍を取得できなかった。X は、国籍法 3 条 1 項の規定が違憲であると主張し、国に対し国籍を有することの確認の訴えを提起した。第一審 ［東京地判平成17年 4 月13日判時1890号27頁］は X の主張を認めたが、第二審 ［東京高判平成18年 2 月28日家月58巻 6 号47頁］は憲法適合性の判断をせずに X の訴えを棄却したので、X が上告した。

判旨

　原判決破棄、上告棄却。憲法は、国籍取得の要件を「立法府の裁量判断に委ね」ているが、「立法目的に合理的な根拠が認められない場合、またはその具体的な区別と上記の立法目的との間に合理的関連性が認められない場合には」、当該区別は憲法14条 1 項に違反する。「日本国籍は…基本的人権の保障…を受ける上で意味を持つ重要な法的地位である。一方、父母の婚姻により嫡出子たる身分を取得するか否かということは、子にとっては自らの意思や努力によっては、変えることのできない…事柄である」から、これに基づく区別の合理性は、「慎重に検討することが必要である」。国籍法 3 条 1 項は、「日本国民である父が出生後に認知した子については、父母の婚姻により嫡出子たる身分を取得することによって、日本国民である父との生活の一体化が生じ、家族生活を通じた我が国社会との密接な結び付きが生じることから、日本国籍の取得を認める」ものであり、この「立法目的自体には、合理的な根拠がある」。また、「国籍法 3 条 1 項の規定が設けられた当時の社会通念や社会的状況の下においては、……認知に加えて準正を日本国籍取得の要件としたことには、上記立法目的との間に一定の合理的関連性があった」。しかし、「我が国を取り巻く国内的、国際的な社会的環境等の変化に照らしてみると、準正を出生後における届出による日本国籍の取得の要件としておくことについて、前記の立法目的との間に合理的関連性を見出すことがもはや難しくなっている」ため、国籍法 3 条 1 項の規定は、「憲法14条 1 項に違反する」。もっとも、国籍法 3 条 1 項をすべて違憲無効とすると、準正子についても国籍取得が認められなくなるため、同項の「父母の婚姻により嫡出子たる身分を取得したこと」という部分を除いた要件が満たされる場合に、国籍取得が認められるものとする。

判例7-3

争点

　非嫡出子の相続分を嫡出子の相続分の 2 分の 1 とする民法900条 4 号ただし書は、14条 1 項に違反するか―非嫡出子法定相続分違憲決定［最大決平成25年 9 月 4 日民集67巻 6 号1320頁］

事案

　2001（平成13）年 7 月に被相続人である A が死亡し相続が開始したが、A には嫡出子 Y らの他に、非嫡出子である X らがいた。Y らが X らに対し遺産分割の審判を申し立てたところ、X らは、民法900条 4 号ただし書の規定は憲法14条 1 項に反し違憲無効であると主張した。第一審［東京家審平成24年 3 月26日民集67巻 6 号1345頁］および第二審［東京高決平成24年 6 月22日民集67巻 6 号1352頁］は、X らの主張を退け、民法900条 4 号ただし書に従って遺産分割について判断したので、X らが特別抗告をした。なお、最高裁は、平成 7 年に同規定を合憲と判断していた。

判旨

　破棄差戻し。「相続制度をどのように定めるかは、立法府の合理的な裁量判断に委ねられている」が、嫡出子と非嫡出子の間で法定相続分の「区別をすることに合理的な根拠が認められない場合には、当該区別は、憲法14条 1 項に違反する」。民法900条 4 号ただし書の規定について、平成 7 年大法廷決定は憲法14条 1 項に反するものとはいえないと判断したが、当該民法規定の「合理性については、個人の尊厳と法の下の平等を定める憲法に照らして不断に検討され、吟味されなければならない」。この点、「社会の動向、我が国における家族形態の多様化やこれに伴う国民の意識の変化、諸外国の立法のすう勢及び我が国が批准した条約の内容とこれに基づき設置された委員会からの指摘、嫡出子と嫡出でない子の区別に関わる法制等の変化、更にはこれまでの当審判決における度重なる問題の指摘等を総合的に考察すれば、家族という共同体の中における個人の尊重が明確に認識されてきたことは明らかである。そして、法律婚という制度自体は我が国に定着しているとしても、……上記のような認識の変化に伴い、……父母が婚姻関係になかったという、子にとっては自ら選択ないし修正する余地のない事柄を理由としてその子に不利益を及ぼすことは許されず、子を個人として尊重し、その権利を保障すべきであるという考えが確立されてきているものということができる。」「遅くとも A の相続が開始した平成13年 7 月当時においては、…嫡出子と嫡出でない子の法定相続分を区別する合理的な根拠は失われていたというべきである。したがって、本件規定は、遅くとも平成13年 7 月当時において、憲法14条 1 項に違反していたものというべきである」。

判例7-4

争点

　女性に 6 か月の再婚禁止期間を設ける民法733条 1 項は憲法14条 1 項および24条 2 項に違反するか。また、本規定を改廃しなかった立法不作為は、国家賠償法 1 条 1 項にいう違法にあたるか—女性再婚禁止期間違憲判決［最大判27年12月16日民集69巻 8 号2427頁］

事案

　X は、平成20年 3 月に全夫と離婚し、同年10月に後夫と再婚したが、この再婚は、民法733条 1 項が女性に 6 か月の再婚禁止期間を定めているために、望んでいた時期から遅れて成立したものであった。X は、このことによって精神的損害等を被ったとして、国家賠償法 1 条 1 項に基づき、国に損害賠償請求を行った。第一審［岡山地判平成24年10月18日民集69巻 8 号2575頁］と第二審［広島高岡山支判平成25年 4 月26日民集69巻 8 号2582頁］は請求を棄却したので、X が上告した。

判旨

　上告棄却。「本件規定の立法目的は、女性の再婚期間後に生まれた子につき父性の推定の重複を回避し、もって父子関係をめぐる紛争の発生を未然に防ぐことにあると解するのが相当であり…父子関係が早期に明確になることの重要性に鑑みると、このような立法目的には合理性を認めることができる」。民法772条 2 項の父子推定に関する規定によれば、「計算上100日の再婚禁止期間を設けることによって、父性の推定の重複が回避されることになる」が、「100日超過部分については、父性確定の重複を回避するために必要な期間とはいえない」。「医療や科学技術が発展」し、また、「社会状況及び経済状況の変化に伴い婚姻及び家族の実態が変化し…再婚をすることについての制約をできる限り少なくするという要請が高まっているという事情」、「婚姻するについての自由が憲法24条 1 項の規定の趣旨に照らし十分尊重されるべきものであること」を考慮すれば、民法733条 1 項のうち「100日超過部分は合理性を欠いた過剰な制約を課すものとなって」おり、「遅くとも X が前婚を解消した日から100日を経過した時点までには、婚姻及び家族に関する事項について国会に認められる合理的な立法裁量の範囲を超えるものとして、その立法目的との関連において合理性を欠くものになっていた」。一方、同条が憲法14条 1 項及び24条 1 項に違反することが、2008年当時において「国会にとって明白であったということは困難である」。「したがって、本件立法不作為は、国家賠償法 1 条 1 項の適用上違法の評価を受けるものではない」。

［主要参考文献］

・小山剛・駒村圭吾『論点探究　憲法［第 2 版］』（弘文堂、2013年）

・佐藤幸治『日本国憲法論』（成文堂、2011年）

・本秀紀編著『憲法講義［第 2 版］』（日本評論社、2018年）

・渡辺康行・宍戸常寿・松本和彦・工藤達朗『憲法 I 基本権』（日本評論社、2016年）

第 8 章

思想・良心の自由

―― **本章のねらい** ――

　思想及び良心の自由、すなわち「内心の自由（心の中の自由）」を保障している憲法19条の条文は、世界的にみると稀有な存在であるといわれる。というのも、「立憲的意味の憲法」を有する諸外国の憲法典を覗いてみても、わざわざ個別の条文で思想・良心の自由の保障を謳った憲法典は、ほとんど見当たらないからである。ではこのような稀有な条文が日本の憲法典に取り入れられた意義はなんだったのだろうか？そしてその内容はどのようなものだろうか。

1　思想・良心の自由を取り巻く歴史と意義

1　戦前の状況

　立憲的意味の憲法を掲げる諸外国の憲法典を覗いても、信教の自由（20条）や言論・表現の自由（21条）とは別箇の条文で、わざわざ思想・良心の自由の保障を謳った憲法典はほとんど見当たらない。そもそも一般的には、他人が内心においてどのような思想を持っているかは、外からは認識しようがない。となれば、仮に国家権力が国民の思想を弾圧・統制し、表面上は国民がそれに服従しているように見えても、内心における思想自体を強制的に変更することは不可能なようにも思える。このように考えれば、思想・良心の自由をわざわざ独立の条文で保障することは、法的に無意味であるようにも思える。しかし、現行の日本国憲法の起草過程を紐解いてみれば、1946（昭和21）年 2 月13日に日本政府に提示された GHQ 案の中には、現行の19条に相当する条文が存在していた。この草案は、戦前の日本で起こっていた数々の問題点に対する批判的検討を踏まえて起草されている。では、一見無意味に思える19条を憲法典に取り入れさせた戦前日本の問題点とはいかなるものだったのだろうか。

　まずひとつに、天皇制の存在が挙げられる。戦前の我が国においては、天皇

が政治的権威のみならず、国民の精神面に対する道徳的権威をももつものと考えられていた。例えば教育勅語が、戦前に国民道徳の大本を示したものであるとされたのは、それが政治的権威者でもある「天皇」の名において国民に示されたということが大きかった。このように戦前の国民の内心は、天皇の道徳的権威から自由とは言えない状況にあったのである。

つぎに、治安維持法（とそれに関連する法律群）の存在が挙げられる。当初は過激な無政府主義者や共産主義者を取り締まるものとして登場した最初期の治安維持法（大正14年4月22日公布）の1条は、「国体ヲ変革シ又ハ私有財産制度ヲ否認スルコトヲ目的トシテ結社ヲ組織シ又ハ情ヲ知リテ之ニ加入シタル者ハ十年以下ノ懲役又ハ禁錮ニ処ス」と定め、言論の自由に配慮した憲政会の意向を反映した結社取締法として成立した。ところが、この法律は後に「国体変革」といった文言の曖昧さにつけこまれ、融通無碍な拡大解釈が横行した。後に改正された同法は、実際に過激な行動（破壊活動）に走らずとも、特定の思想を有していることを理由にして、過激派のみならず穏健な社会民主主義団体や民族独立グループ、果ては宗教団体なども取締の対象とするなど、「稀代の悪法」と呼ばれるまでに膨張し、（特に戦時中に）猛威を振るった。こうした思想犯弾圧をGHQが問題視したことは言うまでもなく、敗戦後の1945（昭和20）年10月4日に同法は「政治的民事的及宗教的自由ニ対スル制限ノ撤廃ニ関スル覚書」（SCAPIN-93）により廃止された。このように、戦前においては、特定の思想を反国家的なものとして弾圧するという、内心の自由そのものが侵害される事例が少なくなく、その反省として、日本国憲法はわざわざ思想・良心の自由をとくに保障したと考えられるだろう。

以上のような背景を踏まえれば、憲法19条は、私たちの思想・良心に関する国家の中立性の原理を定めた条文として理解できるだろう。

2　思想・良心の自由の実践的意味

20条・21条・23条などの他の精神的自由さえ確実に保障されるのならば、こと憲法実践における19条の出番は殆どないようにも思える。しかし他方で20条・21条・23条の理解（射程）から零れ落ちてしまうような問題場面も少なからずあり得るのであり、それらを掬い上げるものとして、「思想及び良心の自由」という独立した人権保障規定としての意義を見出すことはできるだろう。

　この点、19条で保障される自由は、他の自由と異なり、「公共の福祉」の名を借りて制限することは「絶対的」に許されないと説かれてきた（絶対的保障説）。もっともここでいう「絶対的」にもさまざまな側面がある。ひとつには、人間の内面で行われる精神活動はそれが外部に表出しない限りは、他の誰かの権利を脅かしたり、社会に害を与えたりすることはない。である以上、公権力がこの自由を制限する理由は見出せないために、文字通り絶対的な保障が要請されるという側面である。これに加えて、内心の自由は人間の人格形成のための精神活動の自由であるため、二重の基準において強力に保障される外面上の精神的自由（表現の自由）を上回って、裁判規範として他の追随を許さない最も強い効力を有するという意味で「絶対的」に保障されるという側面もあるといえる。

2　「思想及び良心」の意味

1　「思想」と「良心」

　ここまで19条前段の文言にある「思想」の自由と「良心」の自由との区別について、通説はそれぞれを別個のものとせず、「思想及び良心の自由」という一体的なもの、すなわち「内心の自由」と考えてきた。他方で、文言上、思想の自由は論理的判断の自由であり、良心の自由は倫理的・道徳的判断の自由であると区別するものもある。しかしながらこの説も、両者の関係は密接不可分であってその区別が困難であることから、特に両者を厳密に区別する必要はないとしている。

2　信条説　対　内心説

　このように多くの学説は、「思想」と「良心」という文言上の区別を重視しない一方で、人間の内心にもレベルがあり、これら内心のレベルを考慮しなければならないのではないかと考えてきた。つまり、「思想及び良心（＝内心）」は、人の心または頭の中で日々、創造され、蓄積されていくすべての思いや考えを意味するのか、それとも一定の絞りをかけたものを意味するのかという問題である。

　まず学説・判例とも、ここでいう「内心」に、事実に関する知識や、好悪の

感情など（人の内心においてもっとも「浅い」内心）は含まないとする点については
ほぼ異論がないと考えられている。ここから単なる事実の知・不知は、19条の
保障範囲には含まれないと考えられる。具体的には、訴訟手続法などの証人の
証言義務は、証人に事実に関する証言を強制するが、「表現しない自由（21条
消極的表現の自由）」との関係は別にして、一般的には19条に違反しないと考え
られている。

　次に「内心」に該当するのは世界観、人生観、思想体系、政治的意見などの
ように人格形成に役立つ内心の活動（人の内心において「一番深い」レベル）に限
られるとして限定的に考える説がある（信条説あるいは狭義説）。これに対して、
内心におけるさほど深くないものの見方ないし考え方すべて（人の内心において
中間レベル）も含むと考える説がある（内心説あるいは広義説）。これらの説の違い
は、是非善悪などの道徳的判断、謝罪などの信条のあり方を「内心」に含め、
憲法19条で保障するかどうかに現れている。

　すなわち、**判例8-1　謝罪広告事件**［最大判昭和31年7月4日民集10巻7号
785頁］の田中耕太郎裁判官の補足意見は、多数意見が踏み込まなかった「憲
法19条にいわゆる良心」が何を意味するのかについて、「宗教上の信仰に限ら
ずひろく世界観や主義や思想や主張をもつこと」と、「謝罪の意思表示の基礎
としての道徳的の反省とか誠実さ」とを区別して、19条がカバーしているのは
前者のみであると論じ、裁判を通じての謝罪の強制は19条に違反しないと考え
ている。これは信条説に沿った考え方と捉えられる。他方で藤田反対意見は、
「事物に関する是非分別」や「是非善悪」の判断に基づき「心にもない陳謝の
念の発露」を強制することは、19条の保障する良心の自由を侵すと論じてお
り、こちらは内心説に立脚していると考えられている。

　このように保障の限界として論じられてきた問題は、実は、思想・良心の定
義の問題、あるいはその定義に具体的に争点となった考えあるいは思いが該当
するか否かの問題でもある。これまで判例は、信条（狭義）説を採り、絶対保
障を導く一方で、そうした「思想及び良心」に該当しないようなものは、それ
以上は憲法的に検討しないという傾向をもっていた。学説も判例と同様、信条
説＋絶対保障説を採用し、そこに含まれないものを21条（消極的表現の自由）な
どによって保障していこうとするものがあるほか、「内心」の領域は絶対的に
保護されるが、他方でそれが外部に行為として表出し、社会との関連性をもて

ばもつほど、一定の制限を受けることになるとする説（すなわち「内心」領域との距離が近い「行為」になればなるほど厳格に審査される）もある。

3 「侵してはならない」の意味

1 禁止される国家行為は何か

19条後段でいう「侵してはならない」との文言は、内心の自由を侵害するような国家行為の禁止を意味している。本来、外面上の行動や表現に現れない人の内心は、そもそも他者の介入を許さない絶対的領域である以上、その侵害が直接に問題となる場面はそれほど多くないとも考えられる。しかしながら1.1で示したとおり、戦前の日本においては、天皇の権威を利用した特定思想への「誘導（≒洗脳）」が行われていたし、特定思想をもつことを理由とした政府による思想犯取締り（治安維持法）も猛威を振るった。こうした過去の反省を踏まえると、ここで禁止される国家行為には具体的にどのようなものが考えられるのだろうか。

通説では、①まずひとつには、思想・良心を理由とする「不利益処分の禁止」がある。②次に、思想・良心の「告白強制の禁止」、すなわち「沈黙の自由」が考えられている。③第三に「特定思想の強制の禁止」がある。この中に

表　禁止される国家行為の関係

侵してはならない	不利益処分		治安維持法を例とした思想犯の取り締まりや、レッド・パージを例とした特定思想者又はその支持者の排除など、ある特定の思想を持つことを理由に法的に不利益を課すことの禁止。
	告白強制		特定人の思想・良心を探ることを目的としてそれを強制的に開示させることの禁止。「沈黙の自由」のうち、「思想及び良心」を告白することを強制的に開示・推知されないための沈黙は、19条により禁止される。
	特定思想の強制	行為の強制	本人の思想・良心に反する行為（不作為も含む）を強制する（義務づける）ことの禁止。
		操作（洗脳）	内心の自由な形成を妨げるような政府活動も問題となりうる。ただし、この問題を「思想・良心の自由」（19条）の「侵害（制限）」と捉えるためには、問題となる政府の行為が「洗脳（マインドコントロール）」としての側面を相当強く有している必要がある。

は、特定思想に結び付いた「行為の強制の禁止」のほか、思想・良心の「操作の禁止」、すなわち特定の思想・良心の「組織的宣伝・教化（洗脳）からの自由」も含まれるだろう。

　それでは、これら禁止される国家行為について順を追って見ていくことにしよう。

2　不利益処分の禁止——レッド・パージ、破防法、内申書——

　思想・良心を理由にした「不利益処分」として、もっともわかりやすい例は、前述した治安維持法による思想犯取締りである。もちろん、敗戦後に同法は廃止され、現行憲法下においては包括的に思想犯を取り締まる法律は、目下のところ存在していない。しかしながら、こうした思想犯取締りが戦後日本で全く存在しなかったわけではない。日本がいまだ連合国による統治下にあった1950（昭25）年7月18日付のマッカーサー書簡によってレッド・パージ事件が発生した。同書簡は、日本政府と報道機関その他重要産業界に対し共産主義者又はその支持者を排除すべきことを要請したものであった。この書簡に基づき、報道機関その他の重要産業から大量の労働者が解雇され、職を奪われたといわれている。一見してこの措置は、19条に違反するように思われるし、事実、現在にこのような措置が行われた場合、19条違反により解雇は無効とされることは免れないであろう。しかしながらこの当時は、日本が主権を回復する以前であり、日本国憲法を頂点とする憲法秩序とは別個の存在として、連合国最高司令官が置かれていた。現にレッド・パージによる共産党員またはその支持者たることを理由とする報道機関の従業員の解雇の効力などを争った当時の最高裁判決〔最大判昭和27年4月2日民集6巻4号387頁〕において、最高裁は、日本の国家機関及び国民が連合国最高司令官の発する一切の命令指示に誠実且つ迅速に服従する義務を有すること（昭和20年9月2日降伏文書5項、同日連合国最高司令官指令1号12項）を理由に、日本の法令は連合国最高司令官の指令に牴触する限りにおいて「その適用を排除されることはいうまでもない」とし、「連合国最高司令官の指示に従つてなした本件解雇は法律上の効力を有するものと認めなければならない」としている。むろん、繰り返すが占領終結以後は、同様の処分が19条違反となり許されないことは明白である。

　他方でそもそも、日本国憲法を頂点とする憲法秩序そのもの（特に基本原理と

しての国民主権の原理、民主主義）を否認する思想は19条で保障されるのであろうか。この点、第二次世界大戦後のドイツでは、ナチズムの跳梁跋扈による苦い経験から、ドイツ連邦共和国基本法において「闘う民主政（Streitbare Demokratie）」の立場を採用した。他方で、日本国憲法の条文にはこのような立場を表明し、例外を定めた条文がないために、暴力による憲法秩序の破壊をたくらむ思想といえども、それが内心にとどまる限りにおいて私たち一般人には保障されると考えられる。しかしながら、憲法99条がすべての公務員に対して憲法尊重義務を課しているため、公務員就任の欠格要件として、日本国憲法の暴力的破壊を主張する政党等の団体構成員でないこと（国公法38条5号、地公法16条5号）、その就任にあたっては日本国憲法をはじめとする法令の遵守を宣誓させること（国公法97条に基づく「職員の服務の宣誓に関する政令」、地公法31条）といった措置は、憲法が直接定めた例外として許されることになる。

　では、特定の政治思想実現のために行われる破壊活動を「せん動」することは19条によって保障されるだろうか。破壊活動防止法39条および40条は、「政治上の主義若しくは施策を推進し、支持し、又はこれに反対する目的をもつて」行われる一定の刑法上の犯罪の「予備、陰謀若しくは教唆をなし、又はこれらの罪を実行させる目的をもつてするその罪のせん動をなした者」に懲役または禁錮刑を科している。ここでいう「せん動」とは、「特定の行為を実行させる目的をもつて、文書若しくは図画又は言動により、人に対し、その行為を実行する決意を生ぜしめ又は既に生じている決意を助長させるような勢のある刺激を与えること」である。この点について、**破壊活動防止法違反被告事件**［最二判平成2年9月28日刑集44巻6号463頁］が、「せん動として外形に現れた客観的な行為を処罰の対象とするものであって、行為の基礎となった思想、信条を処罰するものでない」として19条の問題としては扱わず、「せん動は、……表現活動としての性質を有している」として21条の問題として扱っている点に着目すべきだろう（なお「せん動」については**第10章3の6**を参照）。

　また第三者による不利益処遇を招くことが容易に予見可能であるにもかかわらず思想・良心の内容やその推知情報を記載することは、19条の保障する自由の「侵害」にあたるだろうか。この点、最高裁は、**判例8-2　麹町中学内申書事件**［最二判昭和63年7月15日判時1287号65頁］の中で、中学校が内申書に「校内において麹町中全共闘を名乗り、機関誌『砦』を発行した。……大学生

ML派の集会に参加している」と記載したことにつき、当該「記載に係る外部的行為によってはXの思想、信条を了知し得るものではないし、また、Xの思想、信条自体を高等学校の入学者選抜の資料に供したものとは到底解することができない」とした。しかしながら、一見して分かる通り、本件で記載された内容はむしろ当該人物（X）の思想を推知する十分と言ってよい情報であり、疑問を残す判決として批判も多い。

3　告白強制の禁止──「沈黙の自由」──

　次に、特定人の思想・良心を探る目的で、それを強制的に開示させることが、19条の保障する自由を侵害するかどうかが問題となる。このような「告白の強制」は当然内心の自由を侵害すると考えて差しつかえない。告白を拒絶する自由、すなわち「沈黙の自由」は、通常は「表現しない自由（消極的表現の自由）」として21条によって保障されるが、「思想及び良心」を強制的に開示されまたは推知されないための沈黙は、19条により絶対的な保障を受けると考えられている。

　まず拷問などの暴力的手段を用いて内心の強制的な開示を行うことは絶対的に禁止される（こうした手段を用いること自体、そもそも憲法36条が禁止している）。次にいわゆる「踏み絵」がある。キリシタンを燻りだすために行われた実際の踏み絵のような例が許されないことは言うまでもないが、現代においてもこうした「踏み絵」は姿かたちを変えて存在している。例えば、アンケートなどを通じて、主義・主張、支持政党等を問うたりすることはもちろん、尊敬する人物や愛読書のようにその人の思想信条を推知できるような事実調査を政府が行うことは禁止される。また公務員採用に際して、政治的信条や政治活動の有無あるいは思想団体への所属関係の有無の申告を求めることも、禁止される。しかしながら就職活動に際して、私企業がこの種の調査を行った場合も問題となることがあるが、前掲・**判例4-3　三菱樹脂事件**で最高裁は、契約締結の自由を理由に私企業が「労働者の採否決定にあたり、労働者の思想、信条を調査し、そのためその者からこれに関連する事項についての申告を求めること」は違法ではないとする。このように、私人間の場合には、企業側の財産権・営業の自由の観点から絶対的保障が相対化されうる点には注意が必要である。

　なお証言の強制は事実の知・不知の問題であることから、思想・良心の問題

として考えられないと前述したが、先のレッド・パージ事件の影響下があるような状況下において、共産党支持者の友人の名を明かすように強制された場合などは、19条侵害の例と考えられている。

4　特定思想の強制の禁止

　最後に特定思想の強制の禁止の中には、①特定思想に結び付いた「行為の強制の禁止」のほか、②思想・良心の「操作の禁止」、すなわち特定の思想・良心の「組織的宣伝・教化（洗脳）からの自由」も含まれる。

　①まず前者は、本人の思想・良心に反する行為（不作為も含む）を法令をもちいて強制することを指している。例えば徴兵制を敷いている国家で良心的兵役拒否制度を設けているのは、20条（第9章を参照）に加えて、19条の観点に配慮したものともいえるし、さらに最近では、信条として死刑制度に反対する者が、19条に基づき、裁判員としての義務の回避を主張することは許されるかという問題もある。

　こうした義務と信条の衝突の典型例として挙がるのが、教育現場において国旗の掲揚及び国歌の斉唱を法律によって義務付けることである。法律によって国旗・国歌を制定すること自体は思想的に中立といえるが、掲揚・斉唱の強制は「国家への忠誠心」という特定の価値観と結びつく行為である。19条があらゆる価値観の強制を禁ずることをその保障の中核としていることを考えれば、児童や生徒に国旗の掲揚または国家の斉唱を強制することは19条違反になる可能性が高い。

　他方で、教師（公立学校の場合は公務員としての側面も有する）に対する強制はどう考えるべきか。「君が代」に否定的イメージを抱いていた市立小学校の音楽専科の教諭（X）が、校長からの職務命令により入学式での「君が代」のピアノ伴奏を行うことを強制され、同命令に従わなかったことを理由に東京都教育委員会から戒告処分を受けた**ピアノ伴奏拒否事件**〔最三判平成19年2月27日民集61巻1号291頁〕がある。最高裁は、音楽教諭に対する同命令が「直ちにXの有する上記の歴史観ないし世界観それ自体を否定するものと認めることはできない」としたうえで、「客観的に見て、入学式の国歌斉唱の際に『君が代』のピアノ伴奏をするという行為自体は、音楽専科の教諭等にとって通常想定され期待されるもの」であり、「特定の思想を有するということを外部に表明す

る行為であると評価することは困難」であることから、同命令は19条に違反しないと判示した。これに対し、「ピアノ伴奏を命じる校長の職務命令によって達せられようとしている公共の利益の具体的な内容は何かが問われなければ」ならず、そうした利益と教諭の思想及び良心の保護の必要との間で慎重な考量がなされなければならないとした同判決の藤田反対意見が注目される。これ以外の事例として**判例8-3　国歌起立斉唱事件**［最二判平成23年5月30日民集65巻4号1780頁］がある。最高裁は、「学校の儀式的行事である卒業式等の式典における国歌斉唱の際の起立斉唱行為は、一般的、客観的に見て、これらの式典における慣例上の儀礼的な所作としての性質を有する」もので、行為者の有する歴史観ないし世界観それ自体を否定するものではないとして、個人の思想及び良心の自由を直接制約するものとは認めなかった。他方で「『日の丸』や『君が代』に対して敬意を表明することには応じ難いと考える者が、これらに対する敬意の表明の要素を含む行為を求められることは、……その者の思想及び良心の自由についての間接的な制約となる面がある」と判示した。従来の判例が「思想・良心の自由」の侵害性を外部的視点からのみ捉え、行為の強制と「心」の問題を切り分けていた一方で、本判決が行為を強制される者の主観的側面に着目し、心理的な葛藤を「思想・良心」の自由への「間接的制約」として位置づけた点は注目される。ただ、本件職務命令を厳格な審査を必要とする直接制約でなく「間接的な制約」と位置づけたがゆえに、緩やかな審査を導いてしまったともいえるだろう。

　なお政府ではなく、強制加入団体がその構成員の思想・良心に反する行為を強制する場合（たとえば金銭の徴収）も同様の問題が起きるが、**南九州税理士会政治献金事件**［最三判平成8年3月19日民集50巻3号615頁］において最高裁は、特定政治団体への寄付を目的にした特別会費を税理士会が構成員から徴収するとした決議は、「税理士会の目的の範囲外の行為」といわざるを得ず無効であると判示した。税理士会は強制加入団体であることから、その目的の範囲を判断するに当たって「会員の思想・信条の自由との関係」で考慮が必要であるとし、「会員に要請される協力義務にも、おのずから限界がある」と判示している。

　②次に、人々の内心を誘導・洗脳することによって、内面の自由な発達形成過程に対する妨害行為を行うことも、19条の観点から問題となりうる。この点

で注意が必要なのは、現代国家のもつ情報発信の力である。すなわち、現代国家は、国民の「知る権利」を満たすためにも、自身が有している情報を積極的に公表・発信する側面を有する。こうした国家の側面にはある種のプロパガンダ的側面が潜んでいることは見逃してはならない。独裁国家のみならず、民主制国家においても、政府は国民世論によって支えられている以上、自分たちの党派性に有利な世論状況を作り出そうとすることは十二分にあり得る。特に、学校や刑務所と言ったそこに属する人々が「囚われの聴衆」（captive audience）に陥りやすい環境は、この種の問題を常に内包している。むろん、こうした問題が、即座に19条の自由を「侵害」したと言えるかは微妙なところであり、21条の問題として「対抗言論」を環境内で流通させることによって解決を図る方が良いであろう。ただし、裏を返せば問題となった政府による行為が、対抗言論を生じさせないような環境を作り、いわゆる「洗脳（マインドコントロール）」としての側面を強力に有しているようであるならば、19条の問題として捉えるべきとも考えられる。

判例8-1

争点

　敗訴してもなお自己の行為に正当性を信じる名誉毀損事件の加害者に対し、裁判所が民法に基づく処分として謝罪広告の掲載を命ずることは、良心の自由を侵害するか─謝罪広告事件［最大判昭和31年7月4日民集10巻7号785頁］

事案

　昭和27年の衆議院議員総選挙に際し日本共産党公認候補として徳島県から立候補したYは、対立候補Xが徳島県副知事時代に発電所建設にあたって周旋料を取った旨をラジオの政見放送及び新聞紙面上で発表した。これに対し、Xは名誉棄損に相当するとして謝罪上の掲載と放送を求めた。第1審は、Yが発表した内容に重大な過失があることを認め、「右放送及び記事は真実に相違して居り、貴下の名誉を傷け御迷惑をおかけいたしました。ここに陳謝の意を表します」という説示を含んだ謝罪広告の新聞への掲載を命じた。Yは控訴したが控訴審は棄却したため、Yは、上記内容の謝罪広告の掲載を命じることは良心の自由を侵害するとして最高裁に上告した。

判旨

　上告棄却。民法723条でいう「他人の名誉を毀損した者に対して被害者の名誉を回復するに適当な処分」として謝罪広告を新聞紙等に掲載することを加害者に命ずることは従

来学説判例が認めるところであり、また謝罪広告を新聞紙等に掲載することは我国民生活の実際においても行われている。もっとも謝罪広告を命ずる判決にもその内容上、これを新聞紙に掲載することが謝罪者の意思決定に委ねるを相当とし、これを命ずる場合の執行も債務者の意思のみに係る不代替作為として民訴734条（当時。現民執172条）に基き間接強制によるを相当とするものもあるべく、時にはこれを強制することが債務者の人格を無視し著しくその名誉を毀損し意思決定の自由乃至良心の自由を不当に制限することとなり、いわゆる強制執行に適さない場合に該当することもありうるであろうけれど、単に事態の真相を告白し陳謝の意を表明するに止まる程度のものにあっては、これが強制執行も代替作為として民訴733条（当時。現民執171条）の手続によることを得るものといわなければならない。そして原判決の是認したXの本訴請求は、Yが判示日時に判示放送、又は新聞紙において公表した客観的事実につきY名義を以てXに宛て『右放送及記事は真相に相違しており、貴下の名誉を傷け御迷惑をおかけいたしました。ここに陳謝の意を表します』なる内容のもので、結局Yをして右公表事実が虚偽且つ不当であったことを広報機関を通じて発表すべきことを求めるに帰する。されば少くともこの種の謝罪広告を新聞紙に掲載すべきことを命ずる原判決は、Yに屈辱的若くは苦役的労苦を科し、又はYの有する倫理的な意思、良心の自由を侵害することを要求するものとは解せられない。

判例8-2

争点

全共闘活動への参加の事実を内申書に記載することが憲法19条の違反となるか──麹町中学内申書事件［最二判昭和63年7月15日判時1287号65頁］

事案

Xは複数の高校を受験したがいずれも不合格となった。この受験に際し、区立麹町中学校から各高校に提出されたXの内申書の備考欄等に、「校内において、麹町中全共闘を名乗り、機関誌『砦』を発行した。学校文化祭の際、文化祭粉砕を叫んで他校生徒とともに校内に乱入しビラまきを行った。大学生 ML 派の集会に参加している。学校側の指導説得をきかないでビラを配ったり、落書きをした」との記載があった。この事実が後に判明し、Xは自らの不合格の理由が以上の内申書の記載にあるとして、Y1（千代田区）およびY2（東京都）に対し国家賠償法に基づく慰謝料請求を行った。第1審［東京地判昭和54年3月28日判時921号18頁］はXの請求を任用したが、Y2の控訴を受けた控訴審［東京高判昭和57年5月19日高民集35巻2号105頁］はXの請求を棄却。Xが上告した。

判旨

上告棄却。本件内申書記載は、Xの思想、信条そのものを記載したものでないことは明らかであり、右の記載に係る外部的行為によってはXの思想、信条を了知し得るもの

ではないし、また、Ｘの思想、信条自体を高等学校の入学者選抜の資料に供したものとは到底解することができない。よって本件記載により、憲法19条に違反しない。

判例8-3

争点

国旗国歌に否定的歴史観・世界観を有する教諭に対し卒業式において国旗に向かって起立し国歌を斉唱することを命ずる旨の職務命令は、思想・良心の自由を侵害するか。侵害に当たるとしてそれはどこまで許されるのか―国歌起立斉唱事件［最二判平成23年5月30日民集65巻4号1780頁］

事案

都立高等学校教諭のＸは、卒業式における国歌斉唱の際に国旗に向かって起立し国歌を斉唱することを命じた校長からの職務命令に従わず、起立しなかったため、Ｙ（東京都教育委員会）から戒告処分を受けた。その後の定年退職前に申し込んだ非常勤嘱託員等の採用選考において、上記不起立行為が職務命令違反等に当たることを理由に不合格とされた。そこでＸは、上記職務命令は憲法19条に違反し、自身を不合格としたことは違法であるなどと主張して、Ｙに対し国家賠償法に基づく損害賠償請求を提起した。第1審［東京地判平成21年1月19日判時2056号148頁］・控訴審［東京高判平成21年10月15日判時2063号147頁］ともに本件職務命令は憲法19条に反しないとした。なお、都教委がＸを不合格としたことについて、1審では裁量権の逸脱濫用が認められたが、2審では認められなかった。そこでＸが上告した。

判旨

上告棄却。Ｘが起立斉唱行為を拒否する理由は、『日の丸』や『君が代』が戦前の軍国主義等との関係で一定の役割を果たしたとするＸ自身の歴史観ないし世界観から生ずる社会生活上ないし教育上の信念等ということができる。しかし学校の儀式的行事である卒業式等の式典における国歌斉唱の際の起立斉唱行為は、一般的、客観的に見て、式典における慣例上の儀礼的な所作としての性質を有するものであり、そのような所作として外部からも認識されるものである。したがって、その性質の点から見て、起立斉唱行為がＸの有する歴史観ないし世界観を否定することと不可分に結び付くものとはいえない。そのため本件職務命令は、個人の思想及び良心の自由を直ちに制約するものと認めることはできない。もっとも、起立斉唱行為は一般的、客観的に見ても、国旗及び国歌に対する敬意の表明の要素を含む行為であり、自らの歴史観ないし世界観との関係で否定的な評価の対象となる『日の丸』や『君が代』に対して敬意を表明することには応じ難いと考える者が、これらに対する敬意の表明の要素を含む行為を求められることは、その者の思想及び良心の自由についての間接的な制約となる面があることは否定し難い。したがって、このような間接的な制約が許容されるか否かは、職務命令の目的及び内容並びに上記の制限を介して生ずる制約の態様等を総合的に較量して、当該職務命令

に上記の制約を許容し得る程度の必要性及び合理性が認められるか否かという観点から判断するのが相当である。そして、本件職務命令は、公立高等学校の教諭であるＸに対して当該学校の卒業式という式典における慣例上の儀礼的な所作として国歌斉唱の際の起立斉唱行為を求めることを内容とするものであって、高等学校教育の目標や卒業式等の儀式的行事の意義、在り方等を定めた関係法令等の諸規定の趣旨に沿い、かつ、地方公務員の地位の性質及びその職務の公共性を踏まえた上で、生徒等への配慮を含め、教育上の行事にふさわしい秩序の確保とともに当該式典の円滑な進行を図るものである。これら諸事情を踏まえると、本件職務命令は、憲法19条に違反するとはいえない。

[主要参考文献]

・安西文雄・巻美矢紀・宍戸常寿『憲法学読本［第3版］』（有斐閣、2018年）

・佐藤功『日本国憲法概説［全訂第5版］』（学陽書房、1998年）

・渋谷秀樹『憲法［第3版］』（有斐閣、2017年）

・芹沢斉・市川正人・阪口正二郎編『新基本法コンメンタール　憲法』（日本評論社、2011年）

・高橋和之『立憲主義と日本国憲法［第5版］』（有斐閣、2020年）

・中澤俊輔『治安維持法　なぜ政党政治は「悪法」を生んだか』（中公新書、2012年）

第9章

信教の自由と政教分離

本章のねらい

　近代国家において、宗教はどのような存在であり、またどのような関係性をもつものだったのだろうか？日本国憲法20条は3つの条文を持つが、その内容には信教の自由と政教分離原則という2つの性格が異なるものが含まれている。なぜこのような条文形態になっているのだろうか？また両者はそれぞれどのような関係にあるのだろうか。

1　宗教の自由の背景

1　信仰の強制からの脱却

　信教の自由は、他の自由と比して、歴史的背景から特殊性を有すると言われることがある。その背景とは、言うまでもなく中世ヨーロッパにおける宗教弾圧の歴史を指している。例えば、中世ヨーロッパにおけるローマ・カトリックによる「異端審問」は、まさにその典型であろう。そして、16世紀前半のマルティン・ルターらによる宗教改革は、ローマ教皇が頂点に君臨するローマ・カトリックの支配からの脱却であり、それは後に宗教戦争に結びつき、血で血を洗う闘争にまで発展することとなった。またイギリスにおける近代市民革命の嚆矢たる1640年の「清教徒（ピューリタン）革命」も、まさにイギリス国教会の強制・弾圧に対する反抗から始まっている。すなわち、市民革命に端を発する「近代」は、専制政治からの脱却であったのと同時に、個人の信仰に対する強制からの脱却とも密接不可分に結びついているのである。こうした弾圧や戦争が起きるのは、自らの生き方（宗教）にそぐわない、他者の生き方（宗教）を否定しようという動きに起因している。こうした闘争状態を終結させるためには、多様な宗教的価値観が存在することを前提として、個人の内面にある信仰（神）の問題に対して国家権力はこれに干渉せずという合意が重要であった。

このような合意の結果として生み出されたのが、本章で扱う信教の自由と政教分離原則といえる。

　以上のような個人の生き方（宗教）の善し悪しの判断を国家ではなく自由な個人の判断にゆだねるべきであるという考え方は、実のところ近代立憲主義の根本にある思想そのものとも言える。つまり、ヨーロッパにおける宗教対立に対する反省から生み出された考え方が、宗教にとどまらず、近代立憲主義の思想を形成する嚆矢となったのである。そのため、信教の自由の保障のあり方が、その他の精神的自由についての保障のあり方のバロメーターとして機能するとしばしば指摘されるほどである。

2　日本の近代国家化と「宗教」──幕藩体制から明治国家へ──

　では、翻って日本における「近代」化と信教の自由はどのような関係にあったであろうか。1889（明治22）年の大日本帝国憲法もその28条で「日本臣民ハ安寧秩序ヲ妨ケス及臣民タルノ義務ニ背カサル限ニ於テ信教ノ自由ヲ有ス」と定めていた。この条文には、他の自由と異なり、いわゆる「法律の留保」が定められていなかった。法律の留保とは、憲法が保障している権利や自由を制限する際に、あくまで法律に基づかなければならないという概念である。同時に、そこで保障されている権利や自由が、あくまで法律の範囲内において保障されるにすぎず、法律に基づきさえすればどのように制限を課してもよいという意味もある。この後者の点から考えれば、同条は法律の留保を外したことで、立法権自体が制限されていることを認めていたとも考えられる。この意味で同条は、明治憲法下における他の自由に対して例外を構成していたとも考えられるだろう（例えば、29条は言論の自由について「日本臣民ハ法律ノ範囲内ニ於テ言論著作印行集会及結社ノ自由ヲ有ス」（強調点筆者）と定めていた）。ところが逆に同条の規定は、信教の自由の制限は法律によらずとも、安寧秩序を妨げ、臣民の義務に反すると考えられた場合には、命令によって制限可能とする解釈が生み出されてしまった。

　こうした大日本帝国憲法の信教の自由の形成を考えるうえで、欠かせない視点が、「天皇」制にある。そもそも論として、日本が一応の「近代化」を成し遂げたとされる明治維新は、徳川幕府による封建的な幕藩体制を解体し、より集権化した国家としての「大日本帝国」を形成することを目指したものであっ

た。そして、そうした集権化を図った「大日本帝国」に、国民の求心を集め、その正統性を担保するために目をつけられたのが、「天皇」という存在であった。当時の明治政府は、ヨーロッパ諸国が、国民を統一する精神的支柱としてキリスト教がその役割を果たしていることを見て取り、日本においてその役割を果たすのは「神道」をおいて他にない、と考えたのである。そこで、古代から続いていた諸行事に加えて、宮中内での歴代天皇に対する祭祀を新たに作り出して執り行うことによって、「万世一系」という本来的にフィクショナルな概念を、民衆の間に浸透させていった。そこでは神道の頂点に君臨する「天皇」が、積極的に全国行脚によって表舞台に立ち、「可視化」が進められたことで、「国民（臣民）」の依代とし、バラバラだった民衆の統合を図ったのである。このように、明治政府は、神道の事実上の「国教化」を進めることによって、国民統合に利用した側面があったのである。

　こうした国教化の端緒は、例えば1871（明治4）年の太政官布告234号により、「神社ハ国家ノ宗祀ニシテ一人一家ノ私有ニスベキニ非ザルハ勿論ノ事……」と定められたことで、神社は「国家の宗祀」であり、「非宗教化」が図られることとなった。それに伴い、これまでの神職世襲制は取りやめとなった。「神官」という身分の世襲は、そうした神職家の私有という側面を持つものだったからである。さらに太政官布告235号は、「官社以下定額及神官職員規則等」により、いわゆる社格制度が定められ、これにより伊勢神宮以外の神社は、官幣社と国幣社からなる官社と、それ以外の諸社とに区分されることとなった。同時に、神職には官公吏としての地位が与えられることとなったのである。

　これらの集大成として、先の大日本帝国憲法では主権が天皇にあることが明らかにされた（1条、4条）。加えてその施行後の1900（明治33）年には所管官庁であった内務省社寺局が神社局と宗教局に分離され、1913（大正2）年以降は宗教局自体が文部省へ移管されたことで、神社は内務省、他の宗教は文部省と明確に制度上区分されることとなった。神社は「国家の宗祀」なのであるが故、他の一般宗教と同列に扱うことは認められないと考えられたためである。1906（明治39）年には官・国幣社は国庫負担となり（「官国幣社経費ニ関スル法律」）、道府県費または市町村費から神饌幣帛料が供進できることが定められた（勅令第96号「府県社以下神社神饌幣帛料供進ニ関スル件」）ことで、神社は次第に戦後

に「国家神道」と呼ばれるように「国教化」していったのである（もっとも国家神道という言葉が用いられることになったのは、後述の神道指令の影響が大きいとされる）。

　大日本帝国憲法の基本原理と併せて28条は、こうした「宗教に非ず」と位置付けられた「神社」の特権化を法律によらずして容易にする根拠を与えてしまっていた。むろん、28条の存在には一定の成果もあった。例えば、キリスト教については、1899（明治32）年5月に政府によって正式に宣教が認められるに至ったうえ、1939（昭和14）年に公布された宗教団体法（昭和14年4月8日法律第77号）は、その第1条の中で「本法ニ於テ宗教団体トハ神道教派、仏教宗派及基督教其ノ他ノ宗教ノ教団（以下単ニ教派、宗派、教団ト称ス）並ニ寺院及教会ヲ謂フ」として、教派神道や仏教と並んでの位置づけを得ることになった。そして翌年の同法施行に際しては、日本の国法の上で初めて、日本天主公教と日本基督教団の二つが「教団」としての地位を得ることとなっている。その一方で、他の宗教、特に類似宗教と呼ばれた新興宗教に対しては極めて弱い保障しか与えられず、刑法上の不敬罪と治安維持法を用いて昭和前後から大本教、ひとのみち教団、ホーリネス教会、創価教育学会などに弾圧が加えられた。そして、後に国家主義・軍国主義が台頭すると、神社への参拝を「臣民タルノ義務」として、国民に強制することを可能とする28条の解釈まで出現したのである。

3　戦後日本と「宗教」── GHQ「神道指令」──

　ポツダム宣言の受諾により、太平洋戦争は終結し、日本の神勅天皇制は崩壊することとなった。同宣言は信教の自由を確立すべきことを要求しており、これを実現すべく GHQ は、1945（昭和20）年12月15日に「国家神道、神社神道ニ対スル政府ノ保証、支援、保全、監督並ニ弘布廃止ニ関スル件」（SCAPIN-448）、いわゆる「神道指令」を日本政府に対して発した。同指令は、軍国主義や国家主義的思想を根絶するために神社を含むあらゆる宗教の国家からの分離（政教分離）、神社神道に対する特別な保護措置の停止、公的財政援助の禁止、教育現場・役所から神道的施設（神棚等）の除去を日本政府に命じていた。またこれに先立ち、1945（昭和20）年10月4日には、「政治的、社会的及宗教的自由ニ対スル制限除去ノ件」の覚書が発せられ、信教の自由を妨げる側面もあった宗教団体法の廃止が決定された。その後、廃止自体はかなり遅れたものの同年12

月28日に同法は廃止され、代わって同日に宗教法人令が公布されることとなった。その後も、神社の「国教化」は解体されていき、1946（昭和21）年2月には、神社神道の宗教法人化が行われ、以後の所管は内務省から文部省へと移ることになる。さらに1946（昭和21）年1月1日には、「現御神（あきつみかみ）」とされていた天皇が自ら「人間宣言」が行われており、神勅天皇制を支えていた「神話」は解体されていくことになった。GHQの施策は、戦前の国家主義・軍国主義の精神的支柱となっていた「国家神道」を打破して、国民の間に広がっていたマインド・コントロールを解き、民主政治の担い手たる精神的な

表　戦前から戦後にかけての日本の「宗教（主に神道）」関係法令の流れ

年代	関係法令・関係機関	備考
1868年	神祇省の設置 神仏分離令の発布	
1871年	**太政官布告234号**	「神社」の「非宗教化」
1873年	教部省設置	
1878年	内務省寺社局設置	
1889年	大日本帝国憲法発布	天皇主権の明文化、28条で宗教の自由を保障
1900年	内務省社寺局廃止 神社局と宗教局の設置	その背景には、神社はあくまでも国家の宗祀であり、他の宗教と同一視すべきでなく、それらを同じ社寺局で取り扱うべきではないとの考えがあった
1913年	内務省の宗教局を文部省に移管 内務省神社局は内務省神祇院へ	これからのち、神社を除く全国の宗教団体はすべて文部省宗教局の管轄下にはいることになった
1939年	宗教団体法公布	
1945年	宗教団体法廃止 「国家神道、神社神道ニ対スル政府ノ保証、支援、保全、監督並ニ弘布ノ廃止ニ関スル件」（神道指令） 宗教法人令公布	
1946年	天皇の「人間宣言」 日本国憲法公布	
1947年	「社寺等に無償で貸し付けてある国有財産の処分に関する法律」	政教分離の一措置として社寺の境内地、保管林の譲与または半額売り払いの処分が行なわれた
1951年	宗教法人法	神社の「法人」化

独立を果たした「市民」を養成する意義を有していた。

　こうした宗教の（国家からの）「自由」の確立を踏まえて、日本国憲法20条は制定されたのである。そうして出来上がった条文には、性格を異にする二種類の規定が含まれている。(1)まず「信教の自由は、何人に対してもこれを保障する」（1項前段）、「何人も、宗教上の行為、祝典、儀式又は行事に参加することを強制されない」（2項）とあるように、個人の宗教の選択・実践に対する国家介入の排除を謳ったものがある。(2)次に、「いかなる宗教団体も、国から特権を受け、又は政治上の権力を行使してはならない」（1項後段）、「国及びその機関は、宗教教育その他いかなる宗教的活動もしてはならない」（3項）とあるように、国家と宗教とが結びつくことを禁じたものである。

　以下では、(1)と(2)それぞれについて、その内容を見ていくこととする。

2　信教の自由の意味と保障内容

1　「宗教」とは何を指すか──信教の自由の内容──

　まずはじめに、信教の自由や政教分離原則における「宗教」とは何を指すのだろうか。人の信仰の対象は、本質的に千差万別なのであり、この「宗教」の定義を狭く限定して捉えると、少数の特殊な宗派・宗教の自由を排除することになりかねないうえ、「宗教に非ず」とされた神社が特権的地位を獲得したような歴史の再来を招きかねない。この点、**津地鎮祭事件控訴審判決**［名古屋高判昭和46年5月14日行集22巻5号680頁］は、憲法でいう宗教とは「『超自然的、超人間的本質（すなわち絶対者、造物主、至高の存在等、なかんずく神、仏、霊等）の存在を確信し、畏敬崇拝する心情と行為』をいい、個人的宗教たると集団的宗教たると、はたまた発生的に自然的宗教たると、創唱的宗教たるとを問わず、すべてこれを包含するもの」と、かなり広く包括的に捉えている。

　以上のように信教の自由を解したうえで、20条によって保障されている内容は、次の3つであるといわれる。すなわち、①宗教を信仰し、または信仰しないこと、信仰する宗教を選択し、または変更することについて、個人が任意に決定する自由としての「信仰の自由」である。②次に、信仰に関して、個人が単独で、または他の者と共同して、祭壇を設け、礼拝や祈禱を行うなど、宗教上の祝典、儀式、行事その他布教等を任意に行う自由である「宗教的行為の自

図　信教の自由の保障内容

	信仰の自由	宗教的行為の自由	宗教的結社の自由
主観的権利（人権）	(1項前段、2項)		
	個人が信仰を持つこと、または持たないこと、さらに信仰の選択あるいは変更をすることを理由に不利益処分の禁止（宗教的人格権）。	宗教的行為（儀式や行事等）を行うこと、または行わないことを理由にした不利益処分の禁止。	同じ宗教を信仰する者同士が結社し、宗教団体を形成することに対する不利益処分の禁止。加えて内部自治への一定程度の自律権付与。

間接的に保障

	政教分離原則
客観法	(1項後段、3項)＋89条
	健全な民主制過程を保護するために、宗教を公的な民主政治の場からプライベートな領域にとどめ、また、国家と特定宗教が結びつくことで個人の宗教の自由が脅かされることから、国家と宗教の結びつきを断つことを宣言した客観法原則。具体的には特権授受の禁止、政治権力行使の禁止、国家による宗教活動の禁止が導かれる。

（左欄・縦書き）憲法二〇条

由」がある。③そして最後に特定の宗教を宣伝し、または共同で宗教的行為を行うことを目的とする団体を結成する自由である「宗教的結社の自由」がある。これら諸自由の内容と限界について、①から順に見ていくこととする。

2　信仰の自由（宗教的人格権）

　まず「信仰の自由」は、宗教的人格権とも呼ばれ、その典型例は、ある信仰を持つこと、または持たないこと、さらに信仰の選択あるいは変更をすることを理由に不利益（刑罰など）を課すことを禁じたものである。しかしながら今日ではそのようなストレートな形で問題が噴出することは稀である。むしろ現

代において問題となるのは、本来は非宗教的な目的をもって行われた規制が国民に対して一律に及ぶことで、結果としてある宗教の信者に対し、重い負担を課してしまう附随的な制約である。換言すると、市民的義務と宗教的義務が衝突した場合、これをもって信教の自由の侵害と把握できるのであろうか。

この点、学説には対立がみられる。一つは、法律の「効果」に着目する義務免除説である。これは、法律の文言の上では特定の宗教または宗教一般に対して中立的であったとしても、その適用によって一定の信仰の自由を妨げる効果を伴うことにより負担を課する場合には、実質的負担として権利「侵害」を構成するのである。他方で、法律が課す規制の「目的」に着目するアプローチとして平等取扱説がある。同説は、当該法律が特定の宗教を「狙い撃ち」で規制することを目的としていないかどうかを判断し、そうであると認められる場合には目的・手段についての厳格な審査が適用されることになる。なぜなら、国民一般に適用される法律による間接的・偶然的な制約までも信教の自由の名の下に免除しうると、国民一般から見れば当該信仰を理由とした優遇措置を与えられていることになり、これは一種の特権付与とも捉えられるため、政教分離原則にも反する可能性があるためである。

こうした問題に対する我が国の事例として考えられるのが、**判例9-1　エホバの証人剣道実技拒否事件**［最二判平成8年3月8日民集50巻3号469頁］である。最高裁は、「被上告人が剣道実技への参加を拒否する理由は、被上告人の信仰の核心部分と密接に関連する真しなものであった」とし、彼が「信仰上の理由による剣道実技の履修拒否の結果として、他の科目では成績優秀であったにもかかわらず、原級留置、退学という事態に追い込まれた」不利益は極めて大きいことは明らかであると判示した。そのうえで、被上告人がレポート提出等の代替措置を繰り返し求めていたにもかかわらず、そうした要求を学校側が拒否したことについて、「本件各処分に至るまでに何らかの代替措置を採ることの是非、その方法、態様等について十分に考慮するべきであった」と指摘し、これら各処分が学校側の裁量権濫用にあたると判断している。なお、裁判所がこの結論に至るために判断過程統制の手法を用いた点は注目に値しよう。

なお政教分離原則との衝突について同判決は「信仰上の真しな理由から剣道実技に参加することができない学生に対し、代替措置として、例えば、他の体育実技の履修、レポートの提出等を求めた上で、その成果に応じた評価をする

ことが、その目的において宗教的意義を有し、特定の宗教を援助、助長、促進する効果を有するものということはできず、他の宗教者又は無宗教者に圧迫、干渉を加える効果があるともいえない」とし、「代替措置を採ることが、その方法、態様のいかんを問わず、憲法20条3項に違反するということができないことは明らか」と判示している。

3　宗教的行為の自由

　次に、「宗教的行為の自由」に対する規制も、前述の信仰の自由と同様、直接的にある宗教行為（儀式や行事等）を行うこと、または行わないことを強制するものが典型的に考えられ、これについては厳格な審査が必要とされることは言うまでもない。他方で先と同様に現実に問題となるのは、そうした直接規制というよりはある行為を一般法が禁止した結果として宗教的行為もその行為類型に該当する限りで規制される（付随的な規制を受ける）場合である。

　この点のリーディングケースは、**牧会活動事件**［神戸簡判昭和50年2月20日判時768号3頁］である。この事例は、凶器準備集合罪等の容疑で警察から追われていた高校生をかくまって説得指導をおこなった（こうした活動をキリスト教では「牧会活動」という）牧師が犯人蔵匿罪（刑法103条）に問われた事件である。裁判所は、こうした牧会活動が、「形式的には宗教の職にある牧師の職の内容をなすものであり、実質的には日本国憲法20条の信教の自由のうち礼拝の自由にいう礼拝の一内容（即ちキリスト教における福音的信仰の一部）をなす」とする。そして「内面的な信仰と異なり、外面的行為である牧会活動が、その違いの故に公共の福祉による制約を受ける場合のあることはいうまでもないが、……その制約をする場合は最大限に慎重な配慮を必要とする」として、当該活動は「全体として法秩序の理念に反するところがなく、正当な業務行為として罪とならない」と判示した。本判決は、牧会活動を宗教上の重要な行為として認め、刑法の適用を免除したものであるが、高校生が牧師の説得で警察に出頭した経緯等が考慮された例外的な事例と評価される一方、問題となった行為に含意された深い宗教的な性質を配慮して、信教の自由を保護しようとした事例として評価する向きもある。

　ただ刑法の犯罪類型の中でも自然犯的なもの（典型例は殺人行為）に対して、信仰に基づく宗教行為を理由に適用除外を認めることには慎重であるべきだろ

う。例えば、線香護摩による加持祈祷行為が問題となった**加持祈祷事件**［最大判昭和38年5月15日刑集17巻4号302頁］において、被告人は宗教的信念のもとこうした行為によって病気を治療したと主張した。この点、判決では、たとえその行為が信仰に基づく宗教行為と認められるとしても、著しく反社会的な性格をもつ場合には信教の自由の保障の限界を逸脱すると考えられている。

4　宗教的結社の自由

　最後に、「宗教的結社の自由」は、同じ宗教を信仰する者同士が、結社し、宗教団体を形成する自由を保障しており、21条の結社の自由の宗教的バージョンといえるが、20条が保障する自由の一内容でもある。この点、問題となるのが「宗教法人」の結成である。宗教法人法は、宗教的結社としての活動を容易にするため、一定の条件を満たした宗教団体に法人格を与えている。すなわち同法によれば、「礼拝の施設を備える神社、寺院、教会、修道院その他これに類する団体」等であり、とくに「宗教の教義をひろめ、儀式行事を行い、及び信者を教化育成することを主たる目的」とするもの（同2条）については、所定の手続を経て初めて宗教法人を設立することが可能となっている。同法は「宗教団体が、礼拝の施設その他の財産を所有し、これを維持運用」するために、「宗教団体に法律上の能力を与える」（同1条1項）ことによってその活動基盤を強化するものであり、同法の要件を欠いたとしても、法人格なき宗教団体を結成することは自由であり憲法上の保障は受けることになる。

　なお、同法には「法令に違反して、著しく公共の福祉を害すると明らかに認められる行為」を行った場合には、裁判所命令により当該宗教法人を解散させられる旨の規定が存在する（同81条1項1号）。同条により宗教法人を解散させられれば、清算手続（同49条2項、51条）が行われるため、宗教法人に帰属する礼拝施設その他の宗教上の行為の用に供していたものも処分されてしまう（同50条参照）。その結果、施設などを利用した信者の宗教的行為が困難になることは十分にあり得る。この点について争ったのが、**宗教法人オウム真理教解散命令事件**［最一決平成8年1月30日民集50巻1号199頁］である。この事件は、地下鉄サリン事件を起こした宗教法人オウム真理教が、裁判所による同法人への解散命令は信者の信仰生活の基盤を喪失させるものであり、実質的に信者の信教の自由を侵害するとして争ったものである。最高裁は、宗教法人法の規制

は、「専ら宗教団体の世俗的側面だけを対象とし、その精神的・宗教的側面を対象外として」おり、信者の宗教的行為を禁止したり、制限したりする法的効果を伴わないものとした。施設などを利用した宗教的行為に支障が生ずることはあり得るが、オウム真理教の起こした事件が「法令に違反して、著しく公共の福祉を害すると明らかに認められ、宗教団体の目的を著しく逸脱した行為をしたことが明らか」である一方で、そこで生じた「支障は、解散命令に伴う間接的で事実上のものであるにとどまる」ことから、この規制を「必要でやむを得ない法的規制である」と判示している。

　ちなみに宗教的結社の自由は、その結社内部の紛争を自律的に解決する権利を含んでいる。この点については、司法権のあり方の問題を含むため、そちらに譲る（後掲・判例22-2　板まんだら事件）

3　「政教分離」とは何か

1　「政教分離」についての比較法的類型

　政府と宗教との関係性、いわゆる政教関係については、各国で様々な形態があり、普遍的な正しいあり方というものは見出されにくい。なぜならば、政教関係はその国の歴史的背景に大きく依存する部分があるからである。例えば、フランスで問題となった公立学校でのイスラムスカーフの着用禁止の議論などは、フランス特有の国家の非宗教性（ライシテ）に至る歴史的経緯があってこそ生じている問題である。他方で、イスラム諸国のように、政教一致を採用している国は、現代においても存在する。以下では、その代表的な類型を取り出してみることとしたい。

　①第一は国教制度を採用し、国家が特定宗教を優遇したうえ、他の宗教を抑圧する形態である。戦前の我が国はこれに該当するとされ、その内容は我が国における国家と宗教の関係の歴史を参照されたい。②第二に、国教制度を採用しつつも、国家が他の宗教に寛容な態度をとる形態がある。イギリスの場合がこれに該当するが、この例は、信教の自由の保障が必ず政教分離原則を伴うものではないということを示唆している。③第三に国家と宗教を緩やかに分離し、国家がそれぞれ固有の領域における宗教の独立性を認める形態がある。特定宗教に租税徴収権など一定の特権を認めているドイツや、政府と宗教が政教

条約（concordat）を結び、相互関係を処理しているイタリアなどがこれに当たる。④最後に、国家と宗教を徹底的に分離し、相互に干渉しない形態である。フランスや、アメリカ合衆国、さらに戦後の我が国もこれに該当するといわれている。

2　政教分離原則の理念――なぜ分離しなければならないか――

　先に見た通り、20条1項と3項が政教分離原則を定めているほか、89条が財政面における政教分離を定めている（89条については**第24章**を参照）。この規定の目的は、①政治における宗教の非争点化、②信教の自由の完全保障ということが考えられる。すなわち、①健全な民主制過程を保護するためには、宗教を公的な民主政治の場からプライベートな領域に留め置くことが重要となる。②また、前述したような戦前の反省を踏まえると、国家と特定宗教が結びつくことで個人の宗教の自由が脅かされることから、信教の自由を保障するために国家と宗教の結びつきを断つことが重要となる。この点、最高裁は本規定について「明治維新以降国家と神道とが密接に結びつき前記のような種々の弊害を生じたことにかんがみ、新たに信教の自由を無条件に保障することとし、更にその保障を一層確実なものとするため、政教分離規定を設けるに至つた」としている（津地鎮祭事件・後述）。またこれ以外にも、国家と結びついた宗教は自身が優遇される結果、宗教としての潔癖さを失うことを懸念する考え方や宗教的課税からの自由の背景もある。特に後者はアメリカで厳格な政教分離が確立されるに至った大きな理由といわれる。

4　政教分離の内容

1　人権説　対　制度的保障説――その法的性格――

　政教分離原則を定めた規定は、客観法規範であり、個人の宗教選択・実践への国家介入を排除する権利としての信教の自由と異なり国民に主観的権利を付与したものではないとされる。この点、学説上、同規定を①いわゆる制度的保障の規定であるとする説と②人権規定であるとする説の間に対立があった。

　まず①**判例9-2　津地鎮祭事件**［最大判昭和52年7月13日民集31巻4号533頁］は、同規定を「いわゆる制度的保障の規定であつて、信教の自由そのもの

を直接保障するものではなく、国家と宗教との分離を制度として保障することにより、間接的に信教の自由の保障を確保しようとするもの」(強調点筆者)と判示している。人権規定の中には個人の権利・自由を直接保障したものだけでなく、それらと結びつく形で一定の「制度」を保障したものがある。このような「制度的保障」の概念は、その制度の核心ないし本質的内容を立法によって侵害することはできないとする。しかし、a) ドイツ由来とされるこの概念のオリジナルの「制度保障」は、公法上の制度体を保障するために生み出されたものであり、日本における概念とはおよそ意味が異なっているとの批判がある。b) また政教分離原則を制度的保障と捉えてしまうと、逆に言えば「制度」の核心ないし本質的部分を侵さない限りは立法による広範な規制が可能であるということになってしまうし、c) あくまで制度の保障に過ぎない以上、その侵害があったとしても特定個人の主観的権利が「侵害」されたといえないため、住民訴訟(自治法242条の2)のような例外を除き、訴訟で争うことが困難であることなども批判に挙げられる。実際に、**殉職自衛官合祀訴訟**[最大判昭和63年6月1日民集42巻5号277頁]では、「原審が宗教上の人格権であるとする静謐な宗教的環境の下で信仰生活を送るべき利益なるものは、これを直ちに法的利益として認めることができない性質のものである」と判示している。

　②こうした批判に応える形で、一部の学説には、同規定を人権規定と解するものがある。同説によれば、政教分離条項によって国民は、信仰に関し間接的にも圧迫を受けない権利とでも言うべきものを保障されているということになる。しかしこの学説を採用した場合、例えば国家がある宗教を支援した場合に、当該宗教と異なる宗教を信じる者、加えて無宗教者はすべて自らの主観的権利を侵害されたものとして裁判所に出訴できるということになる。またそもそも論として何をもって「間接的な圧迫」とするかも自明ではなく、訴訟の困難さは、客観訴訟を可能にする訴訟法上の問題として解決を図るべきであろう。

　むしろ政教分離原則については、前述のとおり主観的権利を保障したものではなく、国家と宗教の結びつきを禁じる客観法規範であると考えたうえで、実際にその結びつきはどのような場合に、どこまで許されるのかを考えていくことこそが重要である。この点について、以下で見ていくこととする。

2　具体的内容——特権授受禁止、政治権力行使の禁止、国家による宗教活動の禁止——

　では具体的に、国家と宗教のどのような結びつき行為が禁じられているのであろうか。①まず一つは、20条1項前段が定めるように、特権授受の禁止がある。ここで禁止される「特権」とは、法制的・経済的・政治的の一切の保護・優遇の措置を指しており、具体的には戦前の神社が与えられていたような各種特権がこれに当たる。なおここで問題となるのは、宗教法人に対する租税優遇措置である。代表的なものとして法人税は例外的な収益事業を除き原則として非課税とされる（法税法4条1項、7条他）。また宗教法人が専らその本来の用に供する宗教法人法第三条に規定する境内建物及び境内地及び墓地については固定資産税も免除されている（地税法348条2項3号・4号）。これら以外にも宗教法人に対する税法上の優遇特典は数多いが、学説は公益法人や社会福祉法人などとともに優遇措置を受けていることから、宗教法人固有の「特権」とは言えないとして合憲とする。対して、憲法が宗教のもつ国民生活上の意義や役割を承認していることから、立法政策上の免税措置は許容されるとする説もある。

　②次に、1項後段が定めているように政治権力行使の禁止がある。ここでは「政治上の権力」の意味が問われることになるが、これを立法権や課税権、裁判権、公務員任免権など本来は公権力が独占しているはずの統治権力を意味すると考えるのが一般的である。確かに歴史上、教会・寺院などがこうした権力を行使した事実はあるものの、現代においてこのような事例は予想されえない。そこで、現代的な意義をふまえて「政治上の権力」を「政治的権威」に読み替え、特に戦前において神社が政治権力と結合して、それを権威づける機能を発揮し、もって軍国主義政策の宗教的基礎づけを行ったことに対する反省を確認した趣旨として捉える向きもある。

　③最後に3項が定めているように宗教的活動の禁止である。「宗教教育」を「宗教的活動」の例示として特に掲げているのは、明治憲法下、国が国立・公立学校において神道の教義を布教・宣伝する教育を行ったり、神道に基づく神官養成の国立学校を設置したことに鑑みたものとされる。もっとも教育基本法は15条2項で「国及び地方公共団体が設置する学校は、特定の宗教のための宗教教育その他宗教的活動をしてはならない」と定めると同時に、その1項において「宗教に関する寛容の態度、宗教に関する一般的な教養及び宗教の社会生

活における地位は、教育上尊重されなければならない」とも定めており、宗教
一般や特定の宗教が果たしてきた社会的役割や意義についての教育までも排除
したものではない。他方で、その他の「宗教的活動」の範囲は極めて広く、何
が禁止される活動に当たるのかが問題となる。最後に、その判定基準について
見ていくこととする。

3　判定基準──レモン・テスト、目的効果基準、エンドースメント・テスト──

　問題となった政府の行為が宗教的活動に当たるかを判断する基準についての
リーディングケースである前掲・**判例9-2　津地鎮祭事件**において、我が国の
最高裁はまず「現実の国家制度として、国家と宗教との完全な分離を実現する
ことは、実際上不可能に近いものといわなければならない。更にまた、政教分
離原則を完全に貫こうとすれば、かえって社会生活の各方面に不合理な事態を
生ずることを免れない」と判示した。そして、「政教分離原則は、……宗教と
のかかわり合いをもたらす行為の目的及び効果にかんがみ、そのかかわり合い
が右の諸条件に照らし相当とされる限度を超えるものと認められる場合にこれ
を許さないとするもの」（強調点筆者）であって、それは「当該行為の目的が宗
教的意義をもち、その効果が宗教に対する援助、助長、促進又は圧迫、干渉等
になるような行為をいう」とした。この基準に基づき、最高裁は「本件起工式
は、……一般人及びこれを主催した津市の市長以下の関係者の意識において
は、これを世俗的行事と評価」しており、また「建築主が一般の慣習に従い起
工式を行うのは、工事の円滑な進行をはかるため工事関係者の要請に応じ建築
着工に際しての慣習化した社会的儀礼を行うという極めて世俗的な目的による
もの」であり、我が国の国民の「宗教意識の雑居性」からして、「起工式が行
われたとしても、それが参列者及び一般人の宗教的関心を特に高めることとな
るものとは考えられず、これにより神道を援助、助長、促進するような効果を
もたらすことになるものとも認められない」と結論付けた。

　上記の基準は、目的効果基準と呼ばれ、アメリカの最高裁判例で示されたレ
モン・テストとよく対比される。アメリカの最高裁判例 (Lemon v. Kurtzman,
403 U.S. 602 (1971)) で示された同基準は、第1要件として問題となった政府行
為が世俗的目的をもつこと、第2要件としてその行為の主要な効果が宗教を助

長したり抑圧したりするものでないこと、第3要件としてその行為が宗教との過度の関わり合いをもたらすものでないことを問い、いずれか一つの要件でも充たさない場合に、その政府行為を政教分離違反とするものである。この基準は、厳格分離型と親和的とされ、アメリカの最高裁判例において長らく重要な位置付けを占めてきた。これに対し、我が国の目的効果基準は、総合衡量のニュアンスが強いものであり、レモン・テストに比べて緩やかな基準とみられ批判を受けている。この津地鎮祭判決において採用された目的効果基準は、その後の判決でも登場する。

　県が靖国神社に玉串料として公金を支出したことが争われた**判例9-3　愛媛玉串料事件**［最大判平成9年4月2日民集51巻4号1673頁］において最高裁は、玉串料等を奉納することは津地鎮祭で争われたような起工式とは異なり、「時代の推移によって既にその宗教的意義が希薄化し、慣習化した社会的儀礼にすぎないものになっているとまでは到底いうことができず」、「そうであれば、玉串料等の奉納者においても、それが宗教的意義を有するものであるという意識を大なり小なり持たざる得ない」と述べる。そのため玉串料奉納は、「県が特定の宗教団体との間にのみ意識的に特別のかかわり合いを持ったことを否定することができ」ず、「一般人に対して、県が当該特定の宗教団体を特別に支援しており、それらの宗教団体が他の宗教団体とは異なる特別のものであるとの印象を与え、特定の宗教への関心を呼び起こすものといわざるを得ない」として、違憲判断を導いている。さらに注目すべきは、本判決の3名の判事が目的効果基準に疑問を呈している点である。そこでは本来、分離が「原則」である以上、「例外」は厳格に審査されなければならないところ、目的効果基準の発想は、国が宗教とかかわりあうのが「原則」であるかのような立場に立っており、原則例外関係を逆転させてしまっているという批判が挙げられている。

　こうした批判に応えたためか、後掲・**判例25-2　砂川政教分離訴訟**では、目的効果基準は姿を消している。ただし、半年後の**しらひめ神社事件**［最一判平成22年7月22日判時2087号26頁］では、神社の記念事業の支援を目的とする団体の発会式に市長が出席して祝辞を述べたという事件について目的効果基準を用いて合憲判決を下しているため、同基準が完全に破棄されたわけではない点に注意が必要である。

　なお、本家のアメリカにおいても、90年代以降にレモン・テストは厳しい批判にさらされ、新たにエンドースメント・テストが出現していることも付け加えておきたい。このテストは、レモン・テストにおける第1要件（目的基準）と第2要件（効果基準）を精緻化したものとされており、政府が特定の宗教を是認（endorse）したり、その逆に否認したりするようなメッセージを発することを禁止したものである。こうした政府によるメッセージが人々に与える影響を重要視するのは、それが民主政システムにもたらす影響を加味してのことと思われる。例えば、政府の行為によって特定の宗教が是認される（公定される）というメッセージが発せられた場合、当該宗教の信仰者と非信仰者との間に、それぞれ政治共同体の構成員（市民）としてインサイダーの立場とアウトサイダーの立場という断絶をつくりだしてしまうことになりかねない。このように、このテストは、特に公定制禁止と親和性の高い基準であり、先の愛媛玉串料訴訟にも一程度の影響を与えたことが指摘されている。

判例9-1

争点
　本件退学処分等にYの合理的な教育的裁量権の濫用はないか—エホバの証人剣道実技拒否事件［最二判平成8年3月8日民集50巻3号469頁］

事案
　神戸市立工業高等専門学校の生徒であったXは、キリスト教信者「エホバの証人」であったため、聖書の中の「できるなら、あなたがたに関する限りすべての人に対して平和を求めなさい」。「彼らはその剣をすきの刃に、その槍を刈り込みばさみに打ち変えなければならなくなる。国民は国民に向かって剣を上げず、彼らはもはや戦いを学ばない」。という教えに基づく絶対的平和主義の考えから、剣道の受講を拒否した。するとY（校長）から体育科目不認定のため原級留置処分に処され、翌年度も同様の処分を受けた。ゆえにYは、学校規則31条に定める退学事由に該当することを理由に、Xに対して退学処分を下した。そこでXはYに対し、原級留置処分および退学処分の取り消しを求めた。第1審［神戸地判平成5年2月22日判夕813号134頁］はXの請求を棄却したが、控訴審［大阪高判平成6年12月22日判時1524号8頁］は、Yが代替措置を全くとらずにXを退学処分にしたことは裁量権を著しく逸脱すると判示し、第1審判決を取り消し、退学処分等も取り消した。そこでYが上告した。

判旨
　上告棄却。高等専門学校の校長が学生に対し原級留置処分又は退学処分を行うかどう

かの判断は、校長の合理的な教育的裁量にゆだねられるべきものであり、裁判所がその処分の適否を審査するに当たっては、校長の裁量権の行使としての処分が、裁量権の範囲を超え又は裁量権を濫用してされたと認められる場合に限り、違法であると判断すべきものである。退学処分は学生の身分をはく奪する重大な措置であり、その要件の認定につき他の処分の選択に比較して特に慎重な配慮を要するものである。また原級留置処分の決定に当たっても、同様に慎重な配慮が要求される。そして、高等専門学校においては、剣道実技の履修が必須のものとまではいい難く、体育科目による教育目的の達成は、他の体育種目の履修などの代替的方法によってこれを行うことも性質上可能というべきである。またXが剣道実技への参加を拒否する理由は、Xの信仰の核心部分と密接に関連する真しなものであった以上、Yは、前記裁量権の行使に当たり、当然そのことに相応の考慮を払う必要があったというべきである。Xは、レポート提出等の代替措置を認めて欲しい旨繰り返し申し入れていたのであって、Yは、本件各処分の前示の性質にかんがみれば、本件各処分に至るまでに何らかの代替措置を採ることの是非、その方法、態様等について十分に考慮するべきであったが、本件においてそれがされていたとは到底いうことができない。なお、代替措置を採ることが、その方法、態様のいかんを問わず、憲法20条3項に違反するということができないことは明らかである。以上によれば、Yの措置は、考慮すべき事項を考慮しておらず、又は考慮された事実に対する評価が明白に合理性を欠き、その結果、社会観念上著しく妥当を欠く処分をしたものと評するほかはなく、本件各処分は、裁量権の範囲を超える違法なものといわざるを得ない。

判例9-2

争点
　本件起工式の挙行は憲法20条3項の禁止する「宗教的活動」に該当するか―津地鎮祭事件［最大判昭和52年7月13日民集31巻4号533頁］
事案
　三重県津市体育館の起工式が市主催で行われ、同式は宗教法人大市神社の主宰の神式で執り行われた。これにあたり、Y（市長）はその挙式費用7663円を市の公金から支出した。そこで、津市の住民、市議会議員Xらは、起工式や公金の支出が憲法20条1項、89条前段などに違反するとし、地方自治法242条の2（平成14年改正前の同条第4号はXが津市に代位してYに対して損害賠償を請求する形式を採用していた）に基づき、Yに対して住民訴訟を提起した。第1審［津地判昭和42年3月16日民集〔参〕31巻4号606頁］はこの請求を棄却したが、控訴審［名古屋高判昭和46年5月14日同民集〔参〕616頁］は本件起工式が宗教的活動に当たるとし、それへの公金支出の違憲性をみとめてXの請求を任用した。そこでYが上告した。
判旨
　破棄自判。政教分離原則は、国家が宗教的に中立であることを要求するものではある

が、国家が宗教とのかかわり合いをもつことを全く許さないとするものではなく、宗教とのかかわり合いをもたらす行為の目的及び効果にかんがみ、そのかかわり合いが右の諸条件に照らし相当とされる限度を超えるものと認められる場合にこれを許さないとするものであると解すべきである。憲法20条 3 項は、『国及びその機関は、宗教教育その他いかなる宗教的活動もしてはならない。』と規定するが、ここにいう宗教的活動とは、そのかかわり合いが相当とされる限度を超えるものに限られるというべきであって、当該行為の目的が宗教的意義をもち、その効果が宗教に対する援助、助長、促進又は圧迫、干渉等になるような行為をいう。この点から、ある行為が宗教的活動に該当するかどうかは、当該行為の外形的側面のみにとらわれることなく、当該行為の行われる場所、当該行為に対する一般人の宗教的評価、当該行為者が当該行為を行うについての意図、目的及び宗教的意識の有無、程度、当該行為の一般人に与える効果、影響等、諸般の事情を考慮し、社会通念に従って、客観的に判断しなければならない。本件起工式の儀式は、国民一般の間にすでに長年月にわたり広く行われてきた方式の範囲を出ないものであるから、一般人及びこれを主催した津市の市長以下の関係者の意識においては、これを世俗的行事と評価し、これにさしたる宗教的意義を認めず、また建築主が一般の慣習に従い起工式を行うのは、極めて世俗的な目的によるものであると考えられる。さらに元来、わが国においては、多くの国民は、冠婚葬祭に際しても異なる宗教を使いわけてさしたる矛盾を感ずることがないというような宗教意識の雑居性が認められ、このような事情と前記のような起工式に対する一般人の意識に徴すれば、建築工事現場において、たとえ専門の宗教家である神職により神社神道固有の祭祀儀礼に則って、起工式が行われたとしても、それが参列者及び一般人の宗教的関心を特に高めることとなるものとは考えられず、これにより神道を援助、助長、促進するような効果をもたらすことになるものとも認められない。以上の諸事情を総合的に考慮して判断すれば、本件起工式は、憲法20条 3 項により禁止される宗教的活動にはあたらない。

判例9-3

争点

　靖国神社、県護国神社の挙行した例大祭、みたま祭、慰霊大祭に際して県が玉串料、献灯料、供物料を支出することは憲法20条 3 項および89条に違反するか──愛媛玉串料事件［最大判平成 9 年 4 月 2 日民集51巻 4 号1673頁］

事案

　1981年から1986年にかけて、愛媛県東京事務所長 Y 2 が宗教法人靖国神社の挙行した例大祭に玉串料（5000円× 9 回）、みたま祭に際して献灯料（7000円または8000円× 4 回）、愛媛県生活福祉部老人福祉課長 Y 3 らが宗教法人愛媛県護国神社の挙行した慰霊大祭に際して供物料（ 1 万円× 9 回）を県の公金から支出していた。そこで県の住民 X らは、知事であった Y 1 および Y 2 ・ Y 3 に対して地方自治法242条の 2 第 1 項 4 号（当時）

に基づき住民訴訟を提起した。なおここではＹ１の責任に絞ってみてみると、第１審［松山地判平成元年３月17日行集40巻３号188頁］は本件支出を憲法20条３項に違反するとしてその責任を肯定、Ｙ１の控訴を受けた控訴審［高松高判平成４年５月12日行集43巻５号717頁］は支出を違憲とせず責任を否定した。そこでＸらが上告した。

判旨

　破棄自判。憲法20条３項にいう宗教的活動とは、およそ国及びその機関の活動で宗教とのかかわり合いを持つすべての行為を指すものではなく、そのかかわり合いが右にいう相当とされる限度を超えるものに限られるというべきであって、当該行為の目的が宗教的意義を持ち、その効果が宗教に対する援助、助長、促進又は圧迫、干渉等になるような行為をいう。そして、ある行為が右にいう宗教的活動に該当するかどうかを検討するに当たっては、当該行為の外形的側面のみにとらわれることなく、当該行為の行われる場所、当該行為に対する一般人の宗教的評価、当該行為者が当該行為を行うについての意図、目的及び宗教的意識の有無、程度、当該行為の一般人に与える効果、影響等、諸般の事情を考慮し、社会通念に従って、客観的に判断しなければならない。また憲法89条が禁止している公金その他の公の財産を宗教上の組織又は団体の使用、便益又は維持のために支出すること又はその利用に供することというのも、前記と同様の基準によって判断しなければならない。一般に、神社自体がその境内において挙行する恒例の重要な祭祀に際して右のような玉串料等を奉納することは建築主が主催して建築現場において土地の平安堅固、工事の無事安全等を祈願するために行う儀式である起工式の場合とは異なり、慣習化した社会的儀礼にすぎないものになっているとまでは到底いうことができない。そうである限り、玉串料等の奉納者においても、それが宗教的意義を有するものであるという意識を大なり小なり持たざる得ない。また、本件においては、県が他の宗教団体の挙行する同種の儀式に対して同様の支出をしたという事実がうかがわれないのであって、県が特定の宗教団体との間にのみ意識的に特別のかかわり合いを持ったことを否定することができない。これらのことからすれば、地方公共団体が特定の宗教団体に対してのみ本件のような形で特別のかかわり合いを持つことは、一般人に対して、県が当該特定の宗教団体を特別に支援しており、それらの宗教団体が他の宗教団体とは異なる特別のものであるとの印象を与え、特定の宗教への関心を呼び起こすものといわざるを得ない。以上の事情を総合的に考慮して判断すれば、県が本件玉串料等靖國神社又は護國神社に前記のとおり奉納したことは、憲法20条３項の禁止する宗教的活動に当たると解するのが相当である。

［主要参考文献］

・大石眞『憲法と宗教制度』（有斐閣、1996年）

・佐藤功『日本国憲法概説［全訂第 5 版］』（学陽書房、1998年）

・渋谷秀樹『憲法［第 3 版］』（有斐閣、2017年）

・芹沢斉・市川正人・阪口正二郎編『新基本法コンメンタール　憲法』（日本評論
　　社、2011年）

・高橋和之『立憲主義と日本国憲法［第 5 版］』（有斐閣、2020年）

・南野森編『憲法学の世界』（日本評論社、2013年）

・山本龍彦・清水唯一朗・出口雄一編著『憲法判例からみる日本　法×政治×歴史
　　×文化』（日本評論社、2016年）

第10章

表現の自由（1）総論

── **本章のねらい** ──

　日本国憲法は、21条1項で「集会、結社及び言論、出版その他一切の表現の自由は、これを保障する。」、同2項で「検閲は、これをしてはならない。通信の秘密は、これを侵してはならない。」と規定する。それは、a）集会の自由、b）結社の自由、c）言論、出版その他一切の表現の自由、d）検閲からの自由、e）通信の秘密の諸権利を保障しており、c）とd）を「表現の自由」と呼ぶのが一般的である。本章では、以上の意味での「表現の自由」の総論として、その保障根拠と保障のあり方について見ていくことにする。

1　日本国憲法における表現の自由の保障

1　保障の対象

　憲法21条の保障する「表現」とは何か。まずは、次のように述べることができよう。

　一般に「表現」とは「表現行為」とその産物としての「表現物」・「表現内容」、すなわち「情報」を指す。表現の自由はこの両者を保護の対象としているといえる。そうであるならば、憲法21条1項の「言論、出版その他一切の表現」において、「言論」は口頭による表現行為およびその産物としての情報、「出版」は印刷物による表現行為およびその産物としての情報、そして「その他一切の表現」は（放送やインターネットなど）言論、出版以外の媒体による表現行為およびその産物としての情報を指す。

　ただし、以上はあくまで見取り図であり、憲法21条の保障の範囲は、表現の自由の保障根拠に照らして明らかにしていかなければならない。

2　保障の意義

　では、憲法が表現の自由を保障する根拠は何か。通説的見解は、**自己実現の価値**と**自己統治の価値**を挙げている。

　自己実現の価値とは、「個人が言論活動を通じて自己の人格を発展させるという、個人的な価値」を意味する。

　自己統治の価値とは、「言論活動によって国民が政治的意思決定に関与するという、民主政に資する社会的な価値」を意味する。

　なお、自由に自分の意見を表明し、それぞれ競い合うことにより、人間は真理に到達できるという**思想の自由市場論**を表現の自由の保障根拠に挙げるものもある。ただし、この理論は、自由市場に対する信頼というよりも国家権力に対する不信感を表現の自由の領域での基本線とすることを強調するものであるといえ、その意味で表現の自由の保障のあり方を示すものといえよう。

　自己統治の価値と関連して、表現の自由は、国家権力に敵視されやすい性格を持つことに注意を促す学説もある。国家権力の正当性の源泉は、世論である。そして適正な世論形成は、表現の自由により担保されている。望ましくない世論の形成を防ぐため、国家権力は表現の自由を規制しようとする誘惑にかられる一方、正面から表現の自由を抑え込もうとすると、自らの正当性が掘り崩されるおそれがある。そこで、表現の自由を規制する場合、もっともらしい理由をつけつつ、真の目的は国家権力に都合の悪い表現行為を抑圧する点にあることも珍しくはない。こうした表現の自由の性格の指摘は、思想の自由市場論と同様、国家権力に対する不信感を表現の自由の領域での基本線とすることを強調することになる。

　以上のような表現の自由の保障根拠、性格等に照らして、憲法で保障されるべき「表現行為」と「情報」を具体的に画定していかなければならない（**第10章3を参照**）。

3　保障のあり方

　表現の自由の保障根拠、国家権力に対する不信感を踏まえ、表現の自由は、大きな枠組みとして、厚く保障されることになる。

　第一に、表現の自由の保障根拠に関して、個人の尊厳を基本価値とする社会では、自己実現と自己統治がともに尊重されなければならない。憲法が保障す

る権利はこのいずれかの価値と結び付いているなか、表現の自由はこの両者と深く結合している点に特徴がある。この観点から人権体系における**表現の自由の優越的地位**が語られる。それは、「表現の自由を他の人権以上に強固に保障することこそ、人権全体の保障に不可欠であるという信念」を意味する。

　この優越的地位と関連して、司法審査のあり方をめぐり**二重の基準論**が言及されることもある。二重の基準論とは「表現の自由を中心とする精神的自由を規制する立法の合憲性は、経済的自由を規制する立法よりも、とくに厳しい基準によって審査されなければならない」という理論である。この理論の根拠は、一般に、代表民主政システムにとって精神的自由が持つ意味、つまり自己統治の側面に求められる。その骨子は以下のようなものである。表現の自由を典型とする精神的自由が不当に制約されると民主政治のプロセスそれ自体が傷つけられてしまう。このような制約立法は国会によっては矯正されがたい。そこで、司法審査を求められた場合には裁判所が積極的に介入して民主政治のプロセスを回復する必要があり、そのためには厳しく審査する必要がある。これに対して経済的自由の規制の場合は、民主政治のプロセスが機能している限り、それを通して矯正されうる。したがって、非民主的機関である裁判所が積極的に介入するよりも立法府の裁量的判断を尊重して、緩やかな基準で審査すべきである。

　第二に、思想の自由市場論から**事前抑制の禁止**が導かれる。日本国憲法も21条2項において事前抑制の典型例である**検閲**を禁止している。ただし、思想の自由市場論からすると、事前抑制の禁止は憲法21条1項の法命題としても考えられることになり、あえて同2項で検閲を定めた意味が問題となる。憲法21条1項と2項の関係については、次節で説明する。

　第5章でも言及されているように、憲法上の権利の重要性のみならず、事前抑制等の制約の態様・程度も注意しなければならないことをもう一度確認しておこう。

2　検閲の禁止

1　事前抑制と検閲

　事前抑制とは、表現行為がなされる前に公権力がなんらかの方法でそれを抑

制することである。ただし、表現行為がなされた後でも、実質的にみて、表現行為の前に抑制するのと同じ効果を持つ規制も「事前抑制」である。

　事前抑制が禁止される理由として、前述の思想の自由市場論に加え、表現の自由に対する過度の規制の危険性が挙げられている。事後抑制の場合、訴追を受けた特定の表現行為のみが判断の対象となるのに対して、事前抑制ではその対象となる表現行為のすべてが公権力の判断を受けることになり、公権力による規制の範囲が広範に及ぶからである。

　憲法21条1項と2項の関係について、学説は大きく2つの対立がある。第一は、事前抑制一般とその特定の形態である検閲を区別したうえで、前者は1項により原則として禁止、後者は2項により絶対的に禁止されていると説く。第二は、事前抑制と検閲を区別せず、検閲＝事前抑制が2項により原則として禁止されていると説く。前者では、絶対的禁止という効果を伴うため、検閲概念の正確な定義が重要となる。判例はこの立場に立つ。

　関税定率法に基づく「風俗を害すべき」表現物かどうかの税関検査が憲法21条2項の禁止する検閲に該当するのではないかが争われた**税関検査訴訟**において、最高裁は検閲を次のように定義することにより、税関検査はそれに当たらないとした。検閲とは、①行政権が主体となって、②思想内容等の表現物を対象とし、③その全部又は一部の発表の禁止を目的として、④対象とされる一定の表現物につき網羅的一般的に、⑤発表前にその内容を審査した上、不適当と認めるものの発表を禁止することを、その特質として備えるものを指す［最大判昭和59年12月12日民集38巻12号1308頁］。最高裁は憲法21条の禁止する検閲を①主体、②対象、⑤審査の時点のみならず、③目的、④方法の観点からも絞り込むことにより、これに該当する制度は今日ではほとんど考えられないと学説上批判されている。ただし、（旧）監獄法（現在の「刑事収容施設及び被収容者の処遇に関する法律」）に基づく「在監者」の信書の点検・審査、そして必要な場合での発信禁止処分は、以上の検閲の定義に当てはまるといえよう（ただし、発信不許可処分取消等事件［最二判平成11年2月26日民集191号469頁］は、（旧）監獄法46条1項に基づき死刑確定者による新聞社への投稿が不許可とされたことにつき、監獄長の裁量を尊重して適法とした。他方で、同じく信書の発信不許可処分が争われた損害賠償請求事件［最一判平成18年3月23日集民219号947頁］では裁量権の逸脱が認められている）。

2　検閲の主体、対象、審査の時点

　検閲の定義を検討するに際しては、とりわけ①主体、②対象、⑤審査の時点が焦点となる。

　①について、判例は検閲の主体を行政権に限定しているため、名誉毀損を理由とする裁判所による事前差止めは検閲ではない。行政とは異なる裁判所の公正な手続に着目してのことである。ただし、思想の自由市場論からすれば忌避すべき事前抑制であることに変わりはない。あまりにも侮辱的で反論の意欲を削ぐ名誉毀損表現やプライバシー権侵害等、思想の自由市場が機能しない場合にのみ、裁判所による事前差止めが認められることになる。

　最高裁は、名誉権侵害の予防を理由とする仮処分による雑誌の頒布等の禁止が問題になった**判例10-1　北方ジャーナル事件**［最大判昭和61年6月11日民集40巻4号872頁］において、公務員または公職選挙候補者に対する評価、批判等は一般に公共の利害に関する事項であり、それに対する事前差止めは原則として許されないとした。そのうえで、公共の利害に関する事項についての表現行為という類型に関しては、(a)「その表現内容が真実でなく、又はそれが専ら公益を図る目的のものでないことが明白であって」（＝名誉毀損の成立阻却を考える余地が明らかにないこと。名誉権と表現の自由の調整については後述）、かつ(b)「被害者が重大にして著しく回復困難な損害を被る虞があるとき」（＝「被保全権利」と「保全の必要性」）にのみ事前差止めは例外的に許されるという**類型的比較衡量論**を示した。そしてこの種の表現行為類型の事前差止めを仮処分によって命ずる場合には、以上の要件につき疎明以上の立証が求められるとした。

　プライバシー権侵害を理由とする裁判所による事前差止めが問題になった**「エロス＋虐殺」事件**において、1審［東京地決昭和45年3月14日判時586号41頁］は権利侵害の違法性が高度な場合に限られるとした一方、控訴審［東京高決昭和45年4月13日高民集23巻2号172頁］は比較衡量により決すべきとした。プライバシー侵害（さらには、名誉毀損、名誉感情の侵害）を理由とするモデル小説の単行本の出版差止めが問題になった**「石に泳ぐ魚」事件**において、東京高裁は「侵害行為の対象となった人物の社会的地位や侵害行為の性質に留意しつつ、予想される侵害行為によって受ける被害者側の不利益と侵害行為を差し止めることによって受ける侵害者側の不利益とを比較衡量して決すべきである。そして、侵害行為が明らかに予想され、その侵害行為によって被害者が重

大な損失を受けるおそれがあり、かつ、その回復を事後に図るのが不可能ないし著しく困難になると認められるとき」は事前差止めが認められるという**個別的比較衡量論**を採用し［東京高判平成13年2月15日判時1741号68頁］、最高裁もこれを支持した［最三判平成14年9月24日判時1802号60頁］。これに対して**「週刊文春」差止仮処分事件**の異議審決定［東京地決平成16年3月19日判時1865号18頁］は、当該出版物が公共の利害に関する事項に係るものといえるか、「専ら公益を図る目的のものでないこと」が明白であるか、被害者が重大にして著しく回復困難な損害を被るおそれがあるか、という3要件に基づいて差止めの可否を判断するという類型的な比較衡量の考えを示した。

　学説は、後述する判例とは異なり、プライバシー権侵害を理由とする事後的な損害賠償請求の場合にプライバシー権保護と表現の自由の保護を等価なものとして両者の個別的比較衡量により表現行為の違法性を判断すべきではないと指摘するものがある。個別的比較衡量は、結果についての予見可能性という点で問題が多いからである。この学説は、「宴のあと」事件判決で示されたプライバシー3要件を満たしている場合であっても、公共の利害に関する事項に関わる場合など、公開が正当と認められる理由があれば違法性を欠くとする。以上を前提にして、プライバシー権侵害を理由とする事前差止めについては、北方ジャーナル事件が実体的要件を導き出した考え方 ((a)は、表現行為の違法性が明白であることについての要求、(b)は通常の事前差止めについての要求) を参照にして、表現行為が、公共の利害に関する事項に関わるものでないことが明白であって、かつ、被害者に生ずる重大な損害を避けるために差止めが必要とされるとき、に認められると主張する。名誉毀損とは異なり、「公益を図る目的」は免責要件ではないため、「週刊文春」差止仮処分事件の異議審決定は不適当であり、また、プライバシー権侵害に対しては反論可能性がなく、思想の自由市場が機能しないことから、いかなるプライバシー権侵害も回復が困難であるといえるため、回復の困難さを特に要求する必要はない。

　②について、**教科書検定制度**が検閲に当たるかが問題となったいわゆる**家永訴訟**において、その第2次訴訟1審判決は、検定が思想内容に及ばない限り検閲に該当せず、検定制度それ自体は合憲であるものの、本件各検定不合格処分は　思想内容の審査にまで及んでいるため違憲と判断した［東京地判昭和45年7月17日行集21巻7号別冊1頁］。第1次訴訟最高裁判決は、検定制度につい

て、不合格原稿を一般図書として出版することは禁止されていないので、検閲に当たらないとしている［最三判平成 5 年 3 月16日民集47巻 5 号3483頁］。しかし、そもそも「思想」以外の多様な情報を操作することも権力的思想統制につながることから、検閲の対象を「思想内容」に限定するのは狭すぎること、最高裁判決に対しては教科書出版の自由を軽視していること、などの批判がある。

　⑤について、最高裁は、表現する時点を基準として「事前」性を判断している。したがって税関検査事件は、すでに海外で発表済みであることを理由に検閲を否定することができた（同様の問題を提起した判例として、**よど号ハイジャック記事抹消事件**［最大判昭和58年 6 月22日民集37巻 5 号793頁］および**岐阜県青少年保護育成条例事件**［最三判平成元年 9 月19日刑集43巻 8 号785頁］などがある）。しかし、表現の自由は情報の自由な流れそれ自体を保障しているのであれば、「事前」の判断は表現を受け取る時点を基準とすべきであるとの批判が成り立つ。

　以上の批判等をうけ、通説的見解は検閲を「表現行為に先立ち行政権がその内容を事前に審査し、不適当と認める場合にその表現行為を禁止する」ものと定義している（判例を最狭義説と言うならば、この学説を狭義説という）。他方で、「検閲とは、公権力が外に発表されるべき表現内容をあらかじめ審査し、不適当と認めるときは、その到達を妨げる行為である」という広義説も唱えられている。

　ただし、判例と同様、最狭義説に立ち、憲法21条 2 項で絶対的に禁止される検閲に該当しないとしても、北方ジャーナル事件で示されているように、事前抑制は憲法21条 1 項により原則として禁止されることになる。

3　表現内容規制

1　表現内容規制と表現内容中立規制を区別する理由

　表現の制約のあり方として、事前抑制と事後規制の区別以外にも、表現の内容に着目した規制（**表現内容規制**）と表現の内容や伝達効果に直接関係なく制限する規制（**表現内容中立規制**）を区別したうえで、合憲性審査の密度を変えていく考え方がある。

　この考え方によると、表現内容規制は、表現の自由に対する侵害の程度が大

きい。なぜなら、表現内容規制は、①思想の自由市場を歪める、②権力者にとり都合の悪い特定の思想等を規制した疑いが強い、③表現の受け手の自律的判断を軽視している、からである。したがって、表現内容規制は原則として認められず、厳格な審査を受ける。

　これに対して、**時・所・方法の規制、象徴的表現の規制、行動を伴う表現の規制**を例とする表現内容中立規制は、表現内容規制とは逆に、①規制効果はすべての思想内容に及び、他の表現回路を通しての思想の自由市場への参入が保障されている、②正当な公益に基づく規制である、③行為と害悪発生の因果関係が直接的であり、受け手の自律的判断の介在がないため、表現内容規制ほど厳格な審査でなくてもよいと考えられている。しかし、内容中立規制の中には、以上で挙げたように、多様な類型があるため、審査のあり方も一律ではない。近年では、表現の自由とは、自己の伝えたい情報を自己の望む形で伝える自由であること、他の表現行為類型では表現内容が届く受け手の層が異なる可能性があることを重視して、表現内容規制と表現内容中立規制の二元論を批判する見解も有力である。

2　見解／主題規制と低価値表現規制の考え方

　表現内容規制の類型として、さらに**見解／主題規制、低価値表現規制**が挙げられる。

　見解規制は特定の見解のみを禁止するもの、主題規制は特定の主題を内容とする表現を禁止するものである。学説による説明例にならうと、選挙（＝主題）に関する表現を禁止するのは後者、野党候補を支持する表現を禁止するのは前者である。見解規制は、表現内容規制の説明で述べたことが端的に妥当するため、きわめて厳格に審査される。これに対して主題規制も容易に見解規制として適用されることから厳格審査に服すべきであるものの、表現の手段・方法等の規制と結合してなされる場合には、表現する他の回路が開かれている限り、内容中立規制と同様に考える学説もある。

　低価値表現とは、表現の内容上の価値というよりも表現内容がもたらす社会的害悪に着目した表現類型である。わいせつ、名誉毀損などがその例として考えられてきた。社会的害悪をもたらす表現内容は憲法上保護されないとの前提に立つならば、こうした表現と本来許されるべき表現との境界を明確に画定す

る必要がある。しかし、かかる境界の線引きの判断には困難が伴うため、本来許されるべき表現も控え、誰が見ても安全と思える線まで引き下がるという**萎縮効果**が生じうる。そこで萎縮効果を防ぐ目的で、つまり表現の自由の価値に比重をおいて、社会的害悪との衡量をはかりながらこの社会的害悪を及ぼす表現類型の定義を厳格に絞り込む**定義づけ衡量**が学説上、提案されている。低価値表現とは本来憲法上保護されないものの、民主主義の維持という公共的利益の観点から表現の自由の保護領域を隅々まで保障するために、本来の境界線と安全線までの幅に対応する形で憲法上の保護が手段的に及んでいる表現類型（＝「緩衝地帯」）を意味する。

　学説の指摘によれば、以上の低価値表現の思考は表現内容規制一般について妥当する。それによると、表現の自由の保障根拠と表現内容の特性に応じて表現行為の類型を設定し、類型化された表現行為の一般的利益とこれと対立する利益を衡量する際の審査基準（表現行為の特性によっては、定義づけ衡量と個別的比較衡量のいわば間に位置する類型的比較衡量のあり方）を考えていくアプローチ（なお参照、北方ジャーナル事件大橋裁判官補足意見）をとり、類型からはずれる内容規制については、見解・主題規制審査の一般的枠組で考えることになる。その類型として、わいせつと名誉毀損の他に、せん動、プライバシー権侵害、営利的言論、差別的表現などが挙げられる。なお、定義づけ衡量の場合、衡量の結果、定義された規制可能な領域に問題の規制が該当するかどうかが問われることになるため、改めて当該規制を審査基準により判定する必要はない。

3　わいせつ

　刑法175条で処罰されるわいせつ物の頒布等は、性風俗や青少年の健全な発達に悪影響を及ぼすため、伝統的にそもそも表現の自由の保護領域の外にあると考えられてきた。

　表現の自由の保護が及ばないわいせつ概念について、**チャタレー事件**［最大判昭和32年3月13日刑集11巻3号997頁］は、「徒らに性欲を興奮又は刺戟せしめ、且つ普通人の正常な性的羞恥心を害し、善良な性的道義観念に反するもの」と定義している。そして、以上の**わいせつ3要件**を、社会通念にしたがって判断するとの考えを示している。この社会通念とは、「性行為の非公然性の原則」といった「良識をそなえた健全な人間の観念」である規範的なもので

あるため、わいせつ性と芸術性は両立できるという。なお、チャタレー事件判決は、わいせつ3要件を個々の文書の中で判断するという個別的考察方法を採用していると認める余地のあることが、学説により指摘されている。

　チャタレー事件のわいせつの定義は、広汎かつ曖昧にすぎ萎縮効果をもたらすため、学説上批判が強い。ただし、その後の最高裁は、このわいせつの定義を前提にしつつも、**「悪徳の栄え」**事件［最大判昭和44年10月15日刑集23巻10号1239頁］において、わいせつ性は文書全体の関連で判断するとの**全体的考察方法**に言及し、**「四畳半襖の下張」**事件［最二判昭和55年11月28日刑集34巻6号433頁］では、この考察方法を精緻化して、「該文書を全体としてみたときに、主として、読者の好色的興味にうったえるものと認められるか否かなどの諸点を検討することが必要」であると指摘する総合考慮の手法を用いることにより、わいせつ性を慎重に検討するようになっている（この手法を用いてわいせつ性を否定した判決として、**メイプルソープ事件**［最三判平成20年2月19日民集62巻2号445頁］を参照）。

　萎縮効果を防ぐため、定義づけ衡量の手法を用いて憲法21条1項の保護の外にある「わいせつ」概念をあらかじめ明確に確定する考え方に立つと、ビニール本事件の伊藤正己裁判官補足意見のように［最三判昭和58年3月8日刑集37巻2号15頁］、わいせつ概念をハード・コア・ポルノ（「性器または性交を具体的に露骨かつ詳細な方法で描写し、その文書図画を全体としてみたとき、その支配的効果がもっぱら受け手の好色的興味に感覚的官能的に訴えるもので、その時代の社会通念によっていやらしいと評価されるもの」）に限定する見解が支持される。

4　青少年保護

　青少年保護の観点からの性表現規制について、最高裁は、岐阜県青少年保護育成条例の包括的な「有害図書」指定規定の合憲性が問題になった**岐阜県青少年保護育成条例事件**［最三判平成元年9月19日刑集43巻8号785頁］において、本条例の定めるような有害図書が一般に思慮分別の未熟な青少年の性に関する価値観に悪影響を及ぼし、性的な逸脱行為や残虐な行為を容認する風潮の助長につながるものであって、青少年の健全な育成に有害であることは、既に社会共通の認識になっていると述べている。この点を補足する伊藤正己裁判官の意見は、青少年が偏りのない広い精神的成長をとげるためには、「その知る

自由の保障の必要性は高い」ことを認めたうえで、次のように指摘する。「他方において、その自由の憲法的保障という角度からみるときには、その保障の程度が成人の場合に比較して低いといわざるをえないのである。すなわち、知る自由の保障は、提供される知識や情報を自ら選別してそのうちから自らの人格形成に資するものを取得していく能力が前提とされている。青少年は、一般的にみて、精神的に未熟であって、右の選別能力を十全には有しておらず、その受ける知識や情報の影響をうけることが大きいと見られるから、成人と同等の知る自由を保障される前提を欠く」。したがって、青少年との関係では、違憲判断の基準は「多少とも緩和した形で適用」することが許される。

　この見解の背後には、青少年は判断・選別能力において未熟だから、有害図書の悪影響をもろに受ける被害者であり、これを保護する必要があるとの発想がある。これに対しては、青少年を自律的個人として扱っていない、分別能力の問題と自己決定をすることの可否は別問題である（大人でも分別のない者には自己決定をさせなくてもよいことになってしまう）という学説の批判がある。

5　名誉毀損

　刑法230条１項は、公然と事実を摘示して人の社会的評価を下げる表現行為を名誉毀損罪として処罰の対象としている。しかし、これを広く認めるならば萎縮効果が生ずるおそれがある。そこで刑法230条の２は、①公共の利害に関する事実、②目的の公益性、③事実の真実性、をすべて証明すれば、名誉毀損罪は成立しないと定めて、名誉権と表現の自由の調整をはかっている。①の客観的要件は表現の自由の自己統治という価値により、②の主観的要件は不純な動機による表現は保護に値しないという考えにより、③は虚偽の社会的評価は保護に値しないという考えにより、導き出されたといえる。ただし、②の立証は困難であり、そもそも表現の受け手にとり表現者の動機は重要ではないため、①の度合いが大きければ、②の推定の度合いも大きくなるとの解釈論が提示されている。

　以上のように、刑法230条の２は表現の自由に配慮しているのであるが、③の証明は簡単ではなく、その失敗をおそれてさらに表現行為が萎縮してしまうこともありうる。この萎縮効果にも配慮して、**判例10-2　夕刊和歌山時事事件**［最大判昭和44年６月25日刑集23巻７号975頁］は先例を変更し、「事実が真

実であることの証明がない場合でも、行為者がその事実を真実であると誤信し、その誤信したことについて、確実な資料、根拠に照らし相当の理由があるときは」、名誉毀損は成立しないとの**相当性の法理**を採用した。

　不法行為法上の名誉毀損についても最高裁は相当性の法理を導入している［最一判昭和41年6月23日民集20巻5号1118頁］。ただし、不法行為法上、「公然と事実を摘示して」の名誉毀損（事実摘示型名誉毀損）のみならず、公正さを欠く論評・意見表明でも名誉毀損が成立する（論評型名誉毀損）。この場合、①論評の公共性、②目的の公益性、③論評の前提としている事実の重要な部分の真実性の証明、またはそれを真実と信ずるについての「相当の理由」、④論評の域を逸脱していないこと、があれば免責される［最一判平成元年12月21日民集43巻12号2252頁］［最三判平成9年9月9日民集51巻8号3804頁］。事実摘示型と論評型の区別については、「脱ゴーマニズム宣言」事件［最一判平成16年7月15日民集58巻5号1615頁］を参照。

　なお、学説上、相当性の法理よりもさらに表現の自由の保障を重視する、アメリカで打ち立てられた「現実の悪意」の法理（加害者が当該言説の虚偽性を知っていたか、または虚偽か否かを不遜にも顧慮しなかったことを、被害者側が立証しなければならない）を提唱する学説も有力である。

6　せん動

　犯罪または違法行為を「そそのかす」、「あおる」行為をせん動という。日本では、犯罪の実行行為とは独立にせん動を処罰する規定が存在している（破防法39条、40条、国税犯則取締法22条、地税法21条、国公法110条・111条、地公法61条・62条、特定秘密保護法25条など）。しかし、表現行為に他ならないせん動それ自体は、その受け手の自律的判断を経る以上（因果関係の切断）、法益をただちに侵害するものではないこと、民主政にとり重要な政治的言論には多かれ少なかれせん動的要素が含まれていることなどにより、犯罪の実行行為とは独立にせん動を処罰する規定の合憲性が問題とされてきた。

　食糧緊急措置令違反事件［最大判昭和24年5月18日刑集3巻6号839頁］において、「主要食糧ノ政府ニ對スル賣渡ヲ為サザルコトヲ煽動シタル者」を処罰する食糧緊急措置令11条につき、このせん動は「国民として負担する法律上の重要な義務の不履行を慫慂し、公共の福祉を害するもの」であるため、言論

の自由の限界を逸脱し、これを犯罪として処罰する同条は憲法21条に違反しないと判断された。この判例は、規制手段の必要性を審査することのない「抽象的な公共の福祉論による合憲判断」の一例として特徴づけられている。その後、最高裁は、せん動を、法令所定の違法行為等を「実行させる目的で文書若しくは図画または言動によって、他人に対し、その行為を実行する決意を生ぜしめるような、または既に生じている決意を助長させるような勢のある刺激を与えること」と定義し（地方税法違反事件［最大判昭和37年2月21日刑集16巻2号107頁］）、せん動罪の成否は「実際に相手方が、新に実行の決意を生じたかどうか、あるいは既に生じている決意を助長されたかどうか」に影響されないという（地方公務員法違反事件［最三判昭和29年4月27日刑集8巻4号555頁］）。以上の判決に対しては、犯罪の実行行為と無関係にせん動を独立に処罰することは、何ら「害悪」をもたらさない表現行為を処罰することにほかならないこと、とりわけ食糧緊急措置令違反事件で問題になった政府批判は違法行為のせん動と紙一重であり、せん動処罰の範囲は厳格に限定されるべきであること等の批判がある。ただし、最高裁は、破壊活動防止法39条および40条についても、これらの規定が処罰するせん動は「重大犯罪をひき起こす可能性のある社会的に危険な行為であるから、公共の福祉に反し、表現の自由の保護を受けるに値しない」と述べている（破壊活動防止法違反被告事件［最二判平成2年9月28日刑集44巻6号463頁］）。

　学説は、実際に重大な犯罪が行われた、あるいは重大な犯罪の行われる危険性が現実に差し迫っている場合のように、政治的言論が可罰的な「せん動」となる時点があることを認めたうえで、その時点を見極めてせん動処罰規定を解釈適用するために、いわゆる**「明白かつ現在の危険」**の基準、あるいはその発展型の**ブランデンバーグの原則**というきわめて厳格な基準の適用を主張している。せん動処罰の範囲を、因果関係の切断がない場合に限定するものといえる。「明白かつ現在の危険」の基準によると、①ある表現行為が近い将来、ある実質的害悪をひき起こす蓋然性が明白であること、②その実質的害悪がきわめて重大であり、その重大な害悪の発生が時間的に切迫していること、③当該規制手段が上害悪を避けるのに必要不可欠であること、の3つの要件の存在が論証される必要があるという。また、ブランデンバーグの原則とは、違法行為の唱道を罰しうるのは、その唱道が差し迫った違法行為の誘発に向けられた場合に限るというものである。

7　プライバシー権侵害

第６章で分析した「**ひとりで放っておいてもらう権利**」としてのプライバシー権は「私生活をみだりに公開されないという法的保障ないし権利」として①私事性、②秘匿性、③非公然性からなる（「**宴のあと**」**事件**［東京地判昭和39年９月28日下民集15巻９号2317頁］）。したがって、一般人にまだ知られていない、他人に公表されたくない私事を暴露する表現などは憲法21条１項の保障の外にあり、たとえば不法行為法上の責任が追及されうる。ただし、政治家といった公務員や私人であっても社会的影響力を及ぼしうる立場にある「公人」の私生活についての情報は、「公共の関心事」として表現の自由により保護されるべきである。

こうしたプライバシー権と表現の自由の調整について**長良川事件報道訴訟**［最二判平成15年３月14日民集57巻３号229頁］は、「プライバシーの侵害については、その事実を公表されない法的利益とこれを公表する理由とを比較衡量し、前者が後者に優越する場合に不法行為が成立する」との個別的比較衡量論を採用している。ただし、学説の中には、個別的比較衡量論は結果についての予見可能性という点で問題が多いため、表現の自由に有利な類型的比較衡量論を主張するものもある。

8　営利表現

商品広告のような営利的言論は「思想の自由市場」と関係ないため、表現の自由ではなく経済的自由の問題であると捉える説もある。しかし通説的見解は、「国民一般が、消費者として、広告を通じてさまざまな情報を受け取ることの重要性」をふまえて営利広告も表現の自由の保護を受けると理解している。もっとも、営利的広告は表現の自由の意義の一つである自己統治との関連性が薄いため、その規制の合憲性は非営利的言論の場合と同様の厳格審査ではなく中間審査、なかでも「**セントラル・ハドソンテスト**」（①合法的活動に関する真実で人を誤解させない表現であること、そういう表現につき、②主張される規制利益が実質的であり、③規制がその利益を直接促進し、かつ、④その利益を達成するのに必要以上に広汎ではないこと、を検討する四段階テスト）により判断するアメリカ合衆国最高裁の考え方が参考になるという。

灸の適応症の広告を全面的に禁止する法律が問題になった「**あん摩師、はり**

師、きゅう師及び柔道整復師法」違反事件［最大判昭和36年2月15日刑集15巻2号347頁］において、最高裁は「国民の保健衛生上の見地から、公共の福祉を維持するためやむをえない」として合憲と判断した。全面的な広告禁止は消費者保護のための規制を大幅に超えており、過剰規制として違憲なのではないかとの批判が強い。

9　ヘイトスピーチ

　近年、在日コリアンを標的にした、人種や民族などを理由に差別を扇動する**ヘイトスピーチ**が社会問題化している。差別扇動表現は、表現の自由の根拠、保障のあり方の理念に照らすと、表現の自由の保護領域の外にある。第一に、自己実現論は、他人の反応に接して自己の考えを反省する個人を前提にしている。しかし、ヘイトスピーチにくりだす者は、こうした反省をする個人とは無縁である。第二に、自己統治論は、とりわけマイノリティの異議申し立てに力点をおいている。しかし、ヘイトスピーチは逆にマイノリティを攻撃し、沈黙を強いている。第三に、思想の自由市場論は、自分で選び取った思想は自らの反論で守り抜くべきであるという理念に立脚している。選択とは無関係の属性に目をつけての攻撃は、この理念に反する。

　もっとも、表現の自由の保護領域から外れているからといって、ヘイトスピーチを規制してもよいとの結論に至るわけではない。わいせつ表現、名誉毀損表現と同様、表現の自由の萎縮効果と国家権力に敵視されやすい性格を踏まえて、規制のない「緩衝地帯」を設けることも考えられる。

　ただし、わいせつ表現や名誉毀損表現とは異なり、ヘイトスピーチを行う者は萎縮せず、「緩衝地帯」を設けることにより、ますます差別を助長し、標的とされた属性を有する人の尊厳を傷つけてしまう恐れがある。この場合、沈黙を強いられる被害者に代わり、一般市民による対抗言論の可能性、被害者に寄り添うマスメディアの報道のあり方が注目されることになろう。あるいは、以上の性格を有するヘイトスピーチは、法律により本来の保護領域の線に即して規制されうると考えることもできる。この場合、ヘイトスピーチは既存の法制度（威力業務妨害罪、名誉毀損罪、侮辱罪、民事の不法行為責任など）により対処できないか緻密な検討を加えたうえで（京都朝鮮学園事件［京都地判平成25年10月7日判時2208号74頁］、同控訴審［大阪高判平成26年7月8日判時2232号34頁］は、朝鮮学校に対

するヘイトスピーチについて、名誉毀損、業務妨害等による不法行為の成立を認め、同上告
審（判例集未登載）も上告を棄却した。また、同じく朝鮮学校に対するヘイトスピーチが問
題になった刑事事件において、京都地裁［平成23年4月21日判決判例集未登載］、大阪高裁
［平成23年10月28日判決判例集未登載］、最高裁［平成24年2月23日決定判例集未登載］は、
侮辱罪、威力業務妨害罪等の成立を認めている）、かりに思ったような働きが現れて
いないとすれば、恣意的な規制を防ぐために、禁止されるべき言動を一点のあ
いまいさも残さずに定義する必要がある。また、ヘイトスピーチは私人による
人権侵害であることも踏まえ、この人権侵害を調査し、実効的な救済措置をと
ることのできる、政府から独立した人権救済機関の設置が不可欠であると指摘
する学説もある。

　2016年（平成28年）に、国民に対して不当な差別的言動のない社会の実現に
寄与するよう努めなければならない努力義務を課し、国および地方公共団体に
対して相談体制の整備や教育・啓発活動を求める（ただし、地方公共団体に対して
は努力規定）「本邦外出身者に対する不当な差別的言動の解消に向けた取組の推
進に関する法律」（平成28年6月3日法律第68号）、いわゆるヘイトスピーチ対策法
が成立した。この法律には罰則規定がなく、理念法としての性格が前面に出さ
れている。また、適法居住要件により保護対象者を限定したかのような書きぶ
りにも特徴がある。

4　内容中立規制

　表現内容中立規制は、前述の通り、表現の時・場所・態様の規制を典型例と
する「表現活動の規制を直接の目的とする場合」と、「何らかの弊害をもたら
す行為を規制した結果、たまたま『付随的』に表現活動も規制されうることに
なったという場合」に区別される。

　憲法21条により保障されている行為を直接制約する表現の時・場所・態様の
規制の例として、道路交通秩序維持の観点からの道路等における街頭演説、ビ
ラ配布の規制（道交法77条）、他人の家屋のビラ貼り（軽犯法1条33号）、街の美観
を損ねるビラ貼り規制（屋外広告物法および条例）、拡声器による騒音規制（騒音防
止条例）などがある。都市の美観風致の維持を目的として橋柱・電柱等の物件
でのビラ貼り行為を規制する大阪市屋外広告物条例の合憲性が問題になった大

図　表現内容規制／表現内容中立規制と全面的規制／時・所・態様の規制

阪市屋外広告物条例事件［最大判昭和43年12月18日刑集22巻13号1549頁］において、最高裁は美観風致の維持という公共の福祉のため、表現の自由に対し許された必要かつ合理的な制限であると述べて簡単に合憲とした。

　しかし、学説は、**表現内容規制と表現内容中立規制の区別**と、**全面的規制と時・所・態様の規制**（限定的規制）**の区別**は観点を異にすると指摘するものがある。本件広告条例はビラ貼り行為の外形が美観を害するとの理由で当該行為を規制するものであるため内容中立規制ではある。したがって、前述のように、表現内容規制ほど厳格に審査しなくてもよいように考えられる。しかし、本条例は橋柱・電柱等、通常ビラ貼り行為の対象となる物件のほぼすべてを規制の対象にしており、全面的規制と言うべきものである。内容中立規制の全面的規制は、ビラ貼り行為に頼らざるをえない者の表現行為に内容差別的効果を及ぼすことから表現内容規制に匹敵するものであり、厳格に審査しなければならない。逆に、時・所・態様の規制（限定的規制）の場合には、表現内容規制ほど厳格に審査しなくてもよい。もっとも、これに対しても、表現の自由とは自己の伝えたい情報を自己の望む形で伝える自由であることを重視する見解に立てば、厳格に審査しなければならないことになる。

　付随的規制とは、一般的には合憲性に疑いのない法律がたまたま権利行使の規制として機能する場合を指す。この例としては、「言論」の部分（＝思想の表明・伝達）と「非言論」（＝行動）の部分を分けて、後者の規制に目を向ける**象徴的表現**（アメリカで問題になった例として、公衆の面前での徴兵カードの焼却行為など）や**行動を伴う表現**（同じくアメリカで問題になった例として労働者のピッケティングなど）の規制が挙げられる。例えば、徴兵カードを焼却する行為は一般に「表現

行為」と見なされないため、徴兵制度の円滑な運用を目的として徴兵カード焼却行為を処罰しても表現行為の規制ではない。しかし、徴兵カード焼却行為を意思表明の手段として使われた場合には、この行為は表現としての意味を持つに至る。したがって、一般的に正当とされる法律を適用した結果、付随的効果として表現としての行為に負担を与えることになってしまう。

　この場合、立法裁量を広く認める**合理的関連性の基準**（オブライエン・テスト）を用いて、当該規制（適用）の合憲性を判断する見解もある。しかし多くの学説は、表現の規制を意図していないことから厳格審査は不要である一方、付随的とはいえ表現としての行為が規制される結果となっているため緩やかな審査でよいはずがないことから、**通常審査**で判断すべきであるという。そして表現としての行為を優先すべきであるとの判断に至った場合、適用上違憲の判断方法で対処すべきと主張する。ただし、法文上の規制の体裁とは裏腹に、実際には特定内容の表現にきわめて不利に働く、または表現行為の規制が目的である、もしくは規制される行為の多くが表現行為である場合には、表現内容規制として扱うべきことになる。

　日本の判例では、表現の自由の付随的規制として挙げられているのが、公務員の政治活動の規制、選挙の個別訪問の規制、そして他者が所有・管理する敷地に無断で立ち入ってビラ配布を行う行為の規制（住居侵入罪）である（**第11章**を参照）。

判例10-1

争点
　名誉毀損を理由とする事前差止めは憲法上認められるか―北方ジャーナル事件
［最大判昭和61年6月11日民集40巻4号872頁］
事案
　Xが発行する月刊誌「北方ジャーナル」は北海道知事選に立候補予定のYの人格を辛辣に批判する記事を掲載する準備をしていた。この記事内容を知ったYは同誌発売予定の1週間前に札幌地裁に対し、名誉権の侵害の予防を理由に雑誌の印刷・製本および販売または頒布の禁止等を命じる仮処分を申請し、裁判所も無審尋でこれを相当とする仮処分決定を行った。そこでXはY側の仮処分申請および裁判所の仮処分決定により損害をうけたとして、民法709条に基づきYらに対し、国家賠償法1条に基づき国に対し損害

賠償を請求したが、1審［札幌地判昭和55年7月16日民集〔参〕40巻4号908頁］と原審［札幌高判昭和56年3月26日民集〔参〕40巻4号921頁］は請求を棄却した。Xは、仮処分決定は憲法21条に反するとして上告。

判旨

　上告棄却。仮処分による事前差止めは「検閲」にはあたらない。名誉を違法に侵害された者は「人格権としての名誉権に基づき、加害者に対し、現に行われている侵害行為を排除し、又は将来生ずべき侵害を予防するため、侵害行為の差止めを求めることができる」。「表現行為に対する事前抑制は、表現の自由を保障し検閲を禁止する憲法21条の趣旨に照らし、厳格かつ明確な要件のもとにおいてのみ許容」される。公務員又は公職選挙候補者に対する評価、批判等は一般に公共の利害に関する事項であり、それに対する事前差止めは原則として許されない。しかし、「その表現内容が真実でなく、又はそれが専ら公益を図る目的のものでないことが明白であって、かつ、被害者が重大にして著しく回復困難な損害を被る虞があるとき」は、例外的に事前差止めが許される。公共の利害に関する事項についての表現行為の事前差止めを仮処分によって命ずる場合には、原則として口頭弁論又は債務者の審尋がなされ、上記の要件について疎明以上の立証が求められる。ただし、債権者の提出した資料によって、上記の要件を満たすと認められるときは、口頭弁論又は債務者の審尋を経なくても憲法21条の趣旨に反するものとはいえない。

判例10-2

争点

　刑法230条の2第1項の真実性の証明に失敗したとしても「相当の理由」により免責が認められるか—夕刊和歌山時事事件［最大判昭和44年6月25日刑集23巻7号975頁］

事案

　『夕刊和歌山時事』紙の編集・発行人Xは、他紙を批判する記事を書いたところ、これが名誉毀損にあたるとして起訴された。Xは、事実の証明が十分ではなかったとしても、証明可能な程度の資料、根拠をもって事実を真実と確信したことを理由に名誉毀損の故意が阻却されるなどとして争った。1審［和歌山地判昭和41年4月16日刑集〔参〕23巻7号984頁］は名誉毀損罪の成立を認め、原審［大阪高判昭和41年10月7日刑集〔参〕23巻7号995頁］はXの控訴を棄却したため、Xは憲法21条違反を主張して上告。

判旨

　原判決及び1審破棄・差戻し。刑法230条の2は人格権としての個人の名誉の保護と憲法21条の言論の保障の調和をはかったものであることを考慮するならば、たとえ同条第1項にいう「事実が真実であることの証明がない場合でも、行為者がその事実を真実であると誤信し、その誤信したことについて、確実な資料、根拠に照らし相当の理由があ

るときは、犯罪の故意がなく、名誉毀損の罪は成立しない」。

［主要参考文献］
・赤坂正浩『憲法講義（人権)』（信山社、2011年）
・芦部信喜［高橋和之補訂］『憲法［第7版］』（岩波書店、2019年）
・大石眞・石川健治編『憲法の争点』（有斐閣、2008年）
・高橋和之『立憲主義と日本国憲法［第5版］』（有斐閣、2020年）

第11章
表現の自由（2）各論

── 本章のねらい ──

　第10章は、表現の自由の根拠、保護のあり方を押さえたうえで、表現の自由の規制に対する合憲性審査の一般的な考え方を整理した。本章は、この考え方を踏まえたうえで、メディアをめぐる問題、前章で少し触れた付随的規制に関する問題など、様々な表現行為規制について検討していく。また、近年、国家が表現行為を規制するのではなく、市民の表現行為のための給付を行う際の問題も論じられている。この点についても言及して、表現の自由の全体構造を把握することにしたい。

1　国民の知る権利と表現の自由

　表現の自由は、市民の意見表明の自由を核心としている。そして意見表明の自由は、受け手の存在を前提にしている。

　送り手の自由が、自動的に受け手の自由を確保するのであれば、表現の自由は送り手の自由で構わない。逆に言うと、国家は、検閲を端的な例として、送り手の表現の自由を規制すれば十分である。この考え方の背景には、すべての人が送り手になりうるという想定がある。しかし、20世紀に入ってから、マスメディアの発達により、送り手と受け手の固定化という状況が生じた（さらに、マスメディアによる一方的な情報提供により、情報の多様性が失われる事態も生じた）。また、国家秘密のあり方も問題とされるようになった。そこで、1960年代に、多様な情報の自由な流れを保障して、表現の自由の受け手の自己実現の価値、さらには民主主義の機能を確保するために、受け手に固有の権利を構築すべきであると主張されるに至った。この権利を**国民の知る権利**という。ただし、国民の知る権利は複合的な性格を有している。

　まず、国民の知る権利の理念的側面と権利としての側面を分ける必要がある。

　国民の知る権利の理念的側面とは、後述するように、送り手たるマスメディアの取材・報道の自由のあるべき姿を示し、基礎づけるものである。そこから、一般市民の自由と比較してマスメディアの自由の保障範囲は拡大することになる。その例として、マスメディアによる官庁への情報収集特権が挙げられる。もっとも、国民の知る権利の理念的側面は、マスメディアの自由の保障範囲のみならず、性表現の保障範囲の拡大をも基礎づけている（**「悪徳の栄え」事件**［最大判昭和44年10月15日刑集23巻10号1239頁］色川幸太郎裁判官反対意見を参照）。

　国民の知る権利の権利としての側面は、さらに次のように分類できる。①国家からの消極的情報収集権（自由権的側面）として、(a)すでに行われた表現を妨げられることなく受領する自由（情報受領権）、(b)取材に応じることを同意している人に対して妨げられることなく取材する自由（情報収集権）、②積極的情報収集権として、(a)政府に対して情報の公開を求める権利（情報公開請求権）、(b)マスメディアを通して公共の利害に関わる論点について多様な見解を入手する権利、である。

2 取材・報道の自由

1 報道機関の「特権」？

　冒頭で述べたように、表現の自由は、市民の意見表明の自由を核心としている。もっとも、真偽を観念できる事実を知らせる**報道の自由**も、憲法21条により保障されている。なぜなら、事実と意見の明確な区分が不可能であるからである。とりわけ、報道機関は、**博多駅事件**［最大決昭和44年11月26日刑集23巻11号1490頁］が指摘する通り、国民の知る権利に奉仕するため、憲法21条により報道の自由を享受する。

　報道機関の活動は、取材・編集・発表からなるので、発表（報道）の自由を実効的に保障するためには、その前提である**取材活動の自由**も考慮しなければならない。戦後すぐの**石井記者事件**［最大判昭和27年8月6日刑集6巻8号974頁］は、憲法21条の表現の自由の趣旨は、言いたいことを言わせることであり、これから言いたいことの内容を作り出すための取材活動は、憲法21条の保護の対象ではないかのように読める説示を行った。しかし、その後の博多駅事件決定は、国民の知る権利に奉仕する報道のための取材の自由も憲法21条の

図　最高裁における取材・報道の自由の考え方

「精神」に照らし「十分尊重」に値いすると述べて、報道機関の取材の自由を少なくとも憲法21条の問題として把握し直している。他方で、一般人の取材の自由（情報収集権）が問われたものとして、**レペタ事件**［最大判平成元年3月8日民集43巻2号89頁］がある。法廷内での一般傍聴人のメモ採取の拒否が争われたこの事件において、最高裁は「筆記行為の自由は、憲法21条1項の規定の精神に照らして尊重されるべきである」と説示している。一般市民の取材の自由は、「尊重」にとどまる。

　報道機関の取材の自由について、学説における通説的見解は博多駅事件とほぼ同様に、取材の自由は報道の自由と比べて保護の程度が弱いとする。この背景には、多岐に互る取材活動は国家秘密の保護や私人のプライバシーなど多様な利益・権利と衝突しやすく、個別事例での具体的な比較衡量が必要となるとの問題意識がある。しかし、この説は、裁判所が仲裁者として機能する場合に限ってとの条件をつけている。また、比較衡量による審査に賛同しつつも、取材の自由の萎縮効果に配慮して、**個別的な比較衡量**ではなく、一般的な基準を示す**類型的な比較衡量**により取材の自由と対立利益・権利の調整を行うべきであると主張する説もある。以下、取材行為に対する制限が問題になる事例として国家秘密へのアクセス、将来の取材活動を著しく困難にする措置が問題になる事例として取材源秘匿権および取材資料提出拒否権をそれぞれ検討することにより、取材の自由の保護のあり方について整理する。

2　国家秘密と取材の自由

　国家秘密と報道機関の取材の自由との関係が問われた事件として、**判例
11-1　外務省秘密電文漏洩事件**［最一決昭和53年5月31日刑集32巻3号457

頁］がある。国家公務員法は「職務上知ることのできた秘密」を漏洩した公務員のみならず（109条12号、100条1項）、それを「そそのかし」た者までも処罰している（111条）ため、国家秘密の探知を試みる記者の取材活動は処罰の対象となりうる。外務省事務官に対して沖縄返還交渉の関係書類の提出を求めた記者の行為が国家公務員法111条の禁止する「そそのかし」に該当するとして記者が起訴されたこの事件において、最高裁は「そそのかし」を広く解釈しつつも、博多駅事件決定で示された取材の自由の意義を引用して、「報道機関が公務員に対し根気強く執拗に説得ないし要請を続けることは、それが真に報道の目的からでたものであり、その手段・方法が法秩序全体の精神に照らし相当なものとして社会観念上是認されるものである限りは、実質的に違法性を欠き正当な業務行為というべきである」と説示した。この決定は、通常の取材活動は許容するとの原則を明らかにしたものといえる。

　2013年12月に成立した「特定秘密の保護に関する法律」（平成25年12月13日法律第108号）、いわゆる**特定秘密保護法**は、22条において「知る権利の保障に資する報道又は取材の自由に十分に配慮しなければならない」（1項）と定めたうえで、「出版又は報道の業務に従事する者の取材行為については、専ら公益を図る目的を有し、かつ、法令違反又は著しく不当な方法によるものと認められない限り」、正当業務行為とすると規定している（2項）。この22条2項は、外務省秘密電文漏洩事件最高裁決定の趣旨を明文化したものである。ただし、こうした規定によっても、特定秘密保護法による取材・報道の自由、ひいては国民の知る権利が脅かされるとの懸念は払拭されていないとの指摘もある。その理由として、第一に、後述するように、報道関係者の取材源秘匿権を保護するための証言拒絶権、編集資料の差押え禁止が法制度に盛り込まれていないことが挙げられている。第二に、「著しく不当な方法による」取材は捜査の対象とされ、報道機関への強制捜査や報道関係者に対する証言強制が行われる場合、たとえ起訴後に裁判で無罪になったとしても、取材源（情報提供者）との信頼関係の点で、取材・報道の自由が脅かされることが指摘されている。

3　取材源秘匿権

　以上の特定秘密保護法22条2項に対する指摘でも示されているように、取材の自由は、取材活動終了後も、**取材源秘匿権**および**取材資料提出拒否権**の文脈

で問題となる。これらの権利は、取材源または取材関係者との信頼関係を維持し、将来の自由な取材・報道活動を確保するために、ひいては国民の知る権利の実現のために重要な意義を有するからである。

　刑事事件における取材源秘匿権について、石井記者事件は取材の自由を前述のように捉え、さらに表現の自由の趣旨を一般人が平等に言いたいことを言う点に求めることにより、一般人よりも優遇される新聞記者の取材の自由は憲法21条により保障されないかのような説示を行ったうえで、証言拒絶の主体を規定する刑事訴訟法149条は限定列挙であることを理由に記者のかかる権利を認めなかった。これに対して、民事裁判では取材源は証言を拒むことのできる「職業の秘密」（民訴法197条1項3号）にあたるとし、報道記者の証言拒絶を認める **NHK記者事件**［最三決平成18年10月3日民集60巻8号2647頁］がある。最高裁は、「職業の秘密」とは「保護に値する秘密」であり、それにあたるかは「秘密の公表によって生ずる不利益と証言の拒絶によって犠牲となる真実発見及び裁判の公正」とを比較衡量して判断するとしつつ、報道関係者と取材源との信頼関係の維持、それによる将来にわたる自由で円滑な取材活動の保障の観点から、取材源の秘密は重要な社会的価値を有しており、取材源についての証言が必要不可欠などの例外的事情がない限り、原則として証言拒絶が認められると判示した。最高裁は報道関係者の証言拒絶を原則とする基準を立てることにより、取材の自由の萎縮効果を防ぐ狙いがあったといえよう。

　石井記者事件とNHK記者事件とが報道記者の証言拒絶をめぐり反対の見解を示したのは、刑事と民事という違いよりも、これらの事件の間に、取材の自由も憲法21条の精神に照らし十分尊重に値いするとした博多駅事件決定が出されたからである。ただし、博多駅事件では取材の自由は憲法21条により直接保障されるとは判示していないため、NHK記者事件も報道記者の取材源秘匿は憲法21条に保障された権利とは明言していない。あくまで、民事訴訟法197条1項3号の「職業の秘密」の解釈問題にとどまっている。もっとも、取材の自由とそれに基づく報道記者の取材源秘匿を憲法上の権利と唱えても、公正な裁判の関係で絶対無制約とはいえない。

　刑事裁判における報道記者の証言拒絶も、憲法上の権利と構成するまでもなく、国民の知る権利の観点から証言拒絶を原則として、**正当な業務上の行為**として違法性が阻却される（刑法35条）との解釈論も成り立つ。

4　取材資料提出拒否権

　取材資料提出拒否権が問題になった判例として、たびたび言及してきた博多駅事件がある。特別公務員暴行陵虐罪および公務員職権濫用罪の付審判請求を審理する福岡地裁が、その証拠のため放送局に対して取材フィルムの提出を命じたところ、この命令は取材の自由を侵害するかどうかが争われた。最高裁によれば、前述の通り取材の自由の意義を指摘しつつも、取材の自由は公正な裁判の実現の点から制約をうけ、その許容性は具体的な比較衡量により判断される。この衡量において考慮すべき事項は、一方で犯罪の性質、態様、軽重、取材したものの証拠としての価値、公正な刑事裁判を実現するにあたっての必要性、他方で報道機関の取材の自由が妨げられる程度、これが報道の自由に及ぼす影響の度合いその他諸般の事情である。そのうえで最高裁は、中立的な立場から撮影した「本件フィルムが証拠上きわめて重要な価値を有し、被疑者らの罪責の有無を判定するうえに、ほとんど必須のものと認められる」のに対し、「本件フィルムは、すでに放映されたものを含む放映のために準備されたものであり、それが証拠として使用されることによって報道機関が蒙る不利益は、報道の自由そのものではなく、将来の取材の自由が妨げられるおそれがあるというにとどまる」ため、本件提出命令は憲法21条に違反しないと結論づけた。

　この決定に対しては、学説により次のような批判がある。第一に、「将来の取材の自由が妨げられるおそれがある」にすぎないとの理由づけは、取材関係者の信頼関係の保護という取材の自由の趣旨を軽視している。第二に、最高裁の示した個別的比較衡量は基準としての機能を果たしえず、取材の自由の萎縮効果を防ぐことができない。少なくとも最高裁が衡量するにあたり示した「ほとんど必須のもの」という要素を基準として格上げすることにより、取材資料提出拒否を原則とすべきである。

　取材資料提出拒否権が問題になったその他の事件として、**日本テレビ事件**［最二決平成元年 1 月30日刑集43巻 1 号19頁］、**TBS 事件**［最二決平成 2 年 7 月 9 日刑集44巻 5 号421頁］、**鹿児島県制圧死事件**［最三決平成29年 7 月25日平成29年（7）第571号］がある。

5　放送の自由

　放送による言論は、憲法21条により保障されている。しかし放送事業に対し

ては、表現の自由の考え方によれば本来許されない免許制や表現内容規制（放送法4条の**番組準則**）などが課されている。こうした放送規制の正当化として、学説上、**社会的影響力論、電波公物説、周波数稀少説、番組画一説、国民の知る権利論**を基軸にして電波公物説以外の諸説をも考慮する総合論、などが唱えられている。最高裁も、放送事業者は「限られた電波の使用の免許を受けた者」（サンケイ新聞事件［最二判昭和62年4月24日民集41巻3号490頁］）であり、「直接かつ即時に全国の視聴者に到達して強い影響力を有している」（雑民党事件［最三判平成2年4月17日民集44巻3号547頁］）、「テレビジョン放送をされる報道番組においては、新聞記事等の場合とは異なり、視聴者は、音声及び映像により次々と提供される情報を瞬時に理解することを余儀なくされる」（テレビ朝日ダイオキシン訴訟［最一判平成15年10月16日民集57巻9号1075頁］）などと指摘している。

　学説上もっとも強力に主張されてきたのが、周波数稀少説である。この説によると、第一に、放送用周波数は稀少であるのにその利用希望者は多数にのぼるため、公権力による免許制が正当化される。第二に、放送免許を受けた者は、選ばれなかった者も含め国民の多様な声の代弁者として活動することが求められる。したがって、「政治的に公平であること」といった公正原則（番組準則の一内容）も正当化される。

　しかし、周波数の稀少性から直接、公権力による免許制が導かれるのか疑問であるのに加え、メディア技術の進展によって現実味を帯びつつある周波数の稀少性の解消により、以上の根拠は揺らいでいる。周波数の稀少性という特殊事情が存在しない以上、放送に対しても表現の自由の法理が妥当し、免許制や番組準則を違憲と判断する見解が有力に主張されている状況にある。

　日本の放送制度は、受信料を財源とする公共放送（NHK）と主に広告を財源とする民間放送からなる二元体制を採用している。二元体制が採用された理由として、公共放送と民間放送とが、各々その長所を発揮するとともに、互いに他を啓もうし、各々その欠点を補い、放送により国民が十分福祉を享受することができるようすることが挙げられている。

　放送法64条1項は、放送設備設置者に対しNHKと受信契約締結義務を課している。したがって、民間放送の番組しか視聴しない者もNHKと受信契約を締結しなければならない。こうした制度は、財産権、契約自由、そして放送を視聴する自由の不当な侵害ではないのか問題となる。最高裁は、憲法21条の表

現の自由の保障の下、放送は国民の知る権利の実質的な充足、健全な民主主義の寄与のため国民に広く普及されるべきであるとしたうえで、以上の憲法21条の趣旨、それを反映させた放送法1条の目的規定、この目的を実現する二元体制の意義、二元体制の一方を担うNHKの目的・業務・運営体制、NHKの公共的性格を財源の面から支える受信料制度（特定の個人、団体又は国家機関等から財政面での支配や影響がNHKに及ばないよう受信設備の設置者に広く公平に負担を求める受信料制度）という具合に憲法と放送法体系の内的連関を抽出して、受信契約締結義務を定める放送法64条1項は立法裁量の範囲内として合憲とした［最大判平成29年12月6日民集71巻10号1817頁］。

3　政治的表現

　自己実現と自己統治に表現の自由の意義を認める立場からすれば、政治的表現の保障こそ表現の自由の核心である。ただし、一般職の国家・地方公務員の政治的行為は国家公務員法、地方公務員法等により規制されている。裁判官といった特別職の公務員も各個別法により政治的行為の禁止、制限が課せられている。これに対して一般市民の政治的行為を規制する法令は数少ないものの、公職選挙法による選挙運動規制がかねてより問題とされてきた。また、最近では住居侵入罪（刑法130条）によるポスティング規制が重要な論点を提起している。

1　公務員の政治活動
　国家公務員法（国公法）102条及び人事院規則14-7は公務員に対する政治的行為を広く規制し、これに違反した者は国公法110条1項19号の罰則規定により処罰される。北海道猿払村の郵便局員が衆議院議員選挙用ポスターを勤務時間外に公営掲示板に掲示、他に配布したため、国家公務員法違反で起訴された**判例11-2　猿払事件**［最大判昭和49年11月6日刑集28巻9号393頁］において、最高裁は、①弊害を防止しようとする規制目的の正当性、②弊害防止手段としての合理性、③この規制により得られる利益と失われる利益の均衡の観点から審査するという基準（「**合理的関連性の基準**」という）を示したうえで、本件規定はこれを満たすため合憲と判断した。この判決には様々な批判がある。表現内容規制であるにもかかわらず緩やかな審査基準を採用したことに対する批判は

もちろん、たとえば①について、行政の実体的**中立性**のみならずそれに対する国民の信頼までをも、刑罰の制裁を伴う国公法の正当な規制目的としたこと、②それと関連して公務員の職種、職務権限、勤務時間の内外等一切考慮していないこと、③政治的行為のほとんどが表現の自由により保障されているにもかかわらず、表現の自由の保障範囲を意見表明の自由に限定したうえで、本件規制は意見表明の禁止ではなく、それ以外の行為によって生ずる弊害の防止を目的としたものであり、**間接的・付随的に意見表明を制約**するにすぎないとしたこと、である。

　もっとも、このような判断は、**判例11-3　堀越事件**［最二判平成24年12月7日刑集66巻12号1337頁］において実質的に見直された。この事件は、旧社会保険庁の非管理職の現業公務員が休日に勤務先から離れた自宅周辺で公務員であることを明らかにせずに政党機関紙を住宅等の郵便受けに配布した行為が国公法110条１項19号をはじめとする諸規定（以下、「本件罰則規定」）が定める政治的行為にあたるとして起訴されたものである。最高裁は、民主主義社会を基礎づける重要な権利である表現の自由の性格、そして国公法102条１項の規定が刑罰法規の構成要件であることに照らし、同項にいう「政治的行為」とは「公務員の職務の遂行の政治的中立性を損なうおそれが、観念的なものにとどまらず、現実的に起こり得るものとして実質的に認められるもの」と限定的に解釈する。そのうえで、本件罰則規定の合憲性を較量により決すべきであるとする。そして、①本件罰則規定の目的は、公務員の職務の遂行の政治的中立性を確保することによって行政の中立的運営を確保し、これに対する国民の信頼を維持するものであり、合理的で正当なものである。②本件罰則規定により禁止の対象とされるものは、「公務員の職務の遂行の政治的中立性を損なうおそれが実質的に認められる政治的行為」に限定されるため、目的達成のために必要かつ合理的である。したがって、本件処罰規定は合憲であると判示する。しかし、本件の行為態様は、公務員の職務の遂行の政治的中立性を損なうおそれが実質的に認められないため、無罪とした。本判決によれば、猿払事件は、「その行為の態様からみて当該地区において公務員が特定の政党の候補者を国政選挙において積極的に支援する行為であることが一般人に容易に認識され得るようなもの」である点で本件とは異なるという。学説の中には、本判決は利益衡量という方法をとりつつ、処罰対象となる「政治的行為」の範囲を限定した**合**

憲限定解釈を行うことにより、実質的に判例を変更したのではないかとの指摘
もある。

　裁判官の積極的政治運動を禁止する裁判所法52条とその違反に基づく懲戒処
分が問題になった**寺西判事補事件**［最大決平成10年12月1日民集52巻9号1761
頁］でも最高裁は猿払事件と同じ審査基準を用いて同条は憲法21条1項に違反
しないと判断している。しかし、行政公務員より独立性が認められる裁判官に
は外見的な政治的中立性ではなく職務遂行上の中立性のみが要請されていると
の観点に立って、本判決を批判する説もある（なお、裁判官によるツイッター上の
投稿が裁判所法49条の「品位を辱める行状」に該当するとされた**岡口判事事件**［最大決平成
30年10月17日民集72巻5号890頁］も参照）。

2　選挙運動

　最高裁によれば、選挙運動とは「特定の選挙の施行が予測せられ或は確定的
となった場合、特定の人がその選挙に立候補することが確定して居るときは固
より、その立候補が予測せられるときにおいても、その選挙につきその人に当
選を得しめるため投票を得若くは得しめる目的を以って、直接または間接に必
要かつ有利な周旋、勧誘若くは誘導その他諸般の行為をなすことをいうもので
ある」（公職選挙法違反事件［最三判昭和38年10月22日刑集17巻9号1755頁]）。日本で
は、選挙運動が公職選挙法により厳しく制限されている。候補者名簿の届出か
ら選挙期日の前日までを選挙運動期間と定め（129条）、それ以外の日の選挙運
動、とりわけ事前運動が禁止されている。選挙運動の仕方についても、**戸別訪
問の禁止**（138条）、署名運動の禁止（138条の2）、法定ビラ以外の一切の文書図
画の配布の禁止（142条）、法定ポスターなどを除いた文書図画の掲示の禁止
（143条）、演説、集会に関する詳細な規制（161条から166条）が定められている。
以上に違反する行為には、239条、243条などで刑罰が科されている。また、イ
ンターネット上の選挙運動についても、例えば、基本的には、候補者および政
党、政治団体は電子メールを利用した選挙運動が許されるものの、一般の国民
は行うことができない（142条の4第1項）など、厳しい制約が課せられている。
　以上の規制からすると、国民は、電話による投票依頼等は可能であるもの
の、一般に選挙運動の主体たりえないとの評価も成り立つ。しかし、選挙運動
を国民の政治的表現として捉えるならば、以上のような規制の合憲性が問題に

なる。

　この論点に対するアプローチの仕方は二つある。第一は、選挙運動は「公正かつ効果的な代表」を目的とする選挙制度の中にあるという考え方である。第二は、選挙運動は選挙制度の外にあり、「私人が行う政治活動の自由」に他ならないという考え方である。

　判例は、第一の考え方に立っているといえる。最高裁は公選法138条の戸別訪問禁止規定に関し、猿払基準を用いて合憲と判断している（公職選挙法違反事件［最二判昭和56年6月15日刑集35巻4号205頁]）。それによると、①買収、利益誘導など不正行為の防止、選挙人の生活の平穏の確保、候補者側の負担軽減など選挙の自由と公正を確保する点で正当な目的、②戸別訪問の一律禁止はこの目的と合理的関連性を有する、③戸別訪問禁止は一つの意見表明の手段方法に伴う限度での**間接的、付随的な制約**にすぎない反面、得られる利益は選挙の自由と公正の確保であるため利益の均衡はとれている。なお、第一の考え方をより明確にしたのが、**選挙制度ルール論**である。この見解は、次のようなものである。「選挙運動においては各候補者のもつ政治的意見が選挙人に対して自由に提示されなければならないのであるが、それは、あらゆる言論が必要最小限度の制約のもとに自由に競いあう場ではなく、各候補者は選挙の公正を確保するために定められたルールに従って運動するものと考えるべきである。法の定めたルールを各候補者が守ることによって公正な選挙が行われるのであり、そこでは合理的なルールの設けられることが予定されている。このルールの内容をどのようなものとするかについては立法政策に委ねられている範囲が広く、それに対しては必要最小限度の制約のみが許容されるという合憲のための厳格な基準は適用されないと考える」（公職選挙法違反事件［最三判昭和56年7月21日刑集35巻5号568頁・伊藤正己判事の補足意見]）。

　以上に対して学説は、第二の考え方に立って、戸別訪問禁止は選挙という主題を対象とした規制であることから、表現内容規制として厳格な審査を行うべきであるとの見解がある。また、折衷説として、戸別訪問禁止規定を選挙運動の方法規制、つまり内容中立規制であると捉え、いわゆる**LRAの基準**（立法目的は表現内容には直接かかわりのない正当なものであるが、規制手段が広汎である法令について、立法目的を達成するため規制の程度のより少ない手段が存在するかどうかを具体的・実質的に審査し、それがありうると解される場合には違憲とする基準）を用いることに

より判例よりももう少し厳密に判断すべきであるという考えもある。

3　市民のポスティング

　防衛庁（当時）立川宿舎内に管理権者・居住者の同意を得ずに立ち入り、新聞受けにビラを配布した行為が住居侵入罪に問われた**判例11-4　立川反戦ビラ配布事件**［最二判平成20年4月11日刑集62巻5号1217頁］で、最高裁は政治的意見を記載したビラの配布行為と管理権者の承諾なく邸宅に立ち入る行為を区別し、前者を憲法21条1項により保障されている「表現そのもの」、後者を「表現の手段」として把握する。そのうえで本件はこの表現の手段を処罰することの憲法適合性が問われていると考え、本件ビラ配布行為は管理権の侵害のみならず居住者の平穏な生活の侵害として住居侵入罪の適用を合憲とした。学説も、「表現の手段」に対する住居侵入罪の適用を「表現そのもの」に対する付随的制約にすぎないと判断しつつ、特定表現内容を狙い撃ちにする場合には表現内容規制としてたとえば違法性阻却などで対処すべきとの見解を唱えている。

4　国家による創作表現の助成・保護

1　政府言論

　今までは、表現の自由が国家により侵害される場面を類型化して説明してきたが（国家からの自由としての表現の自由）、国家による給付により表現の自由の行使のための社会的基盤が整えられる場面もありうる（国家による自由としての表現の自由）。このことは、とりわけ市場の論理に対抗して、国家が芸術・文化を助成・保護し、創作表現の自由の対等な実現を目指す場合に妥当する。しかし、国家による自由は、助成を名目とした国家による言論操作の危険を内包している。では、国家からの自由と国家による自由をどのように調整していくべきであろうか。

　表現の自由においては国家による自由を認めないという考え方もありうる。しかし、近年では、アメリカの憲法学説から示唆を得て、表現の自由を政府関与の規制的文脈と給付的文脈をともに取り込んで構造的に把握する学説が主張されている。

　この学説の整理によると、政府が私人の表現活動を規制する場合（「典型的な

検閲者としての政府」と命名されている)、政府は特定の観点に立って規制すること
は許されない (観点中立性の要請)。これに対して、私人の表現活動に給付する
場合 (「非典型的な検閲者としての政府」と命名されている)、専門職を介する場合
と、専門職を介さない場合に分けることができる。前者において、専門職は観
点中立性を要請されず、政府は給付の「基本方針」を策定できるものの、その
解釈は専門職に委ね、その職責を尊重しなければならない。後者では専門職の
介在の欠如を理由に、政府は観点中立性を要請される。これは、資金提供者と
しての政府の統制作用に対して私人の多様な表現活動の助成の観点から歯止め
をかけようとする**パブリック・フォーラム論**でもある。

　なお、学説によれば、以上の「検閲者としての政府」に対して、政府が表現
活動を行う「言論者としての政府」という類型もある。国民の同意を調達して
正統性を獲得する民主主義の下、政府が自らの政策理念に立った実績と提案を
国民に示して支持を訴えるのは当然であり、したがって、観点中立性は要請さ
れない (「典型的な言論者としての政府」)。他方、専門職を「道具」として言論す
る場合には、政府は観点中立性を要請されないものの、専門職の職責を妨げて
はならない (「非典型的な言論者のとしての政府」)。「典型的な言論者としての政府」
は、情報操作等の危険を内包しているが、これに対しては後述する情報公開制
度により対処することになる。

2　美術館・図書館をめぐる問題

　美術館や図書館の設置は、政府による創作表現の助成・保護として位置づけ
られるが、政府による美術・図書選定のあり方が住民・国民の知る権利などの
観点から問題になる場合がある。
　日本では、富山県教育委員会が富山県立近代美術館所蔵の天皇コラージュ作
品を非公開にし、特別観覧をも拒否したこと、さらにこの作品を売却し、図録
を焼却したことが住民の知る権利を侵害するかどうか争われた**天皇コラージュ
事件**がある。1審 [富山地判平成10年12月16日判時1699号120頁] は県教育委
員会教育長に対する作品売却、図録焼却の無効確認訴訟等を却下したものの、
特別閲覧を拒否したことは県立美術館条例の特別閲覧制度により具体化された
市民の知る権利を不当に侵害し、違法であるとして富山県に対する損害賠償請
求を認めた。裁判所は、知る権利の重要性を根拠に、特別観覧拒否に正当な理

由があるかをきわめて厳格に審査したのである。他方で控訴審［名古屋高裁金沢支判平成12年2月16日判時1726号111頁］は、本件を地方自治法244条の公の施設の利用制限の問題として把握したうえで、比較的緩やかに「管理運営上の支障を生じる蓋然性が客観的に認められる場合」には特別閲覧を拒否できるとして、富山県敗訴部分を取り消し、最高裁も上告を棄却した（判例集未登載）。1審は、自由の論理で事案を処理したのに対して、控訴審は施設管理権の論理を前面に出したとの指摘もある。

　公立図書館の司書が「新しい歴史教科書をつくる会」関連書籍を除籍基準に反して廃棄した**船橋西図書館事件**［最一判平成17年7月14日民集59巻6号1569頁］では、最高裁は図書館関連法令の総合的解釈から、図書館は著作者にとりその思想・意見等を公衆に伝達する公的な場であることを指摘したうえで、司書による不公正な廃棄はその職責に違反するのみならず、著作者の思想・意見等の伝達の利益を不当に損なうものであり、この著作者の利益は表現の自由等の憲法上の基本的人権であることにも照らして、国家賠償法上違法になると判断した。この判示は、図書館本来の目的、関連法令の総合的解釈により、著作者の思想・意見伝達の自由と市民の知る自由の文化的交流を基本にした自由の論理で貫かれているとの評価もある。

3　情報公開制度

　一般的な理解によれば、国民が政府に対して情報公開請求権を行使するためには、国民の知る権利を具体化する法令の整備が必要となる。日本では、まず地方公共団体の条例により情報公開制度が定められたうえで、1999年になってようやく国レベルで「情報公開法」（行政機関の保有する情報の公開に関する法律）が成立し、2001年に施行された。ただし、情報公開法の目的規定は国民の知る権利ではなく、国民主権の理念と政府の説明責任を挙げており、これに対する批判もある。近年では、「言論者としての政府」による情報操作の危険を、国民の側からの情報公開請求により防いでいく点に情報公開制度の意義を認める見解もある。

　各情報公開条例や情報公開法は、開示されると第三者の権利を侵害したり、行政の執行に重大な支障を生じさせる情報を例外的に**不開示情報**として規定している（情報公開法では第5条）。この不開示情報をめぐり多くの判例がある（た

とえば、**行政執行情報**として不開示が問題になった**大阪府知事交際費訴訟**［最一判平成6年1月27日民集48巻1号53頁］、**意思形成過程情報**として不開示が問題になった**鴨川ダムサイト訴訟**［最二判平成6年3月25日判時1512号22頁］など）。**沖縄密約情報公開訴訟**［東京地判平成22年4月9日判時2076号19頁］において東京地裁は、国民の知る権利にも言及して機密文書の不開示決定を取り消しており、国民の知る権利に言及して情報公開法を解釈する判例もある。

　個人情報保護制度のない地方公共団体において本人が情報公開制度を利用して自己情報の開示を求めることが許されるのかが問題となってものとして、**レセプト情報公開請求訴訟**［最三判平成13年12月18日民集55巻7号1603頁］がある。「国民」の観点から開示請求者を問わない情報公開制度の趣旨からすると、本人開示であったとしても個人情報またはプライバシー情報として不開示とすべきことになる。他方で、本人開示であれば第三者の権利侵害の問題はないのであるから、開示を認めるべきとの見解もある。最高裁は、個人情報保護制度が未整備の場合に限定して本人開示を認めるとの折衷説を採用した。

　「個人情報の保護に関する法律」、いわゆる個人情報保護法に対しては様々な課題が指摘されており、2011年4月に閣議決定された法改正案では、①公務員等の氏名の原則開示、②開示請求手数料の原則廃止、③開示請求から開示決定までの期限の短縮など盛り込まれていたものの、成立しなかった。その他、情報公開法における不開示事由と特定秘密法の関係を精査する必要性も指摘されている（なお、定義の明確化、個人情報の適正な活用・流通の確保、グローバル化への対応等を目的とした改正個人情報保護法（正式名称は「個人情報の保護に関する法律及び行政手続における特定の個人を識別するための番号の利用等に関する法律の一部を改正する法律」（平成27年9月9日法律第65号））が、平成27年9月9日に公布、平成29年5月30日に施行され、規制対象事業者の範囲の拡大などがなされている）。

5　通信の秘密とインターネット

1　通信の秘密

　憲法21条2項後段は通信の秘密を保障している。ここでの通信は、郵便・電信・電話等の表現媒体の観点からではなく、むしろ表現者間の関係に注目して、「非公開で行われる特定者間のコミュニケーション」などと定義される。

　したがって、この意味での通信を憲法上保護する意義は、非公開性、つまり私事の秘密を保障する点にある。通信の秘密はこのことを意味しているのであり、学説上一般にプライバシー権の一部として位置づけられている。なお、通信の秘密の規定はさらに、郵便・電信・電話を代表例とする通信制度の維持を国家の責務として定めていると解釈する見解もある。

　通信の秘密の及ぶ範囲として、通信の内容のみならず、発信履歴も含まれると考えられている。通信は発信人と受信人の間を業務担当者が媒介する構造を有している。業務担当者は受信履歴を知りうる立場にあるものの、これを外部に漏らしてはならない。これに対して通信の内容は業務担当者に対しても秘密性が保障される。

　通信業務に従事する政府関係者が通信の秘密を不当に収集・取得することは憲法21条2項前段の検閲にあたる。しかし、通信の秘密の保障は、検閲の禁止と異なり、コミュニケーションの妨害のみならず、その探知をも禁止している。通信業務に従事しない政府関係者（警察官など）による通信の秘密の探知も同様に禁止される（日本共産党幹部宅盗聴損害賠償訴訟［東京高判平成9年6月26日訟月44巻5号660頁］）。

　現行法上、破産法81条・82条、刑事収容施設及び被収容者等の処遇に関する法律127条・135条、刑事訴訟法100条1項などにより、通信の秘密も制限されている。なかでも争いがあるのが、1999年に制定された通信傍受法である。この法律は、薬物・銃器関連犯罪等の一定の犯罪捜査に限り、裁判官の発給する傍受令状に基づき、捜査機関による電話の傍受を認めている。しかし、傍受が許される範囲・態様の特定や傍受された者の事後的救済への配慮が不十分ではないかとの批判がある。同法が通信の秘密を侵害するとして無効確認と国家賠償を求める訴訟が提起されたものの、東京地裁は無効確認の訴えを却下し、国家賠償の請求を棄却した（犯罪捜査のための通信傍受に関する法律無効確認等請求事件［東京地判平成13年8月31日判時1787号112頁］）。

2　インターネットをめぐる諸問題

　近年、インターネット上での名誉毀損表現が社会的な問題となっている。前述のように多くの名誉毀損事件では**相当性の法理**が焦点となるが、裁判所はそれを厳格に解釈する傾向にある。ただ、相当性の法理は、主として報道機関た

る印刷メディアに即して展開してきたことから、それを個人利用者によるインターネット上の表現行為にそのまま適用すべきか考える余地がある。

インターネット上の表現が名誉毀損罪にあたるか問われた**ラーメン花月事件**において、1審［東京地判平成20年2月29日判時2009号151頁］は利用者の対等性と反論の容易性というインターネットの特性をふまえ、いわゆる**対抗言論の法理**を用いて、「相当の理由」を緩和する新基準を立てた。対抗言論の法理とは、名誉毀損表現に対しては対抗言論で名誉を回復するのが原則であり、被害者の反論可能性とそれを要求してもおかしくない「特段の事情」がある場合には裁判所による介入は行わないという理論である。一般に、対抗言論の法理の適用範囲はパソコン通信上のフォーラムなどに限定されると指摘されているものの、議論の応酬のなかで名誉毀損的表現がなされた本件の事情も考慮するならば、この法理はインターネット上の表現に対しても妥当する場合がある。ただし、その際には相当性の法理をいじらずとも対抗言論の法理の実質的な根拠ともいわれる（被害者の）「危険の引受」の観点から加害者の行為の可罰性評価のなかで問題を処理することもできる。もっとも、最高裁［最一決平成22年3月15日刑集64巻2号1頁］は「相当の理由」を緩和せずに、従来の枠組みで判断すべきであるとした。

インターネット上の権利侵害では、表現者のみならず、プロバイダの責任が問われることもある。しかし、プロバイダの責任を広く認めると、表現の自由の保障を掘り崩してしまう恐れもある。**プロバイダ責任制限法**（「特定電気通信役務提供者の損害賠償責任の制限及び発信者情報の開示に関する法律」）は、特定電気通信による情報の流通により権利侵害があった場合、特定電気通信役務提供者（プロバイダ）の損害賠償責任を制限すると同時に、被害者がプロバイダに対して発信者情報の開示を請求できることを定めている。

数年前の犯罪歴が検索エンジンの検索結果として表示される場合、この結果の削除を検索エンジンに請求することができるのか。人格権に基づく差止請求の仮の地位仮処分をめぐる事件において、さいたま地裁［さいたま地決平成27年6月25日判時2282号83頁］は債務者に対して検索結果を仮に削除することを命ずる仮処分を発し、債務者がこの決定取消しを求めて保全異議を申し立てた事件がある。さいたま地裁［さいたま地決平成27年12月22日判時2282号78頁］は、検索結果の表示が検索エンジンを主体とする表現であるとしたうえで、逮

捕歴を有する者も人格権として私生活の尊重、更生を妨げられない利益を有しており、ある程度の期間が経過した後は過去の犯罪を社会から「**忘れられる権利**」を有するべきであると指摘して、仮処分命令を認可した。これに対して、東京高裁［東京高判平成28年7月12日判タ1429号112頁］は「忘れられる権利」は日本において法律上の明文の根拠がなく、その要件及び効果が明らかでないこと、実体は名誉権ないしプライバシー権に基づく差止請求権と異ならないとしたうえで、本件犯行を知られることにより受忍限度を超える重大な支障が生じることは認められないことを理由に、プライバシー権に基づく本件検索結果の削除等請求を認めることはできないとした。最高裁［最三決平成29年1月31日民集71巻1号63頁］は、「忘れられる権利」に言及することなく、表現の自由とプライバシー権の比較衡量で判断する枠組みを示し（その考慮要素として、①表示された事実の性質・内容、②申立人の具体的な被害の程度、③申立人の社会的地位や影響力、④記事の目的・意義、⑤社会的状況、⑥その事実を記載する必要性、が挙げられている）、本件において不当なプライバシー権侵害は認められないとした。

判例11-1

争点

公務員に秘密漏洩をそそのかす新聞記者の行為は、取材の自由によりどの程度保護されるべきか―外務省秘密電文漏洩事件［最一決昭和53年5月31日刑集32巻3号457頁］

事案

新聞記者Ｙが外務省審議官付女性事務官Ａに対し沖縄返還交渉の関係書類の提供を依頼したところ、Ａはこれに応じて「極秘」指定のある3通の電文のコピーを交付した。Ｙは国公法上の国家秘密漏洩罪の教唆（111条）で起訴された。1審［東京地判昭和49年1月31日判時732号12頁］はＹの慫慂行為は取材目的でなされたことを勘案して正当行為と評価し無罪を言い渡したものの、原審［東京高判昭和51年7月20日高刑集29巻3号429頁］は1審判決を破棄してＹを有罪としたため、Ｙが上告。

判旨

上告棄却。国公法100条1項等の秘密とは、「非公知の事実であって、実質的にもそれを秘密として保護するに値すると認められるものをいい」、「その判定は司法判断に服する」。

国公法111条の「そそのかし」とは「秘密漏示行為を実行させる目的をもって、公務員に対し、その行為を実行する決意を新に生じさせるに足りる慫慂行為」である。しか

し、博多駅事件で示された取材の自由の意義により、「報道機関が公務員に対し根気強く執拗に説得ないし要請を続けることは、それが真に報道の目的からでたものであり、その手段・方法が法秩序全体の精神に照らし相当なものとして社会観念上是認されるものである限りは、実質的に違法性を欠き正当な業務行為というべきである」。「Ｙは、当初から秘密文書を入手するための手段として利用する意図でＡと肉体関係を持ち、同女が右関係のためＹの依頼を拒み難い心理状態に陥ったことに乗じて秘密文書を持ち出させたが、……取材対象者であるＡの個人としての人格の尊厳を著しく蹂躙したものといわざるをえず、このようなＹの取材行為は、その手段・方法において法秩序全体の精神に照らし社会観念上、到底是認することのできない不相当なものであるから、正当な取材活動の範囲を逸脱しているものというべきである」。

判例11-2

争点

　公務員の政治活動を禁止する国家公務員法は合憲か（１）—猿払事件［最大判昭和49年11月6日刑集28巻9号393頁］

事案

　北海道猿払村の郵便局員Ｙは、昭和42年の衆議院議員選挙に際し、日本社会党を支持する目的で、同党公認候補者の選挙用ポスターを自ら公営掲示場に掲示したほか、同ポスターの掲示方を他に依頼して配布した。この行為が、国家公務員の政治的行為を禁止する国家公務員法102条1項と、同項の委任に基づきその政治的行為の内容を定める人事院規則14-7に違反したとして起訴された。1審［旭川地判昭和43年3月25日下刑集10巻3号293頁］は、以上の禁止に違反した者に対して3年以下の懲役又は10万円以下の罰金を科する旨を規定している国家公務員法110条1項19号（平成19年法律108号による改正前のもの）が本件行為に適用される限度で憲法21条・31条に違反すると判断し、Ｙを無罪とした。原審［札幌高判昭和44年6月24日判時560号30頁］も1審の判断は結論において相当であると判示した。検察官が上告。

判旨

　破棄自判。「国公法102条1項及び規則による公務員に対する政治的行為の禁止が……合理的で必要やむをえない限度にとどまるものか否かを判断するにあたっては、禁止の目的、この目的と禁止される政治的行為との関連性、政治的行為を禁止することにより得られる利益と禁止することにより失われる利益との均衡の3点から検討することが必要である」。

　「まず、禁止の目的及びこの目的と禁止される行為との関連性について考えると、もし公務員の政治的行為のすべてが自由に放任されるときは、おのずから公務員の政治的中立性が損われ、ためにその職務の遂行ひいてはその属する行政機関の公務の運営に党派的偏向を招くおそれがあり、行政の中立的運営に対する国民の信頼が損われることを免

れない。また、公務員の右のような党派的偏向は、逆に政治的党派の行政への不当な介入を容易にし、行政の中立的運営が歪められる可能性が一層増大するばかりでなく、そのような傾向が拡大すれば、本来政治的中立を保ちつつ一体となって国民全体に奉仕すべき責務を負う行政組織の内部に深刻な政治的対立を醸成し、そのため行政の能率的で安定した運営は阻害され、ひいては議会制民主主義の政治過程を経て決定された国の政策の忠実な遂行にも重大な支障をきたすおそれがあり、このようなおそれは行政組織の規模の大きさに比例して拡大すべく、かくては、もはや組織の内部規律のみによってはその弊害を防止することができない事態に立ち至るのである。したがって、このような弊害の発生を防止し、行政の中立的運営とこれに対する国民の信頼を確保するため、公務員の政治的中立性を損なうおそれのある政治的行為を禁止することは、まさしく憲法の要請に応え、公務員を含む国民全体の共同利益を擁護するための措置にほかならないのであって、その目的は正当なものというべきである。また、右のような弊害の発生を防止するため、公務員の政治的中立的を損なうおそれがあると認められる政治的行為を禁止することは、禁止目的との間に合理的な関連性があるものと認められる」。

　「次に、利益の均衡の点について考えてみると、……公務員の政治的中立性を損なうおそれのある行動類型に属する政治的行為を、これに内包される意見表明そのものの制約をねらいとしてではなく、その行動のもたらす弊害の防止をねらいとして禁止するときは、同時にそれにより意見表明の自由が制約されることにはなるが、それは、単に行動の禁止に伴う限度での間接的、付随的な制約に過ぎず、かつ、国公法102条1項及び規則の定める行動類型以外の行為により意見を表明する自由までをも制約するものではなく、他面、禁止により得られる利益は、公務員の政治的中立性を維持し、行政の中立的運営とこれに対する国民の信頼を確保するという国民全体の共同利益なのであるから、得られる利益は、失われる利益に比してさらに重要なものというべきであり、その禁止は利益の均衡を失するものではない」。

判例11-3

争点

　公務員の政治活動を禁止する国家公務員法は合憲か（2）─堀越事件［最二判平成24年12月7日刑集66巻12号1337頁］

事案

　旧社会保険庁に年金審査官として勤務するYは、平成15年の衆議院議員選挙に際し、日本共産党を支援する目的で、同党の機関紙を休日に、勤務先やその職務と関わりなく、勤務先やその管轄区域から離された自宅周辺で、公務員であることを明らかにせず、住宅や事務所の郵便受けに配布した。この行為が国家公務員法110条1項19号（平成19年法律108号による改正前のもの）・102条1項、人事院規則14-7に該当するとして起訴された。1審［東京地判平成18年6月29日刑集［参］66巻12号1627頁］はYを有罪とし

たが、原審［東京高判平成22年3月29日判タ1340号105頁］はYの配布行為において本件罰則規定の保護法益である国の行政の中立的運営およびこれに対する国民の信頼の確保を侵害する危険性は存在しないため、本件配布行為に対して本件罰則規定を適用することは憲法21条1項・31条に違反するとしてYを無罪とした。検察官が上告。

判旨

　上告棄却。国公法102条1項にいう「政治的行為」とは、「公務員の職務の遂行の政治的中立性を損なうおそれが、観念的なものにとどまらず、現実的に起こり得るものとして実質的に認められるものを指し、同項はそのような行為の類型の具体的な定めを人事院規則に委任したものと解するのが相当である」。

　本件罰則規定が憲法21条1項、31条に違反するかについては、「本件罰則規定の目的のために規制が必要とされる程度と、規制される自由の内容及び性質、具体的な規制の態様及び程度等を較量して決せられるべきものである」。本件罰則規定の目的は、「公務員の職務の遂行の政治的中立性を保持することによって行政の中立的運営を確保し、これに対する国民の信頼を維持することにあるところ、これは、議会制民主主義に基づく統治機構の仕組みを定める憲法の要請にかなう国民全体の重要な利益というべきであり、公務員の職務の遂行の政治的中立性を損なうおそれが実質的に認められる政治的行為を禁止することは、国民全体の上記利益の保護のためであって、その規制の目的は合理的であり正当なものといえる。他方、本件罰則規定により禁止されるのは、民主主義社会において重要な意義を有する表現の自由としての政治活動の自由ではあるものの、……禁止の対象とされるものは、公務員の職務の遂行の政治的中立性を損なうおそれが実質的に認められる政治的行為に限られ、このようなおそれが認められない政治的行為や本規則が規定する行為類型以外の政治的行為が禁止されるものではないから、その制限は必要やむを得ない限度にとどまり、前記の目的を達成するために必要かつ合理的な範囲のものというべきである。そして、上記の解釈の下における本件罰則規定は、不明確なものとも、過度に広汎な規制であるともいえないと解される」。

　被告人の「本件配布行為は、管理職的地位になく、その職務の内容や権限に裁量の余地のない公務員によって、職務と全く無関係に、公務員により組織される団体の活動としての性格もなく行われたものであり、公務員による行為と認識し得る態様で行われたものでもないから、公務員の職務の遂行の政治的中立性を損なうおそれが実質的に認められるものとはいえ」ず、本件罰則規定の構成要件に該当しない。

判例11-4

争点

　ビラ投函のために共同住宅・敷地に立ち入ることは住居侵入罪にあたるか―立川反戦ビラ配布事件［最二判平成20年4月11日刑集62巻5号1217頁］

事案

　防衛庁（当時）の職員及びその家族が居住するため国が設置する立川宿舎は、陸上自衛隊東立川駐屯地業務隊長等により管理されており、共同住宅1階出入り口付近には、宿舎地域内の禁止事項として、関係者以外の立ち入り、ビラ貼り・ビラ配り等の宣伝活動等が掲げられていた。被告人3名は、反戦活動の一環として、「自衛隊・ご家族の皆さんへ　自衛隊のイラク派兵反対！いっしょに考え、反対の声をあげよう！」などと記されたビラを、共同住宅内の各室玄関ドアの新聞受けに投函した。これが刑法130条前段の罪にあたるとして逮捕、起訴された。1審［東京地八王子支判平成16年12月16日判時1892号150頁］は本件行為の構成要件該当性を肯定したものの、憲法21条1項も踏まえ、行為の動機と態様などから刑罰に値する程度の違法性はなかったとして被告人を無罪とした一方、原審［東京高判平成17年12月9日判時1949号169頁］は本件行為による法益侵害の程度は極めて軽微のものであったということはできないとして有罪を言い渡した。これを不服として被告人が上告した。

判旨

　上告棄却。「本件では、表現そのものを処罰することの憲法適合性が問われているのではなく、表現の手段すなわちビラの配布のために『人の看守する邸宅』に管理権者の承諾なく立ち入ったことを処罰することの憲法適合性が問われているところ、本件で被告人らが立ち入った場所は、防衛庁の職員及びその家族が私的生活を営む場所である集合住宅の共用部分及びその敷地であり、自衛隊・防衛庁当局がそのような場所として管理していたもので、一般に人が自由に出入りすることのできる場所ではない。たとえ表現の自由の行使のためとはいっても、このような場所に管理権者の意思に反して立ち入ることは、管理権者の管理権を侵害するのみならず、そこで私的生活を営む者の私生活の平穏を侵害するものといわざるを得ない。したがって、本件被告人らの行為をもって刑法130条前段の罪に問うことは、憲法21条1項に違反するものではない」。

［主要参考文献］

・宇賀克也・長谷部恭男編『情報法』（有斐閣、2012年）

・駒村圭吾『ジャーナリズムの法理』（嵯峨野書院、2001年）

・高橋和之『立憲主義と日本国憲法［第5版］』（有斐閣、2020年）

・松井茂記『マス・メディア法入門［第5版］』（日本評論社、2013年）

第12章

集会・結社の自由

―― **本章のねらい** ――

　集会・結社の自由は、個人の表現の自由を具体化するとともに、集団的な表現の自由としての意義も有する。集会および「動く集会」としての集団行進は一定の場所を前提にするため、場所の利用の調整の観点からの制約を免れない。結社の自由に関しては、日本では破壊活動防止法の存在が問題視されてきた。本章では、集会の自由、結社の自由の意義を順に確認したうえで、以上のような制約のあり方について考えていきたい。

1　集会・集団行進の自由の保障根拠

　集会とは、複数人が共通の目的をもって一定の場所に集まる行為である。**集団行進**（集団示威運動、デモ行進）も「動く集会」として把握できる。集会の自由は、表現の自由の一形態として位置づけられる。それは、**後掲・判例16-3 成田新法事件**［最大判平成4年7月1日民集46巻5号437頁］によれば、3つの意味を持つ。

　第一に、集会は、国民が様々な意見や情報等に接することにより、自己の思想や人格を形成、発展させる意味を持つ。

　第二に、集会は、相互に意見や情報等を伝達、交流する場として機能する。

　第三に、集会は、対外的に意見を表明するための有効な手段である。

　とりわけ、この第三の意味において、集会はマスメディアから排除された一般大衆が意見を表明するうえできわめて有効な手段であるといえる。成田新法事件も「憲法21条1項の保障する集会の自由は、民主主義社会における重要な基本的人権の一つとして特に尊重されなければならない」と指摘している。以上の意味は、結社の自由についても妥当する。

　もっとも、集会、集団行進は、一定の場所を前提にしているため、場所の利

用の観点からの制約を免れない。集会、集団行進の制約は、公共施設の利用制限と公安条例による規制に大別できる。

2　集会・集団行進の自由

1　集会の自由と公共施設の利用——パブリック・フォーラム論——

　集会は、道路、広場・公園、公会堂など公共の場所・施設を使用して開催されることが多い。こうした場所や施設の使用は、集会の競合、集会とその他の使用目的の競合の調整といった施設管理上の理由から一定の制約、しかも事前の規制を免れない。しかし、これらの施設は、本来、集会を含む様々な市民の自由な活動のために設置されたものである。したがって、施設使用に対する管理上の制約はごく例外でなければならない。とりわけ表現の自由の一類型である集会の自由の制約に関しては、**事前抑制の原則禁止**に照らして、事前の規制は厳格な要件のもとでのみ認められうる。この観点に立って学説は、集会の競合、集会とその他の使用目的の競合の調整が基本である以上、集会に対する事前の規制は**届出制**で十分であり、届出の不受理の場合や条件付与の基準を利用調整のために厳格に限定して施設管理規則等で明確に定めておくべきであると指摘している。

　なお、公共の安全（公衆の生命、身体、財産の安全を現実に害する行為の規制）を理由とする制約は、施設管理規則に基づく権限の範囲を超えており、こうした集会の警察的規制は、法律または条令の根拠が必要となる。

　学説の中には、アメリカの理論を参照して、道路、広場・公園、公会堂をパブリック・フォーラムとして位置づけたうえで、そこでの表現活動は管理権、財産権よりも優先すると整理するものもある。この見解によれば、①道路、公園・広場等の**伝統的パブリック・フォーラム**における表現規制は厳格審査に服し、②表現活動のために特に設置された公会堂等の**指定されたパブリック・フォーラム**については、設置・維持は裁量の問題であるものの、それを設置・維持する限り、①と同様に扱うべきとされる。以上に対して、③**非パブリック・フォーラム**の場合には、表現活動のために使用させるかどうかは裁量の問題である。しかし使用させる場合には、**見解に基づく差別**が禁止される。この見解差別禁止は、①〜③のように表現の「場所」にのみ注目するのではなく、より

図　パブリック・フォーラム

伝統的パブリック・フォーラム （道路、広場・公園など）	厳格審査
指定されたパブリック・フォーラム （公会堂など）	厳格審査
非パブリック・フォーラム ➡表現活動の規制	見解に基づく差別の禁止

　一般的に、資金提供者としての政府の統制作用に対して私人の多様な表現活動の助成の観点から歯止めをかけようとするパブリック・フォーラム論から導きだされるものである（**第11章を参照**）。
　裁判で問題になった事件としては、集会のための公園使用の不許可が問題になったもの、集会のための市民会館使用の不許可が問題になったものがある。

2　集会のための公園使用

　公園使用の不許可が問題になった事件として、**皇居前広場事件**［最大判昭和28年12月23日民集7巻13号1561頁］がある。
　1952年5月1日のメーデーの集会のために皇居外苑の使用を総評（日本労働組合総評議会）が申請したところ、厚生大臣により不許可処分が下されたため、総評がこの処分の取消しを求めて出訴した。［東京地判昭和27年4月28日行集3巻3号634頁］は原告の請求を認めたものの、原審［東京高判昭和27年11月15日行集3巻11号2366頁］は訴訟係属中に5月1日が経過したため訴えの利益が喪失したとして控訴を棄却し、最高裁も同じ理由で上告を棄却した。ただし最高裁は、「念のため」として次のような実体判断を示した。
　公共福祉用財産の「利用の許否は、その利用が公共福祉用財産の、公共の用に供せられる目的に副うものである限り、管理権者の単なる自由裁量に属するものではなく、管理権者は、当該公共福祉用財産の種類に応じ、また、その規模、施設を勘案し、その公共福祉用財産としての使命を十分達成せしめるよう適正にその管理権を行使すべきであり、若しその行使を誤り、国民の利用を妨げるにおいては、違法たるを免れない」。「国民が同公園に集合しその広場を利用することは、一応同公園が公共の用に供せられている目的に副う使用の範囲

内のこと」であるため、その許否は管理権者の単なる自由裁量に委ねられたものではない。ただし、本件不許可処分は、公園の管理保存の著しい支障、公園としての本来の利用の阻害等を理由に適正な管理権の行使として違法ではない。

　本判決によれば、さらに、国民公園管理規則4条による「許可又は不許可は、国民公園の利用に関する許可又は不許可であり、厚生大臣の有する国民公園の管理権の範囲内のことであって、元来厚生大臣の権限とされていない集会を催し又は示威運動を行うことの許可又は不許可でないことは明白」であり、本件不許可処分は「何ら表現の自由又は団体行動権自体を制限することを目的としたもので」なく、「管理権に名を藉りて実質上表現の自由又は団体行動権を制限することを目的としたものでもない」。したがって、「本件不許可処分が憲法21条及び28条違反であるということはできない」。本判決の考え方からすれば、公園の管理権を警察目的で用いた場合には違憲となりうるといえよう。

3　集会のための市民会館使用

　市民会館使用の不許可が問題になった事件として、**判例12-1　泉佐野市民会館事件**［最三判平成7年3月7日民集49巻3号687頁］がある。

　集会等のために自治体の施設を利用する場合、地方自治法244条により、正当な理由がない限り住民の利用は拒否されてはならず、不当な差別的取り扱いも禁止されている。また同法244条の2をうけて関係自治体は施設管理についての条例を定めている。泉佐野市も市立泉佐野市民会館条例を定めていたが、「公の秩序をみだすおそれがある場合」（7条1号）、「その他会館の管理上支障があると認められる場合（同条3号）には市長は市民会館の使用を許可してはならないと規定していた。原告は関西国際空港反対集会のために泉佐野市民会館の使用許可を申請したところ、この集会の実質的な主催者は過激派の一団体であり、本件申請直後に連続爆破事件を起こしていること、対立する他の過激派集団による暴力的妨害行為のおそれがあることなどから、市長は条例7条1号、3号を根拠に申請を不許可とした。原告は不許可処分の違憲・違法性を主張して泉佐野市に対して国家賠償を請求した。

　最高裁は、まず、集会の用に供される公共施設の利用を拒否できる場合を、①その施設の規模、構造、設備等からみて利用を不相当とする事由が認められる場合、②利用の希望が競合する場合、③利用により他の基本的人権が侵害さ

れ、公共の福祉が損なわれる危険がある場合、に限定した。そのうえで、条例7条1号の文言「公の秩序をみだすおそれがある場合」を「本件会館における集会の自由を保障することの重要性よりも、本件会館で集会が開かれることによって、人の生命、身体又は財産が侵害され、公共の安全が損なわれる危険を回避し、防止することの必要性が優越する場合をいうものと限定して解すべき」であり、その危険性の程度は「単に危険な事態を生ずる蓋然性があるというだけでは足りず、明らかな差し迫った危険の発生が具体的に予見されることが必要」であって、そう解する限りで条例7条1号は憲法21条に違反しないと判示した。つまり最高裁は、比較衡量に基づき、条例7条1号に合憲限定解釈を施したのである。市民会館が学説のいう「指定されたパブリック・フォーラム」であるため集会の自由を重視し、③の警察目的の規制の対象を公衆の生命、身体、財産の安全を現実に害する行為に絞り込んだものともいえるであろう。

　また、最高裁は、「主催者が集会を平穏に行おうとしているのに、その集会の目的や主催者の思想、信条に反対する他のグループ等がこれを実力で阻止し、妨害しようとして紛争を起こすおそれがあることを理由に公の施設の利用を拒むことは、憲法21条の趣旨に反する」と指摘しており、対立集団の妨害のおそれを理由に平穏な集会を禁止することは違憲であるという**敵意ある聴衆の法理**をも採用している。しかし、本件では具体的に明らかに予見される危険を理由に、結論において本件不許可処分を合憲とした。

　敵意ある聴衆の法理を適用して、福祉会館使用不許可を違法と判断したものに、**上尾市福祉会館事件**［最二判平成8年3月15日民集50巻3号549頁］がある。

3　集団行進の自由と公安条例・道路交通法による規制

1　公安条例による規制

　今まで見てきた事例とは異なり、地方公共団体が制定している**公安条例**は、公安維持を目的として集会、集団行進の自由を直接規制するものであるため、その合憲性が特に問題になる。

　集会・集団行進の自由を表現の自由の一形態として重視する学説は、前述の

通り、集会や集団行進についての事前の規制は、基本的に場所の利用の調整の
ために必要とされている以上、届出制で十分であり、**許可制**、すなわち事前に
公安委員会の許可を必要とする公安条例は違憲であると主張する。また、届出
制を採用している条例でも、条件付与を通して実質的に許可制と同じ機能を果
たしているものも違憲となる。そもそも公安条例は、公共の秩序の保持を目的
としつつ政治的な集団行動のみを規制の対象としているため、集団による政治
的な意見表明を封じ込めることを実際の目的としているとの批判もある。この
観点に立てば、公安条例は不純な動機によるものとして違憲を免れない。ま
た、公衆の生命、身体、財産の安全を現実に害する行為の規制に公安条例の目
的を見出すとしても、集団行進等が常にこうした害悪をもたらすとはいえず、
過度に広範な規制を定めるものとして公安条例はやはり違憲になる。

　道路公園等での集会、集団行進は、事前に公安委員会の許可を得ることを定
めていた新潟県公安条例について、**新潟県公安条例事件**［最大判昭和29年11月
24日刑集 8 巻11号1866頁］は、①集団行進の自由は本来国民の自由に属するた
め、届出制ではなく、公安委員会の裁量に委ねる一般的な許可制を定めて集団
行進等を事前に抑制することは憲法に違反するとした。ただし、②公共の福祉
が著しく侵害されることの防止のため、「特定の場所又は方法につき、合理的
かつ明確な基準」の下での許可制ならば憲法に違反せず、③「公共の安全に対
し明らかな差迫った危険を及ぼすことが予見されるとき」は許可しない旨の規
定を設けることも憲法に違反しないとし、以上の基準を新潟県公安条例に当て
はめた結果、本件条例は合憲と判示した。

　多くの学説は、以上の判断基準は一般論として概ね妥当であると評価しつつ
も、その具体的な当てはめの仕方に対しては批判的である。②について、新潟
県公安条例は規制対象となる集団行動を「道路公園その他公衆の自由に交通す
ることができる場所を行進し又は占拠しようとするもの」と定義しているが、
これにより「特定の場所又は方法」が限定されているのか疑問である。③につ
いても、最高裁は「公安を害する虞がないと認める場合は」許可しなければな
らないと定める新潟県公安条例 4 条 1 項は公安委員会に広い裁量の余地を許す
ものであることを認めつつも、条例の各条項及び附属法規全体を有機的な一体
として考察すれば違憲ではないとしており、みずから立てた基準を骨ぬきにし
ているとの批判がある。

「道路その他公共の場所で集会若しくは集団行進を行おうとするとき、又は場所のいかんを問わず集団示威運動を行おうとするときは、東京都公安委員会の許可を受けなければならない」との一般許可制を採用した東京都公安条例が問題になった**東京都公安条例事件**〔最大判昭和35年7月20日刑集14巻9号1243頁〕において、最高裁は、単なる言論、出版とは異なり、集団行動は潜在する物理的力に支えられており、時に一瞬にて暴徒と化す危険がある**「集団暴徒化論」**を示した。そのうえで、東京都公安条例3条は「公共の安寧を保持する上に直接危険を及ぼすと明らかに認められる場合」以外には許可を義務づけており、「不許可の場合が厳格に制限されている」ため、実質的に届出制に他ならないと指摘し、許可制を合憲と判断した。場所・方法の特定性、明白かつ現在の危険等を検討せず、簡単に合憲という結論に導いた実質的な理由である「集団暴徒化論」に対しては、集団行動の有する表現の自由の意義をあまりにも無視しているとの批判が強い。

2　道路交通法による規制

道路における集会・集団行進は、公安条例に加えて、道路交通法（道交法）による規制を受ける。公安維持を目的とする公安条例とは異なり、道交法の目的は「交通の安全と円滑を図る」道路施設管理にあり、政治的な集団行動のみを規制の対象としているのではない。そのうえで道交法は、道路を使用して集団行進をしようとする者に対しあらかじめ所轄警察署長の許可を受けさせることにしている（道交法77条1項4号）。その許可基準として道交法77条2項は、当該行為が「現に交通の妨害となるおそれがないと認められるとき」（1号）、「許可に付された条件に従って行なわれることにより交通の妨害となるおそれがなくなると認められるとき」（2号）、「現に交通の妨害となるおそれはあるが公益上又は社会の慣習上やむを得ないものであると認められるとき」（3号）には警察署長は許可しなければならないと定めている。

許可制をとる道交法77条1項の合憲性が問題になった**エンタープライズ寄港阻止佐世保闘争事件**〔最三判昭和57年11月16日刑集36巻11号908頁〕において、最高裁は、道交法77条2項の規定は道路使用の許可に関する明確かつ合理的な基準を掲げて道路における集団行進が不許可とされる場合を厳格に制限していることを理由に、東京都公安条例事件と同様の考え方に立って集団行進等

の許可制を合憲と判断している。ただし、同条1項の規定により許可が与えられない場合を「道路の機能を著しく害するもの」に限定する一種の**合憲限定解釈**を施しており、東京都公安条例事件よりも厳格な判断をしていると評価されている。その一方で、道交法の目的が道路施設管理にある以上、届出制で十分であり、集団行進等の表現行為につき許可制を採用していること自体を疑問としなければならないとの指摘もある。

　なお、道交法77条1項4号に基づき、各地の公安委員会規則は、集団行進等を要許可行為として定めており、集団行動は道交法と公安条例により二重に規制を受けている（公安条例のない地域では、道交法が公安条例と同じ働きをしている）。東京都公安条例事件により公安条例が憲法21条に違反しないとされた後に、以上のような道交法と公安条例との関係、そして公安条例における許可条件の一つである「交通秩序を維持すること」という文言の明確性が争点になったものとして、**徳島市公安条例事件**［最大判昭和50年9月10日刑集29巻8号489頁］がある。前者の争点については**第26章**で説明するとして、後者の争点につき最高裁は、「ある刑罰法規があいまい不明確のゆえに憲法31条に違反するものと認めるべきかどうかは、通常の判断能力を有する一般人の理解において、具体的場合に当該行為がその適用を受けるものかどうかの判断を可能ならしめるような基準が読みとれるかどうか」によるとの基準を立てたうえで、一般人の理解として「交通秩序を維持すること」という遵守事項は「殊更な交通秩序の阻害をもたらす」ものを禁止する趣旨と読みとることができるため、憲法31条に違反しないとした。

3　暴走族条例による規制

　公安条例ではないが、広島市暴走族追放条例の合憲性が争点になった**判例12-2　広島市暴走族追放条例事件**［最三判平成19年9月18日刑集61巻6号601頁］がある。同条例は16条1項1号において「公共の場所において、当該場所の所有者又は管理者の承諾又は許可を得ないで、公衆に不安又は恐怖を覚えさせるような集又は集会を行うこと」を禁止し、17条においてこの行為が「本市の管理する公共の場所において、特異な服装をし、顔面の全部若しくは一部を覆い隠し、円陣を組み、又は旗を立てる等威勢を示すことにより行われたときは、市長は、当該行為者に対し、当該行為の中止又は当該場所からの退去を

命ずることができる」とし、19条ではこの市長の命令に違反した者は、6か月以下の懲役または10万円以下の罰金の処するものと規定していた。

　以上の諸規定の文言からすれば、暴走族以外の集団の集会も規制の対象になり、**過度に広汎であり違憲**であるとの主張に対して、最高裁は、本条例全体の趣旨と本条例施行規則の規定等を総合的に検討することにより、本条例の規制対象を「暴走行為を目的として結成された集団である本来的な意味における暴走族の外には、服装、旗、言動などにおいてこのような暴走族に類似し社会通念上これと同視することができる集団」による集会に限定されるとの合憲限定解釈を行った。そのうえで、このように限定された集会規制を、①弊害を防止しようとする規制目的の正当性、②弊害防止手段としての合理性、③この規制により得られる利益と失われる利益の均衡の観点から審査して合憲と判断した。合憲限定解釈については、徳島市公安条例事件に照らして以上のような解釈を導くことは困難であるとの藤田宙靖裁判官の反対意見がある。また、暴走族の集会規制の合憲性を判断する際に用いられた基準について、これは猿払事件最高裁判決および成田新法事件で用いられたものと同じであり、暴走族の集会はさておくとしても政治的自由ともかかわる集会の自由に対して適用することには学説上慎重な意見が強い。

4　結社の自由

　複数人が共通の目的をもって継続的に結合することを結社という。結社の自由は、個人が団体を結成しそれに加入する自由、その団体が団体として活動する自由のみならず、団体を結成しない、団体に加入しない、団体から脱退する自由も含む。結社が政治・思想上の主義・主張を唱導するうえで重要な役割を果たすこと、公権力や社会的権力に個人が対抗する手段として有効であることに、この自由を保障する意味がある。もちろん、結社の目的はこうした表現活動に限定されず、経済的利益の実現や個人間の親密な交わりにまで及ぶ。ただし、前者は憲法22条1項の「営業の自由」、後者は同13条前段で保護されると理解する学説が有力である。

　現行法のなかで結社の自由の侵害として問題となるのが、**破壊活動防止法**（**破防法**）である。この法律によれば、「暴力主義的破壊活動」を行った団体が

「継続又は反覆して将来さらに団体の活動として暴力主義的破壊活動を行う明らかなおそれがあると認めるに足りる十分な理由があるとき」、公安審査委員会はこの団体による集会・デモ行進の禁止、機関紙の印刷・頒布等の禁止などのほか、団体の解散の指定を行うことができる（同法5条、7条）。こうした処分は、結社や表現活動の禁止を意味するため、たとえば解散指定処分の合憲性は「明白かつ現在の危険」の基準で審査されるべきであると学説上主張されている。

　1996年に公安調査庁長官は、破防法7条にもとづき初めてオウム真理教に対する解散指定請求を行った。ただし、公安審査委員会は、同教団には適用要件である明白な将来的危険性はないとしてこの請求を棄却している。なお、同じくオウム真理教関連の団体規制が問題となった事件として、宗教法人法上の解散命令の合憲性に関する**宗教法人オウム真理教解散命令事件**［最一決平成8年1月30日民集50巻1号199頁］と公安審査委員会の観察処分の違法性などが論点となった**宗教法人アレフ観察処分事件**［東京地判平成13年6月13日判時1755号3頁］がある。

　以上と逆方向ではあるが、団体を結成しない、団体に加入しない、団体から脱退する自由の侵害が問題になる制度として、国家が一定の人々に特定の目的を有する団体の設立とその構成員であることを義務づける**強制加入制**がある。弁護士法8条、司法書士法8条、税理士法18条、19条、行政書士法6条、6条の2等が強制加入制度を定めている。強制加入制度の典型である、弁護士の弁護士会への強制加入について、弁護士の職責遂行に対する監督権を国が行使すべきではないとの理由で、監督権の受け皿として弁護士会の設立とその自治的運営が必要とされ、強制加入が正当化されたと説明されている。しかし、同じく強制加入制度の下にある司法書士、税理士、行政書士等に対しては、監督権限が行政庁に付与されていることや、弁護士業務との性格の違いにより、弁護士会と同様の論理による正当化は困難であるとの指摘がなされている。学説のなかには、高度の専門性・技術性を維持確保するために必要であること、団体の目的および活動範囲が職業倫理の確保と事務の改善進歩を図ることに厳格に限定されていることを条件として強制加入制度は憲法上許容されると説くものもある。しかし、この見解に対しても、多くの職業が専門的であることに注意を促す学説がある。

判例12-1

争点

どのような場合に集会目的での市民会館の利用を拒否できるのか──泉佐野市民会館事件［最三判平成7年3月7日民集49巻3号687頁］

事案

Xらは市立泉佐野市民会館ホールで「関西新空港反対全国総決起集会」を開催することを企画し、AがY（泉佐野市）市長に対し、市立泉佐野市民会館条例に基づき、上記ホールの使用許可の申請をした。市立泉佐野市民会館条例7条は「公の秩序をみだすおそれがある場合」（1号）、「その他会館の管理上支障があると認められる場合」（3号）、市民会館の使用を許可してはならないと定めていた。市総務部長は、本件集会の実質的主催者は申請の直後に連続爆破事件を起こすなど過激な活動組織であり、このような組織に市民会館を使用させることは不測の事態を生ずることが憂慮され、その結果、周辺の住民の平穏な生活が脅かされる恐れがあることから、条例7条1号および3号を根拠に市長名で申請を不許可とする処分を行った。Xらは本件不許可処分を受けて、条例の違憲・違法、本件不許可処分の違憲・違法を主張してYに対して国家賠償法による損害賠償を請求した。第1審［大阪地判昭和60年8月14日民集〔参〕49巻3号872頁］および控訴審［大阪高判平成元年1月25日同民集〔参〕885頁］でいずれも請求が棄却されたため、Xらが上告。

判旨

上告棄却。「集会の用に供される公共施設の管理者は、当該公共施設の種類に応じ、また、その規模、構造、設備等を勘案し、公共施設としての使命を十分達成せしめるよう適正にその管理権を行使すべきであって、これらの点からみて利用を不相当とする事由が認められないにもかかわらずその利用を拒否し得るのは、利用の希望が競合する場合のほかは、施設をその集会のために利用させることによって、他の基本的人権が侵害され、公共の福祉が損なわれる危険がある場合に限られる」。「右の制限が必要かつ合理的なものとして肯認されるかどうかは、基本的には、基本的人権としての集会の自由の重要性と、当該集会が開かれることによって侵害されることのある他の基本的人権の内容や侵害の発生の危険性の程度等を較量して決せられるべきものである」。

本件条例7条1号は「本件会館における集会の自由を保障することの重要性よりも、本件会館で集会が開かれることによって、人の生命、身体又は財産が侵害され、公共の安全が損なわれる危険を回避し、防止することの必要性が優越する場合をいうものと限定して解すべきであり、その危険性の程度としては、……単に危険な事態を生ずる蓋然性があるというだけでは足りず、明らかな差し迫った危険の発生が具体的に予見されることが必要であると解するのが相当である……。そう解する限り、このような規制は、他の基本的人権に対する侵害を回避し、防止するために必要かつ合理的なものとして、憲法21条に違反するものではなく、また、地方自治法244条に違反するものでもないというべきである」。

　「主催者が集会を平穏に行おうとしているのに、その集会の目的や主催者の思想、信条に反対する他のグループ等がこれを実力で阻止し、妨害しようとして紛争を起こすおそれがあることを理由に公の施設の利用を拒むことは、憲法21条の趣旨に反するところである」。しかし、本件不許可処分は、「グループの構成員だけでなく、本件会館の職員、通行人、付近住民等の生命、身体又は財産が侵害されるという事態を生ずることが、客観的事実によって具体的に明らかに予見されたということができる」。

判例12-2

争点

　いわゆる暴走族の集会を規制する条例は過度に広汎か—広島市暴走族追放条例事件［最三判平成19年9月18日刑集61巻6号601頁］

事案

　広島市では、週末ごとに多数の暴走族集団が広場や公園等を占拠して集会等を繰り返し、国際平和文化都市としてのイメージが傷ついていたため、市は、暴走族追放条例を定めた。本条例2条7号は「暴走族」を「暴走行為をすることを目的として結成された集団又は公共の場所において、公衆に不安若しくは恐怖を覚えさせるような特異な服装若しくは集団名を表示した服装で、い集、集会若しくは示威行動を行う集団」と定義したうえで、同16条1項は「何人も、次に掲げる行為をしてはならない」として、1号で「公共の場所において、当該場所の所有者又は管理者の承諾又は許可を得ないで、公衆に不安又は恐怖を覚えさせるようない集又は集会を行うこと」を禁止している。そして、同17条においてこの行為が「本市の管理する公共の場所において、特異な服装をし、顔面の全部若しくは一部を覆い隠し、円陣を組み、又は旗を立てる等威勢を示すことにより行われたときは、市長は、当該行為者に対し、当該行為の中止又は当該場所からの退去を命ずることができる」とし、19条ではこの市長の命令に違反した者は、6か月以下の懲役または10万円以下の罰金に処するものと規定していた。Yは、暴走族Aのメンバー約40人とともに、市が管理する広場において、Aの名を刺繍した「特攻服」を着て、顔面の全部又は一部を隠し、円陣を組み、旗を立てるなどして公衆に不安や恐怖を覚えさせるような集会を行い、広島市職員から中止・退去命令を受けたにもかかわらず、これに従わなかったため、同命令違反として逮捕・起訴された。1審［広島地判平成16年7月16日刑集〔参〕61巻6号645頁〕・原審［広島高判平成17年7月28日高刑集58巻3号32頁〕ともY の行為が本条例19条、16条1項1号、17条に該当するとして有罪判決を言い渡したため、Yが上告。

判旨

　上告棄却。「本条例が規制の対象としている『暴走族』は、本条例2条7号の定義にもかかわらず、暴走行為を目的として結成された集団である本来的な意味における暴走族の外には、服装、旗、言動などにおいてこのような暴走族に類似し社会通念上これと同

視することができる集団に限られるものと解され、したがって、市長において本条例による中止・退去命令を発し得る対象も、被告人に適用されている『集会』との関係では、本来的な意味における暴走族及び上記のようなその類似集団による集会が、本条例16条1項1号、17条所定の場所及び態様で行われている場合に限定されると解される」。

「このように限定的に解釈すれば、本条例16条1項1号、17条、19条の規定による規制は、広島市内の公共の場所における暴走族による集会等が公衆の平穏を害してきたこと、規制に係る集会であっても、これを行うことを直ちに犯罪として処罰するのではなく、市長による中止命令等の対象とするにとどめ、この命令に違反した場合に初めて処罰すべきものとするという事後的かつ段階的規制によっていること等にかんがみると、その弊害を防止しようとする規制目的の正当性、弊害防止手段としての合理性、この規制により得られる利益と失われる利益との均衡の観点に照らし、いまだ憲法21条1項、31条に違反するとまではいえない」。

［主要参考文献］

・浦部法穂『憲法学教室［第3版］』（日本評論社、2016年）

・佐藤幸治『日本国憲法論』（成文堂、2011年）

・高橋和之『立憲主義と日本国憲法［第5版］』（有斐閣、2020年）

・辻村みよ子編『基本憲法』（悠々社、2009年）

第13章

学問の自由

―― 本章のねらい ――

　学問の自由は、真理の探究に向けられた人間の精神活動を、他の精神的自由権とは区別して保障するものである。そのため、学問の自由は、真理を追求する内面的精神活動と、その成果を公表する外部的精神活動の両方を保障対象とし、さらに、その保障を確実にするための制度的保障をも伴う。精神活動に関する保障の一般論はそれぞれの章に譲り、本章では、まず、学問の自由が他の精神的自由権と区別されて保障されるようになった歴史的・理念的経緯を理解する。その上で、学問の特性上必要となる保障内容とその限界づけ、そして制度的保障としての大学の自治の構造について概観する。

1　「学問」を憲法で保障することの意味

1　学問の自由保障の歴史的経緯

　学問は、理性のはたらきによって物事を正確に把握し、さらに知性のはたらきにより論理的に発展させる行為であって、古くは古代ギリシアにおいてphilosophia（知を愛すること）と表現されるように、人間の高度な精神活動の一つである。また、人間文明にとっても、その発展の基礎となる営みとして位置づけられ、これを自由に行えることは、個人にとっても社会にとっても重要な利益となる。

　しかし、古くは中国における焚書坑儒や、ヨーロッパでもローマ教皇庁によるガリレオ・ガリレイの地動説への弾圧などに見られるように、学問はときに社会の常識に対する脅威として、あるいは権力者の権威に挑戦する存在として、弾圧や迫害の対象となることがしばしばあった。そのような現実に直面して、イギリスやフランスなど市民的自由が比較的早期に確立した国々では、学問は、思想や表現に関する市民の権利に含められて憲法上の地位を占めるに至

ったのに対して、市民的自由の保障が十分に確立していなかったドイツにおいては、学問は他の精神活動とは独立して、その自由を保障されるようになった。1810年に設立されたベルリン大学（現在のフンボルト大学）は、近代における学問研究の場としての大学のあり方の象徴的存在となり、学問の自由と大学の制度は、歩みをともにすることになった。こうして、基本的人権としての学問の自由の観念は、ドイツにおいて生まれ、発展してきたと言える。

　我が国においては、大日本帝国憲法が学問の自由に関する規定を持たなかったこともあり、戦前においては京都帝国大学教授・滝川幸辰の自由主義的な刑法学説が弾圧の対象となった滝川事件（1933年）や、東京帝国大学教授・美濃部達吉の天皇機関説に対して軍部が主導する排撃が加えられた天皇機関説事件（1935年）など、国家による学問への介入が見られた。このような経緯から、戦後になって、日本国憲法には学問の自由の保障規定がおかれることになったのである。

2　学問の意義

　このような経緯により、日本国憲法23条は特に他の精神活動とは区別して、「学問」の自由を保障している。

　人間にとって、知的欲求は根源的な自己実現欲求の一つである。知りたいという欲求に後押しされて人間が与えられている知性と理性を動員し、真理に到達しようと試みる精神的営みと、それに基づく試行錯誤の活動こそが、学問の中核をなす。従って、人が知りたいと思うとき、あるいはその欲求に応じて知に近づこうとする行動をとるとき、そこには学問という営みがあると見るべきである。こうして、学問とは、真理の獲得のための真摯かつ合理的な人間の精神的営みの一切であると定義づけることができる。

　判例には、学問の意義を明確に判示するものはないが、**判例13-1　東大ポポロ事件**［最大判昭和38年5月22日刑集17巻4号370頁］は、「大学の学問の自由と自治は、大学が学術の中心として深く真理を探求し、専門の学芸を教授研究することを本質とすることに基づく」とし、真理の探究とそのための活動が学問の中核にあることを示唆している。

2　学問の自由の保障内容とその限界

　学問の自由には、研究の自由、研究成果発表の自由、教授の自由が含まれる。このうちいずれを欠いても、学問の自由の保障は不十分なものにならざるを得ないため、これらの自由は相互の結合関係の下で保障されることが重要である。

1　研究の自由

　研究とは、真摯かつ系統的な真理探究のための試みである。研究の自由は内心において真理を探求する精神活動であるから、内面的精神活動として、原則として絶対的な保障を受ける。

　ただし、近年、最先端領域研究の進展に伴って、学問の倫理が問題になっているところであり、研究それ自体に一定の制限を課す動向が見られるようになっている。最先端学問領域は、その結果が想定し難いところに特徴があり、不可逆的な危険が発生する前に、ある程度の抽象的ではあるにせよありうる危険を想定しておき、そのために必要不可欠な限度で規制を行うことは許されるべきであろう。「人の尊厳の保持、人の生命及び身体の安全の確保並びに社会秩序の維持に重大な影響を与える可能性」に依拠してクローン研究を規制するクローン技術規制法は、この文脈で正当化することができる。

2　研究成果発表の自由

　研究成果発表の自由は、研究の内容を外部に対して発表する行為の自由であり、表現の自由に近似した法的構造を有する。研究成果発表の方法はもちろん、内容も研究の深化に伴って多様になっており、観念的にはそれらの行為はすべて研究成果発表の自由による保障の対象となるものの、すべてが同等の憲法的保障を受けるわけではない。

　研究成果発表といえども、それによって社会的利益を害することは許されない。有害情報の流布にあたるもの、また他者の名誉やプライバシーの侵害を引き起こすような内容を持つものである場合には、表現の自由に対する公共の福祉に基づく調整に従って、制限がなされることになろう。

　また、研究成果発表の外形を持つものであったとしても、その内容が真理の探究と全くかかわりのないものである場合には、23条の範疇ではなく、21条の問題として捉えられる。研究者が講義において政治談議を行う場合などがこれに該当しようが、法学・政治学など現実の政治状況と切り離すことなく学問を展開し難い分野も存在するため、研究を職業とする主体が研究成果発表の外形を伴う表現行為を行う場合は、まずは23条の範疇にあるものと推定しておくべきであろう。

　なお、研究結果のねつ造など研究上の不正行為による発表行為は、真理の探究とは全く相容れないものであり、既存業績の上に新たな業績を積み上げる学問の進歩にとっても極めて危険性の高い行為である。このような行為は23条の保障の対象とならないのはもちろんのこと、21条の問題として扱う場合にも制限が強く作用すべきものである。研究の過程で行う模倣や根拠を示し得ない仮説の構築の場合のように、将来的に真理の探究につながりうるものはあるかもしれないが、行為者の故意・過失の程度や、学問全体への影響の大きさなどがその制限にあたっては考慮されるべきであろう。なお、研究上の不正行為については、研究者によるもののみならず、学生のレポートの剽窃や卒業研究の成果ねつ造もこれに該当する。学問の世界からの放逐のみならず、研究費等の返還に関わる民事上の追及や、場合によっては刑事上の追及までもが伴うことが、研究に携わる主体に広く自覚されるべきである。

3　教授の自由

　人間文明の中で、学問が不断に発展していくためには、専門的学術を担う層の存在とその継続が必要不可欠である。そのために、専門学術の成果を教授することは、学問の自由の保障内容とみなされる。

　ドイツの学問の自由論において、高等教育機関（大学）における「学問」と普通教育機関における「教育」は一般に区別されており、真理の探究という社会的作用は、前者に限られるものと解釈され、したがって、教授の自由は、大学においてのみ保障すべきものとされてきた。我が国の学問の自由論においても、この見解が継承されている。判例（前掲・判例13-1　東大ポポロ事件）が、「教育ないし教授の自由は、学問の自由と密接な関係を有するけれども、必ずしもこれに含まれるものではない」としつつ、「教授その他の研究者は、その

研究の結果を大学の講義または演習において教授する自由を保障される」と判示するのも、この区別を前提とするものといえよう。

　ただ、学問の内容や方法論が極めて多様である以上、現場での経験や実務的知見から教授の結果が生じることもあろうし、大学において講じられる学問がすべて専門学術としての趣を備えているとも限らない。学問と教育の限界は、教育を受ける側の理解能力とそれに基づく批判能力のいかんにかかっているということができるだろう。後掲・**判例17-3　旭川学力テスト事件**は、普通教育機関における教師にも「教授の具体的内容及び方法につきある程度自由な裁量が認められなければならないという意味においては、一定の範囲における教授の自由が保障されるべきことを肯定できないではない」としつつも、「大学教育の場合には、学生が一応教授内容を批判する能力を備えていると考えられるのに対し、普通教育においては、児童生徒にこのような能力がなく、教師が児童生徒に対して強い影響力、支配力を有することを考え、また、普通教育においては、子どもの側に学校や教師を選択する余地が乏しく、教育の機会均等をはかる上からも全国的に一定の水準を確保すべき強い要請があること等に思いをいたすときは、普通教育における教師に完全な教授の自由を認めることは、とうてい許されないところといわなければならない」と判示し、結局普通教育機関の教師の教授の自由は制限された範囲において保障を受けるに過ぎないことを明らかにしている（**第17章 2** を参照）。

3　制度的保障としての大学の自治

1　大学の自治の法的性質と内容

　学問の自由は、真理を探究する精神のはたらきを保障の対象とするものであるから、その保障はすべての国民に及ぶが、学問の高度な専門知の集積の必要と、それに伴う設備や施設の要求における高度化という事情から、学問研究が組織的に行われる場としては、大学をはじめとする高等教育機関が中心とならざるを得ない。この大学という場において、研究と教授・教育が自由かつ自律的に行われるためには、その運営において外部の干渉を排除し、大学の自主性が確立されなければならない。そのための制度的保障が、大学の自治である。

　一般に制度的保障とは、既存の特定の制度を憲法で保障することで立法によ

る侵害からこれを保護し、よって基本的人権を客観的に保障することを目的とするものであるが、ここでは大学という組織と、その有する自律性を保障の対象とし、学問の場を立法の介入による廃止や極端な機能はく奪から保護することで、間接的に学問の自由を保護する機能を果たしている。

　大学の自治の内容は、教員人事の自治、施設管理の自治、学生管理の自治の３要素であると整理されるが、上述したように大学の自治の保障の対象となる制度は大学の自主性そのものであり、これらはあくまで例示列挙にすぎないと考えるべきである。近年において、研究および教育活動のための財政的基盤の確保に関する予算管理の自治が語られることがあるのは、この例と言えよう。

　教員人事の自治とは、大学教員の人事が、その研究及び教授・教育上の実績を判断しうる教授会の専門性を反映した自律的決定によって行われ、それについて外部からの介入を受けないことをいう。判例（前掲・**判例13-1　東大ポポロ事件**）は、「この自治は、とくに大学の教授その他の研究者の人事に関して認められ、大学の学長、教授その他の研究者が大学の自主的判断に基づいて選任される」としている。

　施設管理の自治とは、大学学内の施設をどのような目的でどのように使用

図　学問の自由とその制度的保障としての大学の自治

出典：*H.-U.Erichsen*, Verfassungsrechtliche Determinanten staatlicher Hochschulpolitik. NVwZ1990, S.9f. を参考に筆者作成

し、また学内の秩序維持をいかにするかに関する管理決定権が、大学自体にあることをいう。

　学生管理の自治とは、大学に在籍する学生について、その学生としての地位及び行為に関する決定は、一義的に大学が行うことができることをいう。

　施設管理の自治と学生管理の自治について、判例（前掲・判例13-1　東大ポポロ事件）は「憲法23条の学問の自由は、学生も一般の国民と同じように享有する。しかし、大学の学生としてそれ以上に学問の自由を享有し、また大学当局の自治的管理による施設を利用できるのは、大学の本質に基づき、大学の教授その他の研究者の有する特別な学問の自由と自治の効果としてである」とし、教員人事の自治とは保障の程度が異なるかのような説示をしている。これは、施設は学問の手段であり、学生は学問をその存在理由とする大学という施設の利用者であるから、あくまで研究に直接かかわる教員の人事の自治が大学の自治の中心となるということだと理解されよう。

　なお、大学の自治に関わる大学の決定に関しては、司法権との関係において大学は部分社会であるとみなされ、一般市民法社会と直接のかかわりのない内部問題に過ぎないものである限り、司法審査が排除されるという効果が生じる（**富山大学単位不認定事件**［最三判昭和52年3月15日民集31巻2号234頁］。部分社会に関する司法審査については**第23章6の3**を参照。）。

2　大学の自治の限界

　大学の自治が上記のようなものであるとして、これはあくまで大学における学問の自由の保障の目的によるものであるから、大学の自治は当然ながら教授会の治外法権を意味するのではない。教員人事の自治は、大学の組織によっては法人理事会に終局的な決定を委ねざるを得ないという事情があろうし、その他の自治の内容に関しても、最近の学校教育法の改正により教授会が必要的設置ではなくなり、その位置づけも学長に対する諮問的な立場にとどまるようになった（学教法93条）こと、多様な人材を大学に呼び込むことを目的とする大学教員の就業形態の多様化の傾向や任期制の導入（大学教員任期法［平成9年］）などとも関連して、大きな転換点に立っていると言わざるを得ないであろう。

　そして、大学の自治はあくまで学問の自由の保障を目的とするものであるから、大学構内で行われていることであるとしても、その目的と関係のないこと

は保障の対象外となる。判例（前掲・判例13-1　東大ポポロ事件）は「学生の集会が真に学問的な研究またはその結果の発表のためのものでなく、実社会の政治的社会的活動に当る行為をする場合には、大学の有する特別の学問の自由と自治は享有しないといわなければならない。また、その集会が学生のみのものでなく、とくに一般の公衆の入場を許す場合には、むしろ公開の集会と見なされる」と判示している。

　また、伝統的な「公権力対学問」の構造で見た場合の警察権と大学との関係について、裁判例［名古屋高判昭和45年8月25日判時609頁］は、「警察官の学内立入りは、大学の側の許諾了解のもとに行うべきであるが、しかし、許諾なき立入りは、必ずしもすべて違法とは限らない。結局、学問の自由や大学の自治にとって、警察権の行使が干渉と認められるのは、それが、当初より大学当局側の許諾了解を予想し得ない場合、特に警備情報活動としての学内立ち入りのごとき場合ということになる」と指摘している。

判例13-1

争点

　大学における警察活動は、大学の自治を侵害するか——東大ポポロ事件［最大判昭和38年5月22日刑集17巻4号370頁］

事案

　東京大学構内において、大学公認団体であるポポロ劇団が、反植民地闘争デーの一環として政治劇を上演していたところ、その観客に警備情報の収集と学生運動の監視を目的として私服警察官3名が潜入していることが明らかになった。Xはその場にいた他の学生とともに、私服警察官の身体を拘束し、警察手帳を奪い、かつ暴行を加えるなどしたため、暴力行為等処罰法違反に問われ起訴された。第1審［東京地判昭和29年5月11日刑集17巻4号428頁］は、大学内における警察の調査活動は憲法上の大学の自治によって制約を受けるところ、本件の警察官の大学への立ち入りはその職務権限の範囲を超え違法なものであるから、Xらの行為は違法な警察の活動を阻止する目的に基づく正当なものであるとして、無罪を言い渡した。控訴審［東京高判昭和31年5月8日高刑集9巻5号425頁］も第1審の判断を支持したため、検察官が上告。

判旨

　原判決及び第1審判決破棄、差し戻し。「大学の学問の自由と自治は、大学が学術の中心として深く真理を探求し、専門の学芸を教授研究することを本質とすることに基づくから、直接には教授その他の研究者の研究、その結果の発表、研究結果の教授の自由と

これらを保障するための自治とを意味すると解される。大学の施設と学生は、これらの自由と自治の効果として、施設が大学当局によつて自治的に管理され、学生も学問の自由と施設の利用を認められるのである。もとより、憲法23条の学問の自由は、学生も一般の国民と同じように享有する。しかし、大学の学生としてそれ以上に学問の自由を享有し、また大学当局の自治的管理による施設を利用できるのは、大学の本質に基づき、大学の教授その他の研究者の有する特別な学問の自由と自治の効果としてである」。「大学における学生の集会も、右の範囲において自由と自治を認められるものであつて、大学の公認した学内団体であるとか、大学の許可した学内集会であるとかいうことのみによつて、特別な自由と自治を享有するものではない。学生の集会が真に学問的な研究またはその結果の発表のためのものでなく、実社会の政治的社会的活動に当る行為をする場合には、大学の有する特別の学問の自由と自治は享有しないといわなければならない」。「本件集会は、真に学問的な研究と発表のためのものでなく、実社会の政治的社会的活動であり、……大学の学問の自由と自治は、これを享有しないといわなければならない」。

[主要参考文献]

・新井誠・曽我部真裕・佐々木くみ・横大道聡『憲法II人権』（日本評論社、2016年）

・佐藤幸治『日本国憲法論』（成文堂、2011年）

・野中俊彦・中村睦男・高橋和之・高見勝利『憲法I［第5版］』（有斐閣、2012年）

・渡辺康行・宍戸常寿・松本和彦・工藤達朗『憲法I基本権』（日本評論社、2016年）

第14章

職業選択の自由・居住移転の自由

本章のねらい

　職業選択の自由と居住移転の自由は、後述する財産権の保障とともに経済的自由権の内容をなすものである。職業選択の自由も居住移転の自由もともに経済活動の前提として不可欠のものであり、資本主義の発展をもたらす重要な権利であり続けてきた。本章では、経済的自由権の内容を理解する端緒として、まず、職業選択の自由の意義と意味内容を確認した後、職業選択に対する規制立法の合憲性判断に関する規制目的二分論について概観し、最高裁の判例の流れを俯瞰する。続いて、居住移転の自由の意義と内容を概説した後、この権利が外国人にも保障されるのかについて、外国人の入国・再入国の自由について取りあげる。

1　職業選択の自由

1　職業選択の自由の意義

　かつて封建制の時代においては、ほとんどの人が身分的拘束を受け、身分に基づく職業にしか従事することが許されなかったため、自由に職業を選ぶことはできなかった（例えば、我が国の場合では江戸時代の士農工商など）。これに対し、市民革命によって成立した近代社会においては、身分制が廃止されるとともに、経済的自由が確立していく過程で、職業選択の自由の保障が強調された。しかしながら、その後、経済的自由に対する絶対的保障を基盤とした資本主義経済の急激な進展は、深刻な社会問題（不況、恐慌、貧富の格差拡大など）を惹起し、経済的・社会的弱者の自由や生存を脅かす事態を招来するにいたった。そこで、これまで私的自治に委ねられていた領域への国家による介入が求められるようになり、経済的・社会的弱者の生存確保および国家経済の安定的発展のために、経済的自由に対する一定の制約が認められるようになった。このような歴史的背景を踏まえて、現行憲法は、「何人も、公共の福祉に反しない限

り、……職業選択の自由を有する」(22条1項) と規定する。

　憲法が保障する**職業選択の自由**とは、自己の従事すべき職業を選択・決定する自由(「狭義の職業選択の自由」) と、自己が選択した職業を継続・遂行する自由(「**職業遂行の自由**」または「**職業活動の自由**」) とからなる。「狭義の職業選択の自由」とは、個人が職種および職場を決定・選択するに際して国家権力から妨害されないこと (職業の開始・継続・廃止の自由) を意味し、「職業遂行の自由」または「職業活動の自由」とは、個人が選択した職業にどう従事するかについて国家権力から指示・強制されないこと (職業活動の内容・態様における自由) を意味する。また、ここにいう「職業」とは、「人が自己の生計を維持するためにする継続的活動」(**判例14-1　薬局距離制限事件** [最大判昭和50年4月30日民集29巻4号572頁]) のことであり、自己が主体的に営む職業だけでなく、自己が他者に雇用される職業も含まれる。もっぱら営利を目的として行われる継続的・自主的活動もこのような活動のうちに含まれるため、営利活動の自由を保障する「**営業の自由**」も、職業選択の自由に含まれるものと理解される。最高裁も、「職業選択の自由を保障するというなかには、広く一般に、いわゆる営業の自由を保障する趣旨を包含しているものと解すべき」(**判例14-2　小売市場距離制限事件** [最大判昭和47年11月22日刑集26巻9号586頁]) と判示している。

　ところで、職業とは、個人が「自己の生計を維持」し、自立的な経済生活を送る上において不可欠なものである一方、自己の個性や能力を発揮する自己実現の場としての側面も併せ持つため、個人の人格的発展とも不可分の関係にある。最高裁も、前掲・**判例14-1　薬局距離制限事件**において「職業は、人が自己の生計を維持するためにする継続的活動であるとともに、分業社会においては、これを通じて社会の存続と発展に寄与する社会的機能分担の活動たる性質を有し、各人が自己のもつ個性を全うすべき場として、個人の人格的価値とも不可分の関連を有するものである」と解している。ここから、職業選択の自由が、個人の経済的・社会的活動に関するのみならず、その人格的価値にも密接に関連する権利であることが窺われる。それゆえ、職業選択の自由をみだりに制限することは許されないことになる。とはいえ、職業選択の自由は無制約なわけではなく、それに一定の制限を課すことは認められる。職業選択の自由に対する制限、すなわち職業活動に対する規制が認められる理由としては、第一に、無制限な職業活動を許すと社会生活に不可欠な公共の安全と秩序の維持

を脅かす事態が生じる恐れが大きいこと、第二に、**社会国家**の理念を実現する
ために、経済的弱者保護などの政策的な配慮に基づく積極的な規制を行う必要
性が大きいこと、が挙げられる。最高裁も、同様の観点から、前掲・**判例
14-2　小売市場距離制限事件**において、「憲法は、個人の経済活動につき、そ
の絶対かつ無制限の自由を保障する趣旨ではなく、各人は、『公共の福祉に反
しない限り』において、その自由を享有することができるにとどまり、公共の
福祉の要請に基づき、その自由に制限が加えられること」があるとし、「個人
の自由な経済活動からもたらされる諸々の弊害が社会公共の安全と秩序の維持
の見地から看過することができないような場合に、消極的に、かような弊害を
除去ないし緩和するために必要かつ合理的な規制」を課すこと、および「福祉
国家的理想のもとに、……社会経済全体の均衡のとれた調和的発展を図るため
に、……個人の経済活動に対し、一定の規制措置を講ずること」は、憲法が禁
止するところではないとしている。この趣旨は、22条1項の「公共の福祉に反
しない限りにおいて」という文言に現れている。

2　職業選択の自由の制限

　職業選択の自由は、本質的に経済的・社会的活動であるため、精神的自由に
比べると、国家権力による規制の要請が強く働くことは否定できない。実際、
職業活動に対する規制類型には多様なものが含まれており、職業選択の自由は
様々な制約を受けている。

　職業選択の自由に対する主な規制には、以下のものがある。

　①開業にあたって、行政機関への届出を要するにとどまる「**届出制**」（理容
業、美容業、クリーニング業等）。

　②開業にあたって、行政機関の公簿への登録が義務付けられる「**登録制**」
（旅行業、毒物劇物営業者等）。これは、その活動によって人々に何らかの害悪が生
じた場合に、迅速に対応するための規制である。

　③開業にあたって、行政機関からの営業許可を受けることが義務付けられる
「**許可制**」（薬局開設、飲食店営業、風俗営業、古物営業、旅館業、貸金業、建設業等）。
これは、職業・営業の開始等を一般的に禁止したうえで、行政機関から個別の
許可を得た場合に禁止が解除されるという規制であり、「国民の健康」「善良な
風俗」など国民の生命および健康に対する危険を除去・防止するために課され

るものである。

　④国家試験等の合格者にのみ当該職業への従事を許す「**資格制**」（医師、歯科医師、薬剤師、保健助産師看護師、弁護士、司法書士、行政書士、税理士、公認会計士等）。これは、放任すると人々に害悪をもたらす恐れがあるため一般的に禁止したうえで、資質・技能・識見など一定の資格要件を満たした者にのみ禁止が解除される規制である。

　⑤行政により事業免許を交付された者のみに営業を許す「**特許制**」（電気事業、ガス事業、上水道事業、鉄道事業、バス事業、電気通信事業、放送事業等）。これは、公益性が高く国民生活に必須のものでありながら、自由競争になじまない性質の事業について、一定の施設と能力を有する者に行わせる規制である。

　⑥国営企業が営業を独占し、それ以外の者には当該営業を許さない「**国家独占**」（旧郵便事業、旧たばこ専売事業、旧電信電話事業等）。

　以上の他にも、反社会性を理由として、法律によって当該職業を禁止する「**全面禁止**」という規制もあり、管理売春等がこれに該当する。

　これらの規制は、その規制目的に応じて、**消極目的規制**（消極的・警察的規制）と**積極目的規制**（積極的・政策的規制）とに区別される。消極目的規制とは、自由国家的観点から、国民の生命および健康に対する危険の除去・防止・緩和をはかるために課される規制であり、通常、警察的規制と呼称されるものである。この規制については、**警察比例の原則**（規制措置は、その対象となる社会公共に対する障害の大きさに比例しなければならず、障害除去という規制目的を達成するために必要な最小限度にとどまらなければならないという原則）に基づかねばならないとされる。上述した許可制・資格制・登録制・届出制が、この規制に属するものである。積極目的規制とは、社会国家的観点から、経済的・社会的弱者を保護・救済し、経済の調和のとれた持続的発展をはかるためになされる規制であり、政策的規制とも呼ばれるものである。積極目的規制には、上述の特許制のほか、かつての旧郵便事業、旧たばこ専売事業のように、安価・公平な郵便役務の提供、国家収入確保等の目的から、私人が行うことを禁ずるもの、巨大資本から中小企業を保護するための競争制限などがある。

　ところで、職業選択の自由に対する規制立法の合憲性を審査する場合の判断基準・方法に関して、初期の頃の最高裁は、規制目的に一定の合理性があれば、規制手段の適不適を問うことなく、問題となっている制約を公共の福祉に

合致するとして、合憲と判示する傾向にあった。例えば、職業安定法による有料職業紹介事業の禁止を「公の福祉のため」合憲とした職業安定法事件［最大判昭和25年6月21日刑集4巻6号1049頁］、許可制をとる古物営業法が無許可営業を処罰することは、公共の福祉を維持するために必要な制約であるとした古物営業法違反事件［最大判昭和28年3月18日刑集7巻3号577頁］、「公衆浴場は、多数の国民の日常生活に必要」不可欠で「多分に公共性を伴う厚生施設」であることから、「その濫立により、浴場経営に無用の競争を生じ……浴場の衛生設備の低下」といった弊害を除去するためにも、「公共の福祉」のために距離制限が必要であるとした公衆浴場法違反被告事件［最大判昭和30年1月26日刑集9巻1号89頁］、歯科技工士に対する業務上の制限は、「国民の保健衛生を保護するという公共の福祉のための当然の制限」であり合憲とした歯科医師法違反事件［最大判昭和34年7月8日刑集13巻7号1132頁］、「医業類似行為を業とすることを禁止処罰するのも人の健康に害を及ぼす虞のある業務行為に限局する趣旨と解しなければなら」ず、「このような禁止処罰は公共の福祉上必要である」としたあん摩師、はり師、きゅう師及び柔道整復師法違反事件［最大判昭和35年1月27日刑集14巻1号33頁］、「自家用自動車の有償運送行為は無免許営業に発展する危険性の多いものであるから、これを放任するときは……免許制度は崩れ去るおそれがある。それ故に……自家用自動車を有償運送の用に供することを禁止しているのもまた公共の福祉の確保のために必要な制限と解される」とした白タク営業事件［最大判昭和38年12月4日刑集17巻12号2434頁］などである。

　その後時代が下るにつれて、最高裁は、職業選択の自由に対する規制立法の合憲性を審査するに際して、立法の規制目的と必要性・正当性の有無、規制手段と規制目的との合理的関連性を精査するという態度を示すようになった。最高裁は、前掲・**判例14-2　小売市場距離制限事件**において、国民生活の安定・経済発展を目的として国が行う社会経済政策のもとでは、国の政策技術的な裁量を尊重し、個人の経済活動に対する規制を認め、当該規制措置が「著しく不合理であることの明白」な場合にのみ違憲となるという姿勢を示し、職業の自由に対する積極的・政策的規制の手段としての距離制限を合憲とした。その一方で、前掲・**判例14-1　薬局距離制限事件**においては、最高裁は、法的規制を積極目的規制と消極目的規制に区分し、薬局開設に対する距離制限を消

極目的規制と捉えたうえで、その目的・必要性・合理性を厳格に審査して、他の手段によっても規制目的は達成可能であることから距離制限という当該規制は違憲である、と判示した。

　このような、**小売市場距離制限事件**から**薬局距離制限事件**に至る判例の推移から、職業選択の自由に対する規制に関して、消極目的規制（消極的・警察的規制）の場合には当該規制の必要性・合理性を厳しく審査する「**厳格な合理性の基準**」によって、積極目的規制（積極的・政策的規制）の場合には当該規制措置が「著しく不合理であることが明白である場合に限って」違憲とする「**明白性の原則**」によって違憲審査が行われるという、**規制目的二分論**（消極目的規制・**積極目的規制二分論**）が登場することとなり、学説の多くもそれを支持するところとなった。以後、職業選択の自由に対する規制立法の違憲審査に際して、最高裁は、①**小売市場距離制限事件**を先例として引用する判例、②**薬局距離制限事件**を先例として引用する判例、およびごくわずかではあるが③その両者のどちらに属するとも言えない形で結論を導き出した判例を形成している。例えば、①に属する判例としては、「公衆浴場業者が経営の困難から廃業や転業をすることを防止し、健全で安定した経営を行えるように種々の立法上の手段をとり、国民の保健福祉を維持することは、まさに公共の福祉に適合するところであり、右の適正配置規制及び距離制限も、その手段として十分の必要性と合理性を有している」として公衆浴場の距離制限を合憲とした公衆浴場距離制限事件［最二判平成元年1月20日刑集43巻1号1頁］、「積極的な社会経済政策の実施の一手段として、個人の経済活動に対し一定の合理的規制措置を講ずることは、憲法が予定し、かつ、許容するところである」として、「立法府がその裁量権を逸脱し、当該規制措置が著しく不合理であることの明白な場合に限つて、これを違憲としてその効力を否定することができる」と判示した西陣ネクタイ事件［最三判平成2年2月6日訟月36巻12号2242頁］、たばこの小売販売業に対する適正配置規制は「公共の福祉に適合する目的のために必要かつ合理的な範囲にとどまる措置」であり、「著しく不合理であること」は認めがたいとした製造たばこ小売販売業の許可等事件［最二判平成5年6月25日訟月40巻5号1089頁］、「当然加入制の採用は、公共の福祉に合致する目的のために必要かつ合理的な範囲にとどまる措置ということができ、立法府の政策的、技術的な裁量の範囲を逸脱するもので著しく不合理であることが明白であるとは認め

図　二重の基準と規制目的二分論

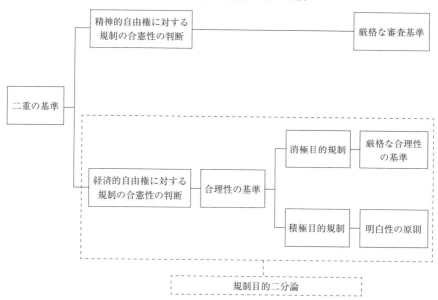

難い」とした差押処分無効確認等請求事件［最三判平成17年4月26日判時1898号54頁］などがあり、②に分類される判例としては、司法書士法は、「登記制度が国民の権利義務等社会生活上の利益に重大な影響を及ぼすものであることなどにかんがみ、……右規制が公共の福祉に合致した合理的なもの」と判示した司法書士法違反被告事件［最三判平成12年2月8日刑集54巻2号1頁］など、③に属すると考えられる判例としては、保健衛生の確保と自家風呂を持たない国民にとって必要不可欠な厚生施設の確保という消極目的・積極目的の両者を認め、適正配置規制はその目的を達成するための必要かつ合理的な範囲内の手段であるとした公衆浴場距離制限事件［最三判平成元年3月7日判時1308号111頁］、職業選択の自由に対する規制に関しては、「規制の目的、必要性、内容、これによって制限される職業の自由の性質、内容及び制限の程度を検討し、これらを比較考量した上で慎重に決定」されるとした酒類販売業免許拒否処分取消請求事件［最三判平成4年12月15日民集46巻9号2829頁］などが挙げられる。

　ところで、上述の規制目的二分論の根拠として、以下のようなことがいわれ

ている。社会公共に対する弊害を除去・防止するための消極目的規制（消極
的・警察的規制）にあっては、国家権力の介入は必要最小限度にとどまるべきで
あるが、社会・経済政策上の積極目的規制（積極的・政策的規制）は立法政策の
問題として立法府の裁量的判断にゆだねる領域が極めて広範であるうえに、そ
のような規制は経済的・社会的弱者保護のためでもあるので立法府に広い裁量
が認められる。また、消極目的規制（消極的・警察的規制）に関しては、裁判所
がその必要性・合理性を判断することが比較的容易ではあるが、積極目的規制
（積極的・政策的規制）は社会経済政策のための規制であるので、その合理性・必
要性についての判断は裁判所にはなじみにくい性質のものである。さらに、消
極目的規制（消極的・警察的規制）に対して比較的厳格な審査がなされることに
よって、消極目的規制（消極的・警察的規制）を装った規制立法の制定を防止す
ることが期待でき、結果的に立法過程の透明性が高まる。これらを踏まえて、
規制目的二分論が、職業選択の自由に対する規制立法を審査する際の**違憲審査
基準**を明確にするのに貢献していると、肯定的に評価する見解もある。

　しかしながら、その一方で、規制目的二分論に対して批判や疑問が投げかけ
られてもいる。例えば、①立法目的を常に消極か積極かというように区分する
ことが理論的にも実務的にも可能なのか（必ずしも規制目的が消極的か積極的かのい
ずれかに割り切れるとは限らない）、②立法目的をどのようにして特定するのか、
③規制目的の種類によって規制手段に対する違憲審査基準が決定される理由が
明確ではない、④各種公害立法による規制の場合のように、消極目的規制（消
極的・警察的規制）について厳格な審査が行われると不都合な結果を生ずる場合
がある、⑤そもそも消極目的規制なら厳格に審査し、積極目的規制なら広汎な
立法裁量を認めるのか、その理由が明らかではない、⑥積極目的規制（積極
的・政策的規制）の範囲を広くとり、違憲審査の緩やかさを強調すると、職業選
択の自由に対する規制の多くが実質的に違憲審査なしで合憲とされる結果に等
しいことになる、といったものである。

2　居住移転の自由

1　居住移転の自由の意義
　憲法22条1項は、「何人も、公共の福祉に反しない限り、居住、移転及び職

業選択の自由を有する」と規定し、職業選択の自由と共に居住・移転の自由を保障している。居住とは生活の本拠を定めることをいい、移転とは生活の本拠を別の地に移すことをいう。この自由は、自らの選択する場所に自由に居住または移動することを国家権力によって妨げられないことを意味しており、一時的な旅行の自由もこれに含まれる。そもそも、封建体制下では、生産者としての人民は、固定化された身分制のなかで、特定の職業に従事することを求められるとともに特定の土地に緊縛され、その土地から離れて自由に移動し新たな土地を居住地と定めてそこに定住するということなどは許されなかった。近代市民社会は、まず人々に対するこうした身分的・地理的束縛を解放することによって労働力の自由な移動を可能にし、自由権、とくに所有権・財産権に対する手厚い保障と相まって、その後の資本主義経済の発展を招来したのである。このような背景に鑑みるとき、憲法22条1項が、居住・移転の自由を職業の自由と合わせて規定しているのは、両者が**経済的自由権**の中心的な内容をなすものだからである。

　ただ現代では、居住・移転の自由は単なる空間的移動にとどまらず、それに伴う多様な人々との接触や交渉によって、個人の人格形成のみでなく精神的成長に重要な影響を持っているということに鑑み、経済的自由としてだけでなく、精神的自由の側面も有する多面的なものとして把握される。**世界人権宣言**（13条1項・23条1項）が、居住・移転の自由を、経済的自由の一側面である職業選択の自由および営業の自由と別の規定としているのは、こうした考えに基づくものと考えられる。

　居住・移転の自由が単なる経済的自由であるだけではなく、精神的自由の側面も併せ持っていることからも、それに対する制約は、個々具体的な状況に応じて個別・具体的に検討しなければならない。現在、居住・移転の自由を制限している例としては、以下のようなものが挙げられる。①刑事訴訟法による刑事被告人に対する勾留執行停止の場合の居住制限（刑訴法95条）・受刑者の刑務所への収監、夫婦同居義務（民法752条）、親権者による居所指定権（民法821条）等、②感染症患者等に対する居住・移転制限および強制入院（感染症予防法19・20条、精神保健福祉法29条等）、③破産法による破産者の居住地制限（破産法37条1項・147条・153条）等であるが、いずれも合理的な制限と解されている。

　ところで、憲法22条2項は、「何人も、外国に移住……する自由を侵されな

い」として、個人が外国に生活の本拠を移す自由（**外国移住の自由**）を保障している。この自由は、移住希望先の国家による受け入れを前提とするが、本項の趣旨は、あくまで公権力が日本国民たる個人の外国への移住を禁じてはならないという点にある。

　外国移住の自由と関連して、外国を一時的に旅行する**海外渡航の自由**（**外国旅行の自由**）も、憲法上保障されていると一般的に考えられている。海外渡航の自由（外国旅行の自由）を直接保障する明文規定はないが、通説・判例の立場は、憲法22条2項を海外渡航の自由（外国旅行の自由）の根拠と考え、外国移住と外国旅行を含む、広く外国への移動の自由を保障する規定と捉える。

　なお、海外渡航（外国旅行）の際には旅券を所持することが義務づけられているが（入管法60条・61条）、ここで「著しく且つ直接に日本国の利益または公安を害する行為を行う虞があると認めるに足りる相当の理由がある者」に対しては、外務大臣が旅券発給を拒否することができるとする旅券法の合憲性が問題となる。この点につき、最高裁は、「憲法22条2項の『外国に移住する自由』には外国へ一時旅行する自由をも含むものと解すべきであるが、外国旅行の自由といえども無制限のままに許されるものではなく、公共の福祉のために合理的な制限に服する」としたうえで、「旅券発給を拒否することができる場合として、旅券法13条1項5号（現7号）が『著しく且つ直接に日本国の利益又は公安を害する行為を行う虞があると認めるに足りる相当の理由がある者』と規定したのは、外国旅行の自由に対し、公共の福祉のために合理的な制限を定めたもの」であるため、違憲ではないとした（帆足計事件［最大判昭和33年9月10日民集12巻13号1969頁］）。

　ところで、**国籍**とは、特定の国家の「構成員としての資格であるとともに、我が国において基本的人権の保障、公的資格の付与、公的給付等を受ける上で意味を持つ重要な法的地位でもある。」（**前掲・判例7-2　国籍法違憲判決**［最大判平成20年6月4日民集62巻6号1367頁］）。憲法22条2項は、「何人も、……国籍を離脱する自由を侵されない」として、個人の自由意思に基づく日本国籍からの離脱（**国籍離脱の自由**）を保障する。これを受けて、国籍法は、「日本国民は、自己の志望によつて外国の国籍を取得したときは、日本の国籍を失う」（国籍11条1項）、「外国の国籍を有する日本国民は、法務大臣に届け出ることによつて、日本の国籍を離脱することができる」（国籍法13条1項）と規定し、自らの意思に

基づく国籍離脱を認めている。ただし、国籍離脱の自由には無国籍になる自由
までは含まれず、本人の志望による国籍離脱に対して、外国籍の取得という条
件が付される。こうした制限は、無国籍者の発生を防止しようとする目的に由
来するものである。

2　外国人の入国・再入国の自由

　外国移住ないし海外渡航の自由（外国旅行の自由）と関連して、日本への出入
国ないしは再入国の自由が外国人に保障されるかどうかが問題となるが、最高
裁判所は「国際慣習法上、外国人の入国の拒否は当該国家の自由裁量により決
定し得る」（外国人登録令違反事件［最大判昭和32年6月19日刑集11巻6号1663頁]）と判
示している。

　外国人が日本から出国する自由に関しては、憲法上保障されていると考えら
れるが、これも、もっぱら国際慣行ないし国際慣習法上の問題である。例え
ば、**出国の自由**について、世界人権宣言13条2項は「すべて人は、自国その他
いずれの国をも立ち去り、及び自国に帰る権利を有する」とし、**国際人権規約**
（B規約）12条も「すべての者は、いずれの国（自国を含む）からも自由に離れる
ことができる」（2項）、「何人も、自国に戻る権利を恣意的に奪われない」（4
項）と規定している。

　旅行などで外国人が一度出国し、再び帰国する再入国については、最高裁
は、「我が国に在留する外国人は、憲法上、外国へ一時旅行する自由を保障さ
れているものでない」として、外国人の**再入国の自由**は制限されるとした（森
川キャサリーン事件［最一判平成4年11月16日集民166号575頁]）。

判例14-1

争点
　薬局設置に対する許可制および薬局の適正配置に関する距離制限は合憲か──薬
局距離制限事件［最大判昭和50年4月30日民集29巻4号572頁]
事案
　薬事法は、薬局開設について許可制を定め、適正配置基準に関しても各都道府県の条
例で定めるよう委任していた。上告人Xは、医薬品の一般販売業を営もうと、広島県知

事に営業許可の申請を行ったところ、県条例である「薬局等の配置の基準を定める条例」を理由として不許可処分とされた。これに対して、Ｘは、薬局の適正配置規制を規定する薬事法および県条例が憲法22条1項に違反するとして、処分取り消しを求めた事件。第1審［広島地判昭和42年4月17日行集18巻4号501頁］はＸ勝訴の判決を出したが、控訴審［広島高判昭和43年7月30日行集19巻7号1346頁］は、薬事法を合憲であるとして、Ｘに敗訴を言い渡した。これに対し、Ｘが上告した。

判旨

　破棄自判。「職業は、人が自己の生計を維持するためにする継続的活動であるとともに、分業社会においては、これを通じて社会の存続と発展に寄与する社会的機能分担の活動たる性質を有し、各人が自己のもつ個性を全うすべき場として、個人の人格的価値とも不可分の関連を有するものである。……このような職業の性格と意義に照らすときは、職業は、ひとりその選択、すなわち職業の開始、継続、廃止において自由であるばかりでなく、選択した職業の遂行自体、すなわちその職業活動の内容、態様においても、原則として自由であることが要請されるのであり、したがって、右規定は、狭義における職業選択の自由のみならず、職業活動の自由の保障をも包含しているものと解すべきである」。「職業は、それ自身のうちになんらかの制約の必要性が内在する社会的活動であるが、その種類、性質、内容、社会的意義及び影響がきわめて多種多様であるため、その規制を要求する社会的理由ないし目的も、国民経済の円満な発展や社会公共の便宜の促進、経済的弱者の保護等の社会政策及び経済政策上の積極的なものから、社会生活における安全の保障や秩序の維持等の消極的なものに至るまで千差万別で、その重要性も区々にわたるのである。そしてこれに対応して、現実に職業の自由に対して加えられる制限も、あるいは特定の職業につき私人による遂行を一切禁止してこれを国家又は公共団体の専業とし、あるいは一定の条件をみたした者にのみこれを認め、更に、場合によっては、進んでそれらの者に職業の継続、遂行の義務を課し、あるいは職業の開始、継続、廃止の自由を認めながらその遂行の方法又は態様について規制する等、それぞれの事情に応じて各種各様の形をとることとなるのである。それ故、これらの規制措置が憲法22条1項にいう公共の福祉のために要求されるものとして是認されるかどうかは、これを一律に論ずることができず、具体的な規制措置について、規制の目的、必要性、内容、これによつて制限される職業の自由の性質、内容及び制限の程度を検討し、これらを比較考量したうえで慎重に決定されなければならない」。「この場合、右のような検討と考量をするのは、第一次的には立法府の権限と責務であり、裁判所としては、規制の目的が公共の福祉に合致するものと認められる以上、そのための規制措置の具体的内容及びその必要性と合理性については、立法府の判断がその合理的裁量の範囲にとどまるかぎり、立法政策上の問題としてその判断を尊重すべきものである」。「一般に許可制は、単なる職業活動の内容及び態様に対する規制を超えて、狭義における職業の選択の自由そのものに制約を課するもので、職業の自由に対する強力な制限であるから、その合憲性を肯定しうるためには、原則として、重要な公共の利益のために必要かつ合理的な措置であることを要し、また、それが社会政策ないしは経済政策上の積極的な目

的のための措置ではなく、自由な職業活動が社会公共に対してもたらす弊害を防止するための消極的、警察的措置である場合には、許可制に比べて職業の自由に対するよりゆるやかな制限である職業活動の内容及び態様に対する規制によっては右の目的を十分に達成することができないと認められることを要するもの、というべきである」。「薬局等の偏在―競争激化―一部薬局等の経営の不安定―不良医薬品の供給の危険又は医薬品乱用の助長の弊害という事由は、いずれもいまだそれによって右の必要性と合理性を肯定するに足りず……また……無薬局地域等の解消を促進する目的のために設置場所の地域的制限のような強力な職業の自由の制限措置をとることは、目的と手段の均衡を著しく失するものであって、とうていその合理性を認めることができない」。「不良医薬品の供給の防止等の目的のために必要かつ合理的な規制を定めたものということができないから、憲法22条1項に違反し、無効である」。

判例14-2

争点

　小売市場開設設置の許可制および適正配置のための距離制限は合憲か―小売市場距離制限事件［最大判昭和47年11月22日刑集26巻9号586頁］

事案

　小売商業調整特別措置法3条1項は、政令指定都市の区域内の建物については、都道府県知事の許可を受けた者でなければ、小売市場とするため、その建物の全部又は一部をその店舗の用に供する小売商に貸し付け、又は譲り渡してはならないと定めていた。これを受けて、同法施行令1条および別表一は、「政令で指定する市」を定め、同法施行令2条および別表二は、「政令で定める物品」として、野菜、生鮮魚介類を指定した。さらに、同法5条は許可申請の際の事由を列記したうえ、同法22条1号は、3条1項の規定違反者について罰則を設けていた。同法により訴追されたXが、当該規定が憲法22条1項に違反するとして争った事件。第1審［東大阪簡判昭和43年9月30日刑集26巻9号603頁］はXに罰金15万円の支払いを命じ、控訴審［大阪高判昭和44年11月28日刑集26巻9号610頁］も控訴を棄却した。これに対し、Xが上告した。

判旨

　棄却。「憲法22条1項は、国民の基本的人権の一つとして、職業選択の自由を保障しており、そこで職業選択の自由を保障するというなかには、広く一般に、いわゆる営業の自由を保障する趣旨を包含しているものと解すべきであり、ひいては、憲法が、個人の自由な経済活動を基調とする経済体制を一応予定しているものということができる。しかし、憲法は、個人の経済活動につき、その絶対かつ無制限の自由を保障する趣旨ではなく、各人は、『公共の福祉に反しない限り』において、その自由を享有することができるにとどまり、公共の福祉の要請に基づき、その自由に制限が加えられることのあることは、右条項自体の明示するところである」。「個人の経済活動に対する法的規制は、個

人の自由な経済活動からもたらされる諸々の弊害が社会公共の安全と秩序の維持の見地から看過することができないような場合に、消極的に、かような弊害を除去ないし緩和するために必要かつ合理的な規制である限りにおいて許されるべきことはいうまでもない。……憲法の他の条項をあわせ考察すると、憲法は、全体として、福祉国家的理想のもとに、社会経済の均衡のとれた調和的発展を企図しており、……国の責務として積極的な社会経済政策の実施を予定しているものということができ、個人の経済活動の自由に関する限り、個人の精神的自由等に関する場合と異なって、右社会経済政策の実施の一手段として、これに一定の合理的規制措置を講ずることは、もともと、憲法が予定し、かつ、許容するところと解するのが相当であり、国は、積極的に、国民経済の健全な発達と国民生活の安定を期し、もって社会経済全体の均衡のとれた調和的発展を図るために、立法により、個人の経済活動に対し、一定の規制措置を講ずることも、それが右目的達成のために必要かつ合理的な範囲にとどまる限り、許されるべきであって、決して、憲法の禁ずるところではないと解すべきである」。「ところで、社会経済の分野において、……どのような対象について、どのような手段・態様の規制措置が適切妥当であるかは、主として立法政策の問題として、立法府の裁量的判断にまつほかはない。というのは、法的規制措置の必要の有無や法的規制措置の対象・手段・態様などを判断するにあたっては、その対象となる社会経済の実態についての正確な基礎資料が必要であり、具体的な法的規制措置が現実の社会経済にどのような影響を及ぼすか……このような評価と判断の機能は、まさに立法府の使命とするところであり、立法府こそがその機能を果たす適格を具えた国家機関であるというべきであるからである。したがって、……個人の経済活動に対する法的規制措置については、立法府の政策的技術的な裁量に委ねるほかはなく、裁判所は、立法府の右裁量的判断を尊重するのを建前とし、ただ、立法府がその裁量権を逸脱し、当該法的規制措置が著しく不合理であることの明白である場合に限って、これを違憲として、その効力を否定することができるものと解するのが相当である」。

［主要参考文献］

・芦部信喜［高橋和之補訂］『憲法［第7版］』（岩波書店、2019年）

・伊藤正己『憲法［第3版］』（弘文堂、1995年）

・佐藤幸治『日本国憲法論』（成文堂、2011年）

・渋谷秀樹『憲法［第3版］』（有斐閣、2017年）

・野中俊彦・中村睦男・高橋和之・高見勝利『憲法I［第5版］』（有斐閣、2012年）

第15章

財 産 権

── **本章のねらい** ──

　先述したように、財産権の保障も職業選択の自由および居住移転の自由とならんで経済的自由権の内容をなす。本章においても、経済的自由権の内容理解を目的として、財産権について概観する。まず、財産権保障の内容について、近代には絶対的保障の対象とされた財産権が制約されるにいたった歴史的経緯を踏まえたうえで、日本国憲法における財産権保障の意味について触れ、その後、財産権制約の具体的内容をみる。続いて、財産権が侵害された場合の損失補償について、その意義と内容について概観する。

1　財産権保障の内容と制約

1　財産権の保障内容

　1789年**フランス人権宣言**の「所有権は、神聖かつ不可侵の権利である」（17条）という規定にみられるように、18世紀から19世紀にかけての資本主義成立期における近代憲法では、財産権は個人の不可侵の権利とされていた。しかし、資本主義社会の発展の結果発生した「市場の失敗（富の偏在、独占・寡占の誕生、失業・公害の発生など）」に対する反省および**社会国家**思想の普及の結果、20世紀には、財産権に対する保障は従来とは異なり、絶対的なものから相対的なものになり、その社会性が強調されるようになった。すなわち、**ワイマール憲法**の「所有権は義務を伴う。その行使は、同時に公共の福祉に役立つべきである」（153条3項）という規定に示されているように、財産権も社会的に制約された、法律による規制に服する権利とみなされるようになったのである。日本国憲法29条も、このような財産権の公共性という考えに基づいて財産権を保障している。

　憲法29条1項は「財産権は、これを侵してはならない」と規定している。同

条で保障対象とされているのは財産そのものではなく、財産「権」である。ここでいう財産権とは、一般に、財産的価値を有する一切の権利をいい、所有権をはじめとする物権（質権、抵当権等）、契約などにより生じる債権、知的財産権（特許権、著作権、商標権、意匠権等）、漁業権・鉱業権等といった特別法上の権利のすべてを含む。また、「侵してはならない」というのは、憲法が財産権の存在を認め、保障しているということである。

　この財産権の保障が何を意味しているかについては、学説上争いのあるところである。ひとつは、「法律上の権利保障説（法律決定説）」と呼ばれているものであり、この説によると、憲法29条1項は財産権を自然権的な不可侵の権利として保障しているように見えるが、その一方で、同2項では「財産権の内容は、公共の福祉に適合するやうに、法律でこれを定める」と明記されていることから、1項は「公共の福祉に適合」するように法律で定められた内容のものを「財産権」として保障している、と解する。これに対して、「権利・制度両面保障説」によると、財産権保障の内容として、1項は個人が現に有する具体的な財産上の権利と、個人が財産権を享有しうる制度（私有財産制）の双方を保障すると解する。すなわち、この説では、社会国家的見地から、財産権に対して各種の制限を加え、その内容を「公共の福祉」に適合するよう法律で定めることができるが、しかしその場合であっても、財産権の基礎をなす私有財産制を根本的に否定することは許されず、**制度的保障**としての私有財産制が保障されるという前提のもとに、個人の財産権が基本的人権として保障されるものと解される。この考え方が現在の通説・判例のとる立場であり、最高裁も、**判例 15-1　森林法共有林分割制限事件**［最大判昭和62年4月22日民集41巻3号408頁］において、憲法29条は、「私有財産制度を保障」するだけではなく、「社会的経済的活動の基礎をなす国民の個々の財産権につきこれを基本的人権として保障する」ものであるとした。

　ところで、制度的保障の内容をどう理解するかによって、学説はさらに二分される。ひとつは、「体制保障説」と呼ばれる考え方であり、憲法29条1項が制度として保障するのは生産手段の私的所有を内容とする資本主義体制であり、これに対立する社会主義体制を排除するものであるとする。その理由として、①憲法が単に個人の生存に不可欠の物的手段のみを保障する趣旨ならば、社会主義国家の憲法と同様にその点を明示したはずであること、②憲法22条に

よって「**営業の自由**」が保障されていること、などが挙げられる。これに対して、「人間に値する生活財保障説」は、財産権保障の究極の目標が人間に値する生活の保障にあるとの立場から、制度的保障の中に生産手段の私有までを含めることには理由がないとし、制度的保障の中核として残されているのは、「人間が、人間としての価値ある生活を営む上に必要な物的手段の享有」、すなわち「彼の能力によって獲得し、彼の生活利益のように供せられるべき財産を、その目的のために使用、収益、処分することの自由」であるとする見解である。

2　財産権の制約

　憲法29条2項では、「財産権の内容は、公共の福祉に適合するやうに、法律でこれを定める」と規定され、財産権が「公共の福祉」による制約に服することが明らかにされている。この規定が、財産権を制約する根拠を示す規定であると、一般に解されている。

　財産権の制約については、権利の公平な保障を目的とする消極目的（**自由国家的公共の福祉**）に基づく内在的制約（消極的・警察的制限）と、人間的な生存の確保を目的とする積極目的（**社会国家的公共の福祉**）の見地からする政策的制約（積極的・政策的制限）という2種類の制約が認められる。財産権が制約される例としては、以下のようなものが挙げられる。まず、内在的制約（消極的・警察的制限）に属するものとして、食品衛生法・感染症法・消防法といった、生命・健康・衛生・安全に対する危害を未然に防止するための規制、政策的制約（積極的・政策的制限）に属するものとして、私的独占の排除・株式保有の制限を定める独占禁止法による規制、借地人・借家人を保護するための借地借家法による規制、耕作者の地位安定および農業生産力増進をはかるための農地法による規制、運送業の健全化を目的とする道路運送法・海上運送法等といった規制、産業振興のための電源開発促進法による規制、建築基準法に基づく種々の建築制限などである。これらの他にも、内在的制約と政策的制約の両方に関係すると考えられるものとして、環境保全のための自然環境保全法・自然公園法などによる規制、文化財保護のための文化財保護法による規制等がある。

　そこで、財産権に対する規制立法の合憲性を判断するにあたっては、財産権の自由な行使（経済活動の自由）がもたらす害悪を防止するための内在的制約

（消極的・警察的制限）と**福祉国家**の理念に基づき国民の福祉を増進するための政策的制約（積極的・政策的制限）という区分論を前提としたうえで、財産権の性質、規制の目的・手段・態様・程度等を総合的に考察し、制限の必要性・合理性を判断していくことになる。最高裁も、前掲・**判例15-1　森林法共有林分割制限事件**において、「財産権は、それ自体に内在する制約があるほか、……立法府が社会全体の利益を図るために加える規制により制約を受けるものである」として、財産権に対して内在的制約（消極的・警察的制限）と政策的制約（積極的・政策的制限）があることを明らかにしたうえで、「この規制は、財産権の種類、性質等が多種多様であり、また、財産権に対し規制を要求する社会的理由ないし目的も、社会公共の便宜の促進、経済的弱者の保護等の社会政策及び経済政策上の積極的なものから、社会生活における安全の保障や秩序の維持等の消極的なものに至るまで多岐にわたるため、種々様々でありうる」と、多様な規制が存在することを述べ、そして、「財産権に対して加えられる規制が憲法29条2項にいう公共の福祉に適合するもの……かどうかは、規制の目的、必要性、内容、その規制によって制限される財産権の種類、性質及び制限の程度等を比較考量して決すべきものである」とした。

　この事件において最高裁が採用した上述の違憲審査方法については、①**規制目的二分論**は職業選択の自由に対する規制立法の合憲性判断には有用であるとしても、財産権の規制立法に関しては妥当しないことが示された、②比較的厳格な**合理性の基準**という単一の基準が適用された、③**比較衡量論**が採用された、④**明白性の原則**と合理性の基準が併用された、⑤財産権制限における規制目的二分論の適用可能性が示された、などといったように、様々な評価がなされている。しかしながら、最高裁は、財産権規制立法の合憲性をめぐるその後の判例においても、前掲・**判例15-1　森林法共有林分割制限事件**で示した違憲審査方法を踏襲している。例えば、インサイダー情報の不当利用を規制する旧証券取引法（現・金融商品取引法）164条1項の合憲性が争われた短期売買利益返還請求事件［最大判平成14年2月13日民集56巻2号331頁］において、最高裁は、「財産権は、それ自体に内在する制約がある外、その性質上社会全体の利益を図るために立法府によって加えられる規制により制約を受けるものである。財産権の種類、性質等は多種多様であり、また、財産権に対する規制を必要とする社会的理由ないし目的も、社会公共の便宜の促進、経済的弱者の保護

等の社会政策及び経済政策に基づくものから、社会生活における安全の保障や秩序の維持等を図るものまで多岐にわたるため、財産権に対する規制は、種々の態様のものがあり得る。このことからすれば、財産権に対する規制が憲法29条2項にいう公共の福祉に適合するものとして是認されるべきものであるかどうかは、規制の目的、必要性、内容、その規制によって制限される財産権の種類、性質及び制限の程度等を比較考量して判断すべきものである」とし、前掲・**判例15-1　森林法共有林分割制限事件**で示した判断枠組みを維持したうえで、以下のように判示した。すなわち、同項は、インサイダー情報を「不当に利用することを防止することによって、一般投資家が不利益を受けることのないようにし、国民経済上重要な役割を果たしている証券取引市場の公平性、公正性を維持するとともに、これに対する一般投資家の信頼を確保するという経済政策に基づく目的を達成するためのもの」であり、その「目的が正当性を有し、公共の福祉に適合するものであることは明らか」だとする。そして、規制の内容等も「秘密を不当に利用する取引への誘因を排除しようとするもの」であり、規制手段も「秘密を不当に利用することが認められない場合には適用され」ず、「一定期間内に行われた取引から得た利益の提供請求を認めることによって当該利益の保持を制限するにすぎず、それ以上の財産上の不利益を課するものではない。これらの事情を考慮すると、そのような規制手段を採ることは、前記のような立法目的達成のための手段として必要性又は合理性に欠けるものであるとはいえない。」したがって、同項は、「証券取引市場の公平性、公正性を維持するとともにこれに対する一般投資家の信頼を確保するという目的による規制を定めるものであ」り、「その規制目的は正当であり、規制手段が必要性又は合理性に欠けることが明らかであるとはいえないのであるから、同項は、公共の福祉に適合する制限を定めたものであって、憲法29条に違反するものではない」と判示した。ここでも見られた財産権規制立法に対する最高裁による違憲審査方法は、その後の判例にも引き継がれ、所有権移転登記手続等請求事件［最一判平成21年4月23日判時2045号116頁］などにおいても踏襲されている。

　ところで、29条2項が財産権の内容を法律で定めることとしていることから、当然、財産権に対する制限も法律によって定められることになる。ここで問題となるのが、地方公共団体が制定する**条例**による財産権の制限は認められ

るのか、ということである。

　通説の立場は、①条例は、地方公共団体の議会において民主的手続によって制定されるものであるから、実質的に法律と差異がないこと、②自由権よりも緩やかな財産権について、公共の福祉を理由とする制限を認めないのは均衡を失する、などという理由から条例による財産権の規制を認めており、判例も同様の見地に立つ。**判例15-2　奈良県ため池条例事件**［最大判昭和38年6月26日刑集17巻5号521頁］において、最高裁は、「事柄によっては、特定または若干の地方公共団体の特殊な事情により、国において法律で一律に定めることが困難または不適当なことがあり、その地方公共団体ごとに、その条例で定めることが、容易且つ適切なことがある」として、条例に基づく財産権規制を肯定している。

2　財産権の侵害と損失補償

1　損失補償の意義

　憲法29条3項は、「私有財産は、正当な補償の下に、これを公共のために用ひることができる」と規定する。この規定は、公共目的を達成する必要があるときには、私有財産を公共のために収用または制限することができるとともに、その際には「正当な補償」が必要であることを明示したものである。すなわち、公共の利益のために私有財産が没収される場合には、無償で没収することはできず、正当な補償が必要とされるのである。

　ところで、「公共のために用ひる」という文言の意味について、学説は2つに分かれる。ひとつは、「狭義説」と呼ばれるものである。この説によると、「公共のために用ひる」とは、学校・病院・鉄道・道路・公園などの建設のような公共事業のために、個人の私有財産を収用（**公用収用**）もしくは制限（**公用制限**）するような場合に限定されるとする。**公用収用**とは、特定の公共的利益を目的とする政策のために特定財産を強制的に取得することをいい、公用徴収とも呼ばれる。**公用制限**とは、特定の公共的利益を目的とする政策のために特定財産の使用を強制的に制限することをいう。本説のように、具体的な施設を伴う公共事業の用に直接供する場合に限定的に解するものは、現在では見られない。今日では、個別的な利益を超えて広く社会公共の利益のために私有財産

の収用または制限を行うことが、「公共のために用ひる」という文言の意味で
あるとする「広義説」が、通説・判例の立場である。最高裁も、主要食糧の公
定価格による政府買上げが争われた食糧緊急措置令違反事件［最大判昭和27年
1月9日刑集6巻1号4頁］において、「米麦その他の主要食糧の生産者に対
して、その生産した米麦等を法定の価格を以て政府に売渡すべきこと」が「生
産者の財産権を制限するものであることはいうまでもない」ことであるが、
「かかる財産権の制限は政府が国民の食糧の確保及び国民経済の安定を図るた
め食糧を管理しその需給及び価格の調整並びに配給の統制を行うことを目的と
してなされるもので……憲法29条3項にいわゆる私有財産を正当の補償の下に
買受けこれを公共のために用いるもの」であるとした。同様に、政策の結果と
して特定の個人が利益を受けることになっても、その目的が社会全体の公共的
利益に適うものといえれば「公共のために用ひる」にあたる例として、終戦直
後に行われた農地改革がある。農地改革では、自作農創設を目的として、地主
の土地を政府が強制的に買い上げて小作人に廉価で売り渡すことが行われた
が、判例は、特定の小作人の利益になる場合でも、「公共のために用ひる」に
該当すると判断した（農地等買収並びに売渡処分無効確認請求事件［最二判昭和29年1
月22日民集8巻1号225頁］）。なお、特殊な事案として、シベリア抑留者への戦争
損害に対する補償が問題とされた各損害賠償事件［最一判平成9年3月13日
民集51巻3号1233頁］では、最高裁は、抑留によって「受けた損害も、戦争損
害の一つ」といえるが、「これに対する補償は、憲法29条3項の予想しないと
ころ」であり、「憲法29条3項に基づき……損害の補償を求めることはできな
い」と判示した。戦争損害に対する補償を求める類似の請求事件も含めて、こ
うした補償を請求する余地はないものとされている（台湾人の元日本兵に対する戦
死傷補償が争われた損害賠償事件［最三判平成4年4月28日判時1422号91頁］、アジア太平
洋戦争韓国人犠牲者補償請求事件［最二判平成16年11月29日集民215号789頁］）。

2　損失補償の内容

　次に、どのような場合に補償が必要とされるか、ということが問題となる。
補償の要否の一般的基準として、私有財産の制限が特定の個人に対して偶発的
でかつ特別の犠牲を強いるものであることが必要とされる（**特別犠牲説**）。つま
り、特定の個人に対してその財産権に内在する社会的・自然的制約を超えて、

特別の犠牲を課す場合に補償が必要とされるのである。この「特別の犠牲」が何であるかを巡って、学説は以下の二つに分かれる。ひとつは、「形式・実質二要件説」と呼ばれるものであり、「特別の犠牲」にあたるか否かの判断基準を、①侵害行為が広く一般人を対象としているか、それとも特定の個人または集団を対象とするものか、という形式的要件、および、②侵害行為が財産権に内在する社会的制約として受忍すべき限度内にとどまっているのか、あるいは、それを超えて財産権の本質的内容を侵すほど強度なものであるか、という実質的要件の二つの要件を総合考慮して判断すべきだという考え方である。これに対して、補償の要否を判断するに際しては、実質的要件に依るべきだという「実質要件説」が近年有力になっている。この説によると、①財産権の剥奪または当該財産権の本来の効用を妨げることとなるような侵害の場合には、当然、補償を必要とするが、②その程度に至らない場合には、(1)当該財産権の規制が社会的共同生活との調和を保っていくために必要とされるものであるときには、財産権に内在する社会的拘束の表れとして、補償は不要であり、(2)他の特定の公益目的のために当該財産権の本来の社会的効用とは無関係に偶然に課せられる制限であるときには補償が必要である、とされる。

　このように、財産権が制限されるに際してはいかなる場合にも補償が必要とされるわけではなく、社会経済政策上の積極的な国家作用により、財産権が通常の受忍限度を超えた「特別の犠牲」に該当する場合に、補償が行われることとなっている。したがって、次のような場合には補償は行われない。①租税のように、個人が社会的共同生活の一員として共同の費用を分担するため財産上の負担を負う場合、②罰金のように、個人自らに責任事由が帰着せられ、結果として財産上の負担を負う場合、③公共の安全を確保するため、有毒・危険物等の所有を禁止・制限する場合のように、消極的・警察的目的のために所有者が受任すべき財産上の犠牲を負う場合、などである。判例も、同様の立場に立っている。前掲・**判例15-2　奈良県ため池条例事件**において、最高裁は、ため池堤とうの土地利用制限は、「災害を防止し公共の福祉を保持する上に社会生活上已むを得ないものであり、そのような制約は、ため池の堤とうを使用し得る財産権を有する者が当然受忍しなければならない責務」があるとした。また、河川附近地での砂利採取等を知事の許可制としたことの合憲性が争われた河川附近地制限令事件［最大判昭和43年11月27日刑集22巻12号1402頁］におい

ては、「河川管理上支障のある事態の発生を事前に防止するため」の「この種の制限は、公共の福祉のためにする一般的な制限であり、……何人もこれを受忍すべきものである」とし、「特定の人に対し、特別に財産上の犠牲を強いるものとはいえない」とした。

　ところで、何をもって「正当な補償」とするのかについて、**完全補償説**と**相当補償説**の対立がある。完全補償説によると、「正当な補償」とは、制限によって生じた損害の全額補償であるとする考え方であるが、この説はさらに、①対象となる財産がもつ客観的な市場価格を指すとする説と、②財産の客観的価値のみならず、付随して発生する附帯的損失をも含むすべての損失を指すとする説に分かれる。これに対して、相当補償説とは、常に完全な補償である必要はなく、制限される財産に対して加えられる公共目的の性質・制限の程度・社会経済状況等から判断して算定される合理的な相当額であれば、市場価格を下回ることがあっても認められる、とする考え方である。この点につき最高裁は、農地改革による農地買収の価格が争われた農地買収に対する不服申立事件［最大判昭和28年12月23日民集7巻13号1523頁］で、「財産権を公共の用に供する場合の正当な補償とは、その当時の経済状態において成立することを考えられる価格に基き、合理的に算出された相当な額をいうのであって、必しも常にかかる価格と完全に一致することを要するものでない」とし、相当補償説を採用した。ところが、その後、土地収用法に基づく土地収用の場合における損失補償について、最高裁は、「土地収用法における損失の補償は、特定の公益上必要な事業のために土地が収用される場合、その収用によって当該土地の所有者等が被る特別な犠牲の回復をはかることを目的とするものであるから、完全な補償、すなわち、収用の前後を通じて被収用者の財産価値を等しくならしめるような補償をなすべきであり、金銭をもって補償する場合には、被収用者が近傍において被収用地と同等の代替地等を取得することをうるに足りる金額の補償を要する」とし、完全補償説に立った判示をしている（土地収用法事件［最一判昭和48年10月18日民集27巻9号1210頁］）。

　最近では、完全補償説と相当補償説の両者を従前のように対立的にとらえるのではなく、各個人の生存に必要不可欠な生活用財産については完全補償を必要とするが、企業活動などのための収益用財産については相当補償で足りるとする考え方（生存補償説）も主張されるようになっている。

　なお、公共的利益のために私有財産を制限する法律が補償規定を設けていない場合でも、「同令（河川附近地制限令）4条2号による制限について同条に損失補償に関する規定がないからといって、同条があらゆる場合について一切の損失補償を全く否定する趣旨とまでは解されず、本件被告人も、その損失を具体的に主張立証して、……直接憲法29条3項を根拠にして、補償請求をする余地が全くないわけではない」とし、たとえ規制立法に補償関連規定がなくとも、直接憲法29条3項を根拠にして、補償請求することが可能であると判示している（前掲・河川附近地制限令事件）。この判決に対して、学説は一般的に支持しており、29条3項を公共的利益ゆえに侵害される個人の財産権に対する救済規定として捉え、憲法上補償請求権が当然発生するものと解している。

　なお、この点に関連して、予防接種による健康被害（**予防接種禍**）について、29条3項による補償請求の可否が問題となる。否定説もあるものの、学説上は肯定説が有力なようである。その理由として、①予防接種禍は、その実施に伴って発生した公共的利益のための特別な犠牲であるとみることができ、なおかつ、その犠牲は生命・身体に対して課せられたものであるから、財産権に比べて不利に扱われる合理的理由がなく、29条3項の類推解釈を認めるべきものであるとするものと、②財産権の侵害に対してさえ補償が行われるのだとすれば、本来不可侵のはずの生命・身体への侵害に対して補償が行われるのは当然であろうという観点から、29条3項の勿論解釈を採用すべきであるとするものがある。肯定説に立つ下級審判決では、「一般社会を伝染病から集団的に防衛するためになされた予防接種により、その生命、身体について特別の犠牲を強いられた各被害児及びその両親に対し、右犠牲による損失を、これら個人の者のみの負担に帰せしめてしまう……事態を等閑視することは到底許されるものではなく、かかる損失は、本件各被害児らの特別犠牲によって、一方では利益を受けている国民全体、即ちそれを代表する被告国が負担すべきものと解するのが相当であ」るうえ、「公共のためにする財産権の制限が、社会生活上一般に受忍すべきものとされる限度を超え、特定の個人に対し、特別の財産上の犠牲を強いるものである場合には、これについて損失補償を認めた規定がなくても、直接憲法29条3項を根拠として補償請求をすることができないわけではな」く、「財産上特別の犠牲が課せられた場合と生命、身体に対し特別の犠牲が課せられた場合とで、後者の方を不利に扱うことが許されるとする合理的理

由は全くない。」それゆえ、「生命、身体に対して特別の犠牲が課せられた場合においても、……かかる犠牲を強いられた者は、直接憲法29条3項に基づき、被告国に対し正当な補償を請求することができると解するのが相当であ」り、「国は、憲法29条3項に基づき、各被害児……及びその両親に対し、これらの者が本件各事故により蒙った損失について正当な補償をすべき義務を負っている」としたものがある（予防接種ワクチン禍事件［東京地判昭和59年5月18日判時1118号28頁］）。他方、否定説に立ちつつも国の過失責任を認めた下級審判決もある（予防接種ワクチン禍事件［東京高判平成4年12月18日民集45巻3号212頁］）。

判例15-1

争点

　共有森林につき、持分2分の1以下の共有者の分割請求権を制限する（旧）森林法186条の規制は、憲法29条に違反しないか―森林法共有林分割制限事件［最大判昭和62年4月22日民集41巻3号408頁］

事案

　父親から山林を生前贈与された兄弟XとYは、共有山林を各々2分の1ずつ共有登記していたところ、意見の相違から争いが起こり、弟Yは持分に応じた山林の分割請求を行おうとした。しかし、（旧）森林法186条は、持分2分の1以下の共有者による分割請求を制限する旨を規定していたため、この分割請求は妨げられることとなった。そこで、分割請求が認められないことについてYは、この規定が憲法29条に違反し違憲無効ではないかと主張した。第1審［静岡地判昭和53年10月31日民集41巻3号444頁］も控訴審［東京高判昭和59年4月25日民集41巻3号469頁］もともに同規定を合憲として、Yの請求を棄却した。これに対し、Yが上告した。

判旨

　破棄差戻。「憲法29条は、……私有財産制度を保障しているのみでなく、社会的経済的活動の基礎をなす国民の個々の財産権につきこれを基本的人権として保障するとともに、社会全体の利益を考慮して財産権に対し制約を加える必要性が増大するに至ったため、立法府は公共の福祉に適合する限り財産権について規制を加えることができる」。「財産権は、それ自体に内在する制約があるほか、……立法府が社会全体の利益を図るために加える規制により制約を受けるものであるが、この規制は、財産権の種類、性質等が多種多様であり、また、財産権に対し規制を要求する社会的理由ないし目的も、社会公共の便宜の促進、経済的弱者の保護等の社会政策及び経済政策上の積極的なものから、社会生活における安全の保障や秩序の維持等の消極的なものに至るまで多岐にわたるため、種々様々でありうるのである。したがって、財産権に対して加えられる規制が

憲法29条2項にいう公共の福祉に適合するものとして是認されるべきものであるかどうかは、規制の目的、必要性、内容、その規制によって制限される財産権の種類、性質及び制限の程度等を比較考量して決すべきものであるが、裁判所としては、立法府がした右比較考量に基づく判断を尊重すべきものであるから、立法の規制目的が前示のような社会的理由ないし目的に出たとはいえないものとして公共の福祉に合致しないことが明らかであるか、又は規制目的が公共の福祉に合致するものであっても規制手段が右目的を達成するための手段として必要性若しくは合理性に欠けていることが明らかであって、そのため立法府の判断が合理的裁量の範囲を超えるものとなる場合に限り、当該規制立法が憲法29条2項に違背するものとして、その効力を否定することができるものと解するのが相当である」。民法256条に規定される「共有物分割請求権は、各共有者に近代市民社会における原則的所有形態である単独所有への移行を可能ならしめ、……公益的目的をも果たすものとして発展した権利であり、共有の本質的属性として、持分権の処分の自由とともに、民法において認められるに至ったものである」。旧森林法186条の立法目的が「森林の細分化を防止することによって森林経営の安定を図り、ひいては森林の保続培養と森林の生産力の増進を図り、もって国民経済の発展に資することにある［と解する限り、その立法目的が］公共の福祉に合致しないことが明らかであるとはいえない」。「［旧］森林法186条が共有森林につき持分価額2分の1以下の共有者に民法256条1項所定の分割請求権を否定しているのは、［旧］森林法186条の立法目的との関係において、合理性と必要性のいずれをも肯定することのできないことが明らかであって、この点に関する立法府の判断は、その合理的裁量の範囲を超えるものであるといわなければならない。したがって、同条は、憲法29条2項に違反し、無効というべきである」。

判例15-2

争点

条例による財産権制限および損失補償なしの財産権制約は憲法29条2項及び3項に違反しないか―奈良県ため池条例事件［最大判昭和38年6月26日刑集17巻5号521頁］

事案

奈良県ため池条例は、「ため池の破損、決かい等に因る災害を未然に防止するため、ため池の管理に関し必要な事項を定めることを目的」（1条）として、その目的達成のため、何人も「ため池の堤とうに竹木若しくは農作物を植え、又は建物その他の工作物（ため池の保全上必要な工作物を除く。）を設置する行為」（2号）等をしてはならないとし、違反者には、同条例9条で3万円以下の罰金を科すると規定していた。被告人の一部は、条例制定以前からため池の堤とうで代々耕作を続けていた。しかし、本条例制定後も耕作を続けたため、同条例4条2号に違反したとして起訴されるにいたった。第1審［葛城地判昭和35年10月4日刑集17巻5号572頁］は被告の主張を退けたが、控訴審

［大阪高判昭和36年7月13日判時276号33頁］は条例による規制が憲法29条等に反するだけでなく、このような規制には法律上の手続に則して損失補償を行わなければならないとした。それに対して、検察側が上告を行った。

判旨

　破棄差戻。「ため池の堤とうを使用する財産上の権利を有する者は、本条例1条の示す目的のため、その財産権の行使を殆んど全面的に禁止されることになるが、それは災害を未然に防止するという社会生活上の已むを得ない必要から来ることであって、ため池の堤とうを使用する財産上の権利を有する者は何人も、公共の福祉のため、当然これを受忍しなければならない責務を負うというべきである。すなわち、ため池の破損、決かいの原因となるため池の堤とうの使用行為は、憲法でも、民法でも適法な財産権の行使として保障されていないものであって、憲法、民法の保障する財産権の行使の埒外にあるものというべく、従って、これらの行為を条例をもって禁止、処罰しても憲法および法律に牴触またはこれを逸脱するものとはいえないし、また右条項に規定するような事項を、既に規定していると認むべき法令は存在していないのであるから、これを条例で定めたからといって、違憲または違法の点は認められない。更に本条例9条は罰則を定めているが、それが憲法31条に違反するものでないこと」、「なお、事柄によっては、特定または若干の地方公共団体の特殊な事情により、国において法律で一律に定めることが困難または不適当なことがあり、その地方公共団体ごとに、その条例で定めることが、容易且つ適切なことがある。本件のような、ため池の保全の問題は、まさにこの場合に該当するというべきである。それ故、本条例は、憲法29条2項に違反して条例をもっては規定し得ない事項を規定したものではなく、これと異なる判断をした原判決は、憲法の右条項の解釈を誤った違法があるといわなければならない」。「本条例は、災害を防止し公共の福祉を保持するためのものであり、その4条2号は、ため池の堤とうを使用する財産上の権利の行使を著しく制限するものではあるが、結局それは、災害を防止し公共の福祉を保持する上に社会生活上已むを得ないものであり、そのような制約は、ため池の堤とうを使用し得る財産権を有する者が当然受忍しなければならない責務というべきものであって、憲法29条3項の損失補償はこれを必要としないと解するのが相当である」。

［主要参考文献］

・芦部信喜［高橋和之補訂］『憲法［第7版］』（岩波書店、2019年）

・伊藤正己『憲法［第3版］』（弘文堂、1995年）

・佐藤幸治『日本国憲法論』（成文堂、2011年）

・渋谷秀樹『憲法［第3版］』（有斐閣、2017年）

・野中俊彦・中村睦男・高橋和之・高見勝利『憲法Ⅰ［第5版］』（有斐閣、2012年）

第16章

人身の自由

┌─ **本章のねらい** ─

　人身の自由は、生命・身体の安全が正当な理由なく侵されない自由を意味し、人権の創成期から現代まで、常に最も基本的な人権の一つとして数えられる。日本では、明治憲法下に刑事手続・行政手続による不公正な身体拘束等が顕著であったところ、日本国憲法は人身の自由という用語を明記していないものの、その保障を当然の前提とし、実体的および手続的保障の規定をおくことによって恣意的な身体拘束を排除しようとする。特に人身の自由の総則的規定をおくとともに、それが侵害されうる典型的な場面である刑事手続について、他国の憲法に類を見ない詳細な規定をおいている点が特徴的である。一方、このことによって、憲法が行政手続における身体の安全の具体的保障を排除しているわけではない。また、人身の自由の保障規定は、身体そのものの安全にとどまらず、プライバシーなどより広い射程を有すると考えられるようになっている。本章では、これらの事柄について具体的に考察する。

1　人身の自由の総則的規定

1　奴隷的拘束および意に反する苦役からの自由

　憲法18条は、前段が奴隷的拘束からの自由を、後段が意に反する苦役からの自由を規定する。明治憲法下で奴隷制度が存在したわけではないが、いわゆる「監獄部屋」や「タコ部屋」、娼妓制度などは、それに類するものであったと考えられている。奴隷的拘束とは、およそ個人が人格的主体であることと両立えない程度にその身体を拘束することをいい、18条は、これを行う主体が公権力か私人かを問わず、絶対的に禁止している。

　意に反する苦役とは、一般的には強制的な労役のことであるが、「意に反する」の理解については、条文の文言に着目して、通常人が苦痛と感じる程度の労役であるという考え方と、より広く本人の意思に反して供される労役のこと

をいうとする考え方に分かれる。具体的には、非常災害時に付近の居住者に救助活動に従事させること（災害基法65条・71条、水防法24条、消防法29条5項）は、緊急目的のために必要不可欠で応急的一時的な措置であり、罰則が定められていない限りで意に反する苦役とまでは言えないと考えられている。一方、裁判員候補者は、正当な理由なく出頭しなかったときには過料を科されるが（裁判員法112条）、最高裁は、裁判員制度が「参政権と同様の権限を国民に付与するものであ」ることや、辞退事由と負担軽減のための措置が定められていることから、苦役に当たらないと述べた（覚せい剤取締法違反、関税法違反被告事件［最大判平成23年11月16日刑集65巻8号1285頁]）。結局、労役が18条後段の禁止する苦役に当たるかどうかは、その性質やそれを課す必要性、負担の程度、免除事由、罰則の有無などを考慮して判断されるといえよう。

　奴隷的拘束や意に反する苦役に当たらないような身体の拘束からの自由については、22条の居住移転の自由によって保障されていると考えられている（**第14章2**参照）。

2　適正手続と実体的権利

　憲法31条は、人身の自由の保障を前提に、適正手続を定める。手続における適正を要請することにより、科刑によって人身の自由が典型的に制約される場合においても、正しい結論を導く蓋然性を確保するとともに、個人の尊重原理に叶った処遇を保障しようとする。

　学説では、同条の「法律の定める手続によらなければ」の解釈をめぐって、何を法定しなければならないのかという観点から、5つの説が提唱されてきた。すなわち、①手続の法定のみを要求する**手続法定説**、②手続の法定とその内容の適正を求める**適正手続説**、③手続と実体の双方の法定のみを要求する**手続・実体法定説**、④手続と実体の法定に加え手続については内容の適正を求める**適正手続・実体法定説**、および、⑤手続と実体の法定に加え、それら双方の内容の適正を要求する**適正手続・適正実体説**（通説）である。これらの立場の違いは、まず、手続の法定のみならずその適正まで求めるかという点に現れる。最高裁は、31条が「適正な法律手続」を意味することを前提にし、求められる適正性の内容として、**告知・弁解・防御**の機会の保障を挙げている（**判例16-1　第三者所有物没収事件**［最大判昭和37年11月28日刑集16巻11号1593頁]）。告知と

は、どのような理由でどのような不利益を与えるのかを本人に知らせること、弁解・防御とは、告知された内容について、本人が自分の権利を守る目的で意見や反論を述べる機会を与えることであり、聴聞・弁明といわれることもある。次に、31条が手続のみならず実体の適正をも要請しているのかという疑問がある。刑罰の実体の法定とは、例えば、罪刑法定主義を意味し、ここから刑罰法規の明確性、遡及処罰の禁止、絶対的不定期刑の禁止などが導かれる。39条が遡及処罰を禁止していることにみられるように、刑罰の実体要件の一部は手続要件とともに他の条文で規定されており、憲法は手続と実体とを絶対的に区別しているわけではない。最高裁も、刑罰法規の明確性に関して、「刑罰法規があいまい不明確のゆえに憲法31条に違反する」可能性を認めている（徳島市公安条例事件［最大判昭和50年９月10日刑集29巻８号489頁］）。これらを踏まえ、通説である⑤説によれば、人身の自由に関する手続要件と実体要件の法定と適正性が、憲法の他の条文で定められていない場合でも、憲法31条によって保障されると考えられる。

　なお、31条は、厳密な意味での人身の自由のみならず、公権力による生命・自由のはく奪と科刑をはじめとする不利益に伴うより広範な権利を保障する総則的規定であると考えられている。それらの権利の個別的保障については、33条以下に定められている。

2　刑事手続における個別的権利保障

1　被疑者の個別的権利保障

　33条以下では、刑事手続における人権に関する詳細な規定がおかれている。これらの人権は、犯罪事実の発覚・捜査から逮捕までの刑事手続の各段階における被疑者の権利、公判・判決から服役までの段階における被告人および受刑者の権利に大分することができる。

　まず、被疑者の権利について考察する。憲法33条は、逮捕などによって身体の拘束を開始することについて、34条はその後に抑留・拘禁などによって身体の拘束を継続することについて手続的要件を定め、あわせて不法な逮捕・抑留・拘禁からの自由を保障し、人身の自由の確保を図る。

　33条は、身体の拘束に先立って、司法官憲が発し、逮捕の理由となっている

犯罪名と犯罪事実を明示する令状を求める**令状主義**を定めている。そのような明示のない一般令状は許されない。33条は、捜査機関から独立した公正な司法機関が逮捕に先立ち、その必要性を審査することを求めることによって、不当な逮捕を防止するとともに、逮捕対象者に**防御権**を保障しているのである。もっとも、33条は令状主義の例外として現行犯逮捕の場合を規定する。それは、現行犯の場合、犯罪と犯人が明白であり不当な逮捕がなされるおそれがないことや、現場で逮捕する必要性が大きいからであると説明できる。一方、準現行犯（刑訴法212条2項）についてまで例外を認めることは、逮捕の必要性を過度に強調する運用がなされる場合には、令状主義の本質を損なう。また、緊急逮捕（刑訴210条1項）については、最高裁は「罪状の重い一定の犯罪のみについて、緊急已むを得ない場合に限り」、逮捕後直ちに裁判官による逮捕状の発行を求めることを条件に、緊急逮捕の合憲性を認めている（緊急逮捕合憲判決［最大判昭和30年12月14日刑集9巻13号2760頁］）。さらに、事実上、軽微な犯罪を口実に逮捕した上でより重大な犯罪についての自白を得ようとする別件逮捕の合憲性が問われている。

　34条は、抑留・拘禁に先立ってその理由と**弁護人依頼権**の告知が直ちに行われなければならないこと、および拘禁については、公開法廷でその正当な理由を示すことを求める権利を定める。まず、弁護人依頼権は、被疑者については本条で、被告人については37条3項で保障される。弁護人依頼権が保障されることの趣旨は、当事者に弁護人の援助を受ける機会をもつことを保障し、捜査・訴追側との対等性を確保することにあり、このことによって適正な刑事手続が実現すると考えられている。そして、実質的に弁護人依頼権を保障するために、34条と37条から弁護人との接見交通権が導かれる。もっとも、捜査機関は被疑者の接見の日時・場所・時間を指定することができるが（刑訴法39条3項）、最高裁は、このような接見交通権の制限は「捜査の中断による支障が顕著な場合」に限って行われうると解することによって、当該規定を合憲と判断した（安藤・斎藤事件［最大判平成11年3月24日民集53巻3号514頁］）。なお、当事者が私費で弁護人を依頼することができないときに国費で弁護人を附す国選弁護人の制度は、被告人については37条3項で保障される一方、被疑者については憲法上明文で規定されていなかったが、2004年の刑訴法改正により、被疑者国選弁護人の制度が導入された（刑訴法37条の2等）。次に、34条後段は、拘禁の理

由を本人とその弁護人の出席する公開の法廷で示すよう求める**理由開示手続**を定める。この規定を受けて、人身保護法が制定され、「法律上正当な手続によらない」身体拘束を受けた場合には、裁判所に救済を求めることができるとされている。

以上の逮捕・拘禁・抑留などの根拠となる証拠の収集については、35条が不法な捜索・押収からの自由を定め、これにより、刑事手続をはじめとする権力的手続において、私生活の本拠地としての**住居の不可侵**を保障する。この意味で、本条は被疑者のプライバシーや通信の秘密の保障に資する。一方、同条は、この権利を制約しうる場合の原則として、令状主義を定める。本条における令状主義は、裁判所が事前に捜索場所と押収物を別個に明示する令状を発することを捜索・押収の条件とすることにより、不当な捜索・押収を防ぎ、対象者の防御権を保障する意義をもつ。もっとも、35条は、令状主義の例外として、「33条の場合」を挙げ、逮捕状とは別個の令状がなくても、逮捕時に捜索・押収を行うことを認める。通説は、逮捕状を要しない現行犯逮捕の場合だけでなく、令状逮捕の場合も、逮捕と捜索・押収とが時間的に接着している限りにおいて、別個の令状なしに捜索・押収を行いうるとする。最高裁は、警察が犯人宅で緊急逮捕を行う数時間前から同宅で捜索・押収を行ったことについて、35条に違反しないとしたが、通説の立場からは批判されよう（被疑者不在捜索事件［最大判昭和36年6月7日刑集15巻6号915頁］）。また、35条は、「住居、書類及び所持品」の「侵入、捜索および押収」について規定しているが、令状主義の対象はこれらの場合に限られない。「住居」には、自動車や研究室など、私人が管理する場所も含みうる。また、身体検査は「捜索」、採血などは「押収」であると考えれば、捜査目的の身体への侵襲行為にも令状が必要である。最高裁は、強制採尿は、諸事情を総合較量した上で、捜査の「最終手段」として許容されうるが、捜索・差押えの性質を有するため、その実行には捜索差押令状を必要とするとした（強制採尿事件［最一決昭和55年10月23日刑集34巻5号300頁］）。

取り調べの方法については、**拷問の禁止**（36条）、**不利益供述強要の禁止**（38条1項）、**自白の証拠能力の制限**（38条2項・3項）の規定が重要である。拷問は、被疑者の身体・精神を著しく侵害し、人格を蹂躙するため、絶対的に禁止される。そして、拷問を実効的に廃絶するとともに、自白の強要を防止するために、38条2項は拷問による自白や不当に長く抑留・拘禁された後の自白の証

図　刑事手続のながれと人権

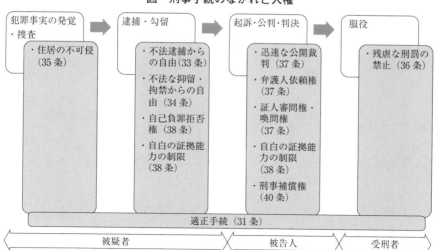

```
犯罪事実の発覚       逮捕・勾留          起訴・公判・判決        服役
・捜査

  ・住居の不可侵      ・不法逮捕から      ・迅速な公開裁       ・残虐な刑罰の
    (35条)            の自由(33条)         判(37条)           禁止(36条)

                    ・不法な抑留・      ・弁護人依頼権
                      拘禁からの自        (37条)
                      由(34条)
                                       ・証人審問権・
                    ・自己負罪拒否        喚問権
                      権(38条)           (37条)

                    ・自白の証拠能      ・自白の証拠能
                      力の制限            力の制限
                      (38条)             (38条)

                                       ・刑事補償権
                                         (40条)
```

　　　　　　　　　　　　　　　　適正手続（31条）

　　　　　　　　被疑者　　　　　　　　　　　　被告人　　　　　受刑者

拠能力を否定する。不利益供述強要の禁止の規定は、自己の刑事責任を問われるおそれのある不利益な供述を強要されない権利（自己負罪拒否権）を保障することを趣旨とし、法律によって供述を義務付けたり、不供述に対し法律上または事実上の不利益を与えたりすることを禁止する。これをうけた刑事訴訟法は、被疑者と被告人に黙秘権を保障している。（刑訴法198条 2 項、291条 4 項）。何が禁止される「供述」の強要に当たるのか。義務的な呼気検査は「供述」にあたらないとされる一方、強制的に麻酔分析やポリグラフ（うそ発見器）を用いた取り調べを行うことは、合憲性が疑問視されている。もっとも、38条 3 項は、正当な方法で得られた供述であっても、自白のみをもって有罪とすることを禁止し、訴追する側に補強証拠を示すことを要請している。

2　被告人の個別的権利保障

　次に、被告人の権利についてみる。37条 1 項は、被告人に対し、「**公平な裁判所の迅速な公開裁判を受ける権利**」を保障する。裁判を受ける権利の民事事件・刑事事件・行政事件にまたがる一般的な保障は憲法32条に求められるが（**第18章 3 を参照**）、37条 1 項は、特に被告人の権利としてそれを定めている。そのため、裁判所が憲法76条以下の諸規定に基づいて設置されていることはもと

より、事件を担当する法廷が、被告人の立場からみて訴追者に偏向した裁判を行う事情のない裁判官らで構成されていなければならない。したがって、裁判官自身が被害者である場合等には、その裁判官は当該事件から除斥される（刑訴法20条）。迅速な裁判が要請されるのは、被告人にとって、有利な証拠が散逸すること、未決の身柄拘束が長期化すること、そして訴追による心理的・肉体的・経済的な負担が増大することを防ぐためである。最高裁は、第一審が15年間中断した事件で、この遅延が37条1項に違反すると判断し、免訴判決によって審理を打ち切り、被告人を救済したことがある。もっとも、迅速性の判断については、「遅延の期間によって一律に判断されるべきではなく、遅延の原因と理由などを勘案して、その遅延がやむを得ないものと認められないかどうか、これにより［本条が］まもろうとしている諸利益がどの程度実際に害せられているかなど諸般の情況を総合的に判断して決せられなければならない」とした（高田事件［最大判昭和47年12月20日刑集26巻10号631頁］）。2004年の刑訴法改正では、公判前整理手続（刑訴法316条）や即決裁判手続（同350条の16以下）などの制度が導入され、裁判の公平と迅速性の両立が図られている。

　36条は、**残虐な刑罰**を絶対的に禁止する。残虐な刑罰とは、「不必要な精神的、肉体的苦痛を内容とする人道上残酷と認められる刑罰」であるとされるが、具体的に何がこれに当たるかについては、なお問題になる。最高裁は、死刑について、憲法13条と31条が生命に対する権利を保障しているといっても、この権利が公共の福祉に基づく制約に服することを当然に予想していることから、死刑が残虐な刑罰には該当しないと判断した（**判例16-2　死刑合憲判決**［最大判昭和23年3月12日刑集2巻3号191頁］）。もっとも、死刑の執行方法によっては36条に違反する場合があるが、現行の執行方法である絞首による死刑は残虐とはいえないとされた。また、軽微な犯罪に対して重罰を科す場合など、犯罪と刑罰の均衡を失する科刑は、残虐な刑罰であるとして36条に違反するという見方が有力である。

　37条2項は、前段で証人審問権を、後段で証人喚問請求権を保障する。**証人審問権**の保障とは、被告人に対し、喚問した証人への反対訊問の機会を充分に与えなければならないことを意味する。このことから、被告人に反論の機会を認めない伝聞証拠は、原則として排除される（刑訴法320条）。**証人喚問請求権**とは、被告人が公費で公判廷外にいる者を証人として公判廷に強制召喚を請求す

る権利であり、この請求に対して、裁判所は具体的事案に応じて必要適切な証人を喚問しなければならない。

　39条は、科刑に関する原則を規定する。第一に、前段前半は、「実行の時に適法であった行為」を事後法によって処罰することを禁止する**遡及処罰の禁止**を定めている。これは、刑罰の予測可能性を確保する原則として、罪刑法定主義の一内容をなす。例えば、実行時に適法であった行為について、後でそれを違法とする規定を設けて、実行者を処罰することはできない。第二に、39条前段後半は、「既に無罪とされた行為については、刑事上の責任を問はれない」とし、**一事不再理の原則**を定めている。一事不再理の原則とは、裁判制度の安定のために、確定した事件と同一の事件について、裁判所が再び審理することはできないという原則である。第三に、39条後段は、「同一の犯罪について、重ねて刑事上の責任を問はれない」と定め、**二重の危険の禁止の原則**を定めている。二重の危険の禁止とは、被告人に過度な負担をかけないことを主眼として、同一事実について「複数回の処罰」を禁止することを意味するという説と、「複数回の訴追」を禁止することを意味するという説に対立している。

3　**行政手続における適正手続の総則的保障**

1　行政上の手続保障に関する総則規定

　刑事手続だけではなく行政手続にも、憲法31条に基づく適正手続の保障が要請されると考えられている。もっとも、その根拠については、大きく４つの立場に分かれる。①31条の適正手続の保障は刑事手続を主なターゲットにしているとしても、行政手続についても等しく及ぶと考えれば、行政手続にも31条を直接適用することになる（**31条適用説**）。一方、31条が直接規律するのは刑事手続のみであると考える立場は、さらに次の３つの見解に分かれる。②31条の趣旨を行政手続に準用または類推適用する「**31条準用・類推適用説**」、③行政手続の適正は、31条ではなく、13条の個人の尊重および幸福追求権によって要請されるとする「**13条説**」、④行政手続における適正手続の保障は、憲法が当然の前提としている法治国家原理から導かれるとする「**手続的法治国説**」である。最高裁は、**判例16-3　成田新法事件**［最大判平成４年７月１日民集46巻５号437頁］で、憲法31条の法定手続の保障は、「直接には刑事手続に関するも

のであるが、行政手続については、それが刑事手続ではないとの理由のみで、そのすべてが当然に同条による保障の枠外にあると判断することは相当ではない」と示した。ただし、行政手続は刑事手続と性質を異にし、且つ多種多様であることから、告知・弁解・防御の機会を与えるかどうかは、「種々の事情を総合較量して決定」すべきであるとした。すなわち、適正手続の規定が行政手続についても保障されるかどうかは、手続の実質に即して検討されるべきであるという考え方を示したのである。1993年には、行政手続に関する一般法である行政手続法が制定され、不利益処分には原則として告知・弁解・防御の機会を付与すること等が定められた（行手法13条）。しかし、同法が適用されない行政手続でも、人身の自由の中核である身体の安全・不可侵に対する著しい制約が行われる場合もあり、個別的な問題を生じている。

　そのような行政手続のうち、告知・弁解・防御の機会が保障されるかどうかが特に問題になる行政手続とは、例えば、出入国管理及び難民認定法における入国警備官による収用および要急収用（43条）、精神保健法における都道府県知事による入院措置（29条、29条の2）および精神科病院管理者による医療保護入院（33条）、感染症法における都道府県知事による応急入院・本入院（19条3項、20条2項）である。このうち、感染症法上の入院措置は、行政手続法上、聴聞手続等の対象外であるが、感染症対策の名の下に過度な身体の安全への侵害が行われてきたことへの反省から、同法は、知事に対し、入院措置に先立って対象患者等に勧告を行い任意の入院を促すことを義務付けることによって、憲法の趣旨を反映している（19条1項、20条1項）。

2　行政手続における適正手続の個別的保障

　第一に、令状主義は、一般論としては、行政上の身体拘束や住居・物品の検査等においても保障される。まず、憲法35条の捜索押収にかかる令状主義について、最高裁は、行政目的の検査は、それが刑事責任の追及を目的としないという理由のみで、同条の規定の保障の枠外にあるとはいえないと述べている（**判例16-4　川崎民商事件**［最大判昭和47年11月22日刑集第26巻9号554頁］）。しかし、旧所得税法に基づく税務調査のための帳簿等の検査が令状を必要としないことについては、①調査の目的、②刑事責任追及との結びつきの有無、③強制の態様と程度、④調査の公益性、⑤公益目的と強制手段との均衡という5つの要素の

総合較量による審査を行い、憲法35条に違反しないと判断した。次に、憲法33条の逮捕にかかる令状主義については、これが出入国管理法上、令状なしに行われうる要急収容の場合にも保障されるかどうかが問われている。令状主義が行政手続にも妥当すると考える場合でも、要急収容は現行犯逮捕に類するものとして例外を認めるならば、司法官憲の令状は要請されないことになろう。

　第二に、行政上の届出・報告等の義務は、憲法38条１項が禁止する不利益供述強要にあたる場合がある。届出・報告等が法令上義務付けられている場合として、自動車事故の運転者等に課される事故内容の報告義務（道路交通取締法72条１項）、旅館宿泊者の指名等の告知義務（旅館業法６条２項）、医師の異常死体届出義務（医師法21条）などがある。前掲**判例16-4　川崎民商事件**は、行政手続においても、実質上、「刑事責任追及のための資料の取得収集に直接結びつく作用を一般的に有する手続には」、憲法38条１項の規定が及ぶとした。その上で、先に見た同事件における税務調査規定の憲法35条違反に関する審査と同様に５つの要素を総合較量し、税務調査の拒否に対する罰則規定は、不利益供述の禁止を定める憲法38条１項に違反しないと結論づけた。

　第三に、同一の事案について、刑罰と行政上の不利益を併科することが、憲法39条後段に違反するかどうかが問われる。行政上の不利益としては、行政上の許可の取消し・停止（例えば、運転免許の停止処分）、懲戒処分（例えば、地方公務員の減給処分）、秩序罰（例えば、法人税法上の秩序罰）等、様々である。最高裁は、不正な方法で法人税を免れた逋脱犯に対する罰金刑と、行政上の追徴税の併科については、追徴税がその趣旨・目的や賦課の手続・要件等において刑罰とは異なることから、これらの併科は39条後段に違反しないと判断した（刑罰・重加算税併科事件［最大判昭和33年４月30日民集12巻６号938頁］）。

判例16-1

争点

　第三者に告知・聴聞等の機会を与えずにその所有物を没収する関税法118条1項は、憲法31条・29条に反するか―第三者所有物没収事件［最大判昭和37年11月28日刑集16巻11号1593頁］。

事案

　Xらは他人の洋服の生地などの貨物を第三者Aの船で韓国に密輸しようとしたが、失敗して密輸出の容疑で逮捕・起訴された。関税法旧11条1項は、密輸を図った者等に対する刑罰の他、付加刑として、犯罪行為に供した船舶等を没収することを規定していた。第一審［福岡地小倉支判昭30年4月25日刑集16巻11号1629頁］は、Xらを執行猶予付きの懲役刑に処するとともに、貨物と船舶を没収する旨の判決を出し、控訴審［福岡高判昭30年9月21日刑集16巻11号1630頁］も第一審を是認して控訴を棄却した。Xらは、付加刑として第三者の所有物を没収することは、適正手続を定める憲法31条に反するとして、上告した。

判旨

　破棄自判。「関税法118条1項の規定による没収は……被告人に対する付加刑としての没収の言渡により、当該第三者の所有権剥奪の効果を生ずる趣旨であると解するのが相当である」。しかし、「第三者の所有物を没収する場合において、その没収に関して当該所有者に対し何ら告知、弁解、防禦の機会を与えることなく、その所有権を奪うことは、著しく不合理であって、憲法の容認しないところである」。憲法29条および31条に鑑みれば、「第三者の所有物の没収は、Xらに対する附加刑として言い渡され、その刑事処分の効果が第三者に及ぶものであるから、所有物を没収せられる第三者についても、告知・弁解・防禦の機会を与えることが必要であって、財産権を侵害する制裁を科するに外ならない」。関税法118条1項は、第三者の船舶等の没収を規定しながら「第三者に対し、告知・弁解・防禦の機会を与えるべきことを定めておらず」、したがって、同項によって「第三者の所有物を没収することは、憲法31条、29条に違反するものと断ぜざるをえない」。

判例16-2

争点

　死刑は憲法36条に反するか―死刑合憲判決［最大判昭和23年3月12日刑集2巻3号191頁］

事案

　Xは、母と妹に対する殺人の罪で起訴され、第一審［広島地方裁判所］では無期懲役

刑を言い渡された一方、控訴審［広島高判昭和22年8月25日］では死刑を言い渡された。Xは、死刑は憲法36条が禁止する残虐な刑罰に当たるとして上告した。

判旨

　上告棄却。「生命は尊貴である。一人の生命は、全地球よりも重い。死刑は、まさにあらゆる刑罰のうちで最も冷厳な刑罰であり、また誠にやむを得ざるに出ずる窮極の刑罰である。それは言うまでもなく、尊厳な人間存在の根元である生命そのものを永遠に奪い去るものだからである」。憲法13条においては、「もし公共の福祉という基本的原則に反する場合には、生命に対する国民の権利といえども立法上制限乃至剥奪されることを当然予想しているものといわなければならぬ」。憲法31条によれば、「個人の生命の尊貴といえども、法律の定める適理の手続によつて、これを奪う刑罰を科されることが、明らかに定められている」。「刑罰としての死刑そのものが、一般に直ちに同条にいわゆる残虐な刑罰に該当するとは考えられない。ただ死刑といえども、他の刑罰の場合におけると同様に、その執行の方法等がその時代と環境とにおいて人道上の見地から一般に残虐性を有するものと認められる場合には、勿論これを残虐な刑罰といわねばならぬから、将来若し死刑について火あぶり、はりつけ、さらし首、釜ゆでの刑のごとき残虐な執行方法を定める法律が制定されたとするならば、その法律こそは、まさに憲法第36条に違反するものというべきである」。

判例16-3

争点

　東京国際空港の安全確保に関する緊急措置法において、工作物等の使用禁止命令の規定が告知・弁解・防御の規定を欠いていたことは、憲法31条に違反するか。また、同法が令状によらない工作物等の捜索を許していることは、憲法35条に違反するか―成田新法事件［最大判平成4年7月1日民集46巻5号437頁］。

事案

　Xらは、1960年代から新東京国際空港の建設地周辺に工作した建物を本拠地として、過激な建設反対運動を行っていたところ、国はこれに対応するため、1978年に東京国際空港の安全確保に関する緊急措置法を制定した。同法3条1項は、空港周辺の規制区域において暴力主義的破壊活動者の集合の用等に供される建築物等につき、運輸大臣（当時）がその管理者等に使用禁止命令を発することができると定めていた。運輸大臣は、1979年から1983年まで、同項に基づきXらの建物の使用禁止命令を発した。Xらは、同項が、①憲法21条1項の保障する表現の自由に違反すること、②憲法22条1項の保障する集会の自由に違反すること、③憲法29条の保障する財産権に違反すること、③告知・弁解・防御の規定を欠き、憲法31条に違反すること、④令状によらない捜索を許し、憲法35条に違反することを主張し、命令の取消を請求した。第一審［千葉地判昭和59年2月3日訴月30巻7号1208頁］はXらによる取消の訴えを却下し、控訴審［東京高判昭和

60年10月23日民集46巻5号483頁］も原審を維持し、Xが上告した（なお、訴訟継続中の1984年と1985年にも使用禁止命令が発出され、控訴審でこれらの取消が請求された）。①～③の論点については、割愛する。

判旨

　一部破棄・訴え却下、一部上告棄却。「法31の定める法定手続の保障は、直接には刑事手続に関するものであるが、行政手続については、それが刑事手続ではないとの理由のみで、そのすべてが当然に同条による保障の枠外にあると判断することは相当ではない。しかしながら、同条による保障が及ぶと解すべき場合であっても、一般に、行政手続は、刑事手続とその性質においておのずから差異があり、また、行政目的に応じて多種多様であるから、行政処分の相手方に事前の告知、弁解、防御の機会を与えるかどうかは、行政処分により制限を受ける権利利益の内容、性質、制限の限度、行政処分により達成しようとする公益の内容、程度、緊急性等を総合較量して決定されるべきものであって、常に必ずそのような機会を与えることを必要とするものではないと解するのが相当である。本法3条1項に基づく工作物使用禁止命令により制限される権利利益の内容、性質は、前記のとおり当該工作物の三態様における使用であり、右命令により達成しようとする公益の内容、程度、緊急性等は、前記のとおり、新空港の設置、管理等の安全という国家的、社会経済的、公益的、人道的見地からその確保が極めて強く要請されているものであって、高度かつ緊急の必要性を有するものであることなどを総合較量すれば、右命令をするに当たり、その相手方に対し事前に告知、弁解、防御の機会を与える旨の規定がなくても、本法3条1項が憲法31条の法意に反するものということはできない。また、本法3条1項1、2号の規定する要件が不明確なものであるといえないことは、前記のとおりである」。「憲法35条の規定は、本来、主として刑事手続における強制につき、それが司法権による事前の抑制の下に置かれるべきことを保障した趣旨のものであるが、当該手続が刑事責任追及を目的とするものではないとの理由のみで、その手続における一切の強制が当然に右規定による保障の枠外にあると判断することは相当ではない」。

....
判例16-4
....

争点

　税務調査に関する旧所得税法63条は、憲法35条に違反するか。また、同法70条の刑罰規定は、憲法38条1項に違反するか―川崎民商事件［最大判昭和47年11月22日刑集26巻9号554頁］。

事案

　旧所得税法63条は、主税官吏が、所得税に関する調査のために「必要があるときは」、納税義務者等に「質問し又はその者の事業に関する帳簿書類その他の物件を検査することができる」旨を定め、同法70条はかかる質問・検査を拒む者に対し刑罰を規定してい

た。Xは、同法63条に基づく検査の対象となったがこれを拒んだため、同70条違反の罪で起訴された。第一審［横浜池判昭和41年3月25日刑集26巻9号571頁］と第二審［東京高判昭和43年8月23日刑集26巻9号574頁］は、Xを有罪とした。Xは、旧所得税法63条が令状発給を要件としない点で憲法35条に違反すること、同法70条が不利益供述強要を禁止する憲法38条1項に違反すると主張し、上告した。

判旨

　上告棄却。旧所得税法63条の「収税官吏の検査は、もっぱら、所得税の公平確実な賦課徴収のために必要な資料を収集することを目的とする手続であつて、その性質上、刑事責任の追及を目的とする手続ではない」。また、「右検査が、実質上、刑事責任追及のための資料の取得収集に直接結びつく作用を一般的に有するものと認めるべきことにはならない」。「この場合の強制の態様は、……直接的物理的な強制と同視すべき程度にまで達しているものとは、いまだ認めがたいところである。国家財政の基本となる徴税権の適正な運用を確保し、所得税の公平確実な賦課徴収を図るという公益上の目的を実現するために収税官吏による実効性のある検査制度が欠くべからざるものであることは、何人も否定しがたいものであるところ、その目的、必要性にかんがみれば、右の程度の強制は、実効性確保の手段として、あながち不均衡、不合理なものとはいえない」。憲法35条1項は、「本来、主として刑事責任追及の手続における強制について、それが司法権による事前の抑制の下におかれるべきことを保障した趣旨であるが、当該手続が刑事責任追及を目的とするものでないとの理由のみで、その手続における一切の強制が当然に右規定による保障の枠外にあると判断することは相当ではない。しかしながら、前に述べた諸点を総合して判断すれば、旧所得税法70条10号、63条に規定する検査は、あらかじめ裁判官の発する令状によることをその一般的要件としないからといつて、これを憲法35条の法意に反するものとすることはできず、前記規定を違憲であるとする所論は、理由がない」。憲法38条による保障は、「純然たる刑事手続においてばかりではなく、それ以外の手続においても、実質上、刑事責任追及のための資料の取得収集に直接結びつく作用を一般的に有する手続には、ひとしく及ぶものと解するのを相当とする」。しかし、旧所得税法上の「検査、質問の性質が上述のようなものである以上、右各規定そのものが憲法38条1項にいう『自己に不利益な供述』を強要するものとすることはできず、この点の所論も理由がない」。

[主要参考文献]

・浦部法穂『憲法学教室［第3版]』（日本評論社、2016年）
・佐藤幸治『日本国憲法論』（成文堂、2011年）
・高橋和之『立憲主義と日本国憲法［第5版]』（有斐閣、2020年）
・長谷部恭男編『注釈日本国憲法(3)』（有斐閣、2020年）

第17章

社 会 権

―― 本章のねらい ――

　日本国憲法では、社会権として、生存権、教育を受ける権利、労働基本権を規定している。本章では、社会権の内容がいかなるものかを理解するために、まず、生存権の法的性格について確認した後、その具体化である社会保障制度がどのように整備されているかを概観する。続いて、教育を受ける権利の内容を踏まえ、教育権の所在と教師の教育の自由について判例を検討する。さらに、労働基本権として保障される労働三権の内容について概説した後、公務員の労働基本権の制約に関する判例の変遷をたどる。

1　生存権

1　生存権の法的性格

　憲法25条1項では、「すべて国民は、健康で文化的な最低限度の生活を営む権利を有する」と規定され、**生存権**が保障されることを宣言している。生存権とは、国民が人間にふさわしい生活を営むために必要な諸条件を確保するよう、国家に要求できる権利のことをいう。そして、同条2項では、「国は、すべての生活部面について、社会福祉、社会保障及び公衆衛生の向上及び増進に努めなければならない」として、生存権の具体化に向けて、**社会保障制度**等の諸施策を整備する責務を国家が負うことを明らかにしている。

　生存権には、国民各自が自らの力で「健康で文化的な最低限度の生活」を維持する自由を有し、国家はそれを妨害してはならないという自由権的側面と、国家に対してそのような生活の実現を求める社会権的側面がある。生存権の法的性格について、学説は3つの立場に分かれる。**プログラム規定説、抽象的権利説、具体的権利説**である。

　プログラム規定説とは、25条は国家の努力目標にすぎず、具体的な請求権を

定めたものではないとする考え方である。すなわち、国民の生活に対して国家の積極的な配慮を求めはするが、国民の生存を国家が確保すべきだという政治的・道徳的義務を定めたものに過ぎず、個々の国民に対して具体的な生活扶助を請求する権利を保障するものではないとする。初期の学説である。

　抽象的権利説とは、直接25条に基づいて訴訟を起こすことはできないが、生存権を保障する法律があれば具体的な権利となるので、その法律に基づいて訴訟を起こすことができるという考え方である。すなわち、25条は内容が抽象的で不明確であるため、生存権を具体化する法律があって初めて具体的な権利となり、その法律に基づいて訴訟を起こすことができるとする。今日の学界では、最有力説となっている。

　具体的権利説とは、25条を直接の根拠として生活扶助を求めることはできないとしながらも、国家が25条を具体化する立法を行わない場合には、国家の不作為の違憲確認訴訟を提起できるとする考え方である。すなわち、25条は、その内容を具体的に実現する立法を行うよう立法権に対して義務づけているとして、立法権の不作為が違憲であることを確認する判決を求めることができるとする。

　生存権の法的性格に関しては、最高裁は当初、食糧管理法違反事件［最大判昭和23年9月29日刑集2巻10号1235頁］において、25条1項は「積極主義の政治として、すべての国民が健康で文化的な最低限度の生活を営み得るよう国政を運営すべきことを国家に責務として宣言したもの」であり、「この規定により直接に個々の国民は、国家に対して、具体的、現実的にかかる権利を有するものではな」く、「社会的立法及び社会的施設の拡充に従って、始めて個々の国民の具体的、現実的生活権は設定充実せられてゆく」と判示していた。この判決は、一般に、プログラム規定説に立つものと解されている。この具体的権利性を否定する解釈はその後の判例にも踏襲されたが、その一方で、25条の裁判規範性については認められるようになった。例えば、**判例17-1　朝日訴訟**［最大判昭和42年5月24日民集21巻5号1043頁］において、最高裁は、25条1項の規定は「直接個々の国民に対して具体的権利を賦与したものではな」く、「具体的権利としては、憲法の規定の趣旨を実現するために制定された生活保護法によって、はじめて与えられ」るとして、抽象的権利説に立脚した判断を示すとともに、基本的には広範な行政裁量を認めながらも、その一方で、

「憲法および生活保護法の趣旨・目的に反し、法律によって与えられた裁量権の限界を超えた場合または裁量権を濫用した場合には、違法な行為として司法審査の対象となることをまぬかれない」としている。また、**判例17-2　堀木訴訟**［最大判昭和57年7月7日民集36巻7号1235頁］では、最高裁は、「憲法25条の規定の趣旨にこたえて具体的にどのような立法措置を講ずるかの選択決定は、立法府の広い裁量にゆだねられており、それが著しく合理性を欠き明らかに裁量の逸脱・濫用と見ざるをえないような場合を除き、裁判所が審査判断するのに適しない事柄であるといわなければならない」として、「著しく合理性を欠き明らかに裁量の逸脱・濫用と見ざるをえないような場合」には、裁判所は審査判断に及ぶことができると判示した。ここでは、いわゆる「**明白性の原則**」が**違憲審査基準**として明示された。このように、判例は少なくとも、生存権訴訟に関しては国家機関が裁量権を逸脱・濫用した場合には**司法審査**が可能という立場に立っている。現在の学説・判例では、生存権が抽象的権利であるとともに裁判規範性を有する、と解されている。

2　生存権の具体化（社会保障制度）

　現在の日本では、25条2項にいう「社会福祉、社会保障及び公衆衛生の向上及び増進」に向けた社会政策上の立法措置が講じられており、社会保障制度として整備されている。

　まず、**社会保障**とは、広義の意味においては、国民生活の安定が損なわれた場合に国民に健康で安心できる生活を保障するため、公的責任で生活を支える給付を行うこと全般をいう。この意味における社会保障には、①**社会福祉・公的扶助**、②**社会保険**（「社会保障」）、③**公衆衛生**があり、これらを総称して社会保障制度と呼ぶ。なお、25条2項の「社会保障」は、狭義の意味におけるもので、内容としては社会保険に該当する。以下、社会保障制度の内容について概説する。

　社会福祉とは、社会生活を送る上で特別に援助を必要とする障害者・高齢者・母子家庭などに公的支援を行う制度であり、金銭給付を行う公的扶助のほか、医療、住宅給付等を行う狭義の社会福祉からなる。この社会福祉の分野では、児童福祉法、身体障害者福祉法、知的障害者福祉法、老人福祉法、母子および寡婦福祉法などが制定されている。

　公的扶助とは、生活困窮者に対して人間らしく生きるための最低限度の生活を保障し、自立を支援する制度をいう。生活保護法が、代表的な公的扶助である。生活保護制度は、生活に困窮するすべての国民に対して、その困窮の度合いに応じて必要な保護を行い、健康で文化的な最低限度の生活を保障し、自立を支援する制度である（生活保護法 1 条）。保護の種類としては、生活扶助、教育扶助、住宅扶助、医療扶助、出産扶助、失業扶助、葬祭扶助を定めている（生活保護法11条〜18条）。

　生活保護をめぐって、前掲・**判例17-1　朝日訴訟**では、1956（昭和31）年当時における生活扶助費月額600円という金額が「健康で文化的な最低限度の生活」を維持するに足る金額か否かが争われた。最高裁は、「健康で文化的な最低限度の生活」というのは「抽象的な相対的概念」であるゆえ、その基準の設定は厚生大臣の裁量に委ねられるとした。また、生活保護制度の見直しに伴う70歳以上の生活保護受給者への老齢加算廃止が争われた訴訟において、最高裁は、具体的な基準は厚生労働大臣に裁量権が認められるとして、廃止は合憲とした（生活保護変更決定取消請求求事件［最三判平成24年 2 月28日民集66巻 3 号1240頁；最二判平成24年 4 月 2 日民集66巻 6 号2367頁]）。これら 2 つの判例が「健康で文化的な最低限度の生活」の水準に関連して提起されたものであるのに対し、学資保険訴訟［最二判平成16年 3 月16日民集58巻 3 号647頁］は、生活保護費の使途に関するものであった。この事例は、生活保護世帯が娘 2 人の高校進学に備えて学資保険に加入し、月額3000円の保険料を支払っていたところ、満期保険金が収入にあたるとして生活保護支給額を減額されたものである。最高裁は、保護費の中から一定額を貯蓄に回し、高校就学の費用を蓄える努力をすることは生活保護法の趣旨に反しないとして、減額措置の是正を命じた。

　社会保険（「社会保障」）とは、人が病気・負傷・死亡・老齢・障害・失業など生活を送る上で困難（保険事故）にあった場合に、被保険者やその家族に一定の給付を行うことによって生活の安定を図る制度をいう。具体的な立法としては、国民健康保険法、国民年金法、厚生年金保険法、雇用保険法、介護保険法などが制定されている。

　公衆衛生とは、健康な生活を営めるよう予防・衛生措置を施す制度であり、以下の内容をもつ。医師その他の医療従事者や病院などが提供する医療サービス、疾病予防・健康づくりなどの保健事業、母体の健康保持・増進と母子保

健、および食品や医薬品の安全性の確保である。公衆衛生のための制度は、感染症予防法、予防接種法、地域保健法、薬事法、食品衛生法などのほか、公害対策基本法、環境基本法、大気汚染防止法など環境関連の法律によっても定められている。

2　教育を受ける権利

1　教育を受ける権利の内容

憲法26条1項は「すべて国民は、法律の定めるところにより、その能力に応じて、ひとしく教育を受ける権利を有する」と定めて、国民の教育を受ける権利を保障しており、この権利を具体化する法律として、教育基本法（1947（昭和22）年）、学校教育法（1947（昭和22）年）などが制定されている。また、同条2項は「すべて国民は、法律の定めるところにより、その保護する子女に普通教育を受けさせる義務を負ふ。義務教育は、これを無償とする」として、親もしくは親族等の親権者が子どもに教育を受けさせる義務を明記し、小学校から中学校までの義務教育も無償である旨が定められている。ここでいう「普通教育」とは、国民一般に共通に必要とされる基礎教育を意味し、9年間と定められている（教基法5条1項・2項、学教法6条）。

26条1項が教育を受ける権利に「その能力に応じて、ひとしく」という文言を付したのは、14条の平等原則が教育の領域においても遵守されるべきことを示したものである。これを受けて、教育基本法も「人種、信条、性別、社会的身分、経済的地位又は門地によつて、教育上差別されない」（3条）と定めている。この意味は、能力と無関係な家庭的・経済的事情などによる選別は許されないが、各人の適性や能力の違いに応じて異なった内容の教育をすることは許されるという趣旨である。したがって、公正な入学試験による選抜や、入学時の学力による選抜、習熟度別クラス編成などは認められる。

26条2項後段は、義務教育の無償を規定している。この「無償」の範囲について、最高裁は、「授業料不徴収の意味と解するのが相当」と判示し（義務教育費負担請求事件［最大判昭和39年2月26日民集18巻2号343頁］）、教育基本法においても、「国又は地方公共団体の設置する学校における義務教育については、授業料を徴収しない」（教基法5条4項）と定められている。このように、現在の通

説・判例では、義務教育の「無償」については、教育の対価たる授業料の不徴収を定めたものと解している。なお、1963（昭和38）年以降、義務教育諸学校の教科書については無償配布となっている（無償措置法）。

　教育を受ける権利について、現在では、子どもの学習する権利（**学習権**）という観念を中心として把握されている。子どもの学習権とは、一般に子どもが教育を受けて学習し、人間的に発達・成長していく権利である。最高裁は、学習権について、「国民各自が、一個の人間として、また、一市民として、成長、発達し、自己の人格を完成、実現するために必要な学習をする固有の権利」であるとし、子どもの学習権についても、自ら学習することのできない子どもが「その学習欲求を充足するための教育を自己に施すことを大人一般に対して要求する権利」であると判示している（**判例17-3　旭川学力テスト事件**〔最大判昭和51年5月21日刑集30巻5号615頁〕）

2　教育権の所在と教育の自由

　子どもの学習権に対応する責務として、具体的に誰が子どもに対する責務を果たすべきかという問題、つまり、**教育権**の問題がある。教育権とは、具体的な教育内容や教育方法を決定し実施する権能のことであるが、これについては、誰が教育内容・方法を決定するのかという、**教育権の所在**が問題となる。この問題について、2つの学説が存在する。一方は、子どもの教育が親を含む国民全体の共通関心事であることに基づいて公教育制度は形成・実施されるものであり、公教育制度を支配し、そこで実現されるべきものは国民全体の教育意思であり、その教育意思は、議会制民主主義の下では国会の法律制定を通じて具体化されるから、法律は、公教育の内容および方法について包括的に定めることができるとする**国家教育権説**である。この立場によれば、教育権の主体は国家であり、国家は公教育を実施する教師の教育の自由に制約を加えることが原則として許される。これに対し、教育権の主体は親を中心とする国民全体であり、公権力のなすべき責務は、国民の教育義務の遂行を側面から助成するための諸条件の整備に限られ、公教育の内容および方法については原則として介入することはできないとする**国民教育権説**である。これによれば、教育の実施にあたる教師は、国民全体に対して教育的・文化的責任を負う形で教育内容・方法を決定・遂行すべきことになり、それは23条の学問の自由により保障

されているとする。判例では、教育権の所在について、国家教育権説も国民教育権説のどちらも「極端かつ一方的」であるとして、どちらの説も全面的には採用せず、親・教師による教育の自由を一定の範囲内で認めるとともに、国家が教育内容を決定する権能を有するとした（前掲・判例17-3　旭川学力テスト事件）。そして、教育内容を審査する教科書検定制度についても、児童・生徒の側には「いまだ授業の内容を批判する十分な能力は備わっていない」上、「学校、教師を選択する余地も乏しく教育の機会均等を図る必要」があることから、「教育内容が正確かつ中立・公正で、地域、学校のいかんにかかわらず全国的に一定の水準であることが要請される」とともに、教育内容が児童・生徒の「心身の発達段階に応じたもの」であることも要請される点を指摘し、教科書検定制度はこれらの要請を実現するために行われるものであるとして認めている（第1次家永教科書検定訴訟［最三判平成5年3月16日民集47巻5号3483頁］）。また、一定の教育水準を維持しつつ教育目的を達成するためには、国家により教育内容・方法が定められる必要性（学習指導要領）がある。この学習指導要領は「法規としての性質」を有し法的拘束力が認められるため、要領で定められている教育内容・方法に関しては教師による**教育の自由**にもおのずから制約が存在する（伝習館高校事件［最一判平成2年1月18日民集44巻1号1頁］）。

3　労働基本権

1　労働基本権の意味内容（労働三権）

　憲法28条が定める**労働基本権**は、勤労条件の交渉に際して、経済的に劣位にある労働者に使用者と対等の立場を確保するための権利である。その趣旨は、労働者と雇用主との関係を対等にすることによって、雇用主に対して劣位に立つ労働者を保護し、労働者が人間に値する職場環境や生活を享受できるようにすることである。この権利の主体である「勤労者」とは、労働力を提供して対価を得て生活するものを意味し、労働法上の「労働者」と同じ意味である（労組法3条、労基法9条）。

　労働基本権の法的性格は、自由権的側面と社会権的側面の複合的性格を有しているといわれる。社会権的側面としては、国家に対して労働者の労働基本権を保障する措置を要求し、国家にその施策を実現すべき義務を負わせる。労働

組合法がその代表的立法例である。自由権的側面としては、労働基本権を制限したり侵害するような立法その他の国家行為を国家に対して禁止することが挙げられる。例えば、労働基本権の行使とされる行為は、正当な行為である限り、禁止されたり刑事制裁の対象とされることはない。それゆえ、正当な争議行為については、刑事責任の免除を規定した刑法35条が適用されることになる（労組法1条2項、**刑事免責**）。

また、労働基本権は、優位な使用者対劣位の労働者という対抗関係において、弱者である労働者の権利保護を目的とするものであることから、国家との関係においてだけでなく、私人間にも直接適用される。すなわち、正当な争議行為によって使用者の自由権や財産権が侵害されたとしても、その行為が正当なものである限り、債務不履行や不法行為責任を問われることはなく、使用者は損害賠償を請求することはできない（労組法8条、**民事免責**）。また、使用者は、**労働組合**への加入や正当な争議行為への参加といった行為を理由として、労働者を解雇したり、その他の不利益な取扱いをしてはならないとされ、これに反する場合には、不当労働行為として刑事罰の対象とされる（労組法7条・28条）。

労働基本権には、**労働三権**と呼ばれるように、**団結権、団体交渉権、団体行動権**（**争議権**）の3つの権利が含まれている。これら労働三権を具体的に保障する法律が、**労働基準法、労働組合法、労働関係調整法**の、いわゆる**労働三法**である。

団結権とは、労働条件の維持・改善を目的として、使用者と対等の交渉力をもつ団体を結成したり、そこに加入する権利のことをいう。通常、団体とは継続的に活動する労働組合を意味するので、自由に労働組合を結成し、これに加入する権利（労働組合結成権）ともいえる。なお、団結権は、使用者との対抗関係において、交渉団体としての立場を強化するために保障されるものであることから、その目的を達成するために加入強制や内部統制などの組織強制が一定程度認められる（三井倉庫港運事件［最一判平成元年12月14日民集43巻12号2051頁］、三井美唄炭鉱労組事件［最大判昭和43年12月4日刑集22巻13号1425頁］、国労広島地本事件［最三判昭和50年11月28日民集29巻10号1698頁］）。

団体交渉権とは、労働者の団体がその代表者を通じて、賃金・就業時間などの労働条件について使用者と交渉する権利である。団体として交渉することに

より、使用者と労働者とが対等の立場で交渉することが可能になる。したがって、使用者は、正当な事由なくして労働者代表との団体交渉を拒否することはできない（労組法7条2号）。団体交渉の結果、労使間で締結される労働条件などの取決めを**労働協約**（個人と団体間相互または団体相互で結ばれる契約である団体協約の一種）といい、労働協約を締結する権利を協約締結権という。この労働協約は、法規範としての効力（規範的効力）をもち、それに反する労働契約の部分は無効となる（労組法16条）

　団体行動権とは、団体交渉を行う労働者の団体が、自らの要求を使用者に認めさせるために団体として行動する権利であり、その中心は、**争議権**である。この権利には、使用者との対等の立場を確保して団体交渉を有利に進めることを目的としてなされる、業務の正常な運営を阻害するような行為（争議行為）のすべてが含まれる。典型的な争議行為はストライキ（同盟罷業）やサボタージュ（怠業）であるが、他にも、ピケッティング、ボイコット（不買運動）、リボン闘争、ビラ貼り、職場占拠・生産管理などがある。労働条件の維持・改善を目的として行われる正当な争議行為は刑事免責・民事免責の対象となるが、争議の目的・方法の点で逸脱した場合には、刑事責任（威力業務妨害）や民事責任（解雇・損害賠償）を問われることもありうる。労働組合法では、「いかなる場合においても、暴力の行使は、労働組合の正当な行為と解釈されてはならない」としている（1条2項但書）。なお、最高裁は、政治スト（**判例17-5　全農林警職法事件**［最大判昭和48年4月25日刑集27巻4号547頁］）、職場の全面占拠（山陽電気軌道事件［最二判昭和53年11月15日刑集32巻8号1855頁］）、および生産管理（山田鋼業事件［最大判昭和25年11月15日刑集4巻11号2257頁］）は、正当な争議行為ではないとした。

2　公務員の労働基本権

　公務員も「勤労者」に含まれるが、国民全体の奉仕者として公共の利益のために勤務し、職務に専念する義務があるため、その労働基本権は制約されるという側面がある。

　現行法上、公務員の労働基本権は広範に制限されており、その制限の態様から3つのグループに分けることができる。第一は、団結権・団体交渉権・団体行動権のすべてを否定されているグループで、自衛隊員・警察職員・消防職

員・海上保安庁職員・刑事施設職員がこれにあたる（自衛隊法64条1項、国公法108条の2第5項、地公法52条5項）。彼らには、そもそも団結権が認められていないが、それは次のような理由による。これらの職員は、国民の生命・財産の保護や社会の治安維持を目的とし、そのために厳格な服務規律と統制された部隊活動が要求される。しかし、団体の結成は上司と部下が対抗関係に入ることを意味するため、絶対的な上命下服を要求されるこれらの職員には、団体の結成は認められない。第二は、団結権は認められているが、団体交渉権が制限され、争議権が否認されているグループで、非現業の国家公務員および地方公務員がここに属する。これらの職員は、団体を結成し交渉を行うことはできるが、協約締結権が認められていないため団体協約を締結できず、その意味で団体交渉権が制約されている（国公法108条の2第1-3項・108条の5第1-3項・98条2項、地公法52条1-3項・55条1-3項・37条1項）。第三は、団結権と団体交渉権は認められているが、争議権が否定されているグループで、現業の国家公務員（国有林野事業を行う国営企業に勤務する職員）・特定独立行政法人の職員・地方公営企業職員・特定地方独立行政法人の職員および単純労務職員がこれにあたる。これらの職員に対しては、労働組合の結成、一定事項についての団体交渉および労働協約の締結が認められるが、争議権は認められない（特労法4条1項・8条・17条1項・18条、地公労法5条・7条・11条・12条）。

図 公務員の労働基本権の制限

	団結権	団体交渉権	団体行動権（争議権）
自衛隊員 警察職員 消防職員 海上保安庁職員 刑事施設職員	×	×	×
非現業の国家公務員および地方公務員	○	△	×
現業の国家公務員 特定独立行政法人の職員 地方公営企業職員 特定地方独立行政法人の職員 単純労務職員	○	○	×

　公務員の労働基本権に制約が許される根拠は、時代とともに変遷してきた。

　戦後間もなくの頃の政令201号事件［最大判昭和28年4月8日刑集7巻4号775頁］では、労働基本権も「公共の福祉」のために制限を受けるとし、特に国家公務員は「国民全体の奉仕者」として特別の取扱いを受ける必要があるとし、公務員に対する労働基本権の制約を合憲とした。ここでは、憲法13条の「公共の福祉」と憲法15条の「国民全体の奉仕者」が労働基本権制約の根拠として挙げられた。

　この「国民全体の奉仕者」という考え方を否定し、従来の判例を変更したのが**判例17-4　全逓東京中郵事件**［最大判昭和41年10月26日刑集20巻8号901頁］である。最高裁は、憲法15条の「国民全体の奉仕者」論に基づいて公務員の労働基本権をすべて否定するようなことは許されないとし、代わって「国民生活全体の利益の保障」という観点から、その制約については内在的制約のみが許されるとした。そして、制約が認められる条件として、①「合理性の認められる必要最小限度」にとどめるべきこと、②公共性の強い職務については必要やむを得ない場合にかぎること、③刑事制裁は必要やむを得ない場合にかぎること、④代償措置があること、の4点を挙げた。この判例は、公務員の労働基本権を原則的に承認する立場を明確にするとともに、その制限には慎重な姿勢をとるものであった。この判決の趣旨はその後の判例にも承継され、東京都教組事件［最大判昭和44年4月2日刑集23巻5号305頁］では、地方公務員法の規定（争議行為の一律禁止と処罰を定めた37条1項と61条4号）に対して「二重の絞り」をかける合憲限定解釈を行うことによって、地方公務員の労働基本権を認めた。この流れはしばらく踏襲された（全司法仙台事件［最大判昭和44年4月2日刑集23巻5号685頁］）。

　このような公務員の労働基本権の制限に対する慎重な姿勢を改めたのが、前掲・**判例17-5　全農林警職法事件**である。この事件において、最高裁は内在的制約説をとらず、「国民全体の共同利益」と公務員の「地位の特殊性及び職務の公共性」という観点から、その労働基本権には制限が存在するとし、一律かつ全面的な制限を合憲とした。そして、制限が認められる理由として、①勤務条件法定主義（議会制民主主義・財政民主主義）、②市場抑制力の欠如、③代償措置の存在が挙げられた。この判決の後、公務員の労働基本権の制限を容認する判決が続き、岩手教組学テ事件［最大判昭和51年5月21日刑集30巻5号1178

頁〕は地方公務員に関する東京都教組事件を変更し、全逓名古屋中郵事件〔最大判昭和52年5月4日刑集31巻3号182頁〕は前掲・**判例17-4 全逓東京中郵事件**を覆した。この傾向は、現在まで踏襲されている。

....
判例17-1
....

争点

生存権の法的性格はどのようなものか─朝日訴訟〔最大判昭和42年5月24日民集21巻5号1043頁〕

事案

国立の療養所に入所していた原告は、生活保護法に基づいて月額600円の日用品費の生活扶助と医療扶助を受けていたが、実兄から月額1500円の仕送りを受けることになった。そこで、市の社会福祉事務所長は、生活扶助を廃止するとともに、仕送りから日用品費600円を控除した残額900円を原告の医療費自己負担の一部とする保護変更決定を行った。原告は、県知事および厚生大臣に対し不服申立てをしたが、いずれも却下された。これを受けて、原告は、月額600円の基準金額が生活保護法の規定する健康で文化的な最低限度の生活水準を維持するに足りない違法なものであると主張して、厚生大臣による却下裁決の取消請求訴訟を起こした。第1審〔東京地判昭和35年10月19日行集11巻10号2921頁〕は、厚生大臣の却下裁決を取り消したが、控訴審〔東京高判昭和38年11月4日行集14巻11号1963頁〕は、第1審判決を取り消した。原告は上告したが、その後死亡し、養子相続人が訴訟を続けた。

判旨

訴訟終了。「憲法25条1項……の規定は、すべての国民が健康で文化的な最低限度の生活を営み得るように国政を運営すべきことを国の責務として宣言したにとどまり、直接個々の国民に対して具体的権利を賦与したものではない。具体的権利としては、憲法の規定の趣旨を実現するために制定された生活保護法によって、はじめて与えられているというべきである」。

「厚生大臣の定める保護基準は、……結局には憲法の定める健康で文化的な最低限度の生活を維持するにたりるものでなければならない。しかし、健康で文化的な最低限度の生活なるものは、抽象的な相対的概念であり、その具体的内容は、文化の発達、国民経済の進展に伴って向上するのはもとより、多数の不確定要素を綜合考量してはじめて決定できるものである。したがって、何が健康で文化的な最低限度の生活であるかの認定判断は、いちおう、厚生大臣の合目的的な裁量に委されており、その判断は、当不当の問題として政府の政治責任が問われることはあっても、直ちに違法の問題を生ずることはない。ただ、現実の生活条件を無視して著しく低い基準を設定する等憲法および生活保護法の趣旨・目的に反し、法律によって与えられた裁量権の限界を超えた場合または裁量権を濫用した場合には、違法な行為として司法審査の対象となることをまぬかれない」。

判例17-2

争点

　生存権の具体化立法に対する違憲審査基準はどのようなものか—堀木訴訟［最大判昭和57年 7 月 7 日民集36巻 7 号1235頁］

事案

　視覚障害者である原告は、国民年金法による障害福祉年金を受給していたが、離婚後は次男を養育していたため、児童扶養手当法に基づく児童扶養手当受給資格認定を県知事に申請したところ、同法 4 条 3 項 3 号（昭和48年改正前）の併給禁止規定に該当するとして却下された。そこで、原告は、同条項が憲法13条・14条 1 項・25条 2 項に反するとして、却下処分の取り消しを求めて提訴した。第 1 審［神戸地判昭和47年 9 月20日行集23巻 8・9 号711頁］は、却下処分の取消しをしたが、控訴審［大阪高判昭和50年11月10日行集26巻10・11号1268頁］は第 1 審判決を取り消したため、原告が上告した。

判旨

　上告棄却。生存権の法的性格に関し、憲法25条 1 項が「いわゆる福祉国家の理念に基づき、すべての国民が健康で文化的な最低限度の生活を営み得るよう国政を運営すべきことを国の責務として宣言したものであること」、そして同条 2 項が「同じく福祉国家の理念に基づき、社会的立法及び社会的施設の創造拡充に努力すべきことを国の責務として宣言したものであること」を踏まえ、憲法25条 1 項は、「国が個々の国民に対して具体的・現実的に右のような義務を有することを規定したものではなく、同条 2 項によって国の責務であるとされている社会的立法及び社会的施設の創造拡充により個々の国民の具体的・現実的な生活権が設定充実されてゆくものであると解すべきことは、すでに当裁判所の判例とするところである」。

　「健康で文化的な最低限度の生活」の内容および立法府の裁量については、「きわめて抽象的・相対的な概念であって、その具体的内容は、その時々における文化の発達の程度、経済的・社会的条件、一般的な国民生活の状況等との相関関係において判断されるべきものであるとともに、右規定を現実の立法として具体化するに当たっては、国の財政事情を無視することができず、また、各方面にわたる複雑多様な、しかも高度の専門技術的な考察とそれに基づいた政策的判断を必要とするものである。したがって、憲法25条の規定の趣旨にこたえて具体的にどのような立法措置を講ずるかの選択決定は、立法府の広い裁量にゆだねられており、それが著しく合理性を欠き明らかに裁量の逸脱・濫用と見ざるをえないような場合を除き、裁判所が審査判断するのに適しない事柄であるといわなければならない」。

判例17-3

争点

　教育権の所在、子どもの学習権、教師の教育の自由―旭川学力テスト事件［最大判昭和51年5月21日刑集30巻5号615頁］

事案

　被告人らは、1961（昭和36）年10月に旭川市立中学校において実施予定の全国中学校一せい学力調査を阻止することを目的として、同校校長の制止にもかかわらず同校校舎内に侵入し、同校長より強く退去の要求を受けたにもかかわらず、同校舎内から退去せず、校長らに暴行・脅迫を加えた等として、建造物侵入罪・公務執行妨害罪・暴行罪に該当するとして起訴された。第1審［旭川地判昭和41年5月25日判時453号16頁］は、建造物侵入罪と暴行罪の成立を認め、被告人らに罰金刑と執行猶予付きの懲役刑を言い渡した。これに対し、検察側と被告人側双方が控訴したが、控訴審［札幌高判昭和43年6月26日判時524号24頁］も第1審判決を支持し、控訴を棄却したため、検察側・被告人側双方が上告した。

判旨

　一部上告棄却、一部破棄自判。「子どもの教育の内容を決定する権能が誰に帰属するとされているかについては、二つの極端に対立する見解があり、……一の見解は、子どもの教育は、親を含む国民全体の共通関心事であり、公教育制度は、……国会の法律制定を通じて具体化されるべきものであるから、法律は、……公教育における教育の内容及び方法についても包括的にこれを定めることができ、また、教育行政機関も、法律の授権に基づく限り、広くこれらの事項について決定権限を有する、と主張する。これに対し、他の見解は、子どもの教育は、憲法26条の保障する子どもの教育を受ける権利に対する責務として行われるべきもので、このような責務をになう者は、親を中心とする国民全体であり、公教育としての子どもの教育は、いわば親の教育義務の共同化ともいうべき性格をもつのであつて、……権力主体としての国の子どもの教育に対するかかわり合いは、右のような国民の教育義務の遂行を側面から助成するための諸条件の整備に限られ、子どもの教育の内容及び方法については、国は原則として介入権能をもたず、教育は、その実施にあたる教師が、その教育専門家としての立場から、国民全体に対して教育的、文化的責任を負うような形で、その内容及び方法を決定、遂行すべきものであり、このことはまた、憲法23条における学問の自由の保障が、学問研究の自由ばかりでなく、教授の自由をも含み、教授の自由は、教育の本質上、高等教育のみならず、普通教育におけるそれにも及ぶ」。「当裁判所は、右の二つの見解はいずれも極端かつ一方的であり、そのいずれをも全面的に採用することはできないと考える」。「憲法中教育そのものについて直接の定めをしている規定は憲法26条であるが、……この規定の背後には、国民各自が、一個の人間として、また、一市民として、成長、発達し、自己の人格を完成、実現するために必要な学習をする固有の権利を有すること、特に、みずから学習することのできない子どもは、その学習要求を充足するための教育を自己に施すこと

を大人一般に対して要求する権利を有するとの観念が存在していると考えられる」。「大学教育の場合には、学生が一応教授内容を批判する能力を備えていると考えられるのに対し、普通教育においては、児童生徒にこのような能力がなく、教師が児童生徒に対して強い影響力、支配力を有することを考え、また、普通教育においては、子どもの側に学校や教師を選択する余地が乏しく、教育の機会均等をはかる上からも全国的に一定の水準を確保すべき強い要請があること等に思いをいたすときは、普通教育における教師に完全な教授の自由を認めることは、とうてい許されない」。「親は、子どもに対する自然的関係により、子どもの将来に対して最も深い関心をもち、かつ、配慮をすべき立場にある者として、子どもの教育に対する一定の支配権、すなわち子女の教育の自由を有すると認められるが、このような親の教育の自由は、主として家庭教育等学校外における教育や学校選択の自由にあらわれるものと考えられるし、また、私学教育における自由や……教師の教授の自由も、それぞれ限られた一定の範囲においてこれを肯定するのが相当であるけれども、それ以外の領域においては、一般に社会公共的な問題について国民全体の意思を組織的に決定、実現すべき立場にある国は、国政の一部として広く適切な教育政策を樹立、実施すべく、また、しうる者として、憲法上は、あるいは子ども自身の利益の擁護のため、あるいは子どもの成長に対する社会公共の利益と関心にこたえるため、必要かつ相当と認められる範囲において、教育内容についてもこれを決定する権能を有するもの」である。

判例17-4

争点

公務員の正当な争議行為に対して刑事免責は認められるか─全逓東京中郵事件[最大判昭和41年10月26日刑集20巻8号901頁]

事案

1958（昭和33）年の春闘に際し、全逓信労働組合の役員である被告人8名が、東京中央郵便局の従業員に対して、勤務時間内に食い込む職場大会へ参加するよう説得し争議行為を唆したとして、郵便法79条1項の郵便物不取扱いの罪で起訴された。第1審［東京地判昭和37年5月30日判時303号14頁］は無罪を言い渡したが、控訴審［東京高判昭和38年11月27日判時363号48頁］は、破棄差戻の判決を下した。これに対して、被告人らが上告した。

判旨

破棄差戻。公務員に労働基本権が認められるかに関して、「労働基本権は、たんに私企業の労働者だけについて保障されるのではなく、公共企業体の職員はもとよりのこと、国家公務員や地方公務員も、憲法28条にいう勤労者にほかならない以上、原則的には、その保障を受けるべきものと解される。『公務員は、全体の奉仕者であって、一部の奉仕者ではない』とする憲法15条を根拠として、公務員に対して右の労働基本権をすべて否

定するようなことは許されない」。

　公務員の労働基本権の制限については、「(1)労働基本権の制限は、労働基本権を尊重確保する必要と国民生活全体の利益を維持増進する必要とを比較衡量して、両者が適正な均衡を保つことを目途として決定すべきであるが、労働基本権が勤労者の生存権に直結し、それを保障するための重要な手段である点を考慮すれば、その制限は、合理性の認められる必要最小限度のものにとどめなければならない。(2)労働基本権の制限は、勤労者の提供する職務または業務の性質が公共性の強いものであり、したがってその職務または業務の停廃が国民生活全体の利益を害し、国民生活に重大な障害をもたらすおそれのあるものについて、これを避けるために必要やむを得ない場合について考慮されるべきである。(3)労働基本権の制限違反に伴う法律効果、すなわち、違反者に対して課せられる不利益については、必要な限度を超えないように、十分な配慮がなされなければならない。とくに、勤労者の争議行為等に対して刑事制裁を科することは、必要やむを得ない場合に限られるべきであり、同盟罷業、怠業のような単純な不作為を刑罰の対象とするについては、特別に慎重でなければならない。……(4)職務または業務の性質上からして、労働基本権を制限することがやむを得ない場合には、これに見合う代償措置が講ぜられなければならない」。

···

判例17-5

争点

　旧国家公務員法98条5項、110条1項17号の合憲性—全農林警職法事件［最大判昭和48年4月25日刑集27巻4号547頁］

事案

　1958（昭和33）年、警察官職務執行法改正案の国会上程に反対する全農林労働組合の幹部である被告人らが、組合員に対して正午出勤を命じるとともに職場内大会への参加を慫慂したとして、国家公務員法110条1項17号違反の罪に問われた。第1審［東京地判昭和38年4月19日刑集27巻4号1047頁］は無罪を言い渡したが、控訴審［東京高判昭和43年9月30日刑集21巻5号365頁］は第1審判決を破棄し、有罪判決を下した。これに対して、被告人らが上告した。

判旨

　上告棄却。「公務員は、私企業の労働者と異なり、その使用者は国民全体であり、公務員の労務提供義務は国民全体に対して負うものである。……公務員の地位の特殊性と職務の公共性にかんがみるときは、これを根拠として公務員の労働基本権に対し必要やむを得ない限度の制限を加えることは、十分合理的な理由があるというべきである。……公務員の勤務条件の決定については、私企業における勤労者と異なるものがあることを看過することはできない。……私企業においては、……憲法28条の保障する労働基本権の行使が何らの制約なく許されるのを原則としている。これに反し、公務員の場合は、

その給与の財源は国の財政とも関連して主として税収によって賄われ、……その勤務条件はすべて政治的、財政的、社会的その他諸般の合理的な配慮により適当に決定されなければならず、しかもその決定は……立法府において論議のうえなされるべきもので」ある。「……公務員の給与をはじめ、その他の勤務条件は、……国民の代表者により構成される国会の制定した法律、予算によって定められることとなって」おり、「……公務員の勤務条件の決定に関し、政府が国会から適法な委任を受けていない事項について、公務員が政府に対し争議行為を行なうことは、的はずれであって……公務員による争議が行なわれるならば、使用者としての政府によっては解決できない立法問題に逢着せざるをえないこととなり、ひいては民主的に行なわれるべき公務員の勤務条件決定の手続過程を歪曲することともなって、憲法の基本原則である議会制民主主義（憲法41条、83条等参照）に背馳し、国会の議決権を侵す虞れすらなしとしないのである。さらに、私企業の場合と対比すると、私企業においては、極めて公益性の強い特殊のものを除き、一般に使用者にはいわゆる作業所閉鎖（ロックアウト）をもって争議行為に対抗する手段があるばかりでなく、労働者の過大な要求を容れることは、企業の経営を悪化させ、企業そのものの存立を危殆ならしめ、ひいては労働者自身の失業を招くという重大な結果をもたらすこととなるのであるから、労働者の要求はおのずからその面よりの制約を免れず、ここにも私企業の労働者の争議行為と公務員のそれとを一律同様に考えることのできない理由の一が存するのである。また、一般の私企業においては、……市場からの圧力を受けざるをえない関係上、争議行為に対しても、いわゆる市場の抑制力が働くことを必然とするのに反し、公務員の場合には、そのような市場の機能が作用する余地がないため、公務員の争議行為は場合によっては一方的に強力な圧力となり、この面からも公務員の勤務条件決定の手続をゆがめることとなるのである。……以上のように、公務員の争議行為は、公務員の地位の特殊性と勤労者を含めた国民全体の共同利益の保障という見地から、一般私企業におけるとは異なる制約に服すべきものとなしうることは当然であ」る。なお、「その争議行為等が、勤労者をも含めた国民全体の共同利益の保障という見地から制約を受ける公務員に対しても、その生存権保障の趣旨から、法は、これらの制約に見合う代償措置として身分、任免、服務、給与その他に関する勤務条件についての周到詳密な規定を設け、さらに中央人事行政機関として準司法機関的性格をもつ人事院を設けている」。以上のことから、「公務員の従事する職務には公共性がある一方、法律によりその主要な勤務条件が定められ、身分が保障されているほか、適切な代償措置が講じられているのであるから、国公法98条５項がかかる公務員の争議行為およびそのあおり行為等を禁止するのは、勤労者をも含めた国民全体の共同利益の見地からするやむをえない制約というべきであって、憲法28条に違反するものではないといわなければならない」。

［主要参考文献］

・芦部信喜［高橋和之補訂］『憲法［第7版］』（岩波書店、2019年）

・伊藤正己『憲法［第3版］』（弘文堂、1995年）

・大石眞『憲法講義Ⅱ［第2版］』（有斐閣、2012年）

・佐藤幸治『日本国憲法論』（成文堂、2011年）

・渋谷秀樹『憲法［第3版］』（有斐閣、2017年）

第18章

国務請求権

── 本章のねらい ──

　国務請求権は、国民が自己のために国家による一定の作為を要求する権利であり、人権を確保するための人権という性質を有する。本章では、まず、総論として、人権の中での国務請求権の位置付けを説明する。その上で、各論として、日本国憲法が保障する国務請求権を請願権、裁判を受ける権利、国家賠償請求権、刑事補償請求権の順にそれぞれ説明する。

1　総　論

　日本国憲法は、**国務請求権**として、**請願権、裁判を受ける権利、国家賠償請求権**および**刑事補償請求権**の４つの人権を保障している。

　国務請求権は、国民が自己の利益のために国家による一定の作為を要求する積極的権利である。自己の利益のための権利という点に着目して、**受益権**と呼ばれる場合もある。国務請求権は、国家に対する積極的権利という点では社会権と共通している（**第17章を参照**）。しかし、社会権と国務請求権とでは、権利の基盤となる基本原理が異なる。社会権は、現代的な社会国家の原理から導かれる積極的権利である。他方で、国務請求権は、近代的な自由国家の原理から導かれる積極的権利である。例えば、請願権や裁判を受ける権利は、自由権を確保するための権利として、伝統的に保障されてきた。ただし、同じく国務請求権に分類される国家賠償請求権や刑事補償請求権が憲法上の権利として保障されるようになったのは、20世紀中盤以降である。このように、全ての国務請求権が市民革命以降からの伝統的な人権に含まれるわけではない。

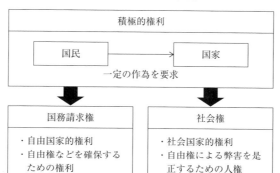

図　国務請求権の位置付け

2　請願権

　請願権とは、国または地方公共団体の機関に対して、国務に関する希望を述べる権利である。日本国憲法は、16条において請願権を保障している。

1　請願権の沿革と意義

　請願は、歴史的には国民が政治に対する自らの意思を表明するための有力な手段であった。かつての専制君主制の下では、国民が政治に参加するための制度（典型的には選挙）が整備されていなかった。こうした状況の下では、請願という形式により君主に対して自らの権利の確保を求めることは重要であった。さらに、市民革命後の近代国家においても、請願は重要な役割を果たしていた。近代国家における議会政治の下でも、国民の政治参加が必ずしも十分に保障されない場合もある。したがって、議会や行政機関に対して自らの要望を訴えるための請願は、国民にとってやはり重要であった。こうした背景の下で、近代憲法は、人権の一つとして請願権を保障したのである。

　他方で、現代においては、請願権が歴史の中で果たしてきた意義は低下している。国民主権の原理の下での普通選挙は、国民の政治参加を十分に保障している。また、表現の自由は、国民の政治的意見の表明を保障している。さらに、国家による権利侵害に対する救済方法も制度化されている。こうした他の

人権保障の拡充や制度の確立により、結果として請願権の重要性は相対的に低下している。

　こうした歴史的意義の低下を背景に、現代的意義として新たに**請願権の参政権的な役割**が指摘されている。複雑化した現代社会においては、国民の政治的意見の多様化が進行している。多様化の進行により、選挙を通じて国民全体の意思を国政に十分に反映することが困難となった。こうした中で、議会や行政機関に自らの政治的意思を訴える請願は、伝統的な参政権である選挙権の限界を補完する手段と位置付けられる。その意味で、現代では請願権に参政権的な意義が見いだされるのである。

2　請願権の内容

　請願権の内容は、請願法により具体化されている。国や地方公共団体の機関には、請願を受理し誠実に処理する義務が課されている（請願法5条）。他方で、請願内容を採択したり、処理したりする法的義務までは課されていない。つまり、請願権は、あくまでも請願するまでの権利である。

　請願権の享有主体には、外国人も含まれる。参政権的意義が見いだされつつあるものの、請願内容の採択・処理義務は課されていない。その点において、請願権は代表的な参政権である選挙権などとは性質が異なっており、外国人に請願権を認めたとしても国民主権の原理と矛盾しない。したがって、請願権は外国人にも保障されている。選挙権が保障されていない外国人にとっては、請願権は政治との関連において非常に重要なものとなっている。

　日本国憲法下の請願の主たる名宛人は、国会の各議院、さらに地方議会である。国会の各議院に対する請願の手続に関しては、国会法第9章、衆議院規則第11章、参議院規則第11章により規定されている。地方議会に対する請願の手続に関しては、地方自治法124条および125条により規定されている。国会や地方議会に対する請願が詳細に制度化されている理由として、議会制民主主義を採用している点が挙げられる。なお、衆議院および参議院に対する請願の採択率は、どちらの院においてもおよそ3割程度である。

　日本国憲法下の請願の対象には、国務に関するあらゆる事項が含まれている。16条は、請願の対象として「損害の救済、公務員の罷免、法律、命令又は規則の制定、廃止又は改正その他の事項」を挙げている。具体的な内容を列挙

しつつも、「その他の事項」とあるため、請願の対象は限定されていないと解される。また、請願内容は必ずしも自らの権利や利益に関するものである必要もない。

　請願権の行使には、いくつかの要件が課されている。第一に、請願は平穏に行われなければならない（16条）。威嚇などの行動を伴うと、憲法が保障する請願には該当しなくなる。第二に、請願は文書で行われなければならない（請願法2条）。なお、外国語の文書で請願を行う場合には、訳文を付さなければならない（衆規172条）。第三に、国会の各議院や地方議会に対する請願は、議員の紹介によらなければならない（国会法79条、自治法124条）。請願を紹介する議員は、自らが請願書に署名または記名押印することになっている。

　また、請願権の行使の結果としての差別待遇は禁止されている。16条は「何人も、かかる請願をしたためにいかなる差別待遇も受けない」と規定している。この規定は、国家権力による差別だけでなく、私法上の法律行為であっても差別待遇が内容であれば無効となると解されている。

3　裁判を受ける権利

　裁判を受ける権利には2つの意味がある。第一の意味は、他の公権力から独立した公平な裁判所に対して、自己の権利や利益の救済を求める権利である。第二の意味は、公平な裁判所以外の機関から裁判されることのない権利である。日本国憲法は、32条において裁判を受ける権利を保障している。

1　裁判を受ける権利の沿革と意義

　裁判を受ける権利は、請願権と同様に、伝統的な国務請求権として位置付けられる。大陸ヨーロッパにおける専制君主制の下での裁判所は、あくまでも君主の側に立ち権力を行使する機関であり、市民の権利を救済する機関ではなかった。こうした裁判所に対して市民革命を通じて国民の権利や自由の擁護を求めるようになった点に、人権としての裁判を受ける権利の起源を求められる。それ以降、近代的な司法制度の確立とともに、裁判を受ける権利も憲法上の人権として確立されてきた。

　裁判を受ける権利は、法の支配を実現するための手段としても重要な人権で

ある。日本国憲法は、違憲審査権を採用している（**第24章を参照**）。人権が不当に制限されている場合であっても、違憲審査権が備わった裁判所による裁判を受けることにより、救済を受けられる。つまり、裁判所による違憲審査権の行使を通じて、人権保障、さらには法の支配の価値を実現できるのである。その意味で、裁判を受ける権利は、立憲主義の根本と密接に関連している。

2　裁判所の意味

　裁判を受ける権利における「裁判所」とは、76条に規定されている裁判所を指す（**第23章を参照**）。つまり、76条において規定されている**特別裁判所の禁止**（76条2項前段）、**行政機関**による**終審裁判の禁止**（76条2項後段）および**裁判官の独立**（76条3項）は、32条における裁判所の意味を具体化している。

　ここで、32条の裁判所が管轄裁判所（訴訟法が定める管轄権を有する裁判所）を意味するかどうかが問題となる。各裁判所の具体的な管轄権は、法律で定められる（民訴法第1編第2章第2節、刑訴法第1編第1章、行訴法12条）。32条の裁判所が管轄裁判所を意味するならば、管轄裁判所以外による裁判は憲法違反となる。この点、消極説は、憲法32条の裁判所は具体的な管轄裁判所までは意味していないと解する。判例も、町村長選挙罰則違反事件［最大判昭和24年3月23日刑集3巻3号352頁］において、「管轄違いの裁判は違法であるが、違憲ではない」と消極説をとっている。これに対して、積極説は、憲法32条の裁判所は管轄裁判所を意味すると解する。日本も批准している国際人権規約B規約14条が管轄裁判所による裁判を受ける権利を明文化しているため、今日では積極説が有力である。

　また、**裁判員制度**が32条に違反するかどうかも問題となる。裁判員制度とは、一般市民から選出された裁判員6名が裁判官3名と合議体をなし、刑事訴訟手続において一定の権限を行使する制度である。この合議体は32条の裁判所に該当しないのではないかという問題が生じた。判例は、覚せい剤取締法違反、関税法違反被告事件［最大判平成23年11月16日刑集第65巻8号1285頁］において、「憲法は、刑事裁判における国民の司法参加を許容しており、憲法の定める適正な刑事裁判を実現するための諸原則が確保されている限り、その内容を立法政策に委ねている」と判示して、裁判員制度を合憲としている。

3　裁判の意味

　裁判を受ける権利における「裁判」に関しては、**公開**の法廷における**対審**および**判決**という観点が重要となる。公開とは、秘密裁判を排し、傍聴の自由を認めることである。対審とは、当事者が裁判官の面前において口頭弁論を行うことである（当事者主義・口頭弁論主義）。最高裁は、強制調停事件〔最大決昭和35年7月6日民集14巻9号1657頁〕において、裁判の要件として公開と対審を挙げている。また、判決とは、裁判所が口頭弁論に基づいて公開法廷で言い渡しを行う裁判を指す。

　こうした公開、対審、判決という3つの観点に対して、**非訟事件手続**が32条の裁判に含まれるかどうかが問題となる。非訟事件とは、私人間の生活関係の監督や後見を目的として、裁判所が通常とは異なる簡易な訴訟手続により処理する事件である。非訟事件手続は、事件の性質上、非公開、非対審となり、判決よりも簡略な決定という方式となる。判例は、前述の強制調停事件において、非訟事件の裁判と32条の裁判とを区別し、32条の裁判の意味を「性質上純然たる訴訟事件の裁判」とした。その上で、非訟事件は性質上純然たる訴訟事件ではないため、32条の裁判の範囲には含まれないとした。こうした判例における区別に対しては、通説が「あまりに硬直的」と批判し、訴訟／非訟という形式的な区別ではなく事件の内容、性質に即して32条の裁判の意味を考えるべきとしている。

4　「奪われない」の意味

　裁判を受ける権利を「奪われない」という点に関しては、民事／行政事件と刑事事件とで具体的な意味が異なる。

　第一に、民事／行政事件において裁判を受ける権利が奪われないということは、裁判請求権または訴権が保障されていることを意味する。自己の権利や利益が不法に侵害されたときは、裁判所に対して損害の救済を求めることができる。換言すれば、裁判所は、裁判を拒絶できないのである。

　第二に、刑事事件において裁判を受ける権利が奪われないということは、裁判所の裁判によらなければ刑罰を科されないことを意味する。この点は、37条で重ねて保障されている（**第16章2の2を参照**）。裁判を受ける権利は国務請求権に分類されるが、刑事事件においては自由権の性格も備わっているのである。

5　訴訟費用

　裁判には、相応の経済的負担がかかる。裁判所に納める訴訟費用に関しては、刑事事件の場合には不要であるが、民事／行政事件の場合には法定の費用が課される。他方で、弁護士費用、証人費用、鑑定費用などは、民事／行政事件の場合だけでなく、刑事事件の場合にも発生する。これらの費用を工面できない貧困者にとっては、裁判を受ける権利は実質的には無意味である。この点、32条の裁判を受ける権利は貧困者に対する扶助を国に義務付けるものではない。刑事事件に関しては、37条で国選弁護人制度が規定されている。しかし、それ以外の扶助に関しては、憲法上に規定は存在しない。

　こうした状況に対して法整備が次第に拡充され、現在では2004年に制定された総合法律支援法が32条の実質化のための法律の中核となっている。同法は、「法による紛争の解決に必要な情報やサービスの提供が受けられる社会を実現」という理念の下で、情報提供の充実強化、民事法律扶助事業の整備、国選弁護人の選任体制の確保、犯罪被害者などの援助に係る体制の充実を掲げている。さらに、国に対して、総合法律支援の実施および体制の整備に関する施策を総合的に策定し、実施する責務を課している。

4　国家賠償請求権

　国家賠償請求権とは、公務員の不法行為に対して損害賠償を請求する権利である。日本国憲法は、17条において国家賠償請求権を保障している。

1　国家賠償請求権の沿革と意義

　国家賠償請求権は、歴史的にみても比較的新しい権利である。同じ国務請求権である請願権や裁判を受ける権利が近代立憲国家における伝統的な人権であるのに対して、国家賠償請求権が人権として確立されるのは20世紀中盤以降である。

　近代立憲国家の形成期においては、「国王は悪をなし得ず（King can do not wrong）」という諺のとおりに、不法行為に対する国家の責任は否定されていた。明治憲法下の日本においても、国家無答責の原則が支配的であった。明治憲法下では、公権力の行使に関する事件は、司法裁判所に管轄権はなく、**行政**

裁判所が管轄権を有していた。その行政裁判所に関しても、当時の行政裁判所法は国家に対する損害賠償訴訟を受理しない旨を規定していた。つまり、国民が公務員の不法行為により損害を受けても、国に賠償請求できなかった。非権力的な行為に関しては、民法上の損害賠償責任が限定的に認められたが、不十分であった。

　こうした状況に対して、第2次世界大戦以降の世界各国において**国家責任制度**が確立されていった。明治憲法と異なり、日本国憲法は国家賠償請求権を憲法上の権利として保障している。国家の責任を認め、国民が損害賠償を請求することにより、国民の権利が救済される。その意味で、国家賠償請求権は人権を確保するための権利である国務請求権に分類されている。

2　国家賠償請求権の法的性格

　国家賠償請求権は日本国憲法上の権利として保障されているが、その法的性格については争いがある。従来の通説では、17条の規定は**プログラム規定**であると解されていた。すなわち、17条の規定は立法者に対する命令であり、法規範性を伴うものではないとされていた。これに対して、現在では、法規範性を認める**抽象的権利説**が有力となっている。判例も、**判例18-1　郵便法免責規定事件**［最大判平成14年9月11日民集56巻7号1439頁］において、立法裁量に対する17条の法規範性を認めている。確かに、国家賠償請求権は、法律による具体化を予定している。しかし、立法府の判断に委ねられているのは、公務員のどのような行為によりいかなる要件で損害賠償責任を負うかという点であり、決して立法府に対する無制限の裁量権を認めるものではない。

　もっとも、国家賠償法（国賠法）により国家賠償請求権が具体化されている現状では、国家賠償請求権の法的性格をめぐる議論の実益は乏しい。ただし、日本国憲法の施行直後においては、国家賠償請求権の法的性質が問題となった。なぜならば、国家賠償法の施行は1947年10月27日であり、同年5月3日の日本国憲法の施行までに約半年間のタイムラグがあったからである。この点、国家賠償法が施行されていない段階においては、民法の規定を適用することで国家責任を認めるという考え方が有力であった。

3　「公務員の不法行為」の意味

　国家賠償請求権における公務員の不法行為をめぐっては、「公務員」と「不法行為」の意味がそれぞれ問題となる。

　第一に、「公務員」に関しては、全ての公務員を指す。つまり、公務員法上の一般職の公務員に加え、特別職の公務員、さらには公法人の職員も17条の公務員に含まれる。また、行政府の公務員だけでなく、立法府に属する公務員（国会議員および国会職員）や司法府（裁判官および裁判所職員）も17条の公務員に含まれる。

　第二に、「不法行為」に関しては、原則として不法行為に対する損害賠償責任には過失が必要とする**過失責任主義**を採用している（国賠法1条）。こうした原則は、民法上の不法行為の原則と共通している。他方で、過失責任主義はあくまでも国賠法1条により具体化されたものであり、不法行為に対する損害賠償責任に過失は不要とする**無過失責任主義**を排除しているわけではない。実際に、公の営造物の設置・管理の瑕疵により生じた損害に対しては、無過失責任主義が適用されると解されている（国賠法2条）。

4　賠償責任

　公務員の不法行為に対する賠償責任を負うのは、国または公共団体である。公務員の範囲に公法人の職員が含まれる以上、ここでの公共団体には公法人も含まれる。

　ここで、賠償責任の本質が問題となる。この点に関して、通説は、過失責任主義を前提とした**代位責任説**をとっている。すなわち、本来は加害公務員自らが違法行為の責任を負うべきところを、被害者救済という観点から国または公共団体が責任を代位しているという考え方である。加害公務員は被害者に対する直接の賠償責任は負わないが、故意または重大な過失がある場合には国または公共団体から求償され得る（国賠法1条2項）。こうした通説の見解に対して、近時は**自己責任説**も有力である。過失責任主義を前提とする代位責任説の下では、実際に損害が生じたにも関わらず、加害公務員の過失が認められない場合には被害者が救済されない事態が生じる。こうした状況を踏まえて、自己責任説は、賠償責任の本質を代位責任ではなく国家の自己責任として捉えるべきとしている。

5　国家賠償請求訴訟

　国家賠償請求訴訟は民事訴訟の一類型であるが、現実には行政事件訴訟の代替的手段として活用されることが多い。国家賠償請求権の本質は私権であるため、国家賠償請求訴訟は行政事件訴訟には該当しない。他方で、国賠法1条は、国家賠償請求訴訟の要件として、「公権力の行使に当る公務員が、その職務を行うについて、故意又は過失によって違法に他人に損害を加えたとき」を挙げている。したがって、国賠法1条に関する訴訟では、公権力行使の違法性が問題となる。そこで、本来の損害補償という目的とは別に、行政の違憲・違法を追求するための国家賠償請求訴訟が提起される傾向にある。特に、行政事件訴訟は訴訟要件が厳格であるため、代替的手段として国家賠償請求訴訟が提起されることが多い。

　また、国家賠償請求訴訟は、行政だけでなく、国会に対する違憲・違法を追求するために活用されることもある。前述のとおり、17条の公務員には国会議員も含まれる。したがって、国会議員の立法行為や立法不作為も、理論的には不法行為に該当し得る。この点に関して、最高裁判所は、**判例24-3　在宅投票制度廃止事件**［最一判昭和60年11月21日民集39巻7号1512頁］において「容易に想定し難いような例外的な場合でない限り、国家賠償法1条1項の規定の適用上、違法の評価を受けない」と判示している。この判例が示されることにより、国会議員の立法行為や立法不作為に対する国家賠償請求は事実上困難となっていた。しかし、**判例18-2　在外選挙権制限違憲訴訟**［最大判平成17年9月14日民集59巻7号2087頁］においては、在宅投票制度廃止事件で示された判例の趣旨を前提としつつ、在外選挙制度に関する立法不作為を「例外的な場合にあたり、このような場合には過失を否定することはできない」と判示している。

5　刑事補償請求権

　刑事補償請求権とは、刑事事件において抑留・拘禁された者が無罪の裁判を受けた場合に国に対して補償を求める権利である。日本国憲法は、40条において刑事補償請求権を保障している。

1　刑事補償請求権の沿革と意義

　刑事補償請求権は、国家賠償請求権と同様に、歴史的にみて比較的新しい権利である。明治憲法下の日本においても（旧）刑事補償法により、一応は刑事補償請求が認められていた。しかし、この刑事補償請求は、国民の権利というよりも、国からの恩恵という側面が強いものであった。これに対して、日本国憲法は、刑事補償請求権を憲法上の権利として明示的に保障した。その上で、1950年に新たに制定された刑事補償法（刑補法）により、権利の内容を具体化している。

　刑事補償請求の本質は、**結果責任**に求められる。刑事手続における抑留・拘禁は、刑事法により制度化された適法な行為である。したがって、裁判の結果として無罪となった場合においても、抑留・拘禁そのものは違法行為とはならない。違法行為でない以上は、国家賠償請求の対象とはならない。しかし、無罪とされた者は本来であれば課されるべきでなかった抑留・拘禁により実際に人権を制限されており、結果の不当性は明らかである。こうした「違法ではないが、不当な結果」に対して相応の金銭的補償を行い、公平性の実現を図る点に刑事補償請求の意義を見出せる。

　結果に対する補償であるため、抑留・拘禁に関しては警察官などの公務員の故意・過失は不要である。この点において、刑事補償請求権は、原則として公務員の故意・過失が必要となる国家賠償請求権とは異なる。ただし、抑留・拘禁に関して公務員の故意・過失による違法行為があった場合には、国家賠償請求の対象となる。

2　「抑留・拘禁」の意味

　17条の抑留・拘禁の意味は、原則として34条に規定されているものと同様である。すなわち、比較的短期の身体拘束が抑留に、比較的長期の身体的拘束が拘禁に該当する（**第16章2の1を参照**）。また、ここでの拘禁には、刑の執行および拘置の場合も含まれる。

3　「無罪の裁判」の意味

　無罪の裁判の意味に関して、免訴の判決や公訴棄却の裁判が刑事補償請求の対象になるかどうかが問題となる。免訴とは、公訴権の消滅を理由として裁判

を打ち切る制度である（刑訴法337条）。公訴棄却とは、形式的な訴訟条件を欠く場合に訴訟手続を打ち切る制度である（刑訴法338条・339条）。免訴や公訴棄却の場合でも、抑留・拘禁を受ける。しかし、免訴の判決や公訴棄却の裁判はいずれも形式裁判であって、有罪・無罪を判断する実体裁判とは異なる。

　この点に関して、最高裁は、刑事補償及び費用補償請求事件についてした即時抗告棄却決定に対する特別抗告［最三決平成3年3月29日刑集45巻3号158頁］において、無罪の裁判を刑訴法上の手続における無罪の確定裁判に限定している。つまり、免訴の判決や公訴棄却の場合、さらには同事件で問題となった少年審判事件における不処分決定は無罪の裁判には含まれない。したがって、憲法上の刑事補償の対象に含まれない。しかし、憲法は、刑事補償の対象を無罪の裁判の場合にのみ限定しているわけではない。法律により、無罪の裁判以外の場合を刑事補償の対象に加えることは許される。実際に、刑補法25条は「免訴又は公訴棄却の裁判をすべき事由がなかったならば無罪の裁判を受けるべきものと認められる充分な事由があるとき」に刑事補償請求を認めている。また、少年審判事件における不処分決定に関しても、1992年に制定された少年の保護事件に係る補償に関する法律（少補法）により、補償のための要件が定められた。

4　補償の内容

　具体的な補償内容は、刑補法4条により規定されている。抑留・拘禁に対して、1日当たり1000円以上12500円以下の金額が補償される。金額は、拘束の種類、期間の長短などを裁判所が総合的に判断した上で決定する。死刑執行に対する補償は、3000万円以内の金額（本人の死亡により財産上の損失が生じた場合にはその額も加算）となる。罰金・科料に対する補償は、支払った額に年間5％を加算した額となる。没収に対する補償は、処分されていない場合には現物の返却、処分されている場合には物の時価相当額で補償される。ただし、捜査または審判を誤まらせる目的で、虚偽の自白をしたり、他の有罪の証拠を作為したりした場合には、裁判所は、裁量により補償の一部または全部をしないことができる。

　補償の請求は、無罪の裁判が確定した日から3年以内に、その裁判をした裁判所に対してしなければならない（刑補法6条・7条）。

5　被疑者に対する補償

抑留・拘禁の後に不起訴となって釈放された被疑者が刑事補償請求権を有しているかどうかが問題となる。判例は、刑事補償請求棄却決定に対する抗告棄却の決定に対する特別抗告［最大判昭和31年12月24日刑集10巻12号1692頁］において、被疑者段階で不起訴となった場合の刑事補償を原則として否定している。ただし、同判例は、不起訴となった被疑事実に基づく抑留・拘禁の期間中に他の被疑事実についても取り調べを受けた場合において、事実上は無罪となった事実についての抑留・拘禁であったと認められるときには、40条が保障する刑事補償の対象となる旨を判示している。

判例18-1

争点

　郵便法で書留郵便物および特別送達郵便物について国の損害賠償責任を免除または制限していることは憲法17条に違反しないか―郵便法免責規定事件［最大判平成14年9月11日民集56巻7号1439頁］

事案

　XがAに対して有する債権の弁済のために、裁判所はAがB銀行に対して有する預金債権（C支店の取扱）の差押命令を行った。Aは特別送達の方法で、Bに債権差押命令を送達したが、郵便業務従事者が重大な過失により、自局内のB銀行C支店の私書箱に投函した。その結果、Bに対する送達には遅延が生じた。遅延が生じている間に、AがB銀行C支店から預金を引き出したため、Xは預金を差押さえることができなかったとして、XはY（国）に対して、国家賠償請求訴訟を提起し、損害賠償を請求した。第1審［神戸地尼崎支判平成11年3月11日民集56巻7号1472頁］および控訴審［大阪高判平成11年9月3日民集56巻7号1478頁］でいずれも請求を棄却されたので、Xが上告した。

判旨

　原判決破棄。「公務員の不法行為による国又は公共団体の損害賠償責任を免除し、又は制限する法律の規定が同条に適合するものとして是認されるものであるかどうかは、当該行為の態様、これによって侵害される法的利益の種類及び侵害の程度、免責又は責任制限の範囲および程度等に応じ、当該規定の目的の正当性並びにその目的達成の手段として免責又は責任制限を認めることの合理性及び必要性を総合的に考慮して判断すべきである」。「［郵便法］68条、73条の規定のうち、書留郵便物について、郵便業務従事者の故意又は重大な過失によって損害が生じた場合に、不法行為に基づく国の損害賠償責任を免除し、又は制限している部分は、憲法17条が立法府に付与した裁量の範囲を逸脱したものであるといわざるを得ず、同条に違反し、無効であるというべきである」。

判例18-2

争点

　在外選挙制度に関する立法不作為は国賠法上の「違法」に該当するか？―在外選挙権制限違憲訴訟［最大判平成17年9月14日民集59巻7号2087頁］

事案

　日本国民Ⅹらは、平成8年10月に実施された第41回衆議院議員総選挙の際に日本国外に居住していたため、公選法の規定（平成10年の改正前の規定）により選挙権を行使できなかった。これに対し、ⅩらはY（国）に対して、（a）在外国民に選挙権の行使を認めていない（改正前の）公選法が違憲違法であることの確認を求め、（b）公選法の改正を怠るという国会の立法不作為により損害を被ったことに対する賠償を請求した。加えて、平成10年の改正後の公選法も、選挙区選出議員の選挙（衆議院議員選挙における小選挙区選出議員／参議院議員選挙における選挙区選出議員の選挙）に関しては、選挙権の行使を認めていなかった。そこで、（c）選挙区選出議員の選挙における選挙権の行使を認めていない平成10年の改正後の公選法が違憲違法であることの確認を求めた。第1審［東京地判平成11年10月28日判時1705号50頁］では、（a）および（c）については却下され、（b）についても棄却されたため、Ⅹが控訴した。その際に、予備的請求として、（d）Ⅹらが選挙区選出議員の選挙における選挙権を有することの確認を求めた。控訴審［東京高判平成12年11月8日判タ1088号133頁］でも、（a）、（b）および（c）については却下され、（d）についても棄却されたため、Ⅹが上告した。

判旨

　（a）、（c）については却下、（b）（d）については請求を認容。「国民の選挙権又はその行使を制限することは原則として許されず、国民の選挙権又はその行使を制限するためには、そのような制限をすることがやむを得ないと認められる事由がなければならない」。「［在外国民も］憲法によって選挙権を保障されていることに変わりはなく、国には、選挙の公正の確保に留意しつつ、その行使を現実的に可能にするために所要の措置を執るべき責務があるのであって、選挙の公正を確保しつつそのような措置を執ることが事実上不能ないし著しく困難であると認められる場合に限り、当該措置を執らないことについて上記のやむを得ない事由があるというべきである」。「［本件については］やむを得ない事由があるということはできず、……憲法15条1項及び3項、43条1項並びに44条ただし書に違反するものといわざるを得ない」。「10年以上の長きにわたって何らの立法措置も執られなかったのであるから、このような著しい不作為は上記の例外的な場合に当たり、このような場合においては、過失の存在を否定することはできない」。「本件においては、上記の違法な立法不作為を理由とする国家賠償請求はこれを認容すべきである」。

[**主要参考文献**]

・芦部信喜［高橋和之補訂］『憲法［第 7 版］』（岩波書店、2019年）

・小林昭三監修 憲法政治学研究会編『日本国憲法講義』（成文堂、2009年）

・佐藤幸治『日本国憲法論』（成文堂、2011年）

・野中俊彦・中村睦男・高橋和之・高見勝利『憲法Ⅰ［第 5 版］』（有斐閣、2012年）

・長谷部恭男編『注釈日本国憲法⑵』（有斐閣、2017年）

第19章

参政権と選挙制度

本章のねらい

　参政権は、国民が直接または代表者を通じて国の政治に参加する権利であり、民主主義との関係で非常に重要である。本章では、まず、個別の参政権について検討するための前提として、参政権の分類、公務員の選定・罷免権、公務員の地位について概説する。その上で、選挙権、被選挙権、公務就任権の順に個別の参政権について見ていく。さらに、参政権と密接に関係する選挙制度についても概説する。

1　総　論

　参政権は、主権者としての国民が、直接または代表者を通じて国の政治に参加する権利である。参政権は、民主主義と密接不可分な権利である。近代初期の国家における民主主義は現在と比べると不十分な点が多く、参政権の内容も十分ではなかった。しかし、その後の民主主義の発展の歴史の中で参政権も次第にその内容を充実させていった。

1　参政権の分類

　参政権は、代表民主制に関するものと直接民主制に関するものとに大別できる。

　第一に、代表民主制に関する参政権として、**選挙権**と**被選挙権**が挙げられる。日本を含め世界の大多数の国は、統治の基本原則として代表民主制を採用している。したがって、一般的に参政権という場合には、選挙権と被選挙権を指す場合が多い。日本においても、憲法前文により「正当に選挙された国会における代表者を通じて行動し」と宣言されており、選挙権は参政権の中で最も重要なものとして位置付けられる。

　第二に、直接民主制に関する参政権として、**国民投票権**と**公務就任権**が挙げられる。国民投票権は、投票を通じて政治に直接参加する権利であり、代表民主制を補完するためのものである。日本国憲法は、最高裁判所裁判官の**国民審査**（**第23章を参照**）、憲法改正のための国民投票（**第29章を参照**）および地方特別法制定のための**住民投票**（**第26章を参照**）の３つを制度化している。

2　公務員の選定・罷免権

　15条１項は、**公務員の選定・罷免権**を保障している。国民主権の観点から、公務員の任免権を国民固有の権利、すなわち国民であれば当然に有する権利として保障しているのである。ただし、15条の選定・罷免権は、必ずしも全ての公務員を国民が直接的に任免することまでは意味しない。あくまでも、公務員の権威が国民に由来しており、その終局的任免権が国民にあることを意味するに留まる。判例も、労働委員委嘱取消請求事件〔最大判昭和24年４月20日民集３巻５号135頁〕において、「憲法第15条は公務員の選定をすべて選挙の方法によるべきものとしたのではない」としている。

　なお、公務員の選定・罷免に関しては、国会議員を国民が罷免できるかどうかが問題となる。15条の規定における公務員には、国会議員も含まれる（**第18章を参照**）。この点、国会議員の選定に関しては、憲法は国民による選挙を保障している。他方で、国会議員の罷免に関しては、憲法上に規定は存在しない。したがって、学説上の見解がわかれている。この点、通説である否定説は、(1)憲法上に明文規定がない、(2)選挙により選ばれた国会議員は独立して職務を行使すべき、(3)憲法は国会議員がその地位を失う場合を他の明記している（45条・55条・58条２項・69条）などの理由から、罷免権を否定している。他方で、肯定説は、(1)国民固有の権利である以上は行使可能性が保障されなければならない、(2)主権者であるならば当然に罷免できるなどの理由から、罷免権を肯定している。

3　公務員の地位

　日本国憲法下の公務員は、**全体の奉仕者**である（15条２項）。全体の奉仕者に関しては、２つの観点が重要となる。第一に、国民に奉仕する公務員という点である。大日本帝国憲法下における公務員は、天皇のための官吏として位置付

けられていた。これに対して、日本国憲法下における公務員は、国民のための公務員である。第二に、国民全体の奉仕者という点である。すなわち、公務員は、一部の国民の奉仕者ではなく、国民全体の奉仕者であることを意味する。

2　選挙権

　選挙権とは、選挙人（有権者）として選挙に参加できる資格または地位である。日本国憲法は、15条において選挙権を保障している。

1　選挙権の法的性格

　選挙権の法的性格に関しては、公務としての性質の有無をめぐり二元説と一元説とで争いがある。二元説も一元説も、選挙権に「権利としての性質」が備わっているという点では共通している。問題は、選挙権に選挙人としての地位に基づく「公務としての性質」が備わっているかどうかという点である。二元説は、選挙権には公務としての性質が備わっているとする。二元説は、公務員という国家機関を選定するという点に着目し、選挙権は純粋な個人の権利に留まらないと解しているのである。他方で、一元説は、選挙権には公務としての性質は含まれないとする。一元説は、日本国憲法がプープル主権（**第3章を参照**）を採用しているという解釈を前提に、選挙権を主観的権利としているのである。

　通説は二元説を採っているが、判例はいずれの立場を採るのかを明確にしていない。判例は、選挙犯罪を理由とする選挙権および被選挙権の停止（公選法252条）が問題となった公職選挙法違反事件［最大判昭和30年2月9日刑集9巻2号217頁］において、選挙権を国民の最も重要な基本的権利としつつ、選挙権の制限に関して「［選挙の］公正を確保すると共に、本人の反省を促すことは相当である」と判示している。この点、選挙権を国民の最も重要な基本的権利として位置付けている点を重視すると一元説に立っていると解することができる。逆に、制限の目的として公正の確保を挙げている点を重視すると、公務としての選挙の制約という観点が導き出されるため、二元説に立っていると解することができる。

2　選挙の基本原則

　近代選挙の基本原則として、**普通選挙、平等選挙、自由選挙、秘密投票**および**直接選挙**の5つが挙げられる。

　第一に、普通選挙とは、狭義には財力を選挙権の要件にしない制度である。普通選挙の反対概念は、財力を選挙権の要件にする制限選挙である。財力を示す指標としては、一般的に納税額が用いられる。日本国憲法は、15条3項で成年者による普通選挙を保障している。なお、ここでいう「成年者」とは長らく「20歳以上」であったが、2015年に成立した公選法改正により「18歳以上」に引き下げられた。

　第二に、平等選挙とは、選挙権の行使は一人一票という制度である。平等選挙の反対概念は、不平等選挙である。日本における平等選挙の原則は、14条1項および44条の規定から導き出せる。なお、選挙権の数的平等に加えて、現在は**投票価値の平等**も要請されている（詳細は**本章の5**を参照）。

　第三に、自由選挙とは、伝統的には投票を棄権しても制裁を受けないという**選挙人の投票の自由**を意味しており、近時は**候補者の選挙運動の自由**も内容に含まれる。自由選挙のうち、選挙人の自由の反対概念が、強制選挙である。棄権者に対して罰金などを科すことは強制選挙に含まれる。日本における選挙人の投票の自由は14条4項後段の規定から、候補者の選挙運動の自由は21条1項の規定から、それぞれの内容を導き出せる。この点に関して、強制選挙を法律により導入できるかどうかをめぐり、禁止説と許容説が対立している。通説は禁止説であり、個々の有権者の自由意思に基づく投票こそが公正な選挙に繋がるとしている。これに対して、許容説は、議会制民主主義の下での選挙に重要な意義を見出しており、白票を投じる自由を前提にするならば強制選挙も許容されるとしている。

　第四に、秘密投票とは、誰に投票したかを秘密にする制度である。秘密投票の反対概念は、公開投票である。秘密選挙の原則は14条4項後段に規定されており、詳細は公選法により定められている。公選法により規定された制度として、自書投票、無記名投票、他事項記載の禁止などが挙げられる。秘密選挙に関しては、以下の2点が問題となる。まず、当選者の当選の効力を定める手続において、無資格者（選挙権のない者または代理投票を行った者）が誰に投票したかを調査することが許されるかどうかが問題となる。この点に関して、判例は、

町会議員選挙無効確認事件［最大判昭和25年11月9日民集4巻11号523頁］において「選挙権のない者又はいわゆる代理投票をした者の投票についても、その投票が何人に対してなされたかは、議員の当選の効力を定める手続において取り調べてはならない」と判示している。次に、選挙犯罪に関する刑事手続において、投票内容の調査が許されるかどうかという点が問題となる。判例は、この点を必ずしも明確にはしていない。村会議員当選無効決定取消事件［最大判昭和25年11月9日民集2巻7号125頁］においては、傍論ではあるものの、投票者および被選挙人を明らかにする必要がある場合には秘密選挙は制約されるとした。他方で、公選投票賄賂授受事件［最大判昭和24年4月6日刑集3巻4号456頁］においては、「賄賂の授受及び投票の事實を明らかにすれば足りるのであって、必ずしも何人が何人に投票したかを明らかにすることを要するのではない」と判示している。なお、通説は、選挙犯罪に関する刑事手続においても投票内容の調査は許されないとしている。

　第五に、直接選挙とは、選挙人が公務員を直接に選挙する制度である。直接選挙の反対概念は、間接選挙である。間接選挙とは、選挙人が中間選挙人を選出し、中間選挙人が代表者の選挙を行う制度である（間接選挙の代表例として、アメリカ合衆国における大統領選挙）。日本国憲法は、国会議員を選挙で選出する旨を規定しているが、直接選挙とまでは明示していない（43条1項）。したがって、間接選挙による国会議員の選出が憲法上許容されているかどうかが問題となる。この点に関しては、肯定説と否定説との間で争いがある。通説である肯定説は、地方公共団体の首長や地方議会の議員の選挙に関しては「直接」という文言が憲法で明示されているのに対して43条1項には直接という文言がないことを理由に、間接選挙は許容されている解する。他方で、否定説は、歴史的背景に注目して直接選挙が要求されていると解する。

3　被選挙権

　被選挙権とは、選挙人団により選出された場合に、承諾して公務員となる資格である。

1　被選資格と選挙に立候補する権利

　被選挙権は、選挙され得る資格（**被選資格**）である。すなわち、被選挙権は選挙されることを主張する権利ではないという見解が一般的である。

　これに対して、被選挙権の中でも特に**選挙に立候補する権利**は、国民の権利として憲法上保障されると解されている。ただし、憲法は立候補の自由に関して明文で規定していない。したがって、立候補の自由の憲法上の根拠が問題となる。この問題に対する学説は、3つの見解に大別できる。第一の見解は、13条根拠説である。この見解は、13条の幸福追求権における「幸福」の概念に「公共の事項に関する討論・決議を楽しむという意味での公的幸福」が含まれるとして、13条を立候補の自由の根拠としている。第二の見解は、15条1項根拠説である。この見解は、選挙権と被選挙権を表裏一体のものとして捉えて、15条1項を立候補の自由の根拠としている。第三に、44条根拠説である。この見解は、44条の規定が選挙権と被選挙権を区別していないとして、44条を立候補の自由の根拠としている。これら三つの見解のうち、通説は15条1項根拠説である。また、判例も、三井美唄炭鉱労組事件［最大判昭和43年12月4日刑集22巻13号1425頁］において、「憲法15条1項には、被選挙権者、特にその立候補の自由について、直接には規定していないが、これもまた、同条同項の保障する重要な基本的人権の一つと解すべき」と判示している。

2　被選挙権の要件

　憲法は、被選挙権の要件を法律に委任している（44条）。この規定を受けて、公選法は、被選挙権の年齢要件を規定している。具体的には、衆議院議員、市町村議会議員および市町村長は満年齢25歳以上、参議院議員および都道府県知事は満年齢30歳以上の者と規定している（公選法10条1項）。また、特別区には市に関する規定が適用されるため（公選法266条）、特別区議会議員は満年齢25歳以上、特別区長は満年齢30歳以上の者となる。

3　被選挙権の制限

　選挙事務管理者または公務員は、在職中に立候補することができない（公選法88条および89条）。すなわち、これらの職にある者は、被選挙権が事実上制限されている。なお、公務員が選挙に立候補の届出を出した場合、その日をもっ

て辞職したものとみなされる（公選法90条）。

　より一般的な被選挙権の自由に対する制限としては、**連座制**の合憲性が問題
となる。連座制とは、立候補者の関係者による選挙犯罪の責任を立候補者本人
に対しても求め、当選無効などの不利益を与える制度である。連座制の目的
は、公正な選挙の実現にある。日本では、1994年の公選法改正により連座制が
強化された（公選法251条の2・251条の3）。具体的には、5年間の立候補禁止と
いう新たな罰則が制度化され、さらに連座対象者も拡大された。こうして強化
された連座制の合憲性に関して、判例は、当選無効及び立候補禁止事件［最大
判平成9年3月13日民集51巻3号1453頁］において、合憲判断を下した。具体
的には、「民主主義の根幹をなす公職選挙の公明、適正を厳粛に保持するとい
う極めて重要な法益を実現するために定められたものであって、その立法目的
は合理的」とした上で、「立法目的を達成するための手段として必要かつ合理
的」と判示した。

4　公務就任権

　公務就任権とは、公務員として就職する権利である。ここでの公務員の意味
は、採用試験により任用される公務員と解することが一般的である。すなわ
ち、公務員の選定・罷免権の文脈における公務員のように広義ではなく、狭義
に捉えている。被選資格のように資格としての性質を重視するのであれば、公
務員試験の受験資格とも捉えられる。

　公務就任権に関しては、憲法により明文化されていない。この点に関して、
多数説は、15条1項（参政権）根拠説である。この見解は、公務就任権の参政
権としての性質を重視している。他方で、22条1項（職業選択の自由）根拠説が
ある。この見解は、公務員の多様性を考慮せずに一律に参政権として捉えるこ
とは妥当ではないとして、職業選択の自由（**第14章**を参照）に公務就任権の根拠
を求めている。

5　選挙制度

　選挙制度は、国民の代表者を選出するための選挙に関するルールである。日

本国憲法は代表民主制を採用しており、選挙は非常に重要なものとして位置付けられる。憲法は、選挙制度の詳細規定を法律に委任している（47条）。この規定を受けて、公選法が選挙区や投票の方法などを規定している。以下では、まず、選挙制度の基本事項について、**選挙区**、**投票方法**およびそれらを組み合わせた**代表の方法**について概観する。その上で、日本における選挙制度について解説する。

1　選挙区

　選挙区とは、選挙人団（有権者の集合）を区分とするための基準となる区域である。選挙区の設定に関しては、一般的には住所などの地域を基準として全国が複数の区域に分割される。他方で、全国の有権者が単一の選挙人団を構成する場合には、その選挙区は特に全国区と呼ばれる。

　選挙区に関しては、**小選挙区制**と**大選挙区制**という区分が重要となる。小選挙区制とは、1つの選挙区において1人の代表者を選出する制度である。これに対して、大選挙区制制とは、1つの選挙区において2人以上の代表者を選出する制度である。なお、日本国憲法施行後から1993年に実施された第40回衆議院議員総選挙までは、**中選挙区制**と呼ばれる制度が採用されていた。中選挙区制とは各選挙区から3人から5人の代表者を選出する制度である。日本においては、府県全体を1つの選挙区とした上で複数名の代表者を選出する制度を大選挙区制、府県を複数の選挙区に分割した上でそれぞれの選挙区から複数名の代表を選出する制度を中選挙区制と呼んでいる。しかし、一般的な大選挙区の定義に照らし合わせると、2人以上の代表者を選出するという点において、中選挙区制は本質的には大選挙区制の一種である。なお、1994年の選挙制度改革により衆議院議員総選挙における中選挙区制は廃止された。

2　投票方法

　投票方法に関しては、**単記投票／連記投票**という区分と**候補者投票／政党投票**という区分が重要となる。第一に、単記投票／連記投票という区分は、投票において選択できる候補の数を基準とする。単記投票とは、1つの選挙区において1つの候補のみを選択する投票方式である。これに対して、連記投票とは、1つの選挙区において複数の候補を選択する投票方式である。第二に、候

補者投票／政党投票という区分は、投票において選択できる対象を基準とする。候補者投票とは、候補者の個人名を選択する投票方式である。政党投票とは、政党を選択する投票方式である。なお、選挙人が候補者と政党のいずれかを選択できる投票方式や候補間に順位をつける投票方式も存在する。

3 代表の方法

　代表民主制の下では、「選挙人の意思がどのように議席に反映されているか」という**代表の方法**が重要となる。代表の方法は、**多数代表制**、**少数代表制**および**比例代表制**に大別される。以下では、議会の選挙を念頭にこれらの区分について概観する。

　第一に、多数代表制とは、多数派のみが議席を獲得できる選挙方法である。小選挙区制は最も多くの票を得た1名のみを当選させるため、典型的な多数代表制である。多数代表制のメリットとしては、議会における多数派が安定して形成され、結果的に政局が安定する点を挙げられる。逆に、デメリットとしては、**死票**（落選者に投じられたため、結果的に議席数に反映されない票）が多い点を挙げられる。

　第二に、少数代表制とは、選挙区における少数派にも議席を獲得する可能性を与える選挙方法である。大選挙区制は、少数代表制に該当する。少数代表制のメリットとしては、多数派による議席独占を阻止できる可能性がある点や死票が比較的少ない点を挙げられる。デメリットとしては、メリットが中途半端である点を挙げられる。多数派による議席独占を阻止という点に関しては、あくまでも少数派が議席を獲得できる可能性を与えるのみであり、必ずしも少数派が議席を獲得できるわけではない。また、死票に関しても、多数代表制の場合よりは少なくなるが、死票がなくなるわけではない。

　第三に、比例代表制とは、得票数に応じて比例的に政党が議席を獲得する方法である。比例代表制は、政党への議席配分方法や政党内での議席配分方法という観点で、**単記移譲式**と**名簿式**に分類できる。単記移譲式は、単記投票かつ候補者投票を採用しており、当選に必要な得票数を超えた票は選挙人があらかじめ指定した順位に従って他の候補者に移譲される。名簿式では、選挙人は政党が作成した候補者名簿に対して投票し、得票数に応じて政党に議席が配分される。その上で、政党内での議席配分方法という観点で、名簿式はさらに拘束

名簿式と非拘束名簿式に分類できる。拘束名簿式とは、政党があらかじめ指定した順位に従って当選者が確定する制度である。この場合の投票は、政党投票となる。非拘束名簿式は、選挙人の投票結果により名簿上の候補者の順位が変動する制度である。この場合には、政党投票だけでなく、候補者投票が可能となることもある。このように比例代表制は細かく分類できるが、いずれの場合においても少数派が得票数に応じた議席をほぼ確実に獲得できるという点では共通している。その意味で、比例代表制は多数代表制および少数代表制のデメリットを克服している。他方で、多くの小政党が議席を獲得することで安定多数を獲得する政党が現われにくくなり、政局が不安定になりやすいというデメリットも存在する。

4　国会の選挙制度

ここまでに説明した選挙制度の基本事項を前提とし、以下では日本における衆議院議員および参議院議員の選挙制度について概説する（地方公共団体の議会議員および首長の選挙に関しては**第26章**を参照）。

第一に、衆議院議員総選挙は、**小選挙区比例代表並立制**を採用している。日本国憲法下の衆議院議員総選挙に関しては、前述のとおり1994年までは中選挙区単記投票制が採用されていた。この制度の下では同一の政党から複数の候補者が立候補するため、政策本位の選挙が実現されず、結果的に政治腐敗を招いているという批判が強まった。こうした点を背景に1994年に公選法が改正され、小選挙区比例代表並立制が導入された。小選挙区比例代表並立制は、総議席を小選挙区制で選出される議席と拘束名簿式比例代表制で選出される議席に分けている。小選挙区制で選出される議席には候補者投票が、拘束名簿式比例代表制で選出される議席には政党投票が、それぞれ採用されており、選挙人はそれぞれ1票ずつ投票する（公選法36条・46条）。現在の議席数は、小選挙区制289人、比例代表制176人の計465人となっている（公選法4条）。政党に所属する候補者は、小選挙区制と拘束名簿式比例代表制へ重複して立候補できる。すなわち、小選挙区制で落選しても、比例代表で復活当選できる可能性がある。なお、小選挙区制、比例代表制、さらに重複立候補制に関して、その合憲性が第41回衆議院議員総選挙無効請求事件［最大判平成11年11月10日民集53巻8号1441頁／1577頁／1704頁］において争われたが、判例はいずれも合憲としている。

　第二に、参議院議員の選挙制度は、**選挙区制**と比例代表制を組み合わせている。選挙区制に関しては、参議院の創設以降、一貫して都道府県単位の選挙区が設置されていた。しかし、後述する一票の格差の問題に対処するために、2015年の公選法改正により、人口の少ない県同士が合併した選挙区が誕生した（**参議院合同選挙区**：鳥取県と島根県／徳島県と高知県）。また、選挙区制以外の選出方法は、幾度も大幅な変更を経験している。創設当初は、全国を単一の選挙区とする**全国区単記投票制**が採用されていた。その後、1982年の公選法改正により、拘束名簿式比例代表制に変更された。さらに、2000年の公選法改正により、**非拘束名簿式比例代表制**が導入された。加えて、2018年の公選法改正により、各政党が優先的に当選させたい候補者を事前指定できる**特定枠**の制度が導入された（公選法86条の3）。つまり、現在の参議院議員選挙における比例代表制は、基本的には非拘束名簿式を維持しつつも、一部のみ特定枠という形式で拘束名簿式の要素が加えられたものとなっている。投票方法に関しては、選挙区で選出される議席には候補者投票が採用され、比例代表制で選出される議席に関しては候補者投票と政党投票のいずれかを選挙人が選択する制度が採用されており、選挙人はそれぞれ1票ずつ投票する（公選法36条、46条）。この点、特定枠に対する候補者投票は、政党投票とみなされる（公選法68条の3）。現在の議席数は、選挙区制148人、比例代表制100人の計248人となっている（公選法4条）。ただし、全員を同時に選挙するのではなく、3年ごとに半数を改選する方式を採用している（46条）。また、衆議院の場合と異なり、選挙区制と比例代表制へ重複立候補は認められない。なお、非拘束名簿式に関しては、その合憲性が第19回参議院議員通常選挙無効請求事件［最大判平16年1月14日民集58巻1号1頁］において争われたが、判例は合憲としている。

5　一票の格差

　一票の格差とは、選挙における有権者の投票価値の不平等を指す。一票の格差の指標は、選出する議員1人当たりの有権者数が最多の選挙区における有権者数を最少の選挙区における有権者数で割ることで算出される。例えば、最多の選挙区における有権者数が10万人、最少の選挙区における有権者数が5万人の場合には、2倍の格差があると表現される。選挙区における議員定数の問題であることから、**議員定数不均衡**とも呼ばれる。

　一票の格差は、平等選挙という観点から問題となる。現在は、選挙権の数的平等に加えて、投票価値の平等も要請されている。確かに、一票の格差はこうした投票価値の平等を損なう。しかし、一票の格差を完全に失くすためには、①全国を単一の選挙区とするか、②一議席当たりの有権者数が全ての選挙区において完全に同じになるように選挙区を分割する必要がある。複数の選挙区の存在を前提にし、かつ基本的には行政区域を基準に選挙区を分割しているため、一票の格差を完全に失くすことは事実上不可能である。したがって、一票の格差がどの程度まで許容されるかが問題となる。

　一票の格差に対して、裁判所が下す判決は、合憲、違憲および**違憲状態**に分類できる。違憲と違憲状態に関しては、憲法の趣旨に反して格差が生じている状態と認定されている点では共通している。憲法の趣旨に反する以上は、国会に対して格差を是正するための措置（主に公選法の改正）が要求される。この点、格差の是正には様々な要素を考慮しなければならないため、一定の期間が必要となる。この是正のための期間に関して、**合理的期間**を過ぎているかどうかにより違憲と違憲状態とが区別される。合理的期間を過ぎていると判断された場合には違憲となる。他方で、合理的期間を過ぎていないと判断された場合には違憲状態となり、期間内に適切に是正することが要求される。違憲状態と判断された場合には、選挙結果は無効とならない。その点にのみ着目するならば、合憲判決の場合と共通している。しかし、格差の是正が要求されている以上は、決して合憲ではない。他方で、違憲判決が出た場合には選挙が無効となることが原則である。ただし、選挙を無効にすることで政治的混乱が生じてしまい、結果的に望ましくない状態が生じる場合もあり得る。その場合には、裁判所は、格差は違憲であり、選挙も違法であると宣言した上で、選挙そのものは無効としないこともできる。これは、**事情判決の法理**（行訴法31条1項）を援用するものである。

　この点に関して、従来の最高裁は、衆議院に関しては約3倍、参議院に関しては約6倍程度の格差に対して違憲または違憲状態の判決を下す傾向にあった。衆議院に関しては、**判例19-1　第33回衆議院議員総選挙無効請求事件**［最大判昭和51年4月14日民集30巻3号223頁］において4.99倍の格差を、**判例19-2　第37回衆議院議員総選挙無効請求事件**［最大判昭和60年7月17日民集39巻5号1100頁］において4.40倍の格差を、それぞれ違憲としている（ただし、

図　一票の格差の変遷

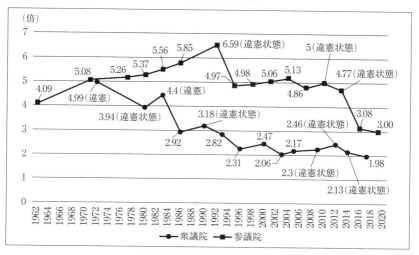

選挙そのものは事情判決の法理を援用して有効）。また、第36回衆議院議員総選挙無効請求事件［最大判昭和58年11月7日民集37巻9号1243頁］において3.94倍の格差を、第39回衆議院議員総選挙無効請求事件［最大判平成5年1月20日民集47巻1号67頁］において3.18の格差を、それぞれ違憲状態としている。第二に、参議院に関しては、第16回参議院議員通常選挙無効請求事件［最大判平成8年9月11日民集50巻8号2283頁］において6.59倍の格差を違憲状態としている。なお、両院制の下での参議院に関しては、衆議院とは異なった代表選出方法は広く容認されるべきである。したがって、格差の許容限度に関しても衆議院の場合よりも緩やかに捉えることが許容されている。

　近年の最高裁は、従来よりも基準を厳しくしており、衆議院に関しては2倍を超える格差に対して、参議院に関しては約5倍程度の格差に対しても違憲状態の判決を下す傾向にある。第一に、衆議院に関しては、第45回衆議院議員総選挙無効請求事件［最大判平成23年3月23日集民236号249頁］において2.30倍の格差を、第46回衆議院議員総選挙無効請求事件［最大判平成25年11月20日集民245号1頁］において2.43倍の格差を、第47回衆議院議員総選挙無効請求事件［最大判平成27年11月25日民集69巻7号2035頁］において格差を2.13倍の格差を、それぞれ違憲状態としている。他方で、第48回衆議院議員総選挙無効請

求事件［最大判平成29年9月27日民集71巻7号1139頁］においては、1.98倍の格差を合憲としている。第二に、参議院に関しては、第22回参議院議員通常選挙無効請求事件［最大判平成24年10月17日民集66巻10号3357頁］において5.00倍の格差を、第23回参議院議員通常選挙無効請求事件［最大判平成26年11月26日民集68巻9号1363頁］において4.77倍の格差を、それぞれ違憲状態としている。他方で、第24回参議院議員通常選挙無効請求事件［最大判平成29年9月27日民集71巻7号1139頁］においては、3.08倍の格差を合憲としている。2019年に実施された第23回参議員通常選挙に関しては、3.00倍の格差となっているが、2019年12月時点で最高裁が判断を示す段階にまで至っていない（高裁レベルでは合憲とされている）。

　なお、学説は、2倍以上の格差を違憲とする見解が有力である。

表　衆議院議員総選挙無効請求に対する最高裁判決

	最大格差	判決
第33回衆議院議員総選挙無効請求事件 ［最大判昭和51年4月14日民集30巻3号223頁］	4.99	違憲
第36回衆議院議員総選挙無効請求事件 ［最大判昭和58年11月7日民集37巻9号1243頁］	3.94	違憲状態
第37回衆議院議員総選挙無効請求事件 ［最大判昭和60年7月17日民集39巻5号1100頁］	4.4	違憲
第38回衆議院議員総選挙無効請求事件 ［最二判昭和63年10月21日民集42巻8号644頁］	2.92	合憲
第39回衆議院議員総選挙無効請求事件 ［最大判平成5年1月20日民集47巻1号67頁］	3.18	違憲状態
第40回衆議院議員総選挙無効請求事件 ［最一判平成7年6月8日民集49巻6号1443頁］	2.82	合憲
第41回衆議院議員総選挙無効請求事件 ［最大判平成11年11月10日民集53巻8号1441頁］	2.31	合憲
第42回衆議院議員総選挙無効請求事件 ［最三判平成12年12月18日民集55巻7号1647頁］	2.47	合憲
第43回衆議院議員総選挙無効請求事件 ［最三判平成17年9月27日集民217号1033頁］	2.06	（却下）
第44回衆議院議員総選挙無効請求事件 ［最大判平成19年6月13日民集61巻4号1617頁］	2.17	合憲
第45回衆議院議員総選挙無効請求事件 ［最大判平成23年3月23日集民236号249頁］	2.3	違憲状態
第46回衆議院議員総選挙無効請求事件 ［最大判平成25年11月20日集民245号1頁］	2.46	違憲状態
第47回衆議院議員総選挙無効請求事件 ［最大判平成27年11月25日民集69巻7号2035頁］	2.13	違憲状態
第48回衆議院議員総選挙無効請求事件 ［最大判平成30年12月19日民集72巻6号1240頁］	1.98	合憲

表　参議院議員通常選挙無効請求に対する最高裁判決

	最大格差	判決
第6回参議院議員通常選挙無効請求事件 〔最大判昭和39年2月5日民集18巻2号270頁〕	4.09	合憲
第9回参議院議員通常選挙無効請求事件 〔最一判昭和49年4月25日集民111号641頁〕	5.08	合憲
第11回参議院議員通常選挙無効請求事件 〔最大判昭和58年4月27日民集37巻3号345頁〕	5.26	合憲
第12回参議院議員通常選挙無効請求事件 〔最一判昭和61年3月27日集民147号431頁〕	5.37	合憲
第13回参議院議員通常選挙無効請求事件 〔最一判昭和62年9月24日集民151号711頁〕	5.56	合憲
第14回参議院議員通常選挙無効請求事件 〔最二判昭和63年10月21日集民155号65頁〕	5.85	合憲
第16回参議院議員通常選挙無効請求事件 〔最大判平成8年9月11日民集50巻8号2283頁〕	6.59	違憲状態
第17回参議院議員通常選挙無効請求事件 〔最大判平成10年9月2日民集52巻6号1373頁〕	4.97	合憲
第18回参議院議員通常選挙無効請求事件 〔最大判平成12年9月6日民集54巻7号1997頁〕	4.98	合憲
第19回参議院議員通常選挙無効請求事件 〔最大判平成16年1月14日民集58巻1号56頁〕	5.06	合憲
第20回参議院議員通常選挙無効請求事件 〔最大判平成18年10月4日民集60巻8号2696頁〕	5.13	合憲
第21回参議院議員通常選挙無効請求事件 〔最大判平成21年9月30日民集63巻7号1520頁〕	4.86	合憲
第22回参議院議員通常選挙無効請求事件 〔最大判平成24年10月17日民集66巻10号3357頁〕	5	違憲状態
第23回参議院議員通常選挙無効請求事件 〔最大判平成26年11月26日民集68巻9号1363頁〕	4.77	違憲状態
第24回参議院議員通常選挙無効請求事件 〔最大判平成29年9月27日民集71巻7号1139頁〕	3.08	合憲

判例19-1

争点

　格差が4.81倍の議員定数不均衡は憲法14条 1 項、15条 1 項、 3 項、44条但し書きに違反しないか―第33回衆議院議員総選挙無効請求事件［最大判昭和51年 4 月14日民集30巻 3 号223頁］

事案

　Ｘは、1972年12月10日に実施された第33回衆議院議員総選挙において、千葉第 1 区の選挙人であった。この点、公選法により定められた議員定数の下では、千葉 1 区の議員一人当たりの有権者数と兵庫 5 区の議員一人当たりの有権者数（全国最小）との格差が4.81倍となっていた（なお、最大格差は4.99倍）。Ｘは、この格差が「投票価値の平等」に違反するとして、選挙無効請求を提訴した。第 1 審［東京高判昭和49年 4 月30日行集25巻 4 号356頁］は、「投票の価値の不平等はいまだ容認できない程度にいたっていない」としてＸの請求を棄却した。そこで、Ｘが上告した。

判旨

　原判決破棄（定数配分は憲法違反／選挙は違法であるが、有効）。「憲法14条 1 項、15条 1 項、 3 項、44条但し書は、国会両議院の議員の選挙における選挙権の内容、すなわち各選挙人の投票の価値が平等であることを要求するものであり、右各選挙につき国会が定めた具体的な選挙制度において、国会が正当に考慮することができる重要な政策的目的ないし理由に基づく結果として合理的に是認することができない投票価値の不平等が存するときは、憲法の右規定の違反となる」。「［第33回衆議院議員総選挙における］投票価値の不平等は、前述のような諸般の要素、特に右の急激な社会的変化に対応するについてのある程度の政策的裁量を考慮に入れてもなお、一般的に合理性を有するものとはとうてい考えられない程度に達しているばかりでなく、これを更に超えるに至っているものというほかはなく、これを正当化すべき特段の理由をどこにも見出すことができない以上、本件議員定数配分規定の下における各選挙区の議員定数と人口数との比率の偏差は、右選挙当時には、憲法の選挙権の平等の要求に反する程度になっていたものといわなければならない」。しかし、「衆議院議員選挙が憲法に違反する公職選挙法の選挙区及び議員定数の定めに基づいて行われたことにより違法な場合であっても、それを理由として選挙を無効とする判決をすることによって直ちに違憲状態が是正されるわけではなく、かえって憲法の所期するところに必ずしも適合しない結果を生ずる判示のような事情などがあるときは、行政事件訴訟法31条 1 項の基礎に含まれている一般的な法の基本原則に従い、選挙を無効とする旨の判決を求める請求を棄却するとともに当該選挙が違法である旨を主文で宣言するのが相当である」。

判例19-2

争点

　格差が4.40倍の議員定数不均衡は憲法14条1項、44条但し書に違反しないか—第37回衆議院議員総選挙無効請求事件［最大判昭和60年7月17日民集39巻5号1100頁］

事案

　1983年12月18日に実施された第37回衆議院議員総選挙において、公選法により定められた議員定数の下では、議員一人当たりの有権者数の最大格差が4.40倍となっていた。Xは、この格差が「投票価値の平等」に違反するとして、選挙無効請求を提訴した。第1審［広島高判昭和59年9月28日判時1134号27頁］は、議員定数配分は違憲であり、選挙は違法であるが、事情判決の法理により選挙は有効とした。そこで、Xが上告した

判旨

　上告棄却。「［第37回衆議院議員総選挙］における投票価値の不平等は、選挙区の選挙人数又は人口と配分議員数との比率の平等が最も重要かつ基本的な基準とされる衆議院議員の選挙の制度の下で、国会において通常考慮し得る諸般の要素をしんしゃくしてもなお、一般に合理性を有するものとは考えられない程度に達していたものというべきであり」、「憲法の選挙権の平等の要求に反する程度に至っていたものというべきである」。「［この不平等は］憲法上要求される合理的期間内の是正が行われなかつたものと評価せざるを得ない」。「したがつて、本件議員定数配分規定は、本件選挙当時、憲法の選挙権の平等の要求に反し、違憲と断定するほかはない」。ただし「［第36回衆議院議員総選挙における議員定数不均衡を違憲状態とした］昭和58年大法廷判決の言渡から本件選挙までの期間や本件選挙当時の選挙区間における議員一人当たりの選挙人数の較差の程度等本件に現れた諸般の事情を併せ考察すると、本件は、前記の一般的な法の基本原則［事情判決の法理］に従い、本件選挙が憲法に違反する議員定数配分規定に基づいて行われた点において違法である旨を判示し、主文において右選挙の違法を宣言するにとどめ、右選挙は無効としないこととするのが相当である場合に当たるものというべきである」。

[主要参考文献]

・芦部信喜［高橋和之補訂］『憲法［第7版］』（岩波書店、2019年）

・小林昭三監修 憲法政治学研究会編『日本国憲法講義』（成文堂、2009年）

・佐藤幸治『日本国憲法論』（成文堂、2011年）

・建林正彦・曽我謙悟・待鳥聡史『比較政治制度論』（有斐閣、2008年）

・長谷部恭男編『注釈日本国憲法(2)』（有斐閣、2017年）

第20章

統治総論

本章のねらい

　本章以下では、**第1章**で学んだ近代立憲主義の基本原理のうち、法の支配、権力分立および国民主権が、日本国憲法においてどのように具体的に実現されているかを学ぶ。本章では、その全体像を把握することによって、次章以下の各論を学ぶ際に、基本原理と各論的事項との連関を捉えることができるように準備することをねらいとする。

1　国民主権

　国民主権の一般的な理解については**第3章1**で学んだ。現実の政治が国民主権に基づくものであるためには、それが国民の意思を反映するものでなければならない。そこで、日本国憲法は、国民の意思に基づいて政治の意思決定が行われることを確保するための諸制度を設けている。そのような制度は、国民が直接に政治に参加する制度（直接民主制）と、国民が代表を選出し、それを通じて間接的に政治に参加する制度（間接民主制）に大別することができる。

　まず、国民の直接参加の制度として、一般的には、①レフェレンダム（国民投票）、②イニシアティブ（国民発案）、および③リコール（国民罷免）を挙げることができる。このうち、①のレフェレンダムとは、統治の重要事項については、国民による直接投票によって意思決定を行う制度のことをいう。日本国憲法は、憲法改正の承認について国民投票を求め、①を採用している（96条1項。**第29章**を参照）。一方、法律の制定に関しては、一つの地方公共団体にのみ適用される特別法について、住民投票を要する（95条。**第26章**を参照）。②のイニシアティブとは、一定数の国民からの要求によって、立法等の発案を行う制度のことをいう。日本国憲法は、この制度をおいていない。ただし、地方自治法74条は、憲法第8章に地方自治が規定されていることの意義にのっとり①条例

の制定について住民のイニシアティブを認めている。③のリコールは、一定数の国民の要求によって、公務員をその任期満了前に罷免させる制度である。日本国憲法でこれを採用したのは、最高裁判所裁判官の国民審査制度である（79条2・3項。**第23章**を参照）。一方、法律レヴェルでは、地方議会の解散請求（地自法76条以下）、議員の解散請求（同80条）、および地方公共団体の長の解散請求（81条）において、③が採用されている（**第26章**を参照）。このように、日本国憲法における国民による政治への直接参加の制度は、限定的・補充的であるといえよう。

　次に、国民の間接参加の制度として、選挙制度がおかれている。これは、国会議員の選挙（43条、44条、47条。**第21章**を参照）のほか、地方議会議員の選挙および地方公共団体の長の選挙（93条2項。**第26章**を参照）で採用されている。このように、代表民主制を謳う日本国憲法は、政治作用の中核部分である法律制定権を国民代表からなる国会に委ねているが、国民は代表の選定権を握ることによって、立法作用に参加しているといえよう。

2　**権力分立**

1　**権力の垂直的分立**

　近代憲法の基本原理としての権力分立とその展開については、**第1章4**で学んだ。現実の統治構造においては、国家権力がどのように区別され、それらがどの国家機関に配分されることによって、国家機関間の抑制と均衡がはたらいているかという点が問題となる。このような権限分配は、構造的に整理すると、国政を行う中央と地方政治を行う地方との間の垂直的な権限分配（国家権力の**垂直的分立**）と、中央と地方のそれぞれの内部における諸機関間の水平的な権力分配（国家権力の**水平的分立**）に区別することができる。

　垂直的分立は、連邦型と地方自治型が区別される。**連邦型**は、複数の独立国家（States、邦・州）が、単一の連邦憲法の下で法的に結合して構成される連邦国家に当てはまる。このような国家では、原則として、連邦憲法が指定する特定の権力を除いては、州が権力を行使することになる。一方、日本国憲法が採用するのは、**地方自治型**である。地方自治型では、中央が単一不可分の国家権力を行使することを基本にしつつも、地方に適切に権限を配分することによっ

図　国家権力の垂直的分立と水平的分立

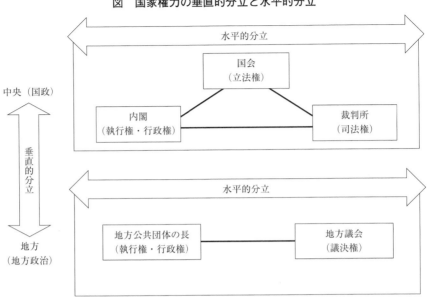

　て中央への権力集中を抑制することを志向する。具体的には、司法権は中央が
独占するが、地方公共団体は法律の範囲内で条例を制定し、それを執行するこ
とができる。憲法は「地方自治の本旨」を定め、地方自治を制度として保障
し、地方への権限配分について、総論的な規定をおいている。したがって、そ
のような憲法上の地方自治の規定を法律で改廃できないことはいうまでもな
い。この反面、具体的な権限分配は地方自治法で定められている。この法律上
の規定が憲法上の地方自治の規定に適合的かどうかは、「地方自治の本旨」の
理解に関わる問題である。これは、**第26章**で詳しく学習する。

2　権力の水平的分立

　日本国憲法は、国政（中央）と地方政治（地方）の各々の内部における権力の
水平的分立について、異なるあり方を定めている。

　まず、国政については、国会・内閣・裁判所という３つの国家機関に権限を
分属させ、相互関係を規定している。次に、地方政治においては、司法権が存
在しないから、議事（議決）機関としての地方議会と、執行機関としての地方

公共団体の長に権限を分配している。地方公共団体については**第26章**で総観するので、以下では、国政における権力の水平的分立について概観する。

　明治憲法下では国家権力が天皇を頂点に統合されていたことを省みて、日本国憲法は、国会を「国権の最高機関」（41条）に位置付けることによって国民の代表者で構成される国会を中心とする国政のあり方を示すとともに、3権の分立についても注意深い配慮を行っている。

　国会と内閣の関係については、厳格に3権を分離するアメリカ合衆国に比べれば、議院内閣制の下で両者が密接に関係している点に特徴がある。詳しくは**第21章**と**第22章**で取り扱うが、憲法は一方で、内閣総理大臣による国会の召集（53条）と参議院の緊急集会の開催要求（54条2項）や国務大臣の議会への出席・発言の権利と義務（63条）を定めている。他方で、国会の議決による内閣総理大臣の指名（67条）、内閣の国会に対する連帯責任（68条1項）、国務大臣の過半数の国会議員からの選出（68条2項）、衆議院の内閣不信任決議（69条）、新国会の召集に伴う内閣の総辞職（70条）、法律への国務大臣の署名・内閣総理大臣の連署（74条）等が定められている。これらの規定は、国会と内閣とが抑制関係にあると同時に、協働関係にあることを示している。

　国会と裁判所との関係については、日本国憲法の下で、裁判所の権限が強化されたことによって、両者間の抑制・均衡関係もまた強化されたことが重要である。裁判所は、規則制定権（77条）と、法令・処分等の違憲審査権（81条）を得て、国会と行政に対し自律的性格を強めるとともに、チェック機能を果すようになった（**第23章**・**第24章**参照）。一方、国会は、国政調査権（62条。**第21章5**を参照）を行使し、裁判に関する調査を行うことができる。

　内閣と裁判所の関係については、いまみたように裁判所の権限の強化が図られ、裁判所が行政権の統制を行うことができる反面、内閣は、最高裁判所長官の指名権と裁判官の任命権（79条1項・80条1項）を有する。ただし、裁判所による立法と行政のチェック機能については、あらゆる政治領域に当然に司法審査が及ぶわけではないことも重要である。例えば、高度に政治性のある国家行為については司法審査が排除されるとする「統治行為論」が当てはまる場合など、司法審査には限界があるからである（**第23章6**を参照）。

3　統治機構の現代的変容

　以上にみた３権の分立構造を考察するときには、**第１章４**でみた現代憲法における政治部門の立場の事実上の変容が、日本でも生じていることに留意すべきである。特に、憲法規定を一見すると抑制的な立場にあるとみられそうな行政権が、実際には、存在感をますます大きくしている。まず、他の権力に比べ、行政が肥大化する**行政国家現象**がみられる。行政権は、夜警国家の下における治安の維持にとどまらず、福祉国家的なサービス等の給付まで担うようになり、統治作用全体のなかで行政権が拡大してきた。このような状況で、国会は各議員の国政調査権を通じ、裁判所は個別の人権侵害に対する審査密度を向上させることによって、行政権に対するチェック機能の強化を期待されている。次に、国会と内閣を含む政治部門において、政党が大きな勢力となり、議会運営や行政運営に強い影響力を行使するようになる**政党国家現象**である。議会内で一部の政党が強大になると、その政党から内閣総理大臣が指名されることにより、議会の意思と内閣の意思が殆ど一致し、憲法が予定する国会と内閣との対立・協働関係よりも、むしろ政権・与党と野党との対立関係が先鋭化することになる。すなわち、憲法が理想とするような権力間でのチェック機能がはたらかなくなってしまうおそれが生じてしまうのである。

　ここまで、日本国憲法における中心的な権力主体として、国会・内閣・裁判所をみてきたが、日本国憲法は、これらに加えて、独立した立場から３権による公金の収入支出を監視する会計検査院をおいている（90条２項。**第25章５**を参照）。

3　法の支配

　法の支配は、政治権力が客観的な法に基づいて行使されることを求める原理であった（**第１章４**を参照）。具体的には、政治権力のうち立法権は憲法に服し、行政権は憲法と法律に基づいて行使されなければならない。これによって、権力の保有者から個人の権利を守ろうとすることに、近代立憲主義における法の支配の核心があるといえる。では、法の支配の観点から政治権力を統制するために、日本国憲法はどのような規定をおいているのだろうか。

　第一に、憲法は、人権を保障する憲法の最高法規性を定め、それに反する法律や命令等が効力を有しないことを規定している（97条～99条。**第28章**を参照）。

特に、明治憲法下において、行政権によってしばしば法律の枠組みを超える命令が発令され人権が制約されたことへの反省から、独立命令を禁止すること（73条6項。**第21章**を参照）などによって、行政が法律に基づいて行われることを求める「法律による行政の原理」を刻印している。

　第二に、憲法は、立法と行政の活動が法に基づいているかどうかを、独立の裁判所が審査することのできる司法制度をおいている。一方で、裁判所は、行政権が法律に基づいて行われているかどうかを判断する適法性審査を行う。日本国憲法は、行政裁判所を排し、司法裁判所がこの適法性審査を行うこととする（**第23章**参照）。他方で、裁判所はまた、立法権と行政権が憲法に基づいて行使されているかどうかを判断する違憲立法審査権を有する（**第24章**参照）。違憲立法審査の制度には、司法裁判所型（アメリカ型）と憲法裁判所型（ドイツ型）など複数のバリエーションがあるが、日本国憲法は、前者を採用し、通常の司法裁判所に違憲審査権を与えている。

　ところで、違憲審査制が創設されるまでは、権利の具体的な保障は、主に国会が法律を制定することによって担われてきた。しかし、日本国憲法では、裁判所に違憲立法審査権が与えられ、実際にそれが行使されることによって、人権保障における司法の存在感が増してきた。このような状況は、現代における「**司法国家現象**」と呼ばれる。人権各論でみてきたように、学説も司法による人権保障に期待して、判決の分析を通じて違憲審査の手法や判決の方式に関する研究を発展させてきた（**第5章**、**第24章**も参照）。また、司法による人権保障の確保が実質的に行われるためには、政治部門から独立した裁判所の確立が必須である。したがって、裁判所の組織や裁判官の地位に関する憲法の規定への理解を深めることも重要である（**第23章**を参照）。

[主要参考文献]
・新井誠・曽我部真裕・佐々木くみ・横大道聡『憲法Ⅰ　総論・統治』（日本評論社、2016年）
・佐藤幸治『日本国憲法論』（成文堂、2011年）
・野中俊彦・中村睦男・高橋和之・高見勝利『憲法Ⅱ［第5版］』（有斐閣、2012年）

第21章

国　会

本章のねらい

　国会は、主権者である国民に直接選挙され当選した国会議員から構成される国家機関として、憲法上重要な地位を認められ、また、その地位に伴って重要な権能を付与されている。本章では、まず、憲法が定めている国会の地位および構成について外観し、その上で、憲法により定められている国会の権能や議院の権能について見ていくことにする。

1　国会の地位

1　国民代表機関

　憲法は、「日本国民は、正当に選挙された国会における代表者を通じて行動」し、「権力は国民の代表者がこれを行使する」（前文）こと、および、両議院が「全国民を代表する選挙された議員」（43条1項）で構成されることを定めており、国会を**国民代表機関**として位置付けている。

　この「国民代表」をめぐって国民と国会・国会議員との関係が問題となる。

　まず、ここでいう「代表」は、私法上の代表観念とは異なるので、国会・国会議員（代表者）の行為が国民（被代表者）の行為とみなされるわけではない。

　次に、国会議員は、特定の選挙区・選挙母体の代表ではなく、全国民の代表である。したがって、議員は、選出された選挙区の選挙民の指令を受けず、むしろ、全国民の利益を代表して行動することが求められる。このことを前提として、議員は、議会内での発言や表決についての自由が保障されている（51条）。裁判例も、**選挙公約違反事件**［名古屋地判平成12年8月7日判時1736号106頁および名古屋高判平成13年1月25日判例集未登載］において、議員が選挙後、選挙の際に選挙民に示した公約と異なる活動をしたとしても、選挙民との関係において法的責任は生じないとしている。

2　国権の最高機関

41条前段は、国会を「国権の最高機関」としている。この「最高機関」の文言に法的意味をもたせない見解ともたせる見解とが対立している。

前者が通説であり、①「最高機関」を単なる政治的な美称にすぎないと捉えるので、**政治的美称説**と呼ばれる。すなわち、この見解は、「最高機関」の意味を、国会が主権者である国民により直接選挙された国会議員によって構成され、かつ、立法権などの重要な権能を憲法上付与されていることから、国政の中心的立場にあることを政治的に強調する趣旨にすぎないと解するのである。

これに対して、後者に関しては、従来、②国会は国政全般を統括する機関、すなわち、内閣・裁判所の上位に位置し、これらの活動を監視・批判する機関であると説く**統括機関説**が唱えられてきた。また、近年では、③国会は内閣・裁判所とは同位に位置しながらも、国政全般がうまく機能するように絶えず配慮する立場にあり、国政全般について最高の責任を負うと説く**最高責任地位説**も有力に主張されるようになってきた。

②説と③説では、憲法に明示されていない帰属不明の権限は国会に帰属するという推定が働くことになる。その意味でこれらは**権限推定説**とも呼ばれる。反対に、①説では、このような権限推定が働かない。

3　唯一の立法機関

41条後段は、国会が「国の唯一の立法機関」であると規定し、立法権を国会に独占させている。

第一に、「立法」には、国法の一形式としての「法律」（**形式的意味の法律**）を定立する**形式的意味の立法**と、特定の内容をもつ法規範（**実質的意味の法律**）を定立する**実質的意味の立法**とがあるが、41条後段でいう「立法」とは実質的意味の立法を指す。

実質的意味の法律の内容について、①国民の権利義務を規律する法規範と捉える見解と、②一般的抽象的法規範と捉える見解とが対立しているが、②説が通説である。両者の対立は、行政組織に関する規定が実質的意味の法律に含まれるかどうかという点に現れる。つまり、②説によれば、それは実質的意味の法律に含まれ法律事項であるが、①説によれば、それは実質的意味の法律には含まれず法律事項ではない。一般に、行政組織の規定は法律による規律が必要

である（**行政組織法定主義**）とされるが、この点、①説からは、これを導くことができないので、例えば、官吏に関する事務について法律の基準を要求している73条4号などから説明される。

　第二に、国会が「唯一の」立法機関であるとは、(ⅰ)実質的意味の立法は国会によってのみ行われ、他の機関は実質的意味の立法を行うことができないこと（**国会中心立法の原則**）、(ⅱ)実質的意味の立法には国会以外の機関が関与できないこと（**国会単独立法の原則**）を指す。

　(ⅰ)の原則は、明治憲法下にみられた、法律と同じ効力をもつ行政機関による立法である**緊急勅令**や**独立命令**（明憲8条・9条）は認められないことを意味する。したがって、行政機関の定める命令は、法律を執行するためのもの（**執行命令**）か、法律の具体的な委任に基づくもの（**委任命令**）でなければならない。

　まず、憲法は「憲法及び法律の規定を実施するため」（73条6号）に制定される命令の存在を予定しており、憲法上執行命令は認められているが、憲法の規定を直接実施するための執行命令は認められないと一般に解されている。

　次に、憲法は、委任命令の存在を明示的には認めていないが、73条6号但書は「政令には、特にその法律の委任がある場合を除いては、罰則を設けることができない」としており、委任命令の存在を暗示的に認めている。とはいえ、委任命令は、本来国会が法律で定めるべき事項を行政権が定めるものであり、実質的意味の立法を行政権が行うことになるので、国会中心立法の原則の例外と言える。したがって、法律の委任は、無限定・包括的な白紙委任であってはならず、個別的・具体的な委任であることが要求される。前掲・**判例11-2猿払事件**では、公務員の政治的行為を制限する国家公務員法102条1項が「人事院規則で定める政治的行為をしてはならない」と定め、禁止される政治的行為を人事院規則に委任しており、これが白紙委任ではないかと争われたが、最高裁は、「憲法の許容する委任の限度を超えることになるものではない」としている。

　また、委任命令は、法律の委任の範囲を逸脱してはならず、これを逸脱すればその命令は違法・無効となる。委任命令が委任の範囲を逸脱して違法・無効とされた判例として、**農地法施行令事件**［最大判昭和46年1月20日民集25巻1号1頁］、**監獄法施行規則事件**［最三判平成3年7月9日民集45巻6号1049頁］、**児童扶養手当法施行令事件**［最一判平成14年1月31日民集56巻1号246

頁]、**医薬品ネット販売規制事件**［最二判平成25年1月11日民集67巻1号1頁］がある。

　なお、この原則の憲法上の明示的な例外として、両議院が定める議院規則（58条2項）、最高裁判所が定める最高裁判所規則（77条1項）、地方公共団体が定める条例（94条）がある。

　(ⅱ)の原則は、明治憲法下での**天皇の法律裁可権**（明憲6条）はもはや認められないことを意味する。実際、59条1項は「法律案は、この憲法に特別の定めのある場合を除いては、両議院で可決したとき法律となる」と定めていて、この趣旨を明確にしている。

　この原則との関係では、内閣に法律案提出権が憲法上認められるか否かが問題点となる。この点、(a)法律案提出を立法の一部とみて内閣の法律案提出権を否定する見解も見られる。これに対して、通説は、(b)法律案提出は立法そのものではなく、立法の準備行為であり、国会が独占しなければならないものではないとして、**内閣の法律案提出権**を肯定する。現行法も、内閣法5条が「内閣総理大臣は、内閣を代表して内閣提出の法律案……を国会に提出」すると定め、内閣に法律案提出権を付与している。(a)説によれば、この規定は当然違憲になるが、(b)説によれば、この規定は憲法上の権限の確認規定になる。

　なお、この原則にも憲法上の明示的な例外がある。それは、国会の議決だけでは成立せず、その団体の住民投票による同意を必要とする「一の地方公共団体のみに適用される特別法」（95条）である。

2　国会の構成

1　両院制

　両院制とは、国会が2つの議院で構成されることをいう。第一院（下院）は、通常、国民によって直接選挙される。これに対して、第二院（上院）は、①貴族院型、②連邦型、③民主的第二次院型に大別される。

　42条は「国会は、衆議院及び参議院の両議院でこれを構成する」と定め、両院制を採用している。また、43条1項は、「両議院は、全国民を代表する選挙された議員でこれを組織する」と定めており、③型の参議院を置いている。その理由として、衆議院の多数派による専制を防止できることや、国民の多様な

意見を反映させることができることなどが挙げられる。

　まず、両議院は、同時に召集され、開会・閉会される。これを**同時活動の原則**という。この原則の根拠は、憲法が「衆議院が解散されたときは、参議院は、同時に閉会となる」（54条2項）と定めている点だけでなく、両院制を採用している点に求められる。ただし、例外として、参議院の緊急集会がある。

　次に、両議院は、独立して審議を行い、議決する。これを**独立活動の原則**という。したがって、国会の意思は、両議院の議決が一致したときに成立する。ただし、両議院の議決が一致しないときは、独立活動の例外として、**両院協議会**が開かれる。この点、法律案の議決が一致しないときは、その開催は任意であるが（59条3項）、予算の議決、条約の承認および内閣総理大臣の指名が一致しないときは、これを必ず開かなければならない（60条2項・61条・67条2項）。

　衆議院と参議院との関係について、憲法は多くの事項について**衆議院の優越**を認めて、国会の意思形成を容易にしている。

　まず、衆議院のみに認められる権能として、**内閣不信任決議権**（69条）と**予算先議権**（60条1項）が挙げられる。

　次に、議決の効力面に関しても、衆議院の優越が認められている。法律案の議決については、衆議院で可決し、参議院でこれと異なった議決をした法律案は、衆議院で出席議員の3分の2以上の多数で再び可決をしたときは法律となる（59条2項）。そして、参議院が衆議院の可決した法律を受け取った後、国会休会中の期間を除いて60日以内に議決しないときは、衆議院は参議院がその法律案を否決したものとみなすことができる（同条4項）。予算の議決については、参議院が異なった議決をした場合に、両議院の協議会を開いても意見が一致しないとき、または参議院が衆議院の可決した予算を受け取った後、国会休会中の期間を除いて30日以内に議決しないときは、衆議院の議決をもって国会の議決とされる（60条2項）。条約の承認については、60条2項の規定が準用される（61条）。内閣総理大臣の指名については、参議院が異なった指名の議決をした場合、両議院の協議会を開いても意見が一致しないとき、または衆議院が指名の議決をした後、国会休会中の期間を除いて10日以内に参議院が指名の議決をしないときは、衆議院の議決をもって国会の議決とされる（67条2項）。

　なお、憲法が衆議院の優越を認めるこれらの事項を除いては、両院は対等である。例えば、憲法改正の発議（96条1項）や皇室財産授受の議決（8条）で

は、両院は対等である。

2　国会議員

　国会議員は、選挙に当選することによって国会議員の身分を取得する（43条
1項）。

　衆議院議員については4年の任期満了または解散の場合はその任期満了前に
（45条）、参議院議員については6年の任期満了により（46条）、それぞれ議員の
身分を失う。さらに、議員は、①他の議院の議員となったとき（48条、国会法
108条）、②資格争訟の裁判で資格がないとされたとき（55条、国会法111条以下）、
③懲罰により除名されたとき（58条2項、国会法122条）、④辞職したとき（国会法
107条）、⑤被選挙資格を失ったとき（同109条）、⑥選挙訴訟もしくは当選訴訟の
判決によって選挙または当選が無効とされたとき（公選法204条以下）、その身分
を失う。

　憲法が認めている**国会議員の特権**は3つある。

　第一に、50条は、「両議院の議員は、法律の定める場合を除いては、国会の
会期中逮捕されず、会期前に逮捕された議員は、その議院の要求があれば、会
期中これを釈放しなければならない」と定め、(i)**不逮捕特権**を保障している。
不逮捕特権の目的については、(a)行政府の不当逮捕から議員の身体の自由を守
り、議員の職務遂行が妨げられないようにすることにあるとする見解と、(b)議
院の正常な活動を確保することにあるとする見解とがあるが、(a)説が通説であ
る。例外として逮捕が認められる「法律の定める場合」として、国会法33条は
「院外における現行犯罪の場合」を挙げている。現行犯逮捕については、不当
逮捕の可能性が少ないからである。また、同条は、「その院の許諾」のある場
合には逮捕は認められるとしている。この点、(a)説からすれば、議院は、逮捕
の理由が不当であれば許諾を拒否でき、正当であれば許諾しなければならない
が、(b)説からすれば、議院は、逮捕請求を受けた議員が議院の活動にとって特
に必要か否かによって許諾の可否を決することになる。また、逮捕請求を許諾
するにあたって、議院が一定の条件や期限を付することができるかについて
は、学説では肯定説と否定説とで見解が分かれるが、裁判例は、**無期限逮捕許
諾違憲訴訟**［東京地決昭和29年3月6日判時22号3頁］において否定説を採用
している。

　第二に、51条は、「両議院の議員は、議院で行つた演説、討論又は表決について、院外で責任を問はれない」と定め、(ii)**免責特権**を保障している。免責特権の目的は、議院における議員の発言・表決の自由を保障することにある。この点、議員が国務大臣として行った発言については免責されないとされる。

　まず、免責の対象となるのは、「議院で行つた演説、討論又は表決」であるが、これを(a)限定的に列挙しているとみる説と、(b)例示的に列挙しているとみる説とが対立している。(b)説が通説であり、裁判例も、**第一次国会乱闘事件**［東京地判昭和37年1月22日判時297頁7頁］において、免責特権は「議員の国会における意見の表明とみられる行為にまで拡大され……議員の職務執行に附随した行為にも」及ぶとし、また、**第二次国会乱闘事件**［東京高判昭和44年12月17日高刑集22巻6号924頁］においても、「少なくとも議員がその職務上行つた言論活動に附随して一体不可分に行われた行為」に及ぶとしている。ただし、いずれの裁判例も、議員の職務行為に附随して行われた犯罪については、免責されないとしている。

　次に、「院外で責任を問はれない」とは、一般国民ならば負うべき法的責任（例えば、名誉毀損などの民刑事上の責任）および議員が公務員を兼職する場合（国会法39条）の懲戒責任などを問われないことを意味する。ただし、当然、議員の行為は院内における懲罰の対象とはなりうる。

　なお、免責特権の保障が相対的か絶対的か、すなわち、国の賠償責任が生ずる場合があるか否かについては争いがある。(1)相対説は、一般国民の名誉を毀損するような発言は、公務員が「違法に他人に損害を加えた」（国賠法1条1項）ものとして、少なくとも国の賠償責任が生ずる場合があるとする。これに対して、(2)絶対説は、いかなる場合にも国家賠償請求を認めないとする。この点、判例は、**判例21-1　病院長自殺事件**［最三判平成9年9月9日民集51巻8号3850頁］において、国家賠償が認められる要件を示したものの、その要件を非常に厳しいものとしている。

　第三に、49条は、「両議院の議員は、法律の定めるところにより、国庫から相当額の歳費を受ける」と定め、(iii)**歳費受領権**を保障している。この規定を受けて、国会法35条は、「議員は、一般職の国家公務員の最高の給与額……より少なくない歳費を受ける」と定めている。

　議員の権能としては、国会召集要求権（53条）、議案発議権（国会法56条1

項）、動議提出権（同57条・57条の2・68条の4・121条3項）、質問権（「質問」とは、議員が議題と関係なく、国政一般について内閣に対し事実の説明を求め、または所見をただす行為をいう）・質疑権（「質疑」とは、議員が議題について疑義をただす行為をいう）（同74条・76条、衆規118条、参規108条）、討論権・表決権（51条）などがある。

3 国会の活動

1 会期制

国会が憲法上の権能を行使するのは、一定の限られた期間であり、この期間を会期という。日本国憲法は、会期制を採用することを明記していないが、常会（52条）および臨時会（53条）を設け、また、「会期前」、「会期中」という言葉を用いている（50条）ことから、会期制を前提としていると解されている。

憲法は、①**常会**、②**臨時会**および③**特別会**の3つの会期を認めている。

まず、①常会は、**通常国会**とも呼ばれ、「毎年1回これを召集する」（52条）。「常会は、毎年1月に召集するのを常例と」（国会法2条）し、「会期は、150日間とする」（国会法10条）。

次に、②臨時会は、**臨時国会**とも呼ばれ、必要に応じて臨時に召集される。53条は、「内閣は、国会の臨時会の召集を決定することができる。いづれかの議院の総議員の4分の1以上の要求があれば、内閣は、その召集を決定しなければならない」と定めている。

最後に、③特別会は、**特別国会**とも呼ばれる。54条1項は、「衆議院が解散されたときは、解散の日から40日以内に、衆議院議員の総選挙を行ひ、その選挙の日から30日以内に、国会を召集しなければならない」と定めており、この規定に基づいて召集される国会が特別会である。

会期制と関連して、(i)**会期不継続の原則**と(ii)**一事不再議の原則**がある。

第一に、(i)会期不継続の原則とは、国会は会期ごとに独立して活動し、会期中に議決されなかった案件は後会に継続しないことを指す。この原則は、憲法上の原則ではなく、国会法上の原則である（国会法68条本文）。ただし、常任委員会・特別委員会が議院の議決により閉会中審査した議案および懲罰事犯の件は、後会に継続する（同条但書）。

第二に、(ii)一事不再議の原則とは、一度否決した案件は同一会期中再び審議

しないということを指す。明治憲法39条はこの原則を明記していたが、日本国憲法はこれを明記していない。のみならず、国会法および議院規則も沈黙している。しかし、この原則は現行制度にも妥当すると解されている。

2　会議の原則

定足数とは、会議体が議事を行い、議決をなすための必要最小限度の出席者数をいう。56条1項は、「両議院は、各々その総議員の3分の1以上の出席がなければ、議事を開き議決をすることができない」と定め、議事および議決の定足数をそれぞれ「総議員」の「3分の1以上」としている。「総議員」の意味については、①法定議員の総数とする説と、②死亡・辞職等による欠員を差し引いた現在の議員数とする説とがあるが、両議院の先例は②説に従っている。

表決数とは、会議体が意思決定を行うに必要な賛成表決の数をいう。56条2項は、「両議院の議事は、この憲法に特別の定のある場合を除いては、出席議員の過半数でこれを決し、可否同数のときは、議長の決するところによる」と定めている。「憲法に特別に定のある場合」としては、憲法改正の発議（96条1項）の場合に「総議員」の3分の2以上の多数が要求されるほかに、資格争訟裁判での議席の喪失（55条但書）、秘密会の開催（57条1項但書）、議員の除名（58条2項但書）、法律案の再議決（59条2項）の場合に、それぞれ「出席議員」の3分の2以上の多数が要求される。

「出席議員」の意味については、棄権者、白票および無効票を含めるかどうかについて争いがある。(i)含まれるとする積極説は、これらをすべて反対の表決をした者と同じに扱うことになる。また、(ii)含まれないとする消極説は、出席して議事に参加した者を欠席者や退席者と同じに扱うことになる。いずれの説にも問題点があるが、通説および両議院の先例は、(i)説に立っている。

57条1項本文は、「両議院の会議は、公開とする」と定めている。公開とは、傍聴の自由のみならず、報道の自由が認められることをいう。ただし、「出席議員の3分の2以上の多数で議決したときは、秘密会を開くことができる」（同項但書）。なお、委員会は非公開とされ、傍聴および報道には委員長の許可が必要であるとされている（国会法52条1項）。

3　委員会中心主義

明治憲法下では**本会議中心主義**が採用されていたが、日本国憲法下では、**委員会中心主義**が採用されている。委員会制度は、憲法上の要請ではないが、議案等の実質的かつ効率的な審議を確保するために導入されたものである。各議院には、**常任委員会**と**特別委員会**が置かれている（国会法40条）。

4　参議院の緊急集会

54条2項は、「衆議院が解散されたときは、参議院は、同時に閉会となる。但し、内閣は国に緊急の必要があるときは、参議院の緊急集会を求めることができる」と定める。衆議院が解散されると、国会は総選挙後に特別会が召集されるまで停止するが、この間に法律の制定や予算の改定その他国会の開会を要する緊急の事態が生じたときに、**参議院の緊急集会**がこれに対処する。緊急集会は国会を代行するものであるので、その権能は、憲法改正の発議および内閣総理大臣の指名を除いて、国会の権能に属する事項すべてに及ぶ。

ただし、「緊急集会において採られた措置は、臨時のものであつて、次の国会開会の後10日以内に、衆議院の同意がない場合には、その効力を失ふ」ものとされる（54条3項）。

4　国会の権能

1　憲法改正発議権

96条1項前段は、「各議院の総議員の3分の2以上の賛成で、国会が、これを発議し、国民に提案してその承認を経なければならない」と定めている。憲法改正の最終的な決定権は主権者である国民にあるので、憲法は国民代表機関である国会に**憲法改正発議権**を付与しているのである。ここでいう「発議」とは、国民に提案される憲法改正案を国会が決定することをいう。改正案の原案を提出するには、衆議院において議員100人以上、参議院において議員50人以上の賛成を要する（国会法68条の2）。なお、内閣が憲法改正原案を提出できるかについては、憲法はもちろん、法律においても明記されておらず、学説上争いがある。

2　立法権

41条は、「国会は……国の唯一の立法機関である」であると定め、また、59条1項は、「法律案は……両議院で可決したとき法律となる」と定め、国会に**立法権**を付与している。

法律の制定過程では、まず、法律案が発議（提出）される。議員が法律案提出権を有するのは憲法上当然であると解されているが、国会法56条1項によれば、議員が法律案を発議するには、衆議院については議員20人以上、参議院については議員10人以上の賛成を要し、予算を伴う法律案については、衆議院においては議員50人以上、参議院については議員20人以上の賛成を要する。また、各議院の委員会も法律案を提出できる（国会法50条の2）。なお、内閣に法律案提出権が認められるかどうかについては、すでに述べたとおり、肯定説が通説である。

法律案がどちらかの議院に提出されると、次に、議長は委員会に審査を付託する。すでに述べたとおり、委員会中心主義が採られているので、委員会での審査が中心となる。ただし、国会法56条2項但書により、「特に緊急を要するものは、発議者又は提出者の要求に基き、議院の議決で委員会の審査を省略することができる」。

委員会での審査が終わると、法律案は、本会議で審議・議決され、そこで可決されると、もう一方の議院に送付される。送付された法律案は、先議院と同様の手続に付され、本会議で可決されると法律となる。国会で可決された法律は、「すべて主任の国務大臣が署名し、内閣総理大臣が連署する」（74条）。そして、天皇が内閣の助言と承認に基づいて法律を公布する（7条1号）。

3　予算議決権

73条5号によれば、内閣は、予算を作成し、国会に提出する。これを受けて、国会は**予算議決権**をもつ（予算制度については、**第25章3**を参照）。

4　条約締結承認権

73条3号は、条約の締結を内閣の権限としつつ、「事前に、時宜によつては事後に、国会の承認を経ることを必要とする」と定め、国会に**条約締結承認権**を付与している。この条約締結承認権は、内閣による条約締結に対して民主的

図 立法手続フローチャート

立法手続（衆議院が先議院の場合）

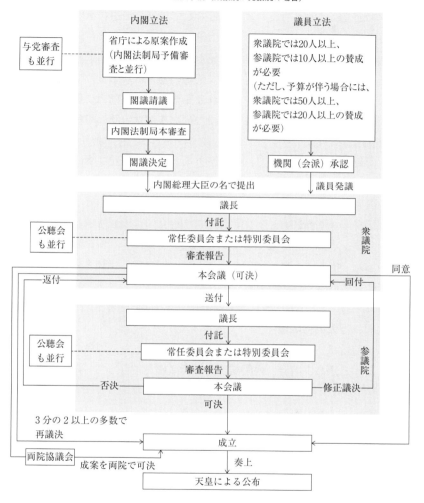

統制を及ぼすための手段である。

　まず、国会の事前承認が得られなかった場合には、内閣は条約を締結することはできず、条約は成立しない。これに対して、国会の事後承認が得られなかった場合の条約の効力については学説上争いがある。すなわち、①国会の承認は条約成立の効力要件であり、事後承認が得られない場合には条約の署名または批准は効力を失うとする無効説と、②条約の効力は署名または批准によって確定するのであって、事後承認が得られなくても条約の効力に影響はないとする有効説とが対立している。①説が通説ではあるが、実際に事後承認を得られなかった実例はこれまでない。

　また、条約の承認にあたって、国会が条約の内容を修正できるかについても学説上争いがある。通説は、(ⅰ)条約の内容は相手国との交渉によって決定されるので、国会はその内容を一方的に確保できるものではないとして、国会の修正権を否定する。これに対し、少数説は、(ⅱ)国会による民主的統制を重視し、また、国会は不承認とすることもできる以上、不承認よりも拒否の程度の弱い修正付き承認をすることは当然できるとして、国会の修正権を肯定する。ただし、実際に条約内容が修正されたことはない。

5　内閣総理大臣指名権

　67条1項前段は、「内閣総理大臣は、国会議員の中から国会の議決で、これを指名する」と定め、国会に**内閣総理大臣指名権**を付与している。そして、同項後段は、「この指名は、他のすべての案件に先だつて、これを行ふ」と定めている（詳しくは、**第22章2**を参照）。

6　その他の権能

　国会に憲法上認められている他の権能として、**弾劾裁判所設置権**（64条1項）や、**財政監督権**（83条）、**皇室財産授受の議決**（8条）がある。

5　議院の権能

1　議院自律権

　議院自律権とは、各議院の組織・運営等の内部事項に関して、各議院が他の

国家機関や他院による干渉を排して自主的に決定する権能をいう。これには、大きく分けて、①**組織自律権**と②**運営自律権**がある。

　第一に、①組織自律権として、まず、58条１項は、「両議院は、各々その議長その他の役員を選任する」と規定し、各議院に(i)**役員選任権**を付与している。次に、55条は、「両議院は、各々その議員の資格に関する争訟を裁判する。但し、議員の資格を失はせるには、出席議員の３分の２以上の多数による議決を必要とする」と定め、各議院に(ii)**議員資格争訟裁判権**を付与している。この争訟の「裁判」は、76条１項の「司法権」の例外であって、司法裁判所の管轄外である。したがって、議院の裁判に不服があっても、司法裁判所に救済を求めることはできない。最後に、50条は、「両議院の議員は、法律の定める場合を除いては、国会の会期中逮捕されず、会期前に逮捕された議員は、その議院の要求があれば、会期中これを釈放しなければならない」と定めている。これを受けて国会法33条は、「各議院の議員は、院外における現行犯罪の場合を除いては、会期中その院の許諾がなければ逮捕されない」と定め、各議院に(iii)**議員逮捕許諾権**および**議員釈放要求権**を付与している。

　第二に、②運営自律権には、(i)**規則制定権**と(ii)**議員懲罰権**がある。

　まず、58条２項本文前段は、「両議院は、各々その会議その他の手続及び内部の規律に関する事項を定め」るとして、両議院に(i)**規則制定権**を付与している。これは、議院が、その会議等の手続と内部規律を自主的に制定しうる権能であり、この権能に基づいて定められたものが議院規則である。各議院において、衆議院規則と参議院規則とがそれぞれ定められている。議院規則は、国民一般を規律するものではないが、議員や国務大臣のほかに、公述人や傍聴人をも規律するので、実質的意味の法律である。

　ところで、わが国では、憲法と議院規則との間に国会法が介在している。この国会法は、両議院と内閣等外部との関係や両議院相互の関係に関する事項のみならず、議院内部の運営事項をも定めている。そこで、国会法と議院規則とが矛盾・抵触した場合の効力の優劣が問題となる。従来、(a)国会法の制定・改正には両議院の議決を必要とするのに対して、議院規則の制定・改正には一院の議決のみで足りることを理由に、国会法の効力が議院規則に優位すると説く**法律優位説**が通説であった。しかし近年、(b)議院の内部事項は議院規則の専属的所管事項であり、国会法は両議院の紳士協定にすぎないとして、議院規則の

効力が国会法に優位すると説く**規則優位説**が有力に主張されている。

　次に、58条2項本文後段は、両議院は、「院内の秩序をみだした議員を懲罰することができる」と定め、各議院に(ii)議員懲罰権を付与している。これは、議院が独自の権能に基づいて院内の秩序を維持し、議員の行動を規律することを認めたものである。懲罰事由に当たる行為は、国会法（116条・119条・120条・124条）および議院規則（衆規238条・244条・245条、参規235条・236条・244条・245条）に定められているが、これらは例示に過ぎず、院内の秩序を乱す行為はすべて懲罰の対象となりうる。懲罰の種類には、戒告、陳謝、登院停止および除名の4つがある（国会法122条）が、除名は、事の重要性に鑑み、出席議員の3分の2以上の特別多数による議決を必要とする（58条2項但書）。

　議院の議事手続に対する司法審査の可否については、通説は、(a)議院の運営自律権を尊重して、司法審査を認めない否定説を採っている。これに対して、(b)裁判所は法律の内容を審査する権限（実質的審査権）を付与されている以上、法律の制定手続を審査する権限（形式的審査権）も付与されているとして議事手続に対する司法審査を認める肯定説や、(c)明白な憲法違反のある場合に限って司法審査を認める例外的肯定説も主張されている。この点、判例は、**判例21-2　警察法改正無効事件**［最大判昭和37年3月7日民集16巻3号445頁］において、(a)説の立場を採っている（この点については、**第23章6**も参照。また、近年の裁判例として、国民投票法案不受理事件［東京高判平成9年6月18日判時1618号69頁］も参照）。

　また、議院が行う懲罰についても、議院の運営自律権の他に、議員の免責特権の保障に対応して議院に議員懲罰権が与えられていることを考慮して、司法審査は及ばないとするのが通説である。

2　国政調査権

　62条は、「両議院は、各々国政に関する調査を行ひ、これに関して、証人の出頭及び証言並びに記録の提出を要求することができる」と定め、各議院に国政調査権を付与している。これは、国会の地位と活動を強化するために認められた権能である。

　まず、国政調査権の法的性質については、学説上見解が対立している。①**独立権能説**は、41条前段の「国権の最高機関」に法的意味を認めることを前提

に、国政調査権は国会が他の国家機関の活動を監督・批判するための独立の権能であると説く。これに対して、②**補助的権能説**は、「国権の最高機関」は政治的美称であるとの前提のもとに、国政調査権は国会や議院に認められた諸権能を実効的に行使するための補助的な権能であると説く。**浦和事件**（1949年無理心中で子供を殺して自首した母親の浦和充子に対して、浦和地裁（現さいたま地裁）が懲役3年・執行猶予3年の判決を下したところ、参議院法務委員会は独立権能説を援用して、これを調査し、量刑が不当である（軽すぎる）という決議を行った。最高裁は、補助的権能説に依拠して、法務委員会による国政調査権の濫用を批判した）以降、②説が通説となっている。裁判例も、**日商岩井事件**［東京地判昭和55年7月24日判時982号3頁］において、②説を採っている。

　次に、独立権能説に立てば、国政調査権の範囲は広範に認められ、一方、補助的権能説に立つとしても、国会や議院に認められた権能は広範であるので、国政調査の範囲は、国政のほぼ全般にわたることになる。裁判例も、前掲・日商岩井事件において、国政調査権の範囲を広く認めている。しかし、いずれの説に立っても、国政調査権には他の国家機関との関係において限界がある。

　第一に、司法権との関係である。裁判に関する調査は、司法権の独立（76条3項）との関係で、事件を担当している裁判官に事実上の影響を及ぼすことのないように十分に配慮して行われなければならないとされる。すなわち、裁判所に係属中の事件について、裁判所とは異なった目的から並行的に調査することは許されるが、同じ目的での並行調査は許されない。また、裁判官の訴訟指揮の当否の調査および裁判内容の当否を批判する調査は許されず、確定判決に対する批判的調査も許されない。

　第二に、検察権との関係である。検察事務も行政作用であるので、原則として国政調査の対象となる。しかし、検察作用は裁判と密接に関連する準司法的作用であるので、司法権に類似した取り扱いがなされる。前掲・日商岩井事件によれば、検察権と同じ目的での並行調査は原則として許されるが、「起訴、不起訴についての検察権の行使に政治的圧力を加えることが目的と考えられるような調査」、「起訴事件に直接関連ある捜査及び公訴追行の内容を対象とする調査」、「捜査の続行に重大な支障を来たすような方法をもって行われる調査」は許されない。

　第三に、一般行政権との関係である。一般行政権に対しては、調査権は広範

に及び、議院は行政事務全般にわたって調査することができる。しかし、公務員の職務上の秘密に関する事項には及ばない（議証法5条）。ただし、職務上の秘密については、国会による行政監督を十分に行わせるという見地から、その範囲を限定して考えることになる。

　第四に、私人との関係である。私人に対する国政調査については、基本的人権を侵害するような手段・方法がとられるようなものは許されない。特に、証人の思想の自由やプライバシーを侵害してはならない。そのような調査に対しては、証人は、38条の黙秘権および議院証言法7条の「正当な理由」を根拠に、証言を拒否できる。また、**国政調査目的住居侵入事件**［札幌高判昭和30年8月23日高刑集8巻6号845頁］によれば、国政調査権の性質からして、住居侵入、捜索、押収および逮捕のような刑事上の強制力を伴う調査は認められない。

判例21-1

争点

　議員の職務上の行為が国賠法の賠償責任の対象となるか―病院長自殺事件［最三判平成9年9月9日民集51巻8号3850頁］

事案

　衆議院社会労働委員会における医療法改正の審議において、衆議院議員であったY1が、ある病院の院長Aの患者に対する破廉恥行為や精神安定剤の服用などを指摘したところ、その翌日、Aは自殺した。これに対してAの妻であるXは、Y1の発言によりAの名誉が毀損され、Aが自殺に追い込まれたとして、Y1に対しては民法709条・710条に基づき、Y2（国）に対しては国賠法1条1項に基づき、それぞれ損害賠償請求を行った。第1審［札幌地判平成5年7月16日判時1484号115頁］および控訴審［札幌高判平成6年3月15日民集51巻8号3881頁］でいずれも請求を棄却されたので、Xが上告。

判旨

　上告棄却。「本件発言は、［Y1により］国会議員としての職務を行うにつきされたものであることが明らかである。……Y2が賠償責任を負うことがあるのは格別、公務員であるY1個人は、Xに対してその責任を負わない」。「質疑等においてどのような問題を取り上げ、どのような形でこれを行うかは、国会議員の政治的判断を含む広範な裁量にゆだねられている事柄とみるべきであって、たとえ質疑等によって結果的に個別の国民の権利等が侵害されることになったとしても、直ちに当該国会議員がその職務上の法的義務に違背したとはいえない」。「［Y2の国賠法1条1項の］責任が肯定されるためには、当該国会議員が、その職務とはかかわりなく違法又は不当な目的をもって事実を摘示

し、あるいは、虚偽であることを知りながらあえてその事実を摘示するなど、国会議員がその付与された権限の趣旨に明らかに背いてこれを行使したものと認め得るような特別の事情があることを必要とする」。

判例21-2

争点

議院の議事手続は司法審査の対象となるか——警察法改正無効事件［最大判昭和37年3月7日民集16巻3号445頁］

事案

第19回国会で、市町村警察の制度を廃止し都道府県警察に組織変更する新警察法案が衆議院で可決された。しかし、同法案が参議院で可決されないまま会期が終了したため、両議院での会期延長の議決が求められた。衆議院での会期延長の議決に際して野党がこれに抵抗したため、議場は混乱した。議場に入れなかった議長は入口に入ったところで2本の指を挙げ、これによって議員は会期延長が議決されたとした。そして、この会期延長の議決を無効として野党は参議院での同法案の審議・議決に欠席したが、同法案は参議院で可決された。大阪府議会は、新警察法に伴う警察費を計上した予算を可決したが、住民Xは、衆議院での会期延長の議決は無効であることなどを理由に、新警察法は無効であるとして、地方自治法243条の2第4項（現242条の2第1項）に基づいて、大阪府知事Yに対する警察費の支出禁止を求めて出訴した。第1審［大阪地判昭和30年2月15日判時47号9頁］および控訴審［大阪高判昭和30年8月9日民集16巻3号472頁］はXの請求を退けたので、Xは上告。

判旨

上告棄却。「同法は両院において議決を経たものとされ適法な手続によって公布されている以上、裁判所は両院の自主性を尊重すべく同法制定の議事手続に関する所論のような事実を審理してその有効無効を判断すべきでない。従って所論のような理由によって同法を無効とすることはできない」。

［主要参考文献］

・大石眞『憲法講義Ⅰ［第3版］』（有斐閣、2014年）
・大石眞『議会法』（有斐閣、2001年）
・佐藤幸治『日本国憲法論』（成文堂、2011年）

第22章

内　閣

本章のねらい

　日本国憲法においては、政府は、天皇および内閣によって構成されている。天皇については**第3章**ですでに見たので、本章では内閣について見ていく。内閣は、国会と深く関わり合っており、また、三権分立でいう「立法権、行政権、司法権」のうち、行政権を担う重要な機関である。まず、このような内閣の地位を検討し、その上で、内閣の構成、権能および活動について見ていく。また、内閣の他にも様々な行政機関が存在しており、これについても概観しよう。

1　内閣の地位

1　議院内閣制

　日本国憲法は政府と議会との関係について議院内閣制を採用しているが、比較法的には、政府と議会との関係は、3つに大別することができる。

　①**大統領制**では、国家元首かつ政府の長たる大統領と議会は、それぞれ国民から選出され、独立して行政権と立法権を行使する。大統領は議会解散権をもたず、議会も大統領に対する不信任決議権をもたない。アメリカの大統領制がこの代表例である。

　②**議院内閣制**では、国家元首かつ政府の長たる君主または大統領の下で、内閣が議会（両院制の場合には特に下院）と密接な関係を持ちながら政治的権能を行使する。内閣の首長（首相）は、議会の意向を受けて議員の中から国家元首たる君主または大統領によって任命される。議会は内閣不信任決議権をもち、内閣（あるいは国家元首）も議会解散権をもつ。内閣が議会に対してのみ責任を負うものを「**一元型議院内閣制**」、議会に対してだけでなく国家元首たる君主または大統領に対しても責任を負うものを「**二元型議院内閣制**」という。前者の代表例がイギリス及びドイツの議院内閣制であり、後者の代表例がフランスの

議院内閣制である。なお、フランスの「二元型議院内閣制」のように、国家元首が国民から直接選出された大統領であり、かつ、その大統領が政府内で強い権限を有している場合は「**半大統領制**」とも呼ばれる。

③**議会支配制**では、政府は議会の一委員会にすぎず、政府が議会に一方的に従属する。当然、政府は議会の解散権をもたず、議会は政府に対する監督を行う。スイスの総裁政府制がこの代表例である。

日本国憲法が定める政府と議会の関係は、「一元型議院内閣制」である。まず、天皇（天皇が国家元首に当たるかどうかは学説上争いがある）は国政に関する権能を有さず（4条1項）、内閣が政治的権能を行使する。次に、内閣総理大臣は国会の議決で指名され（67条1項前段）、天皇により任命される（6条1項）。内閣総理大臣および他の国務大臣の過半数は国会議員の中から選ばれなければならない（67条1項前段・68条1項但書）。さらに、内閣は国会に対して連帯して責任を負い（66条3項）、衆議院は**内閣不信任決議権**を有し（69条）、内閣は**衆議院解散権**を有している。

この点、内閣の衆議院解散権の憲法上の根拠については、学説上争いがある。そもそも、衆議院の解散は、天皇の国事行為とされており（7条3号）、形式上、解散を行うのは天皇であるが、その実質的決定権者は内閣であるとされる。したがって、内閣が憲法上いかなる根拠に基づいて衆議院解散権を行使できるのかが問題となるのである。

まず、①**69条説**は、「内閣は、衆議院で不信任の決議案を可決し、又は信任の決議案を否決したときは、10日以内に衆議院が解散されない限り、総辞職をしなければならない」と定める69条にその根拠を求める。すなわち、憲法は、解散権についての一般的規定を有しておらず、解散が行われる場合について69条でしか言及していないので、69条を根拠に解散権を行使できると説く。この説によれば、内閣が衆議院を解散できるのは当然69条の場合に限定されるので、その意味で、この説は**69条限定説**とも呼ばれる。しかし、この説に対しては、解散による民意を問う機会を限定することになってしまうという批判がなされている。

これに対して、**69条非限定説**は、内閣が衆議院を解散できるのは69条の場合に限定されないとして、内閣に自由な解散権を認めるが、その根拠を何に求めるかについては3つの考え方がある。まず、②**65条説**は、「行政権は、内閣

に属する」とする65条をその根拠とする。この説は、65条の「行政権」概念に
ついて**控除説**（後述）に立った上で、解散は立法作用でも司法作用でもないの
で「行政」に属するということを理由に挙げる。しかし、控除説自体が批判さ
れており、この説は控除説を採らない場合には通用しないという問題点があ
る。次に、③**制度説**は、憲法の特定の条文ではなく、議院内閣制を採用してい
る憲法全体の趣旨にその根拠を求める。この説に対しては、議院内閣制が必ず
しも自由な解散権を認めているとは限らないのに、その議院内閣制から自由な
解散権を導き出すことはできないのではないかという批判がある。最後に、④
7条説は、7条3号の定める衆議院の解散という天皇の国事行為に対する7
条柱書の定める内閣の「助言と承認」をその根拠とする。すなわち、天皇の国
事行為が「国政に関する権能」を持たないのは、「助言と承認」によって内閣
が実質的決定権を有するからであり、解散権についても国事行為とされている
ことから、内閣が「助言と承認」によって実質的決定権を有し、自由な解散権
が認められると説くのである。通説は④説である。なお、内閣による衆議院解
散の合憲性が争われた判例として、**判例22-1　苫米地事件**［最大判昭和35年
6月8日民集14巻7号1206頁］がある。

　次に、解散が69条の場合に限定されないとしても、解散権の行使に限界がな
いわけではない。すなわち、内閣が衆議院を解散できるのは、(i)衆議院で内閣
の重要案件が否決され、または審議未了になった場合、(ii)政界再編等により内
閣の性格が基本的に変わった場合、(iii)総選挙の争点でなかった新しい重大な政
治的課題に対処する場合、(iv)内閣が基本政策を根本的に変更する場合などに限
られるとされている。

2　行政権の帰属

　65条は、「行政権は、内閣に帰属する」と規定しているが、この65条にいう
「行政権」概念をどのように理解するかについては、学説上争いがある。

　まず、通説は、①「行政」とはすべての国家作用のうちから立法作用と司法
作用を除いた残りの作用であるとする**控除説**を採用している。①説は、多様な
行政活動を包括的に捉えることができるだけでなく、君主による絶対的支配権
から、立法権・司法権が分化してきたという歴史的沿革にも適合しているとい
う利点を有している。しかし、①説に対しては、「行政権」の積極的な定義を

することができていないという批判がある。

　これに対して、「行政権」を積極的に捉えようとする見解が提示されてきた。例えば、伝統的には、②「行政」とは「法の下に法の規制を受けながら、現実に国家目的の積極的な実現をめざして行われる全体として統一性をもった継続的な形成的国家活動」であるとする見解が主張されていた。しかし、このような伝統的な**積極説**に対しては、必ずしも多様な行政活動のすべてを捉えきれていないという批判がある。

　近年においても「行政権」を積極的に定義しようとする試みが続けられ、2つの学説が対立している。すなわち、③国家作用を対人民作用に限定し、「行政」とは国会の制定した法律の執行作用であると説く**法律執行説**と、④国家作用を対人民作用に限定せず、「行政」とは国政に関する基本方針や重要事項を策定するとともに、行政各部を指揮することであると説く**執政権説**とが対立している。③説によれば、狭義の内閣と行政各部とを区別することなく、両者を合わせた広義の内閣に「行政権」が帰属することになる。反対に、④説によれば、内閣と行政各部は区別され、行政各部が法律を執行することになり、内閣が「行政権」、すなわち、執政権を通じて、行政各部による法律の執行をコントロールすることになる。いずれの説も有力に主張されているが、通説たる地位を占めるには至っていない。

2　内閣の構成

　66条1項は、「内閣は、法律の定めるところにより、その首長たる内閣総理大臣及びその他の国務大臣でこれを組織する」と定める。

1　内閣の成立

　まず、内閣は、天皇が内閣総理大臣を任命し、その内閣総理大臣がその他の国務大臣を任命することよって成立する。

　内閣総理大臣は、国会の指名に基づいて、天皇が任命する（6条1項）。内閣総理大臣の指名にあたって、67条1項は、「国会議員の中から」指名すべきものとしている。したがって、内閣総理大臣は、衆議院議員でなく、参議院議員でもよい。ただし、これまで、内閣総理大臣はすべて衆議院議員から選ばれて

いる。また、国会議員であることは、内閣総理大臣の指名要件だけでなく、在任要件でもあると解するのが通説である。

　国務大臣は、内閣総理大臣によって任命されるが、その過半数は国会議員の中から選ばなければならない（68条1項）。国務大臣の数は、14人以内であるが、特別に必要がある場合においては、17人以内とすることができる（内閣法2条2項）。

　次に、66条2項は、「内閣総理大臣その他の国務大臣は、文民でなければならない」として、内閣の構成員の要件として**文民**であることを要求している。「文民」の意味については、当初は、①職業軍人でない者、②職業軍人の経歴を有しない者、③職業軍人の経歴を有しておらず、かつ、軍国主義的思想に深く染まっていない者という3つの説が唱えられていたが、今日では、④国の武力組織に職業上の地位を有しない者、と解するのが通説である。通説によれば、自衛官の職にある者は「文民」ではないので、大臣就任資格を有しない。したがって、この**文民条項**は、軍としての性格を有している自衛隊に**文民統制**（軍による政治への介入を阻止するために、軍の組織・決定を政治組織の統制の下に置くこと。シビリアン・コントロールともいう）の枠をはめることに意義がある。ただし、通説によっても、過去に自衛官の職にあった者については、一般的には「文民」とされ、大臣就任資格を有する。実際、過去に自衛官職にあった者が大臣職に任命された例もある。

2　内閣総理大臣

　明治憲法下では、内閣総理大臣は他の国務大臣と対等であり、同輩中の首席にすぎなかったが、日本国憲法は、内閣総理大臣に内閣の首長としての地位を与えている（66条1項）。

　第一に、内閣総理大臣は、国務大臣を任命し（68条1項本文）、任意に国務大臣を罷免することができ（68条2項）、**国務大臣任免権**を有している。これにより、内閣総理大臣は、統一的な内閣を組織・運営することができる。

　第二に、75条本文は、「国務大臣は、その在任中、内閣総理大臣の同意がなければ、訴追されない」と規定し、内閣総理大臣に**国務大臣訴追同意権**を付与している。この趣旨は、検察権による内閣の職務遂行への干渉を排除するとともに、内閣の統一性を保つことにある。ここでいう「訴追」とは、公訴の提起

以外にも、逮捕・勾留などの身体の拘束も含むと解するのが通説である。これに対して判例は、昭電栗栖関係事件［東京高判昭和34年12月26日判時213号46頁］において、「訴追」には逮捕・勾留は含まれないとしている。なお、75条但書は、「これがため、訴追の権利は、害されない」と規定しており、国務大臣の在任中、内閣総理大臣の同意がなくて訴追できない場合であっても、その期間は公訴時効の進行が停止すると解されている。

　第三に、72条は、「内閣総理大臣は、内閣を代表して議案を国会に提出し、一般国務及び外交関係について国会に報告し、並びに行政各部を指揮監督する」と定め、内閣総理大臣には**内閣の代表としての権能**が３つ認められている。このうち特に重要なのが、72条後段の**行政各部指揮監督権**である。72条後段の規定を受けて、内閣法６条は、「内閣総理大臣は、閣議にかけて決定した方針に基づいて、行政各部を指揮監督する」と定めている。したがって、内閣総理大臣が指揮監督を行うためには、事前に内閣の意思決定が存在することが必要であるとも読み取れるが、この点につき、判例は、**判例22-2　ロッキード事件**［最大判平成７年２月22日刑集49巻２号１頁］において、閣議にかけて決定した方針が存在しない場合であっても、内閣総理大臣には内閣の明示の意思に反しない限り行政各部に対し指示を与える権限があることを認めた。

　その他の内閣総理大臣の権能として、議院への出席（63条）、法律および政令への連署（74条）、閣議の主宰（内閣法４条２項前段）、閣議での内閣の重要政策に関する基本的な方針その他の案件の発議（同４条２項後段）、行政各部の処分または命令を中止せしめ、内閣の処理を待つこと（同８条）、内閣府の長として「主任の大臣」になること（内閣府設置法６条）などがある。

3　国務大臣

　国務大臣は、内閣の構成員として内閣の権能行使に関与する地位と、「主任の大臣」（内閣法３条１項）として行政事務を分担管理する地位とを併せもっている。ただし、「特定の行政事務を分担管理しない」（同条２項）、いわゆる**無任所大臣**が置かれることもある。広義の無任所大臣は、行政事務を「分担管理」しない大臣を指すため、後述するように、内閣官房長官、内閣府特命担当大臣などが広義の無任所大臣となるが、狭義の無任所大臣は、一切の行政事務を担当しない大臣を指す。

　国務大臣の権能としては、国務大臣は、内閣の構成員として、閣議請議権を
有し（同４条３項）、閣議に列席し、内閣の意思形成に参加する（同条１項）。ま
た、国務大臣は、「何時でも議案について発言するため議院に出席することが
できる」（63条）。

　主任の大臣としての国務大臣は、所管する法律・命令に署名する（74条）。

4　内閣の総辞職

　総辞職とは、内閣の構成員全員が同時に辞職することをいう。

　内閣は、その存続が適当でないと考えるときは、いつでも総辞職することが
できる。しかし、①衆議院が不信任の決議案を可決しまたは信任の決議案を否
決したとき、10日以内に衆議院が解散されない場合（69条）、②内閣総理大臣が
欠けた場合（70条前段）、③衆議院議員総選挙の後に初めて国会の召集があった
場合（70条後段）は、内閣は必ず総辞職しなければならない。②の「内閣総理
大臣が欠けたとき」とは、(i)死亡した場合、(ii)除名（58条２項但書）、資格争訟
（55条）、選挙訴訟・当選訴訟（公選法204条・208条）の結果国会議員たる地位を失
い、内閣総理大臣となる資格を失ってその地位を離れた場合を指す。(iii)辞職し
た場合も、学説上争いはあるものの「欠けたとき」に含まれるとされる。ただ
し、病気または生死不明の場合は、「事故のあるとき」（内閣法９条）として、予
め指定された国務大臣が、**内閣総理大臣臨時代理**として職務を代行する。

　内閣が総辞職すると、新内閣の形成が必要となるが、「内閣は、あらたに内
閣総理大臣が任命されるまで引き続きその職務を行ふ」（71条）ものとされる。
なお、②の場合は、内閣総理大臣臨時代理が、新たに内閣総理大臣が任命され
るまでの間、内閣総理大臣の職務を代行する（内閣法９条）。

3　内閣の権能と責任

1　憲法73条により認められる権能

　73条は、「内閣は、他の一般行政事務の外、左の事務を行ふ」と規定し、内
閣が行うべき重要な事務を列挙している。

　73条柱書は、内閣の権能として、「他の一般行政事務」を挙げているが、こ
の趣旨は、73条１号から７号で列挙された事務が例示であり、内閣の権能はそ

れに限られないことを示すものと解されている。

　第一に、内閣の最も主要な権能として、内閣は**「法律を誠実に執行」**する（1号）（ただし、「行政権」概念について執政権説を採れば、この規定は、内閣が行政各部に法律を誠実に執行させることを意味する）。この点、「法律を誠実に執行」するとは、内閣が国会の制定した法律が違憲であると判断した場合であっても、法律を執行する義務を負うことを指す。したがって、そもそも内閣に法律が違憲であるかどうかを判断する権能が認められるかどうかについては議論があるものの、国会が合憲であることを前提にして制定した法律である以上、内閣はその法律の執行を拒否することはできないと解されている。これに対して、最高裁判所が違憲と判断した法律については、**第24章**で見るとおり、通説は法令違憲判決の効力について個別的効力説を採っているが、内閣はその法律の執行を控えるべきであると解されている。

　第二に、内閣は**「国務を総理する」**（1号）。「国務の総理」の意味については、2つの説が対立している。(i)**行政事務統括説**は、「国務」とは行政事務のことであり、それを「総理」するとは、最高の行政機関として、行政事務を統轄し、行政各部を指揮監督することであると説く。これに対して、(ii)**国務総合調整説**は、「国務」には行政事務のみならず、立法作用・司法作用も含まれ、それを「総理」するとは、内閣はそれらが適当な方向をとって進むよう配慮し、処理することであると説く。ただし、(i)説に立っても、「行政権」概念を控除説のように捉えれば、立法や司法に対する内閣の配慮も行政事務に含まれることになる。したがって、その場合には、両者に結論上の差異はなく、その対立にはさほど意味がないことになる。

　第三に、内閣は**「外交関係を処理する」**（2号）。外交は、行政に属する事務の典型である。条約の締結については3号により内閣の権限とされるが、それ以外の外交事務も本号により内閣の権限である。例えば、外交交渉、外交使節の任免、外交文書の作成などである。

　第四に、内閣は**「条約を締結する」**（3号）。ここにいう「条約」とは、その名称（条約・協約・協定等）にかかわらず、当事国に一定の権利義務関係を設定することを目的とした、国家間の文書による約束を指す。条約の締結も、外交関係の処理の1つであるが、その重要性に鑑みて別に規定されている。条約の締結は、「事前に、時宜によつては事後に、国会の承認を経ることを必要とす

る」(同号但書)。ただし、既存の条約を執行するための細部の取極は、**行政協定**と呼ばれ、本号の条約にはあたらず、内閣が2号によりこれを処理することができる。したがって、行政協定の締結には国会の承認は必要とされない。

　第五に、内閣は「**法律の定める基準に従ひ、官吏に関する事務を掌理する**」(4号)。官吏に関する事項については、明治憲法下においては、天皇大権に属するとされていたが(明憲10条)、日本国憲法は、「法律に定める基準」に従い、内閣が掌理するものとした。この基準を定めた法律が国家公務員法である(国公法1条2項)。この点、地方公共団体の公務員は、地方公共団体独自の地位に鑑みて、ここにいう「官吏」には含まれない。また、裁判官、裁判所職員、国会職員などの国家公務員についても、学説上争いがあるものの、ここにいう「官吏」には含まれないとするのが通説である。実際、国家公務員法も、これらの公務員を特別職とし、その適用を排除している(国公法2条3項・5項)。したがって、「官吏」とは、もっぱら国家公務員法2条1項にいう一般職の国家公務員を指す。

　第六に、内閣は「**予算を作成して国会に提出する**」(5号)。この事務は、86条に「内閣は、毎回会計年度の予算を作成し、国会に提出して、その審議を受け議決を経なければならない」とあることに対応するものである(詳しくは、**第25章**を参照)。

　第七に、内閣は「この憲法及び法律の規定を実施するために、**政令を制定する**。但し、政令には、特にその法律の委任がある場合を除いては、罰則を設けることができない」(6号)。**第21章1**で見たとおり、この規定により、執行命令と委任命令が認められる。

　第八に、内閣は**恩赦を決定する**(7号)。恩赦とは、行政権が犯罪者の赦免を行うことをいうが、本号は、この恩赦の種類として、「大赦、特赦、減刑、刑の執行の免除及び復権」を定めている。本号は、明治憲法が天皇の大権事項としていた恩赦(明憲16条)を内閣の権限としており、天皇は単にそれを認証するにとどまる(7条6号)。

2　憲法73条以外により認められる権能

　第一に、**天皇の国事行為**に対する助言と承認である。天皇の国事行為は、**内閣の助言と承認**に基づき行われる(3条・7条)。国事行為とは、政治に関係の

ない形式的・儀礼的行為をいう。この国事行為の法的性質についてどう捉えるかについては争いがある。すなわち、①国事行為は本来すべて形式的・儀礼的行為であるとする見解と、②国事行為は、もともと形式的・儀礼的なものではなく国政に関する行為であるが、内閣の「助言と承認」に基づいて行われることから、結果的に形式的・儀礼的なものとなるとする見解とが対立している。①説によれば、内閣の「助言と承認」は、国事行為の実質的決定権を含むものではなく、国事行為を天皇に行うよう指示するだけの形式的行為にすぎないということになる。これに対して、②説によれば、国事行為は、内閣の「助言と承認」によってこそ形式的・儀礼的な行為となるので、当然、内閣の「助言と承認」は国事行為の実質的決定権を含むことになる。②説が通説であるが、内閣総理大臣の任命（6条1項）については、実質的決定権は国会にあり（67条）、したがって、この場合の内閣の「助言と承認」は、実質的決定権を含むものではなく、形式的行為と考えられる、という批判がなされている。しかしながら、実質的決定権が他の条文に規定されている場合には内閣の「助言と承認」には実質的決定権は含まれない、という理解をしても、②説の整合性を保つことができる（なお、天皇の国事行為の具体的内容については、**第3章**を参照）。

　第二に、**第21章**で見たとおり、国会との関係では、内閣は、①国会の召集の決定権、②衆議院の解散権、③参議院の緊急集会の要求権をもつ。

　第三に、裁判所との関係では、内閣は、①最高裁判所長官の指名権（6条2項）、②最高裁判所および下級裁判所の裁判官の任命権（79条1項・80条1項）をもつ。これについては**第23章**で見ることにする。

3　内閣の責任

　第一に、国会との関係については、66条3項は、「内閣は、行政権の行使について、国会に対し連帯して責任を負ふ」と規定している。まず、ここでいう「行政権」とは、65条にいう「行政権」、すなわち、実質的意味の行政権ではなく、形式的意味の行政権、すなわち、あらゆる内閣の権能を指す。次に、内閣が責任を負う相手方は「国会」であるが、各議院が個別的に責任を追及することができ、内閣は各議院に対して責任を負う。そして、内閣は「連帯して」責任を負うとされるが、このことは、特定の国務大臣が、個人的理由に基づきまたはその所管事項に関して個別責任を負い、各議院が国務大臣の個別責任を追

及することを排除しない。最後に、「責任」とは、法的責任ではなく、政治的責任をいう。衆議院の不信任決議については、可決されれば衆議院の解散または内閣の総辞職を伴うため法的責任としての性質を有しているが、内閣の政治姿勢を理由にして不信任決議を行うことも可能であるので、政治的責任としての性質をも併せ持っている。

　第二に、天皇との関係については、天皇のすべての国事行為に対して内閣の助言と承認が必要とされることから、その行為の結果については内閣が自ら責任を負う（3条）。したがって、天皇は自身の国事行為について無答責とされることになる。なお、国事行為への助言と承認の行為が66条3項の「行政権の行使」に含まれると解されるので、天皇の国事行為について内閣が責任を負う相手方は国会である。

4　内閣の活動

1　内閣の活動方法

　憲法は、内閣がその権能を行使する場合の方法について何ら定めを設けていない。この点、内閣法4条1項は、「内閣がその職権を行うのは、閣議によるものとする」と定めている。閣議とは、合議体としての内閣が意思決定を行う会議体をいう。すでに述べたとおり、内閣総理大臣は、閣議を「主宰」し、そこで「内閣の重要政策に関する基本的な方針その他の案件を発議する」ことができ（4条2項）、また、各大臣は、「案件の如何を問わず、内閣総理大臣に提出して、閣議を求める」ことができる（4条3項）。そして、各省大臣および内閣府の長としての内閣総理大臣は、「主任の行政事務について、法律若しくは政令の制定、改正又は廃止を必要と認めるときは、案をそなえて」閣議を求めなくてはならない（国家行政組織法11条・内閣府設置法7条2項）。

　閣議の形態としては、①**定例閣議**、②**臨時閣議**、③**持回り閣議**とがある。①は、内閣総理大臣およびその他すべての国務大臣が会同して行う参集閣議で、その開催日が決まっている（毎週火曜日と金曜日）閣議であり、②は、参集閣議であるが、開催日が不特定の閣議である。これに対して、③は、各大臣が実際に会同することなく、回覧される閣議書に押印をする形で行われる閣議である。

2 閣議の運営方法

憲法は、内閣の活動方法を定めていないのであるから、当然、閣議の運営方法についても定めていない。それゆえ、閣議の運営方法は内閣の閣議運営自律権に基づいた慣行に委ねられている。すなわち、定足数・議決方法について、全員一致制が採られている。また、秘密制が採られ、従来はこの秘密制を確保するために議事録もとられていなかったが、2014年3月28日閣議決定に基づき、2014年4月から閣議の議事録の作成および公表が行われるようになった。

この点、閣議の議決方法については、学説上争いがある。すなわち、①憲法66条3項の要求する内閣の「連帯責任」により、大臣はすべて一体として統一的行動をとる必要があるとして、閣議の決定は全員一致によらなければならないとする全員一致説と、②内閣の「連帯責任」からは全員一致が当然に導かれるわけでなく、多数決により決定した方針に基づいて対外的に統一的行動をとることは可能であるとして、閣議の決定は多数決であれば足りるとする多数決説とがある。通説は①説である。

なお、閣議の議決方法を含め、およそ閣議の運営方法について司法審査が及ぶかどうかという問題がある。これについて、多くの学説は、内閣の閣議運営自律権を理由に否定している。

5 行政機関

1 内閣の補佐機関

内閣には、内閣を補佐するための機関として、内閣官房、内閣法制局、国家安全保障会議、内閣府などが置かれている。まず、内閣法は、12条1項で「内閣に、内閣官房を置く」と規定し、次いで2項で内閣官房に内閣を補佐するための権限を付与し、内閣官房を内閣の第一の補佐機関として位置づけている。その上で、内閣法制局設置法1条により内閣の法制諮問機関として内閣法制局を、国家安全保障会議設置法1条により安全保障に関する重要な事項を審議する機関として国家安全保障会議を、それぞれ内閣に置いている。さらに、内閣府設置法は、「内閣に、内閣府を置く」（2条）とし、内閣府は、経済財政、科学技術、防災といった「内閣の重要政策に関する事務を助けること」（3条1項）および「第1項の任務を遂行するに当たり、内閣官房を助ける」（3条3項）

ことを主な任務とする。内閣府には、重要政策に関する会議が置かれ、その機
関として、経済財政諮問会議と総合科学技術・イノベーション会議が置かれて
いる（同18条1項）。さらに、別に法律の定めるところにより内閣府に置かれる
重要政策に関する会議として、国家戦略特別区域諮問会議、中央防災会議、男
女共同参画会議がある（同条2項）。これらの会議には、内閣府特命担当大臣が
置かれる。また、東日本大震災を受け、2021年3月31日（その後改正により2031
年3月31日）までの期限付きであるが、復興庁設置法は、「内閣に、復興庁を置
く」（2条）と定め、復興庁は、「東日本大震災からの復興に関する内閣の事務
を内閣官房とともに助けること」（3条1項）を主な任務としている。

　なお、これらの内閣の補佐機関の主任の大臣は内閣総理大臣である。

2　一般行政機関

　72条は「行政各部」という語を用いており、内閣の統轄の下で行政事務を行
う一般行政機関の存在を予定している。現行法では、内閣府設置法と復興庁設
置法および国家行政組織法が、このような一般行政機関の設置について規定し
ている。

　まず、内閣府設置法により、すでに見たように、内閣府は重要政策に関して
内閣の補佐を行うが、その任務はこれだけに限られない。すなわち、内閣府は
内閣府設置法4条3項で掲げられた一般行政機関としての行政事務も行い、内
閣総理大臣がこれらの行政事務を分担管理する主任の大臣である。同様に、復
興庁も、東日本大震災からの復興に関して内閣の補佐を行うが、復興庁設置法
4条2項で掲げられた一般行政機関としての行政事務をも行い、内閣総理大臣
が主任の大臣としてこの行政事務を分担管理する。

　次に、国家行政組織法は、内閣府以外の行政機関を「内閣の統轄の下に」置
き（1条）、「省は、内閣の統轄の下に行政事務をつかさどる機関として置かれ
るものとし、委員会及び庁は、省に、その外局として置かれるものとする」と
している（3条3項）。省、委員会および庁は、それぞれの設置法で定められた
行政事務を行う。

3　独立行政委員会

　このように、行政機関は内閣の統轄の下で行政事務を行うのが原則である

図　国の主な行政機関（令和2年4月10日現在）

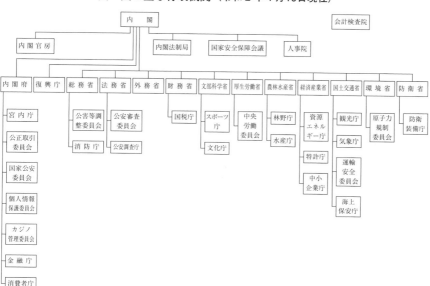

　が、内閣から独立して特定の行政事務を行う、複数の委員からなる合議機関が
存在する。これを**独立行政委員会**という。独立行政委員会は、人事・警察など
のような政治的中立性が高度に要求される行政作用を行うほか、裁決・審決と
いう準司法的作用や規則の制定などの準立法的作用をも行う。独立行政委員会
の例としては、国家公務員法3条に基づく人事院、内閣府設置法49条および64
条に基づく公正取引委員会、国家公安委員会、個人情報保護委員会、カジノ管
理委員会、国家行政組織法3条に基づく公害等調整委員会、公安審査委員会、
中央労働委員会などがある。
　これらの独立行政委員会は、内閣または内閣総理大臣・各省大臣の「所轄」
の下にあるとされながら、その任務を行うにあたっては内閣または内閣総理大
臣・各省大臣から独立して活動しているので、「行政権」は内閣に属すると規
定する65条、「行政権」の行使について内閣が責任を負うと規定する66条3項
に違反しないかが問題となる。学説は独立行政委員会を合憲と見ているが、そ
の理由は2つに分かれる。
　1つの説は、①65条はすべての「行政権」を内閣のコントロールの下に置く

ものであるという解釈を前提に、内閣は独立行政委員会の人事権や予算権を有しているので、内閣のコントロールの下に置かれているとして合憲とする。他方で、もう1つの説は、②65条は必ずしもすべての「行政権」を内閣のコントロールの下に置くものではないという解釈に立って、独立行政委員会の行う非政治的な行政は65条にいう「行政権」に含まれないとして合憲とする。②説が通説であり、裁判例も、**人事院違憲訴訟**［福井地判昭和27年9月6日行集3巻9号1823頁］において、この見解に立っていると解されている。

　なお、会計検査院は、独立行政委員会ではなく、憲法90条に基づいて設置された憲法上の独立機関である（**第25章5**を参照）。

:::
判例22-1
:::

争点

　衆議院の解散は司法審査の対象となるか―苫米地事件［最大判昭和35年6月8日民集14巻7号1206頁］

事案

　1952（昭和27）年に吉田内閣が行った「抜き打ち解散」によって衆議院議員の身分を失ったX（苫米地義三）は、歳費を受けられなくなった。そこでXは、69条の定める事態が発生した場合に内閣は衆議院解散を決定し、その後内閣の助言と承認に基づき天皇が解散を行うものであるところ、本件においては、内閣は7条に基づいて解散を決定したこと、また本件解散では内閣の助言と承認が適法になされていないことから違憲であるとして、任期満了までの歳費の支払いを求め、Y（国）に対して訴えを提起した。Xの請求は、第1審［東京地判昭和28年10月19日判時11号3頁］では認容されたが、控訴審［東京高判昭和29年9月22日判時35号8頁］で棄却されたので、Xは上告。

判旨

　上告棄却。「わが憲法の三権分立の制度の下においても、司法権の行使についておのずからある限度の制約は免れないのであって、あらゆる国家行為が無制限に司法審査の対象となるものと即断すべきではない。直接国家統治の基本に関する高度に政治性のある国家行為のごときはたとえそれが法律上の争訟となり、これに対する有効無効の判断が法律上可能である場合であっても、かかる国家行為は裁判所の審査権の外にあり、その判断は主権者たる国民に対して政治的責任を負うところの政府、国会等の政治部門の判断に委され、最終的には国民の政治判断に委ねられているものと解すべきである。この司法権に対する制約は、結局、三権分立の原理に由来し、当該国家行為の高度の政治性、裁判所の司法機関としての性格、裁判に必然的に随伴する手続上の制約にかんがみ、特定の明文による規定はないけれども、司法権の憲法上の本質に内在する制約と理

解すべきである」。「衆議院の解散は、極めて政治性の高い国家統治の基本に関する行為であって、かくのごとき行為について、その法律上の有効無効を審査することは司法裁判所の権限の外にありと解すべき」である。

判例22-2

争点

　事前の内閣の意思決定がない場合にも、内閣総理大臣の行政各部指揮監督権は認められるか―ロッキード事件［最大判平成7年2月22日刑集49巻2号1頁］

事案

　ロッキード社の日本での販売代理店であった丸紅の社長Y1が、当時の内閣総理大臣Y2（田中角栄）に対して、①ロッキード社の航空機L1011型機購入を全日空に勧奨する行政指導をするよう運輸大臣に働きかけること、②Y2自ら直接全日空にL1101型機購入を働きかけることを依頼し、その成功報酬として5億円を供与することを約束した。全日空による購入決定後に、Y1はY2に5億円を供与したとして、Y1は贈賄罪により、Y2は受託収賄罪により起訴された。第1審［東京地判昭和58年10月12日判時1103号3頁］および控訴審［東京高判昭和62年7月29日高刑集40巻2号77頁］は、Y1およびY2を有罪としたので、Y1およびY2は上告。ただし、最高裁での審理中にY2は死亡したので、Y1の贈賄罪についてのみ判決が下された。

判旨

　上告棄却。「賄賂罪は、公務員の職務の公正とこれに対する社会一般の信頼を保護法益とするものであるから、賄賂罪と対価関係に立つ行為は、法令上公務員の一般的職務権限に属する行為であれば足り」る。「Y2が内閣総理大臣として運輸大臣に対し全日空にL1011型機の選定購入を勧奨するよう働き掛ける行為が、Y2の内閣総理大臣としての職務権限に属する行為であるというためには……(1)運輸大臣が全日空にL1011型機の選定購入を勧奨する行為が運輸大臣の職務権限に属し、かつ、(2)内閣総理大臣が運輸大臣に対し右勧奨をするように働き掛けることが内閣総理大臣の職務権限に属することが必要である」。「一般に、行政機関は、その任務ないし所掌事務の範囲内において、一定の行政目的を実現するため、特定の者に一定の作為又は不作為を求める指導、勧告、助言等をすることができ、このような行政指導は公務員の職務権限に基づく職務行為である」。「運輸大臣の職務権限からすれば、航空会社が新機種の航空機を就航させようとする場合……運輸大臣は、行政指導として民間航空会社に対し特定機種の選定購入を勧奨することも許される……。本件において、運輸大臣が全日空に対しL1011型機の選定購入を勧奨する行政指導をするについて必要な行政目的があったかどうか、それを適法に行うことができたかどうかにかかわりなく、右のような勧奨は、運輸大臣の職務権限に属する」。「内閣総理大臣は、憲法上、行政権を行使する首長として（66条）、国務大臣の任免権（68条）、内閣を代表して行政各部を指揮監督する職務権限（72条）を有するなど、内閣

を統率し、行政各部を統轄調整する地位にあるものである。そして、内閣法は、閣議は内閣総理大臣が主宰するものと定め（4条）、内閣総理大臣は、閣議にかけて決定した方針に基づいて行政各部を指揮監督し（6条）、行政各部の処分又は命令を中止させることができるものとしている（8条）。このように、内閣総理大臣が行政各部に対し指揮監督権を行使するためには、閣議にかけて決定した方針が存在することを要するが、閣議にかけて決定した方針が存在しない場合においても、内閣総理大臣の右のような地位及び権限に照らすと、流動的で多様な行政需要に遅滞なく対応するため、内閣総理大臣は、少なくとも、内閣の明示の意思に反しない限り、行政各部に対し、随時、その所掌事務について一定の方向で処理するよう指導、助言等の指示を与える権限を有する……。したがって、内閣総理大臣の運輸大臣に対する前記働き掛けは、一般的には、内閣総理大臣の指示として、その職務権限に属することは否定できない」。それゆえ、「Y2が内閣総理大臣として運輸大臣に前記働き掛けをすること」は、「賄賂罪における職務行為に当たる」。「以上のとおり、Y1につき贈賄罪の成立を肯定した原判決の結論を是認できるから、本件請託の対象とされた行為のうち、Y2が直接自ら全日空にL1101型機の選定購入を働き掛ける行為が、Y2の内閣総理大臣としての職務権限に属するかどうかの点についての判断は示さない」。

[主要参考文献]

・大石眞『憲法講義Ⅰ［第3版］』（有斐閣、2014年）

・佐藤幸治『日本国憲法論』（成文堂、2011年）

・藤田宙靖『行政組織法』（有斐閣、2005年）

第23章

裁 判 所

本章のねらい

　裁判所は、権力分立原理の下で国家作用の一分野である司法権を担当している。本章では、まず、司法権概念とはいかなるものかを検討することによって、裁判所の憲法上の地位を明らかにする。次に、裁判所の構成、権能および活動について触れる。その上で、司法権の独立や司法権の限界といった憲法上の重要な論点について見ていくことにする。

1　裁判所の地位

1　司法権の概念

　76条1項は「すべて司法権は、最高裁判所及び法律の定めるところにより設置する下級裁判所に属する」と定めている。ここで、「司法権」の意味が問題となるが、76条1項の「司法」とは、「具体的な争訟について、法を適用し、宣言することによって、これを裁定する国家の作用」である。ここでいう「**具体的な争訟**」とは、裁判所法3条1項の「**一切の法律上の争訟**」と同じ意味と解されている。

　通説は、「法律上の争訟」の意味について、①当事者間の具体的な権利義務ないし法律関係の存否に関する紛争であって、かつ、②それが法令の適用により終局的に解決することができるものと解している。判例も、**憲法違背是正請求上告事件**［最三判昭和28年11月17日行集4巻11号2760頁］において、同様に解している。なお、①の要件を具体的事件性・争訟性の要件という。

　まず、具体的な権利侵害もないのに、抽象的に法令の解釈または効力について争うことは、①の要件を欠くので、法律上の争訟ではない。後掲・**判例24-1　警察予備隊違憲訴訟**では、警察予備隊令とそれに基づいて設置された警察予備隊の違憲性が争われたが、①の要件を欠くとして訴えは却下された。

　次に、単なる事実の存否、個人の主観的意見の当否、学問上・技術上の論争などに関する争いは、②の要件を欠くので、法律上の争訟にあたらない。技術士国家試験に不合格となった者が不合格処分の取消しを求めた、**技術士国家試験事件**［最三判昭和41年2月8日民集20巻2号196頁］では、国家試験の合否判定も学問または技術上の知識、能力、意見等の優劣、当否の判断を内容とする行為であるので、②の要件を欠き、法律上の争訟にはあたらないとされた。

　さらに、純然たる信仰の対象の価値または宗教上の教義に関する判断自体を求める訴えは、②の要件を欠くので、法律上の争訟ではない。**判例23-1　板まんだら事件**［最三判昭和56年4月7日民集35巻3号443頁］は、信仰の対象の価値または宗教上の教義に関する判断が前提問題となっている具体的な権利義務ないし法律関係に関する紛争は、②の要件を欠くので法律上の争訟ではないとしている。

　ところで、裁判所法3条1項は、裁判所に、「一切の法律上の争訟」を裁判する権限のほかに、「法律において特に定める権限」を付与している。後者は、**客観訴訟**に対する裁判権であると解されている。個人の権利保護を目的とする訴訟を**主観訴訟**というのに対して、客観訴訟とは、法規の客観的適正さを確保するための訴訟をいう。行政事件訴訟法は、客観訴訟として、**民衆訴訟**（5条）および**機関訴訟**（6条）を定め、「民衆訴訟及び機関訴訟は、法律に定める場合において、法律に定める者に限り、提訴することができる」（42条）と定める。これを受けて、民衆訴訟として、**選挙無効訴訟**（公選法203条・204条）、**当選無効訴訟**（同207条・208条）、**住民訴訟**（自治法242条の2）などが定められ、また、機関訴訟として、**普通地方公共団体の長と議会との紛争**（同176条7項）、**普通地方公共団体に対する国又は都道府県の関与に関する訴訟**（同251条の5・252条）などが定められている。

　客観訴訟は、具体的権利義務に関する紛争ではないので、「法律上の争訟」の①の要件を満たしておらず、「法律上の争訟」ではない。したがって、通説によれば、客観訴訟は、司法作用には含まれず、立法政策上、例外的に裁判所の権限として認められたものと解されるのである。この点、通説は立法政策による権限付与がどこまで認められるかについて必ずしも明確にはしてこなかったが、近年では、立法政策による権限付与が認められるとしても、そこには憲法上の限界があると指摘する見解が見られる。すなわち、具体的な事件・争訟

性を擬制するだけの実質を備えた具体的処分や行為があり、裁判所による決定になじみやすい紛争の形態を備えるものに限って、立法によって裁判所はこれを裁判する権限を付与されることができると説かれる。ただし、この見解に立ったとしても、現行の客観訴訟は、この要件を満たすものであるので、憲法には違反しない。

2　司法権の帰属

　76条1項により、司法権は最高裁判所およびその系列の下にある下級裁判所に一元的に帰属する。同条2項は、①**特別裁判所の設置の禁止**と②**行政機関による終審裁判の禁止**を規定しており、1項の趣旨を徹底している。

　まず、76条2項前段は、「特別裁判所は、これを設置することができない」と定めている。「特別裁判所」とは、特定の人間または事件について裁判するために、通常裁判所の系列から独立して裁判権を行使する裁判所をいう。したがって、特定の人間または事件だけを扱う裁判所であっても、それが最高裁判所の系列の下にあるのであれば特別裁判所には当たらない。

　家庭裁判所は、家事事件や少年事件などの特定の事件だけを扱う裁判所であるが（裁法31条の3）、これが特別裁判所に当たるかどうか争われたことがある。この点、**児童福祉法違反被告事件**［最大判昭和31年5月30日刑集10巻5号756頁］は、最高裁判所の系列に属する下級裁判所であるので特別裁判所には当たらないとしている。また、2004年に知的財産事件を専門に扱う**知的財産高等裁判所**が東京高等裁判所の支部として設置された（知的財産高等裁判所設置法2条）が、これも最高裁判所の系列に属するので特別裁判所には当たらないとされる。

　次に、76条2項後段は、「行政機関は、終審として裁判を行ふことができない」と定めている。この規定の反対解釈から、行政機関が前審として裁判を行うことは認められるのであって、裁判所法3条2項もこれを確認している。その例として、行政不服審査法に基づく行政機関の裁決の制度、独占禁止法に基づく公正取引委員会の審決、国家公務員法に基づく人事院の裁定などが挙げられる。

　ただし、独占禁止法80条1項は、公正取引委員会の審決に不服があるとして提起された訴訟において、「公正取引委員会の認定した事実は、これを立証す

る実質的な証拠があるときには、裁判所を拘束する」と定めており、このように、行政機関の事実認定が裁判所を拘束することが76条１項に違反しないか問題となる。この点、裁判例は、審決取消請求事件［東京高判昭和28年８月29日行集４巻８号1898頁］において、行政機関のなした事実認定が絶対的に裁判所を拘束し、裁判所が全く事実認定を行えないのであれば76条１項に違反するが、行政機関が行った事実認定に実質的証拠があるかどうかを裁判所が独自に判断することができれば76条１項には違反しないと解している。実際、独占禁止法80条２項も、「実質的な証拠の有無は、裁判所がこれを判断する」と規定している。

2　裁判所の構成

1　最高裁判所

司法権を行使する裁判所は、最高裁判所と法律の定める下級裁判所から構成される。

最高裁判所は「その長たる裁判官及び法律定める員数のその他の裁判官」で構成される（79条１項）。長たる裁判官以外の裁判官の員数は14人である（裁法５条３項）。

最高裁判所の審理および裁判は、事件の種類に応じて、**大法廷**または**小法廷**で行われる（裁法９条１項）。大法廷は、15名全員の裁判官の合議体であり（同条２項）、その定足数は９名である（最高裁判所事務処理規則７条）。小法廷は、３つの小法廷から構成される（同１条）。小法廷は、５名の裁判官の合議体であり、その定足数は各３名である（同２条）。

まず小法廷で審理するのが原則であるが（同９条１項）、①法令の憲法適合性を最高裁として初めて判断するとき、②法令が憲法に違反すると判断するとき、③最高裁の判例を変更するときには、大法廷で審理しなければならない（裁法10条）。

長たる裁判官（最高裁判所長官）は、内閣の指名に基づいて、天皇が任命する（６条２項、裁法39条１項）。その他の裁判官は、内閣が任命し（79条１項、裁法39条２項）、天皇がこれを認証する（裁法39条３項）。最高裁判所の裁判官は、識見の高い、法律の素養のある年齢40歳以上の者の中から任命され、そのうち少なく

とも10人は、一定期間を超える法律専門家としての経歴が必要である（裁法41条）。

　最高裁判所の裁判官は、下級裁判所の裁判官とは異なり、**国民審査**に服する。79条は「最高裁判所の裁判官の任命は、その任命後初めて行はれる衆議院議員総選挙の際国民の審査に付し、その後10年を経過した後行はれる衆議院議員総選挙の際更に審査に付し、その後も同様とする」（2項）、「前項の場合において、投票者の多数が裁判官の罷免を可とするときは、その裁判官は罷免される」（3項）、「審査に関する事項は、法律でこれを定める」（4項）と定めている。

　国民審査は、内閣による裁判官の選任に対して民主的統制を及ぼすことを目的としているが、その法的性質の理解については学説上争いがある。すなわち、①最高裁判所裁判官に対する一種の解職制度であると捉える説、②内閣または天皇のなした裁判官の任命を審査してその任命行為を確定するものであると捉える説、③両者の性質を併有していると捉える説とがある。通説は①説で

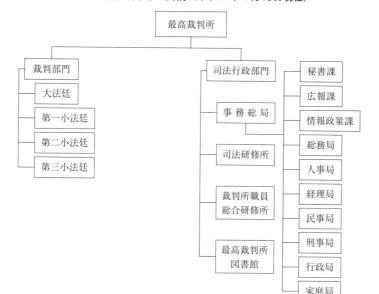

図　最高裁判所の機構（令和2年4月10日現在）

あり、判例も、**国民審査投票方法違憲訴訟**［最大判昭和27年2月20日民集6巻2号122頁］において、同様の立場を採っている。

79条4項は、国民審査の方法を法律に委ねており、これを受けて最高裁判所裁判官国民審査法が制定されている。この法律によれば、国民審査は、審査の対象となる裁判官の氏名を記載した投票用紙について、投票者が罷免をしたい裁判官の欄に×印をつけるという方法で行われ、×印の投票が過半数を超える場合にのみ罷免が成立する（同法14条2項・15条1項・32条本文）。白票は積極的な罷免の意思のない票として罷免を不可とする票とされるが、判例も、前掲・国民審査投票方法違憲訴訟において、これを妥当と判示している。

2　下級裁判所

第一に、裁判所法2条は、下級裁判所として、①**高等裁判所**、②**地方裁判所**、③**家庭裁判所**、④**簡易裁判所**の4種類を定めている。

まず、①**高等裁判所**は、高等裁判所長官および相応な員数の判事によって構成される（裁法15条）。高等裁判所は、裁判官の合議体で事件を取り扱うものとされ、その員数は、内乱罪の場合には5人、その他の場合には3人である（同18条）。

次に、②**地方裁判所**は、相応な員数の判事および判事補によって構成される（同23条）。地方裁判所は、特定の場合に3人の裁判官の合議体で事件を取り扱うが（同26条2項）、原則として1人の裁判官で事件を取り扱う（同26条1項）。

また、③**家庭裁判所**も、相応な員数の判事および判事補によって構成される（同31条の2）。家庭裁判所は、審判または裁判を行うときは、合議体で審判または裁判をする旨の決定が合議体でなされた場合および法律で合議体ですべきものと定められている場合には3人の裁判官の合議体で取り扱うが、原則として1人の裁判官で取り扱う（同31条の4）。

最後に、④**簡易裁判所**は、相応な員数の簡易裁判所判事によって構成される（同32条）。簡易裁判所は、1人の裁判官で事件を取り扱う（同35条）。

第二に、80条1項本文は、「下級裁判所の裁判官は、最高裁判所の指名した者の名簿によつて、内閣でこれを任命する。その裁判官は、任期を10年とし、再任されることができる」と定めている。**裁判官の任命**は、最高裁判所の指名に基づいて内閣によって行われる。そして、裁判官の指名は最高裁判所の裁量

に委ねられている。しかし、指名は、客観的・合理的な基準によるべきであり、性別や思想・信条による差別があってはならないと解されている。

　一方、**裁判官の再任**については学説上争いがある。まず、①**自由裁量説**は、裁判官は10年を経過すれば当然に退官し、再任は新たな任命であって、それは任命権を有する内閣および指名権を有する最高裁判所の自由な判断によって決定されると説く。これに対して、②**羈束裁量説**は、裁判官は任命の日から10年を経過すればその身分は消滅するが、それは特段の不適格者を排除する趣旨であって、そのような事由のない者は再任されるのが原則であると説く。通説は②説を採っているが、最高裁自身は①説に立っており、**宮本裁判官再任拒否事件**（1971年、10年の任期を終えた宮本康昭判事補が再任を希望したところ、最高裁は再任を拒否した。最高裁は、再任指名は自由裁量行為であるとした上で、再任拒否の理由は人事の秘密に属するので公開できないとした）で学説から強い批判がなされた。

3　裁判所の権能

1　最高裁判所の権能

　最高裁判所は、最上級かつ最終の裁判所であり、「上告」および「訴訟法における特に定める抗告」についての裁判権を有する（裁法7条）ほか、違憲審査権、規則制定権、下級裁判所裁判官の指名権および司法行政権を有する。下級裁判所裁判官の指名権についてはすべに述べたとおりであり、また、違憲審査権については第24章で詳しく述べるので、ここでは、①**規則制定権**と②**司法行政権**について見ておこう。

　第一に、77条1項は、「最高裁判所は、訴訟に関する手続、弁護士、裁判所の内部規律及び司法事務処理に関する事項について、規則を定める権限を有する」と定め、最高裁判所に①規則制定権を付与している。続いて、同条は、「検察官は、最高裁判所の定める規則に従はなければならない」（2項）こと、「最高裁判所は、下級裁判所に関する規則を定める権限を、下級裁判所に委任することができる」（3項）ことを定めている。

　規則制定権の意義は、権力分立の見地から裁判所の自主性を確保すること、および、実務に通じた裁判所の専門的な判断を尊重することにある。最高裁判所規則は、訴訟当事者や弁護人、証人などを規律するので、実質的意味の法律

である。

　まず、77条 1 項が定める 4 つの事項を法律によって定めることができるのか否かについては学説上争いがある。すなわち、これらの事項は、(i)最高裁判所規則の専属的所管事項であり、法律によって定めることはできないとする**専属事項説**、(ii)法律でも定めることができるとする**競合事項説**、(iii)内部規律と司法事務処理に関する事項については、最高裁判所規則の専属的所管事項であり、法律によっては定めることはできないとする**一部専属事項説**とがある。(ii)説が通説であるが、近年では(iii)説が有力になりつつある。判例は、**刑事訴訟法違憲訴訟**［最二判昭和30年 4 月22日刑集 9 巻 5 号911頁］において、法律で刑事訴訟手続を規定することを認めたので、(ii)説に立っていると言われている。

　次に、**競合事項説**あるいは**一部専属事項説**に立つと、法律と最高裁判所規則とが矛盾抵触した場合にどちらが優先するか、その効力関係が問題となる。学説は、 4 つに大別される。まず、(a)**規則優位説**は、矛盾する限度で法律の効力が否定されると説く。次に、(b)**同位説**は、両者の効力は同等であるから、矛盾抵触した場合には、「特別法が一般法に優先し、後法が前法に優先する」という法の一般原則により処理されると説く。そして、(c)**法律優位説**は、矛盾する限度で規則の効力が否定されると説く。最後に、(d)**一部規則優位説**は、一部専属事項説に立つことを前提に、裁判所の内部規律および司法事務処理に関する事項については規則が優位し、刑事手続の基本原理・構造等国民の権利・義務に直接関わる事項については法律が優位し、その他の事項では両者は同位すると説く。(c)説が通説である。この点、裁判例は、日弁連会費納入義務不存在確認請求控訴事件［大阪高判平成元年 2 月28日判タ703号235頁］において、41条を根拠に(c)説を採っているが、最高裁は、前掲・刑事訴訟法違憲訴訟において、その立場を明確にしていない。

　第二に、憲法上の明文の規定はないが、77条 1 項および第 6 章の趣旨から、最高裁判所は、②司法行政権を有すると解されている。実際、裁判所法も、「最高裁判所は、最高裁判所の職員並びに下級裁判所及びその職員を監督する」（80条 1 号）と定め、最高裁判所に司法行政権を付与している。

　司法行政権の行使は、裁判官会議の議によって行われ、最高裁判所長官がこれを統括する（裁法12条）。もっとも、後述する裁判官の職権の独立との関係から、司法行政権は「裁判官の裁判権に影響を及ぼし、又はこれを制限すること

はできない」（同81条）とされている。

2　下級裁判所の権能

　高等裁判所、地方裁判所、家庭裁判所および簡易裁判所は、それぞれ、所定の裁判権を有する（裁法16条・24条1号・31条の3第1項2号・33条）。家庭裁判所は、審判および調停も行う（同31条の3第1項1号・3号）。

　各下級裁判所は、それぞれ、最高裁判所に委任された場合に①**規則制定権**を有する（77条3項）ほか、②**司法行政権**も有する（裁法20条・29条・31条の5・37条・80条2号ないし5号）。また、法律で定められた権限を行使する（同17条・25条・31条の3第2項・34条）。

4　裁判所の活動

1　裁判公開原則

　裁判所の具体的な活動方法について、82条1項は、「裁判の対審及び判決は、公開法廷でこれを行ふ」と定めている。これは、**裁判を受ける権利**（32条）、**刑事被告人の公平・迅速な裁判を受ける権利**（37条1項）の保障とあいまって、裁判の公正な運用および裁判に対する国民の監視を確保するために設けられた規定である。

　まず、「対審」とは、訴訟当事者が、裁判官の面前で、口頭でそれぞれの主張を闘わせることをいい、民事訴訟における「口頭弁論」および刑事訴訟における「公判手続」がこれにあたる。

　次に、「判決」とは、裁判所の行う判断のうち、訴訟当事者の申立ての本質に関わる判断をいう。

　そして、「公開」とは、訴訟関係人に審理に立ち会う権利と機会を与えるといういわゆる当事者公開をいうのではなく、国民に公開されるという一般公開をいう。通説は、①裁判の公開は制度として保障されたものであり、傍聴の自由およびメモの自由はこの制度の反射的利益にすぎず人権として認められないとする**制度的保障説**を採っている。これに対して、有力説は、②裁判の公開は傍聴の自由およびメモの自由を保障するものであるとする**人権説**を主張している。この点、**レペタ事件**［最大判平成元年3月8日民集43巻2号89頁］におい

て、法廷でメモを取る行為が憲法上保障されるのかどうかが争われたが、最高裁は、裁判の公開を制度的保障とし、「各人が裁判所に対して傍聴することを権利として要求できることまでを認めたものではないことはもとより、傍聴人に対して法廷においてメモを取ることを権利として保障しているものではない」としつつも、「傍聴人のメモを取る行為が公正かつ円滑な訴訟の運営を妨げるに至ることは、通常あり得ないのであって、特段の事情のない限り、これを傍聴人の自由に任せるべきであり、それが憲法21条1項の規定の精神に合致する」と判示している。

　最後に、82条1項にいう「裁判」とは、一般に、具体的な権利義務を確定する訴訟事件についての裁判のみを指し、国家が後見的な立場から私的関係を助成・監督し法律関係を形成していく**非訟事件**はこれに含まれないとされる。判例も、破産宣告決定に対する抗告棄却決定に対する特別抗告事件［最大決昭和45年6月24日民集24巻6号610頁］において、同様の立場を示している。

2　例外と絶対公開事由

　82条2項本文は、「裁判所が、裁判官の全員一致で、公の秩序又は善良の風俗を害する虞があると決した場合には、対審は、公開しないでこれを行ふことができる」と定め、**裁判公開原則の例外**を認めている。これを受けて、例えば、人事訴訟法22条1項は、当事者等の私生活上の重大な秘密についての尋問を行うときは、裁判官全員一致の決定により、その尋問を公開しないで行うことができるとしている。また、特許法105条の4ないし105条の7および不正競争防止法10条ないし13条は、営業秘密に関する事項について、公開原則を制約している。

　このように憲法は対審の公開停止を認めているが、82条2項但書は、「政治犯罪、出版に関する犯罪又はこの憲法第3章で保障する国民の権利が問題となつてゐる事件の対審は、常にこれを公開しなければならない」と定め、**対審の絶対公開事由**を挙げている。

5　司法権の独立

　裁判が公正に行われるためには、裁判に対する外部からの圧力・干渉を排除

し、公正な立場を確保することが必要である。この司法権の独立には、①司法部の独立と②裁判官の職権の独立とがある。

1　司法部の独立

　司法部の独立とは、裁判制度を他の権力（立法権・行政権）から分離・独立させ、裁判所の内部事項は裁判所自身で自主的に決定させることをいう。司法部の独立性を確保するための制度として、前述した下級裁判所裁判官の指名権、規則制定権、司法行政権、および、後述する行政機関による裁判官の懲戒の禁止がある。

2　裁判官の職権の独立

　裁判官の職権の独立については、76条3項は、「すべて裁判官は、その良心に従ひ独立してその職権を行ひ、この憲法及び法律にのみ拘束される」と規定している。

　まず、ここにいう「良心」とは、(i)19条の良心と同じ意味であり、裁判官個人の主観的な良心を指すとする**主観的良心説**と、(ii)裁判官としての客観的良心ないし職業的良心を指すとする**客観的良心説**とが対立しているが、(ii)説が通説である。通説によれば、裁判官の主観的良心と法の規定とが矛盾した場合には、後者に従うことになる。

　この点、判例は、有毒飲食物等取締令違反被告事件［最大判昭和23年11月17日刑集2巻12号1565頁］において、「裁判官が有形無形の外部の圧力乃至誘惑に屈しないで自己内心の良識と道徳観に従うの意味である」と述べるだけであり、どちらの説に立っているかは必ずしも明確ではない。

　次に、「独立してその職権を行ひ」とは、裁判官が、司法外部（立法権・行政権・マスコミ・国民）だけでなく、司法内部からも指示・命令を受けることなく、自らの判断に基づいて裁判を行うことをいう。

　一方で、裁判官の職権の独立に対する司法外部からの干渉として、両議院の国政調査権（62条）の問題がある。**第21章**で述べたとおり、国政調査権には裁判に関する調査権も含まれるが、裁判官の裁判活動に事実上影響を及ぼすような調査は許されないと解されている。また、マス・メディアや国民による裁判批判も問題となる。しかし、マス・メディアや国民による裁判批判は、表現の

自由（21条1項）の行使の一環をなすので、排除されてはならない。

　他方で、最高裁判所の司法行政権による干渉（**吹田黙祷事件**：1953年、いわゆる吹田事件の裁判にあたり、担当裁判官が、法廷内で朝鮮戦争戦死者への黙祷を被告人らに許可した。国会の裁判官訴追委員会は訴訟指揮の当否に関する調査を行うことを決定したが、最高裁判所も「法廷の威信について」という通達を全国の裁判官宛に出して、この訴訟指揮を間接的に批判した）や、裁判所長による干渉（**平賀書簡事件**：1969年、長沼訴訟に関連して、平賀健太郎札幌地方裁判所長が、事件担当の福島重雄裁判長に対して、自衛隊の違憲判断は避けるべきであるとする「書簡」を私信として送った。しかし、福島裁判長は、これを不当な干渉として、この書簡を公表した。その結果、札幌地方裁判官会議は平賀所長を厳重注意処分に付し、また、最高裁判所は平賀所長を注意処分に付し、東京高等裁判所判事に転任させた）などが、裁判官の職権の独立に対する司法内部からの侵害として問題となったことがあるが、このような司法内部からの侵害も許されてはならない。

3　裁判官の身分保障

　78条は、裁判官は職務の不能と公の弾劾以外には罷免されず、また、行政機関による懲戒処分は禁止されることを定めており、裁判官の身分を保障している。これは、裁判官の職権の独立を確保するための規定である。

　第一に、①裁判官は、「裁判により、心身の故障のために職務を執ることができないと決定された場合」（78条前段）には、罷免される。この規定により、職務の不能の決定は、裁判所の裁判によって行われる。この裁判と後述する懲戒処分を行うための裁判とを合わせて、**分限裁判**というが、これらの詳細は裁判官分限法に定められている。裁判官分限法1条1項は、「回復の困難な心身の故障のために職務を執ることができないと裁判された場合」と定めており、「心身の故障」という憲法上の罷免事由に限定を付している。

　第二に、②裁判官は、「公の弾劾」（78条前段）により、罷免される。**公の弾劾**は、国会内に設けられた**弾劾裁判所**の裁判によって行われる（64条1項）。弾劾裁判所は、国会内に設けられている**訴追委員会**の訴追を待って、裁判官の罷免の可否を決定する（国会法125条以下および裁判官弾劾法）。罷免事由は、「職務上の義務に著しく違反し、又は職務を甚だしく怠つたとき」、または、「職務の内外を問わず、裁判官としての威信を著しく失う非行があつたとき」（裁弾法2

条）とされている。

　第三に、③78条後段は、「裁判官の懲戒処分は、行政機関がこれを行ふことはできない」と定めている。この規定により、行政機関による懲戒処分が禁止されるが、立法機関による懲戒処分も、権力分立に反するので許されないとされている。したがって、裁判所自身が分限裁判により懲戒処分を行うのであって、これにより、裁判官の身分保障が図られている。懲戒事由は、弾劾事由に準じて、「職務上の義務に違反し、若しくは職務を怠り、又は品位を辱める行状があつたとき」という厳しい事由に限定されている（裁法49条）。また、懲戒による罷免は許されず、懲戒の内容は戒告または1万円以下の過料に限られる（裁判官分限法2条）。実際に裁判官の懲戒処分がなされた事例として、前掲・**寺西判事補事件**および前掲・**岡口判事事件**がある。

　第四に、④裁判官は「すべて定期に相当額の報酬を受け」、「報酬は、在任中、これを減額することができない」とされる（79条6項・80条2項）。これは、裁判官の職務の重大性に鑑みて、その地位に相応しい生活をなしうる十分な報酬を与えることによってその身分を保障するとともに、報酬を減額するという方法により裁判官に圧力をかけることを禁止したものである。

6　司法権の限界

1　憲法の明文上の限界
　憲法は、いくつかの司法作用を明文で他の国家機関に委ねている。①国会の各議院が行う議員の資格争訟の裁判（55条）、および、②国会による裁判官の弾劾裁判（64条）がこれに当たる。憲法が他の国家機関に決定を委ねたことの趣旨からして、他の国家機関の決定に対してさらに裁判所に出訴することはできない。

2　国際法上の限界
　国際慣習法上、外交特権の1つとして**治外法権**が認められるため、外交使節には司法権は及ばない。また、条約によって裁判権が制限されることもある。例えば、日米安全保障条約に基づく行政協定により駐留軍の構成員等に対しては、一定の場合には刑事裁判権が制限される。

3　解釈上の限界

第一に、①政治部門の運営自律権に属する事項には、司法権は及ばないとされる。すでに述べたとおり、各議院および内閣は、それぞれの運営などの内部事項について自主的に決定する**運営自律権**を有するので、これらの事項には司法審査は及ばないのである。判例も同様の立場を採っている（前掲・**判例21-2 警察法改正無効事件**）。

第二に、②行政府および立法府の自由裁量に委ねられていると解される行為を**自由裁量行為**というが、**自由裁量論**とは、このような自由裁量行為については、当不当が問題となるだけで、裁量権の逸脱や濫用がない限り、司法審査は及ばないとする理論であり、これは学説上一般的に肯定されている。

まず、各国家機関の最終的な判断に委ねられている場合、それは自由裁量行為となる。例えば、内閣総理大臣による国務大臣の任免行為である。

次に、行政法規がいつ、いかなる行為をなすべきかについて一義的に行政庁を拘束していない場合、**行政府の自由裁量**（**行政裁量**）が認められる。

最後に、立法するか否か、いつ、いかなる内容の立法をするかについて、**立法府の自由裁量**（**立法裁量**）が認められる。

自由裁量論によれば、行政裁量と立法裁量において、裁量権の逸脱や濫用がある場合に司法審査が及ぶ、換言すれば、裁判所は裁量権の逸脱・濫用があるかどうかだけは審査することに留意しなければならない。

第三に、③直接国家統治の基本に関する高度に政治性のある国家行為を**統治行為**というが、**統治行為論**とは、このような統治行為について司法審査は及ばないとする理論である。

統治行為論をめぐっては、学説上肯定説と否定説とが対立しているが、通説は肯定説である。判例は、日米安全保障条約の合憲性が争われた**判例23-2 砂川事件**［最大判昭和34年12月16日刑集13巻13号3225頁］では、自由裁量論を加味した統治行為論（**変型的統治行為論**）を採用し、一見極めて明白に違憲無効かどうかだけは審査したが、衆議院解散の効力が争われた前掲・**判例22-1 苫米地事件**では、純粋な統治行為論（**純粋統治行為論**）を採用した。

統治行為論を認める論拠については、学説上争いがある。すなわち、(i)統治行為に対して司法審査を行うことによる混乱を回避するために裁判所が自制すべきであるとする**自制説**、(ii)国民によって選挙されておらず直接責任を負って

いない裁判所は統治行為について審査することはできず、その判断は国会・内閣の判断に委ねられているとする**内在的制約説**とが対立している。通説は(ii)説であるが、近年では、(iii)自制説と内在的制約説の両者の要素を考慮して、事件に応じて個別具体的にどちらの論拠が適切かを考えていくという**折衷説**が主張されている。判例は、前掲・**苫米地事件**において(ii)説を採用している。

統治行為の範囲については、(i)**広義説**と(ii)**狭義説**が対立している。(i)広義説は、(a)政治部門の組織・運営に関する基本事項、(b)政治部門の自由裁量に委ねられた事項、(c)国家全体の運命に関する重要事項を含むとする。これに対して、(ii)狭義説は、(a)は政治部門の自律権、(b)は自由裁量行為で説明できるので、これらを除いた(c)だけに統治行為を限定する。通説は狭義説を採っているが、判例は、前掲・**苫米地事件**において広義説を採った。

第四に、判例で形成された理論として、④**部分社会の法理**がある。これは、自律的な法規範をもつ団体内部での紛争については、原則として団体の自治的措置に任せ司法審査は及ばないが、一般市民法秩序と直接関係する場合や重大な権利の制限が問題となっている場合には司法審査は及ぶ、とする理論である。

部分社会の法理を示した判例として、地方議会の議員の懲罰決議が争われた**判例23-3　地方議会議員懲罰事件**［最大判昭和35年10月19日民集14巻12号2633頁］、国立大学での単位取得の認定が争われた**富山大学単位不認定事件**［最三判昭和52年3月15日民集31巻2号234頁］、政党の内部処分が争われた**共産党袴田事件**［最三判昭和63年12月20日判時1307号113頁］が挙げられる。

このような部分社会論に対して、学説は、およそ団体一般に対して部分社会の法理を適用するのは妥当ではなく、それぞれの団体の性質や目的、紛争の性格、権利の性格などに応じて個別具体的に判断すべきと批判している。

判例23-1

争点

信仰の対象の価値または宗教上の教義に関する判断が前提問題となっている具体的な権利義務ないし法律関係に関する紛争は、「法律上の争訟」にあたるか―板まんだら事件［最三判昭和56年4月7日民集35巻3号443頁］

事案

Yの元会員であったXらは、広宣流布（日蓮の三大秘法の仏法が日本および全世界に広まること）達成の時期に「板まんだら」と称される御本尊を安置する「事の戒壇」たる正本堂を建立するための資金として寄付をした。しかしその後、Xらは、①寄付の後、板まんだらは偽物であることが判明したこと、および、②Yが、正本堂完成後も、正本堂はまだ戒壇の完結ではなく、広宣流布は未だ達成されていないと言明したことを理由に、この寄付は要素の錯誤に基づいてなされたものであるとして、寄付金の返還を求めて提訴した。第1審［東京地判昭和50年10月6日判時802号92頁］は、Xらの主張する錯誤の内容は宗教上の教義に関するため法律上の争訟にはあたらないとして却下。控訴審［東京高判昭和51年3月30日判時809号27頁］は、1審判決を取り消して事件を差し戻したので、Yが上告。

判旨

破棄自判。「具体的な権利義務ないし法律関係に関する紛争であっても、法令の適用により終局的に解決するのに適しないものは裁判所の審判の対象となりえない」。「要素の錯誤があったか否かについての判断に際しては」、①の点については「信仰の対象についての宗教上の価値に関する判断が」、また、②の点についても「『戒壇の完結』、『広宣流布の達成』等宗教上の教義に関する判断が、それぞれ必要であり、いずれもことがらの性質上、法令を適用することによっては解決することのできない問題である。本件訴訟は、具体的な権利義務ないし法律関係に関する紛争の形式をとっており、その結果信仰の対象の価値又は宗教上の教義に関する判断は請求の当否を決するについての前提問題であるにとどまるとされているが、本件訴訟の帰すうを左右する必要不可欠のものと認められ、また、記録にあらわれた本件訴訟の経過に徴すると、本件訴訟の争点及び当事者の主張立証も右の判断に関するものがその核心となっていると認められることからすれば、結局本件訴訟は、その実質において法令の適用による終局的な解決の不可能なものであって、裁判所法3条にいう法律上の争訟にあたらない」。

判例23-2

争点

日米安全保障条約は司法審査の対象となるか―砂川事件［最大判昭和34年12月16日刑集13巻13号3225頁］

事案

1957（昭和27）年7月8日、東京調達局は東京砂川町にある米軍使用の立川飛行場内民有地の測量を開始したところ、これに反対するデモ隊員が基地内に立ち入った。デモ隊員であったＹら（7名）は、「日本国とアメリカ合衆国との間の安全保障条約第3条に基づく行政協定に伴う刑事特別法」2条（合衆国軍隊が使用する施設又は区域を侵す罪）違反に問われ起訴された。第1審［東京地判昭和34年3月30日下刑集1巻3号776頁］は、合衆国軍隊の駐留は憲法9条2項前段に違反するものである以上、軽犯罪法1条32号より重い刑罰を科す刑事特別法2条の規定は憲法31条に違反するとして、Ｙらを無罪とした。これに対して、検察側は最高裁へ跳躍上告（刑訴規254条）を行った。

判旨

破棄差戻。「本件安全保障条約は……主権国としてのわが国の存立の基礎に極めて重大な関係をもつ高度の政治性を有するものというべきであって、その内容が違憲なりや否やの法的判断は、その条約を締結した内閣およびこれを承認した高度の政治的ないし自由裁量的判断と表裏をなす点がすくなくない。それ故、右違憲なりや否やの法的判断は、純司法的機能をその使命とする司法裁判所の審査には、原則としてなじまない性質のものであり、従って、一見極めて明白に違憲無効であると認められない限りは、裁判所の司法審査権の範囲外のものであって、それは第一次的には、右条約の締結権を有する内閣およびこれに対して承認権を有する国会の判断に従うべく、終局的には、主権を有する国民の政治的批判に委ねられるべきものである」。「アメリカ合衆国軍隊の駐留は、憲法9条、98条2項および前文の趣旨に適合こそすれ、これらの条章に反して違憲無効であることが一見極めて明白であるとは、到底認められない」。

判例23-3

争点

地方議会の内部行為は司法審査の対象となるか―地方議会議員懲罰事件［最大判昭和35年10月19日民集14巻12号2633頁］

事案

Ｙ村議会は、昭和32年12月13日、その議員であったＸらの出席を同日より3日間停止する懲罰議決を行った。これに対して、Ｘらは、当該懲罰議決はＹ村議会の会議規則に違反して無効であるとして、その無効確認および予備的にその取消を求めて出訴した。

第１審［新潟地裁〔年月日不明〕］はＸらの訴えを却下し、控訴審［東京高判昭和33年10月16日民集14巻12号2650頁］もＸらの控訴を棄却したので、Ｘらは上告。

判旨

　上告棄却。「司法裁判権が、憲法又は他の法律によってその権限に属するものとされているものの外、一切の法律上の争訟に及ぶことは、裁判所法３条の明定するところであるが、ここに一切の法律上の争訟とはあらゆる法律上の係争という意味ではない。一口に法律上の係争といっても、その範囲は広汎であり、その中には事柄の特質上司法裁判権の対象の外におくを相当とするものがあるのである。けだし、自律的な法規範をもつ社会ないしは団体に在っては、当該規範の実現を内部規律の問題として自治的措置に任せ、必ずしも、裁判にまつを適当としないものがあるからである。本件における出席停止の如き懲罰はまさにそれに該当するものと解するを相当とする。（尤も最大判昭和35年３月９日民集14巻３号355頁以下は議員の除名処分を司法裁判の権限内の事項としているが、右は議員の除名処分の如きは、議員の身分の喪失に関する重大事項で、単なる内部規律の問題に止らないからであって、本件における議員の出席停止の如く議員の権利行使の一時的制限に過ぎないものとは自ら趣を異にしているのである。従って、前者を司法裁判権に服させても、後者については別途に考慮し、これを司法裁判権の対象から除き、当該自治団体の自治的措置に委ねるを適当とするのである。）」。

[**主要参考文献**]

・大石眞『憲法講義Ⅰ［第３版］』（有斐閣、2014年）

・佐藤幸治『日本国憲法論』（成文堂、2011年）

・高橋和之『立憲主義と日本国憲法［第５版］』（有斐閣、2020年）

第24章

違憲審査制

─ 本章のねらい ─

　裁判所は、憲法81条により違憲審査権を有している。本章では、まず、違憲審査制の性格、違憲審査の主体、違憲審査の対象を概観する。次に、違憲審査のための憲法訴訟をどのように提起するのか、憲法判断はどのようにして行うのかを見ていく。その上で、違憲判決の中でも特に重要な、最高裁判所の法令違憲判決の効力に関する議論についても触れる。

1　違憲審査制の性格

1　付随的違憲審査制

　日本国憲法81条は、「最高裁判所は、一切の法律、命令、規則又は処分が憲法に適合するかしないかを決定する権限を有する終審裁判所である」と規定し、違憲審査制を採用している。比較法的には、違憲審査制は、2つの方式に大別される。

　まず、通常の裁判所が、訴訟事件を審理判断する前提として、適用法令の合憲性を審査する方式である①**付随的違憲審査制**（**具体的違憲審査制**）がある。これを採用している国の代表例はアメリカである。付随的違憲審査制は、個人の権利保護を目的とする通常の司法審査の枠内で違憲審査権を行使するので、**私権保障型**と呼ばれる。

　次に、特別に設置された憲法裁判所が、行政府・立法府あるいは個人の提訴に基づき、具体的事件とかかわりなく合憲性を審査する②**抽象的違憲審査制**（**独立違憲審査制**）がある。これを採用している国の代表例はドイツである。抽象的違憲審査制は、憲法秩序の維持に重点を置くので、**憲法保障型**と呼ばれる。

　81条が付随的違憲審査制と抽象的違憲審査制のどちらを採用しているかについては、学説上3つの考え方に大別される。すなわち、(i)最高裁判所は、具体

的な訴訟を前提としてその解決に必要な限りでのみ違憲審査を行うことができるとする**付随的違憲審査制説**、(ii)最高裁判所は憲法裁判所的性格を有しており、抽象的違憲審査権を行使できるとする**抽象的違憲審査制説**、(iii)憲法は最高裁判所の憲法裁判所的性格について肯定も否定もしておらず、法律によって最高裁判所に抽象的違憲審査権を付与することができるとする**法律委任説**とがある。(i)説が通説であるが、近年では、(iii)説が有力になりつつある。判例は、**判例24-1　警察予備隊違憲訴訟**［最大判昭和27年10月8日民集6巻9号783頁］において、(i)説を採っている。

2　憲法判断回避原則

　わが国では具体的事件の解決に付随して違憲審査権が行使される付随的違憲審査制が採用されている以上、違憲審査権の行使にあたっては、事件の解決にとって不必要な憲法判断は回避すべきであるとされる。これを憲法判断回避原則という。裁判例も、**判例24-2　恵庭事件**［札幌地判昭和42年3月29日下刑集9巻3号359頁］において、この憲法判断回避原則を用いている。

　ただし、この原則も絶対的なものではなく、学説は、一般的に、事件の重要性、違憲状態の程度、権利の性質などを総合的に考慮して、場合によっては憲法判断に踏み切ることができるとしている。最高裁判所も、憲法判断回避原則を厳格に守っているわけではなく、事件の解決に必要とは言えない憲法判断を行うこともある（例えば、**皇居前広場事件**［最大判昭和28年12月23日民集7巻13号1561頁］）。

2　違憲審査の主体

1　最高裁判所の違憲審査権

　81条は「最高裁判所は、一切の法律、命令、規則又は処分が憲法に適合するかしないかを決定する権限を有する終審裁判所である」と規定しているため、最高裁判所が違憲審査権を有していることは明らかである。

2　下級裁判所の違憲審査権

　一方で、81条の規定からは、下級裁判所も違憲審査権を有するかどうかは必

ずしも明らかではない。

　この点、通説はこれを肯定している。判例も、同様の立場に立っており、**食糧管理法違反事件**〔最大判昭和25年2月1日刑集4巻2号73頁〕において、「憲法81条は、最高裁判所が違憲審査権を有する終審裁判所であることを明らかにした規定であって、下級裁判所が違憲審査権を有することを否定する趣旨をもっているものではない」と判示している。

3 違憲審査の対象

1 総　説

　81条は、違憲審査の対象として、「一切の法律、命令、規則又は処分」を挙げている。

　まず、「法律」とは、国会により制定された法律を指すが、それだけでなく、地方公共団体の議会の制定する条例も含まれるとされる。

　次に、「命令」とは、行政機関によって制定される法規を指す。外局や独立行政委員会の定める規則や、地方公共団体の長が定める規則も、その名称にかかわらず、この「命令」に含まれる。

　次に、「規則」とは、議院規則（58条2項）、最高裁判所またはその委任を受けた下級裁判所が制定する裁判所規則（77条1項・3項）を指す。

　最後に、ここにいう「処分」とは、個別具体的な国家行為を指す。その典型例は、行政事件訴訟法3条等にいう「処分」であるが、立法機関の行為や司法機関の行為も81条の「処分」に含まれる。ただし、裁判所の「裁判」が81条の「処分」に含まれるかは争いがあるが、判例は、窃盗被告事件〔最大判昭和23年7月8日刑集2巻8号801頁〕において、これを肯定している。

　このように、一切の国家行為が違憲審査の対象となると解されているが、条約、立法不作為および国の私法行為が違憲審査の対象となるかについては議論がある。

2 条　約

　条約は、81条の列挙から除かれているので、違憲審査の対象となるか問題となる。そもそも、この問題は、条約の国内法的効力について**憲法優位説**に立つ

ことを前提にして生じる。というのも、**条約優位説**に立てば、条約の違憲審査というのはありえないからである。通説および判例（前掲・判例23-2　砂川事件）は、憲法優位説に立っているが、条約が違憲審査の対象となるかどうかについては、学説は①**否定説**と②**肯定説**とに分かれている。

　まず、①否定説は、条約は国家間の合意という特質をもち、一国の意思だけで効力を失わせることはできず、また、極めて政治的な内容をもつことから、条約は違憲審査の対象とはならないと説く。これに対して、②肯定説は、条約は国家間の合意ではあるが、国内では国内法として通用するのであるから、その国内法としての側面については、81条の「法律」に準ずるものとして、違憲審査の対象となると説く。通説は②説である。

　この点、最高裁判所は、旧日米安全保障条約の合憲性が争われた前掲・**判例23-2　砂川事件**において、当該条約は高度の政治性を有し統治行為であるということを理由にその違憲審査を行わなかった（厳密には、変型的統治行為論により、当該条約が一見極めて明白に違憲無効かどうかだけは審査している）が、これについては、高度に政治性のある条約は統治行為として違憲審査の対象とはならないが、それ以外の条約は違憲審査の対象となりうると解される。

3　立法不作為

　立法不作為とは、国会がなすべき立法をしないことをいう。立法が不備であって、憲法の要求を満たしていない場合も立法不作為に含まれる。

　立法不作為の違憲性を争う訴訟としては、①**立法義務付け訴訟**、②**立法不作為の違憲確認訴訟**、③**立法不作為に対する国家賠償請求訴訟**が考えられる。

　まず、①立法義務付け訴訟については、国会を唯一の立法機関とする41条に抵触し、権力分立の趣旨に反するとして認められないとされる。

　次に、②立法不作為違憲確認訴訟についても、付随的違憲審査制との関係で問題があり、また、たとえ違憲判決がなされたとしても、それによって国会は特定の立法を義務付けられるわけではなく、立法不作為による権利侵害は実質的に救済されないため、確認の利益に乏しいとして認められないとされる。

　これに対して、③立法不作為に対する国家賠償請求訴訟については、立法不作為を含む立法行為は、国家賠償法１条１項のいう「公権力の行使」にあたり、また、立法不作為を含む立法行為についての合議機関としての国会の統一

的な意思により同項のいう「故意又は過失」が認定されるとして、認められるとされている。

　しかし、いかなる場合に同項のいう「違法」と評価されるかが問題となる。判例は当初、**判例24-3　在宅投票制度廃止事件**［最一判昭和60年11月21日民集39巻7号1512頁］において、厳格な要件を示し、これにより、立法不作為の違憲性を国家賠償請求訴訟で争う道はほぼ閉ざされたと言われた。しかし、その後、前掲・**判例18-2　在外選挙権制限違憲訴訟**は、「法内容又は立法不作為が国民に憲法上保障されている権利を違法に侵害するものであることが明白な場合や、国民に憲法上保障されている権利行使の機会を確保するために所要の立法措置を執ることが必要不可欠であり、それが明白であるにもかかわらず、国会が正当な理由なく長期にわたってこれを怠る場合などには、例外的に、国会議員の立法行為又は立法不作為は、国家賠償法1条1項の規定の適用上、違法の評価を受ける」と判示して、実質的にその要件を緩め、その結果、国家賠償請求を認容した。

4　国の私法行為

　国が私人と対等の立場で行った私法行為（例えば、土地取得行為）が違憲審査の対象となるかどうかについては、学説上争いがある。①**直接適用説**は、国の私法行為は81条の「処分」あるいは98条1項の「国務に関するその他の行為」にあたり、直接的に違憲審査の対象となるとする。これに対して、②**間接適用説**は、国の私法行為は「処分」あるいは「国務に関するその他の行為」にはあたらないので、直接的に違憲審査の対象とはならず、国の私法行為には、憲法の規定は私法上の規定を介して間接的に適用されるとする。通説は②説を採っており、判例も、後掲・**判例27-2　百里基地訴訟**において、②説を採用している。

4　憲法訴訟の要件

1　訴訟要件の充足

　すでに見たように、わが国の違憲審査制は付随的違憲審査制を採用しているため、通常の民事事件、刑事事件、行政事件において憲法問題が提起されなけ

ればならない。特に、民事事件と行政事件では、原則として「法律上の争訟」であることが求められるので、「法律上の争訟」において憲法問題が提起される。また、民事訴訟法、刑事訴訟法、行政事件訴訟法はそれぞれ他の訴訟要件をも課しており、このような「法律上の争訟」要件以外の訴訟要件も満たした上で、憲法問題は提起されなければならない。

2　憲法上の争点提起の適格

上記の訴訟要件を満たしたとしても、次に、訴訟当事者が憲法上の争点を提起する適格を有しているかどうかが問題となる。通常、国家の行為によって憲法上の権利を侵害された直接の当事者は、この適格を有している。一方で、訴訟外の第三者の憲法上の権利が侵害されたとして、直接憲法上の権利侵害を受けていない訴訟当事者が、その第三者の憲法上の権利侵害を理由に、憲法上の争点を提起する適格を有しているかが問題となる。この点、判例は、前掲・**判例16-1　第三者所有物没収事件**において、厳格な要件を満たした場合に、第三者の憲法上の権利侵害を援用することができると判示している。

5　憲法判断の方法

1　合憲限定解釈

合憲限定解釈とは、法令の解釈として複数の解釈が可能な場合に、憲法の規定に適合する解釈をとらなければならないことをいう。すでに述べた憲法判断回避原則は、憲法判断そのものを回避するのに対して、この合憲限定解釈は、違憲判断を回避するものである。したがって、合憲限定解釈によれば、法令そのものは合憲と判断される。合憲限定解釈が用いられた事例としては、**東京都教組事件**［最大判昭和44年4月2日刑集23巻5号305頁］や前掲・**判例12-2 広島市暴走族条例事件**が挙げられる。

2　法令違憲

法令違憲とは、法令の規定それ自体を違憲とする手法である。法令違憲の方法を用いた最高裁判決は少なく、時系列で挙げるとすれば、①前掲・**判例7-1 尊属殺重罰規定違憲判決**、②前掲・**判例14-1　薬局距離制限事件**、③前掲・

判例19-1　第33回衆議院議員総選挙無効請求事件、④前掲・判例19-2　第37
回衆議院議員総選挙無効請求事件、⑤前掲・判例15-1　森林法共有林分割制
限事件、⑥前掲・判例18-1　郵便法免責規定事件、⑦前掲・判例18-2　在外
選挙権制限違憲訴訟、⑧前掲・判例7-2　国籍法違憲判決、⑨前掲・判例7-3
非嫡出子法定相続分違憲決定、⑩前掲・判例7-4　女性再婚禁止期間規定違憲
判決の10件のみである。

3　適用違憲

　適用違憲とは、法令の規定自体を違憲とはせず、当該事件におけるその具体
的な適用だけを違憲とする手法である。適用違憲は、伝統的に、3つに類型化
される。
　まず、①法令の合憲限定解釈が不可能である場合に、そうした法令を当該事
件に適用した限りにおいて違憲とする方法（**適用違憲第1類型**）である。猿払事
件第1審［旭川地判昭和43年3月25日下刑集10巻3号293頁］がその典型であ
る。
　次に、②法令の合憲限定解釈が可能であるにもかかわらず、それをせずに当
該法令を適用した場合に、その適用行為を違憲とする方法（**適用違憲第2類型**）
である。全逓プラカード事件第1審［東京地判昭和46年11月1日行集22巻11・
12合併号1755頁］がその典型である。
　①および②は、適用違憲と言いながら、法令自体の憲法上の問題性を前提に
しているが、これに対して、③法令自体に問題はなくとも、人権を侵害するよ
うな形で適用された場合に、その適用行為を違憲とする手法（**適用違憲第3類
型**）がある。この典型例として、第2次教科書検定訴訟第1審［東京地判昭和
45年7月17日行集21巻7号別冊1頁］がある。

4　運用違憲

　運用違憲とは、法令そのものの合憲性を前提としながらも、その運用の在り
方を問題とし、違憲の運用が行われている場合に、その一環としてなされた処
分を違憲と判断する方法である。日韓条約反対デモ事件第1審［東京地判昭和
42年5月10日下刑集9巻5号638頁］がその典型例である。

5　処分違憲

　処分違憲とは、法令が合憲であることを前提として、法令の適用ではなく、公権力の行使としてなされる個別・具体的な行為（処分）そのものを違憲とする手法である。この典型例として、前掲・**判例9-3　愛媛玉串料事件**および後掲・**判例25-2　砂川政教分離訴訟**がある。

図　憲法訴訟提起から憲法判断までの流れ

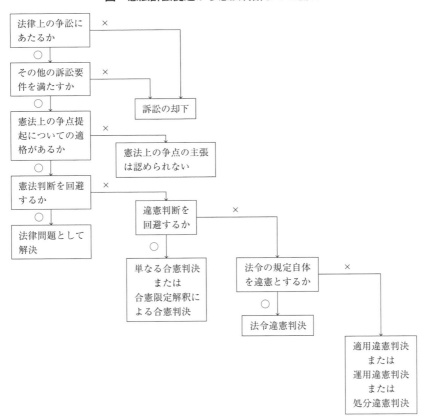

6　法令違憲判決の効力

1　学説の諸相

　法令違憲判決の場合に、違憲とされた法令の効力をどのように解するかについては学説上争いがある。①**個別的効力説**は、当該法令はその事件に限って無効となるとする。これに対して、②**一般的効力説**は、当該法令は、その事件についてだけでなく、それを超えて、客観的に無効となる、すなわち、議会による廃止手続なくしてその存在を失うとする。さらに、③**法律委任説**は、違憲判決がどのような効力をもつかは法律の定めに委ねられているとする。通説は、付随的違憲審査制の下では、違憲審査は当該事件の解決のために行われるから、違憲判決は当該事件にのみ効力を有すると解するのが妥当であること、および、違憲判決に一般的効力を認めると、それは一種の消極的立法となり、立法権を侵すことになることを理由にして、①説を採っている。ただし、通説は、①説に立つとしても、最高裁判所により違憲判決が下された場合には、国会および内閣はその判断を尊重することを憲法は期待しているという**礼譲期待説**に依っている。

2　司法優越主義とディパートメンタリズム

　通説は、個別的効力説に立ちながらも礼譲期待説に寄っているため、最高裁判所が法令違憲判決を下したとしても、法律について国会が改廃したり、内閣がその執行を控えたり、命令について内閣が改廃したりする憲法上の義務は生じない。しかしながら、従来は、政治部門は最高裁判所の法令違憲判決を尊重しなければならず、最高裁判所の憲法解釈があらゆる国家機関の憲法解釈の中で最も優越するという司法優越主義が唱えられてきた。しかし近年、アメリカの議論をもとに、国会、内閣、最高裁判所は同等の憲法解釈権を有しており、最高裁判所が法令違憲判決を下したとしても、国会と内閣はそれに従う必要はなく、それぞれの憲法解釈により対処するべきというディパートメンタリズム（三権同格主義）が唱えられるようになっている。

判例24-1

争点

最高裁判所は抽象的違憲審査権を有するか―警察予備隊違憲訴訟［最大判昭和27年10月8日民集6巻9号783頁］

事案

Xは、Y（国）が1951（昭和26）年4月1日以降に行った警察予備隊の設置および維持に関する一切の行為は憲法9条に違反して無効であることの確認を求めて、直接最高裁に提訴した。

判旨

却下。「わが裁判所が現行の制度上与えられているのは司法権を行う権限であり、そして司法権が発動されるためには具体的な争訟事件が提起されることを必要とする。我が裁判所は具体的な争訟事件が提起されないのに将来を予想して憲法及びその他の法律命令等の解釈に対し存在する疑義論争に関し抽象的な判断を下すごとき権限を行い得るものではない。けだし最高裁判所は法律命令等に関し、違憲審査権を有するが、この権限は司法権の範囲内において行使されるものであり、この点においては最高裁判所と下級裁判所との間に異るところはない」。

判例24-2

争点

憲法判断をせずに争訟を解決できる場合にも裁判所は憲法判断をしなければならないか―恵庭事件［札幌地判昭和42年3月29日下刑集9巻3号359頁］

事案

北海道千歳郡恵庭町にある自衛隊の島松演習場付近の酪農民Yらは、爆音等によって乳牛に被害を受けたので、自衛隊に補償を請求したが補償規定がないことを理由に認められなかった。一方で、牧場との境界線付近での射撃に際しては事前連絡をする旨の紳士協定が締結された。ところが、昭和37年12月11日、事前連絡なしにカノン砲二門の砲撃が開始された。Yらは現場に行き抗議したが、砲撃が続行されたため、着弾地点との連絡用の電話線を数カ所切断した。そこでYらは自衛隊法121条違反に問われて起訴された。

判旨

Yらは無罪。「一般に、刑罰法規は、その構成要件の定め方において、できるかぎり、抽象的・多義的な表現を避け、その解釈、運用にあたって、判断者の主観に左右されるおそれ（とくに、濫用のおそれ）のすくない明確な表現で規定されなければならないのが罪刑法定主義にもとづく強い要請である」。「本件罰条にいう『その他の防衛の用に供

する物』の意義・範囲を具体的に確定するにあたっては、同条に例示的に列挙されている『武器、弾薬、航空機』が解釈上重要な指標たる意味と法的機能をもつと解するのが相当である。すなわち、およそ、防衛の用に供する物と評価しうる可能性なり余地のあるすべての物件を、損傷行為の客体にとりあげていると考えるのは、とうてい妥当を欠くというべきである」。「Yらの切断した本件通信線が自衛隊法121条にいわゆる『その他の防衛の用に供する物』にあたるか否かを検討してみるに……例示物件に見られる一連の特色とのあいだで類似性が是認せられるかどうかについては、つとめて厳格な吟味を必要とするのであるが、本件通信線が自衛隊の対外的武力行動に直接かつ高度の必要性と重要な意義をもつ機能的属性を有するものといいうるか否か、自衛隊の物的組織の一環を構成するうえで不可欠にちかいだけの枢要性をそなえているものと評価できるか否か、あるいは、その規模・構造等の点で損壊行為により深刻な影響のもたらされる危険が大きいと考えられるかどうか、ないしは、同種物件による用法上の代たいをはかることが容易でないと解されるかどうか、これらすべての点にてらすと、多くの実質的疑問が存し、かつ、このように、前記例示物件との類似性の有無に関して実質的な疑問をさしはさむ理由があるばあいには、罪刑法定主義の原則にもとづき、これを消極に解し、『その他の防衛の用に供する物』に該当しないものというのが相当である」。「弁護人らは、本件審理の当初から……自衛隊法121条を含む自衛隊法全般ないし自衛隊等の違憲性を強く主張しているが、およそ、裁判所が一定の立法なりその他の国家行為について違憲審査権を行使しうるのは、具体的な法律上の争訟の裁判においてのみであるとともに、具体的争訟の裁判に必要な限度にかぎられることはいうまでもない。このことを、本件のごとき刑事事件にそくしていうならば、当該事件の裁判の主文の判断に直接かつ絶対必要なばあいにだけ、立法その他の国家行為の憲法適否に関する審査決定をなすべきことを意味する」。したがって、「Yらの行為について、自衛隊法121条の構成要件に該当しないとの結論に達した以上、もはや、弁護人ら指摘の憲法問題に関し、なんらの判断をおこなう必要がないのみならず、これをおこなうべきでもないのである」。

....
判例24-3
....

争点
立法不作為に対する国家賠償請求訴訟は認められるか──在宅投票制度廃止事件
[最一判昭和60年11月21日民集39巻7号1512頁]

事案
重度の身障者であったXは、在宅投票制度の廃止により、その後の選挙での選挙権の行使ができず、投票に関し身体上の欠陥などの不合理な理由により差別を受け、憲法13条・15条1項及び3項・14条1項・44条・47条に違反するY（国）の行為により精神的苦痛を受けたとして、Yに対し国家賠償を請求した。第1審[札幌地小樽支判昭和49年12月9日判時762号8頁]はXの請求を認容し、控訴審[札幌高判昭和53年5月24日高民

集31巻 2 号231頁］も違憲の立法不作為であるとしたが、故意・過失の存在を否定したため、Ｘは上告。

判旨

　上告棄却。「国家賠償法 1 条 1 項は、国又は公共団体の公権力の行使に当たる公務員が個別の国民に対して負担する職務上の法的義務に違背して当該国民に損害を加えたときに、国又は公共団体がこれを賠償する責に任ずることを規定するものである。したがつて、国会議員の立法行為（立法不作為を含む。以下同じ。）が同項の適用上違法となるかどうかは、国会議員の立法過程における行動が個別の国民に対して負う職務上の法的義務に違背したかどうかの問題であって、当該立法の内容の違憲性の問題とは区別されるべきであり、仮に当該立法の内容が憲法の規定に違反する廉があるとしても、その故に国会議員の立法行為が直ちに違法の評価を受けるものではない」。「ある法律が個人の具体的権利利益を侵害するものであるという場合に、裁判所はその者の訴えに基づき当該法律の合憲性を判断するが、この判断は既に成立している法律の効力に関するものであり、法律の効力についての違憲審査がなされるからといつて、当該法律の立法過程における国会議員の行動、すなわち立法行為が当然に法的評価に親しむものとすることはできない」。「国会議員は、立法に関しては、原則として、国民全体に対する関係で政治的責任を負うにとどまり、個別の国民の権利に対応した関係での法的義務を負うものではないというべきであって、国会議員の立法行為は、立法の内容が憲法の一義的な文言に違反しているにもかかわらず国会があえて当該立法を行うというごとき、容易に想定し難いような例外的な場合でない限り、国家賠償法 1 条 1 項の規定の適用上、違法の評価を受けない」。「在宅投票制度を廃止し……これを復活しなかつた本件立法行為につき、これが前示の例外的場合に当たると解すべき余地はなく、結局、本件立法行為は国家賠償法 1 条 1 項の適用上違法の評価を受けるものではないといわざるを得ない」。

[主要参考文献]

・芦部信喜［高橋和之補訂］『憲法［第 7 版］』（岩波書店、2019年）

・高橋和之『立憲主義と日本国憲法［第 5 版］』（有斐閣、2020年）

・戸松秀典『憲法訴訟［第 2 版］』（有斐閣、2008年）

第25章

財　政

─── 本章のねらい ───
　政治上の権限を支える財貨を得ることは、国家権力にとっての重要な命題である。それだけに、比較法的に見ても「財布の権力（Power of the purse）」である財政については、詳細な規定がなされる傾向がある。日本国憲法には第7章のほか国会・内閣の財政権限についての諸規定があるが、財政は国の財貨の現実的な取扱いにも関わるため、法律による具体的な制度の形成に依存するところも多くならざるを得ない。本章では、国家権力の制限と国民の基本権の保護を任務とする憲法が、財政をどのように位置づけ、それをいかなる理念の拘束の下に置き、それがどのように財政制度に具体化しているかを概観する。

1　財政の意義

　財政とは、国家がその存立を維持しつつ任務を遂行するために、必要な財貨を調達してこれを管理・使用する作用である。

　現在、我が国では100兆円を超える規模の国家財政の運営がなされている。特別会計を含めた国の予算の純計は、245兆円近くにも上る。国民の生活は、大きく財政政策いかんにかかっている。積極的な公共投資により景気の浮揚をはかるか、あるいは社会保障費を手厚くして国民の生活保障に重点的な配分をするか。中小企業の経営者やサラリーマンなどの大半は、後者の政策を支持するであろうが、ただ、社会に金銭が回らなければ結局景気は立ち行かないので、前者の方向性も無視することはできない。この選択のいかんが国民生活に与える影響には、重大なものがある。結局、財政の裏付けがなければ、およそ国家の権能は行使し得ないことから、財政に関する決定は、国家の作用にとって極めて重要な意味を持つ。

2　財政国会中心主義

　財政は、本来的には行政作用としての性質を帯びるが、上述したような、国家の任務の遂行を裏支えする財政の作用の重要性にかんがみ、近代国家における憲法は、一般の行政作用とは区別して、これを特に議会の強力な統制と監督のもとに置いている。これを、財政議会中心主義という。後述するように、我が国でも、憲法は、このような財政のあり方の決定権を国会に与えている。

　近代憲法が広くこの原則を採用しているのは、国家財政の運用いかんが国民の生活に大きな影響を与えることに着目し、これを国民の代表機関である議会の民主的コントロールの下に置こうとする趣旨によるものである。

1　財政に対する憲法的統制の意義

　財政についての議会中心主義の伝統は、イギリスの歴史の中で生まれてきたものである。中世のイギリスでは、課税承認権をめぐる争いが国王と議会との間で長期にわたって続いていた。1215年の大憲章（マグナ・カルタ）によって、国王は議会の同意なく税を課すことができないとされたのだが、この議会の課税同意権は、大憲章によって突然発生したものではなく、もともとのヨーロッパの慣習法によるものとされている。すなわち、もともと中世の君主国においては、君主の統治に必要な経費はその直轄領からの収入で賄うのが原則とされていたのに対して、戦費などの臨時の支出のための課税については、もともと領邦の貴族など納税の義務を負う者の同意が必要であるとされていた。財政における大憲章の意味は、国王の強引な課税に反発した貴族たちが、慣習法的に存在していた課税同意権を君主に改めて確認させるに至ったことにある。この原則は、イギリスでは1628年の権利請願によって再確認された。名誉革命後の権利章典（1689年）においては、課税だけではなく、支出についても議会の同意が必要であるとされた。こうして、財政は、歳入歳出の両面において議会のコントロールに服するようになった。

　このような過程をたどってイギリスにおいて成立した、議会の財政に対するコントロールを内容とする法原則は、西欧諸国の近代憲法にも導入され、我が国の明治憲法にも影響を与えた。

2　財政に関する国会の権限

　日本国憲法制定に際してGHQ（連合国軍総司令部）が示唆した原則、いわゆるマッカーサー・ノートには、「財政はイギリスの制度によるものとする」という一項があり、日本国憲法にも、上記のようなイギリスにおいて成立した財政原則が受け継がれている。

　日本国憲法83条は「国の財政を処理する権限は、国会の議決に基いて、これを行使しなければならない」と定め、財政に関する国会中心主義をとることを明確に定めている。

　財政の作用には、租税の賦課徴収などの権力作用に加え、国費の支出や国有財産の管理などの管理作用も含まれるが、「国の財政を処理する権限」はこれらすべてを含むものと解される。財政処理に関わる事項は、すべて国会の議決に基づくことが必要とされる。

　財政に関する憲法原則については、一般原則と個別原則を分けて考える必要がある。憲法は、83条に一般原則である財政国会中心主義を規定している。そして、これを具体化するための個別原則として、租税法律主義（84条）、国費の支出および国庫による債務負担の議決（85条）、予算の議決（86条）、予備費の議決（87条）、皇室経費の議決（88条）、決算の審査（90条）などを定めている。この個別原則のうち、課税については84条の租税法律主義が、支出については86条の予算の議決が特に重要であるが、これらについては次節以降で述べるとして、以下では85条の国費の支出に関する権限について触れておきたい。

　憲法85条は、「国費を支出し、又は国が債務を負担するには、国会の議決に基くことを必要とする」と規定する。同条は、財政国会中心主義を、国の支出の面について具体化したものである。したがって、国費の支出には、国会の議決が必要である。議決は、法律の形式ではなく「予算」の形式によって行われる（86条）。予算の議決は一般的な支出自体に関する議決であり、支出を要する個別の行為の根拠となるものではない。支出を要する行為を国がなすにあたっては、それぞれの行為について、それを根拠づける法律の授権が予算とは別に必要となる。例えば、義務教育における教科書を無償で配布するための支出費目を含む予算が議決されていたとしても、実際に政府が教科書を買い上げて無償で配布する行為を行うためには、その旨を定めた法律が別に制定されている必要がある。また、逆に、法律が国庫の支出を要する行為を定めている場合に

おいて、国費の支出自体について一般的に規律する予算が議決されていないのであれば、政府はその行為をなすことはできない。例えば、15歳以下の子どもに一定額の手当てを給付する法律が制定されていたとしても、その一定額の支出を根拠づける予算が成立していない限りは、その支出は行うことができない。

　また、国の債務負担には国会の議決を要する。国庫による債務負担には、当該行為の最終的な結果として国費の支出を伴う行為が広く含まれる。したがって、通常イメージされるような公債（国債）を発行することのほか、原則として一会計年度内に償還される一時借入金をなすこと、また、民間の建物を役所として使う場合などに土地建物賃貸借契約をすることなどは、すべて国家による債務負担である。

　債務負担に関する国会の議決の形式については、憲法では特に定められていない。実務上は、債務の性質に応じて、予算の形式による議決の方法（国債・一時借入金など）と法律の形式による議決の方法（債務保証を行う場合など）が使い分けられている。また、債務負担行為の議決があっても、その履行のための支出を実際に行う場合には、国庫の支出に関する議決が別に必要となる。

3　予算の意義と性格

1　予算の意義

　予算とは、一会計年度（財政法11条・4月1日から翌年3月31日までをいう）における歳入歳出の予定的見積もりを主たる内容とする、国の財政行為の準則である。憲法は、この予算について「内閣は、毎会計年度の予算を作成し、国会に提出して、その審議を受け議決を経なければならない」と規定し、国の財政行為が一年ごとに国会の監督に服することを規定している。

　予算が規律するのは、一会計年度における国の財政行為である。したがって、予算は国家機関を拘束するが、法律とは異なり、国民を一般的・抽象的に規律する効力を有するものではない。

2　予算の構造

　予算には、国の歳入と歳出をすべて編入しなければならない（財政法14条）。

その意味で、歳入予算と歳出予算は、予算の核心をなすものである。

　歳入予算は、基本的に一会計年度の予定的見積もりにすぎないものであるが、事業に充てるべき財源の指示およびその限界づけの効力を有するため、法規範としての意義を有する。なお、租税法律主義により国民の負担については法律の形式が要求されるため、歳入についての徴収などの権限は、歳入予算から直接に生ずるのではなく、別に定められた租税法規等の規範によって生じる。

　歳出予算は、経費の最高限度の金額、目的、時期などについての法的拘束力が認められている。国費の支出義務は別に定められた法令によって生じることになるが、支出そのものについての権限は、歳出予算によって直接に生じる。このように、歳出予算は国家機関の権限を直接に拘束するから、国会の財政コントロールは、主として支出について行われる。

　予算には、予備費を設けることとされている。憲法87条1項は「予見し難い予算の不足に充てるため、国会の議決に基いて予備費を設け、内閣の責任でこれを支出することができる」と規定する。

　不測の事態の発生によって、予算外支出や予算超過支出を要する場合には、補正予算の編成（財政法29条）によって対処するのが通常であるが、緊急の場合にはこの方法が可能であるとは限らない。そこで、このような事態に対処するために予備費を設け、内閣の責任でこれを支出できるとしたのである。

　予備費は、予算の構成要素として国会が議決したものであるが、そのままでは支出目的が特定されていないため、その支出に当たっては、事後に国会の承認を得る必要がある。ただ、万一この承認が得られなかった場合であっても予備費の支出自体は法的に有効であり（財政法36条3項）、内閣の政治責任が発生するにとどまる。

3　予算の法的性格

　予算には、以下のような特質がある。

　①その効力において国家機関を拘束するのみで、国民に対する拘束力を有しない。

　②永続性がなく、その効力期間は一会計年度に限られる。

　③その内容において、金銭の出納に関する計数が中心的要素となっている。

④衆議院の優越に関する規定など国会における議決の手続が法律とは異なる。

⑤憲法7条による公布が要求されないため、国会における成立と同時に有効となる。

この予算の法的性格については、争いがある。予算の法的性格については、予算行政説、予算法律説、予算法形式説の見解が存在する。

第一の予算行政説は、予算は行政措置の一種であり、議会に対して政府が財政運営の方針と結果に関して行う意思表示にすぎないと考える立場である。この見解によれば、予算は法的拘束力を有しないことになるが、予算の法規範性を否定することは、日本国憲法における財政国会中心主義と矛盾するため、この見解は現在の憲法学説としては成立しえない。

第二の予算法律説は、予算は財政運営の方針を拘束する法律の一種であると考える立場である。この見解によれば、予算は歳入歳出の直接の根拠として機能し、例えば予算と一致しない支出を定めた法律が存在したとしても、「後法は前法を廃する」という法原則のもとに、予算と法律の不一致を匡正することが可能になるメリットがある。しかし、日本国憲法は予算と法律の議決手続を別個に規定していること、また、現行法上、歳入予算と歳出予算の法的拘束力には差が設けられていることからも、予算を法律の一種とみることは困難であろう。

第三の予算法形式説は、予算は「予算」と称する独立の法形式であると考える立場である。予算についての前記のような特質にかんがみれば、予算は、法律とは別個独自の特殊な法形式であると解さざるを得ないと思われる。実務上の運用も、この見解に依拠している。

4　予算の審議と成立

1　予算修正の限界

予算の発案権は、内閣に専属する（73条5号および86条）。内閣総理大臣は、内閣を代表して予算案を国会に提出する（72条）。予算は衆議院に先議権が認められているため、必ず先に衆議院に提出されなければならない（60条1項）。なお、予算は法律とは異なり、議員立法による発案を行うことは認められていな

い（なお、議員は予算を伴う法案の発議を行うことはできる）。

　国会における予算審議において問題になるのは、予算修正の限界である。予算修正には減額修正と増額修正があるが、このうち減額修正は新たな財源を要しないため、これを認めることに法的な問題はない。一方、増額修正については、内閣が作成した歳入予算案に計上されていない新たな財源を国会が示す必要があるため、認めることができるかどうかに争いがあるが、財政国会中心主義の建前から言えば、財源が確保できる限りにおいて増額修正を行うことには問題はないと解される。

　ただし、予算は計数を主たる要素とする規範である以上、減額修正・増額修正とも、無制限に可能であるかどうかは問題である。この点については、財政国会中心主義を強調する立場から、国会は無制限に予算の修正を行うことが可能であるとする立場も存在するが、日本国憲法は財政運営および予算編成に一定の技術的・専門的性格があることを前提に、内閣に予算作成および提出権を

図　予算の作成から成立までの過程

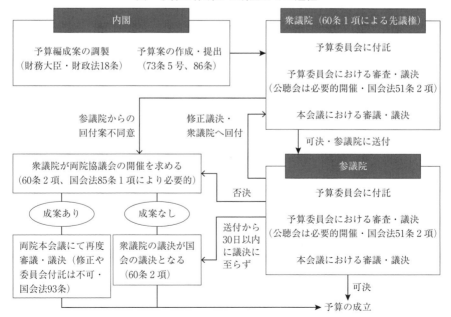

与えていることから、予算の同一性を損なうような大幅な修正は不可能であると考えるべきである。

2　予算と法律の齟齬

　上述した通り、予算が成立したとしても、実際にその予算の支出を基礎づける具体的な権限は法律に依拠するのであるから、予算の成立は、国庫からの金銭の支出そのものについて国会が同意したということを意味するにすぎない。我が国の実務でも、上述したように予算は法律とは異なる独自の法形式であることを前提としての運用がなされているから、予算と法律とは別に国会で議決する必要があることになる。そうであるとすれば、予算と法律との間に不一致を生じることがありうることになるが、このような場合にどうすべきか。

　まず、法律があるのにその執行の費用を裏付ける予算がない場合であるが、内閣は法律を誠実に執行する義務を負う（73条1号）から、まずは内閣は法律の実施のために必要な支出を編入した予算を成立させるように努力する義務を負う。場合によっては、内閣はその責任において予備費を充当してその法律の実施をはかるという対応を行うことになろう。

　反対に、予算は成立したのに具体的な支出を根拠づける法律がない場合には、内閣は当然、国会に法律案を提出してその成立を目指すことになる。しかし、国会はこれを成立させる法的な義務は負わないものと解される。全体としての国の財政運営方針を定めた予算と、具体的な政策を定めた法律とは別個のものと考えられるからである。法律の成立が見込めない事態になったときは、内閣は予算に編入した支出については、これを断念するほかない。

3　予算の成立時期

　予算は会計年度の当初までに成立するのが通常であるが、それまでに予算が成立しない場合にいかなる措置をとるかが問題となる。大日本帝国憲法では、このような場合に前年度の予算をそのまま用いることにしていたが、現在の憲法はそのような制度を定めていない。財政法ではこのような場合に備えて、暫定予算の制度を設けているが（30条）、これにも国会の議決が必要であるため、暫定予算さえも会計年度当初までに成立が見込めない場合については、現行法では対処できない。実際に、現行憲法下では、会計年度当初に通常の予算も暫

定予算も成立していない、いわゆる「予算の空白」の状態が17回も発生している（最後は平成2年度）。いずれも数日の短期間にとどまり、その間は前年度の予算残額の流用や支払延期での対処がなされたが、長期化すれば政府の支出がすべて停止する政府閉鎖（シャットダウン）の事態を招来しかねない。この問題についての対処は必ずしも十分とはいえないであろう。

5　決算と国の財政状況に関する報告義務

1　決算の意義

　政府の財政行為に対する国会のコントロールは、事前においては予算の審議および議決によって行われるが、事後においては決算の審査によって行われる。決算審査を通じて、予算執行の責任者である内閣の財政責任を明確にする趣旨である。

　決算は、歳入決算および歳出決算から成り、一会計年度の収入支出が計数によってすべて表示される。決算は、既に行い終わった収入支出の実績を示すものであるため、予算とは異なり法規範としての性格を有しない。そのため、決算については国会に提出して審査に付すことだけが求められ、承認を得ることまでは要求されていない（90条1項）。

2　会計検査

　この決算は財務大臣が作成し閣議決定によって成立するが、憲法は、その適正を期するため、会計検査院が検査を行うことを規定している（90条1項）。内閣は決算成立後にこれを会計検査院に送付し、会計検査院は国の収入支出すべてについて検査を行う。

　会計検査院は、90条2項によって設置される憲法上の必要的機関である。行政機関ではあるが、内閣に対して独立の地位を有することが認められている特殊な機関であり、その検査は国の収入支出のすべてに及ぶため、国会や裁判所に対しても当然にその権限を行使しうるという特異な性格を有する。その権限及び組織については会計検査院法によって定められ、現在まで3名の検査官（うち1名は会計検査院長）によって構成される合議体の構成をとり、所要の職員組織を置く。なお、会計検査院は組織構成において行政委員会と類似するが、

法律によって任意に設置される行政委員会とは異なり憲法上の必要機関として設置されているものであるため、組織法上の行政委員会には含まれない。

3　国の財政状況に関する報告義務

憲法91条は、「内閣は、国会及び国民に対し、定期に、少くとも毎年一回、国の財政状況について報告しなければならない」と規定する。この規定は、国会の財政監督権を強化するとともに、国民に対する財政上の説明責任を果たそうとする趣旨によるものである。報告義務を負うのは内閣であるが、内閣を代表して内閣総理大臣がこの報告を行う（72条）。報告は、文書または口頭でなされるが、閣議決定を経た文書によるのが通例であり、国民に対してはそれをもとにした印刷物およびwebサイトによって広く広報されることになっている。

6　公金の支出に対する制限

1　89条の意義

憲法89条は、「公金その他の公の財産は、宗教上の組織若しくは団体の使用、便益若しくは維持のため、又は公の支配に属しない慈善、教育若しくは博愛の事業に対し、これを支出し、又はその利用に供してはならない」と規定しているが、同条については、その趣旨および適用範囲について、以下の諸点が問題となる。

①政教分離にかかわる前段と、教育や社会福祉の事業等にかかわる後段とでは、内容において適用の局面が全く別になる。この両者の関係をどう解すべきか。

②前段における「宗教上の組織若しくは団体」とはどのようなものか。

③特に「公の支配」の概念との関係で、後段の趣旨はどのようなものか。

④89条前段および後段のいずれにも当てはまらない公金支出についてどうすべきか。例えば学術助成、芸術や芸能に対する補助、スポーツの振興のための公金支出についてはどう考えるべきか。

2　「宗教上の組織及び団体」に対する支出制限

前段は、支出制限の対象を「宗教上の組織若しくは団体の使用、便益若しく

は維持」と定めており、20条の政教分離原則を財政面から裏支えすることを趣旨とする規定である。そのため、89条前段と20条との関係について、両条の適用場面をどう把握すべきかが問題となる。

　結論的には、89条前段に対する違反の有無は、20条の政教分離原則違反の有無に包摂されることになる。政教分離違反については20条の問題としては目的効果基準などの判断基準が存在しており、国家の行為がその基準で審査される以上は、国家の行為に付随する財政上の公費の支出がそれと切り離されて判断されるべきではないからである。したがって、公の財産の当該支出または供用自体が20条の政教分離原則に違反する場合には当該支出または供用は違憲となり、当該支出または供用が20条に照らして憲法上許容されるものである場合にはこれを合憲とすることになる。国家の行為はおよそ財政上の裏付けなしになされることがあり得ない以上、20条の政教分離原則には違反しないが、89条前段には違反するというケースは想定し難いであろう。

　89条前段の「宗教上の組織若しくは団体」の意義については、学説上、これを広義にとらえる見解と狭義にとらえる見解が存在する。狭義説は、特定の宗教のために宗教的活動を行うことを本来の目的とする集団のみについて、これを宗教上の組織・団体であるととらえる見解である。例えば、寺社や教会など既存の特定の宗教やその施設を中心とした信者の組織などがこれに当たることになる。これに対して、広義説は、宗教的活動を本来の目的とすることまでを必要とせず、これを単に付随的に行う集団についても、宗教上の組織・団体であるととらえる見解である。例えば、子ども会が神社の神輿担ぎに参画した場合、子ども会は「宗教上の組織」であるとみなすことになる。判例（箕面忠魂碑訴訟［最三判平成5年2月16日民集47巻3号1687頁］）は、「特定の宗教の信仰、礼拝又は普及等の宗教的活動を行うことを本来の目的とする組織ないし団体を指す」として、狭義説の立場に立っており、これに依拠して、忠魂碑の建立維持に関わった遺族会は宗教上の組織・団体にあたらないとした。一方、町内会構成員が全員加入する形でこれと一体化した神社の氏子集団については、宗教上の組織・団体にあたると判断されている（**判例25-2　砂川政教分離訴訟**［最大判平成22年1月20日民集64巻1号1頁］）。

3　慈善、教育若しくは博愛の事業に対する支出制限

89条後段にいう「慈善、教育若しくは博愛の事業」は何を意味するか。また、それらに対する公費の支出が制限されるのはなぜだろうか。

一般に、慈善事業と博愛事業を厳密に区別することは不可能である。後段の解釈においては、これらを一体としてとらえ、広く社会福祉事業を意味するものと解されている。また「教育」は、26条の教育を受ける権利の解釈において登場するように、人の精神的・肉体的成長を目的として継続的に教え導くことであると解され、したがって教育法規におけるスポーツなどに関する社会教育もここにいう「教育」に含まれる（社会教育法2条など）。したがって、「慈善、教育若しくは博愛の事業」とは、教育及び社会福祉にかかわる私的事業を広く含めて理解されるべきものである。89条後段は、これらに対する公の財産の支出および供用を制限するものである。

教育や社会福祉は、一般に公益性の高い社会活動であり、これらに対する公金の支出は、本来は否定されるべき筋合いのものではなく、むしろ社会的に要請される場合すらあり得る。しかし、これらの事業が私的に行われるものである以上、事業運営の方法や目的は多種多様なものにならざるを得ず、その中には公共の利益に適合しない場合が存在することを否定しきれないであろう。国民の負担に基づく公金を支出する以上、教育や社会福祉の活動といえども公共の利益に適合しないことになった場合には、これを是正する途が確保されていなければならない。そうであるからこそ、これらの事業に公金を支出するためには「公の支配」が及んでいなければならない。したがって、89条後段の趣旨は、「博愛」等の美名に隠れた公費の濫費の防止、すなわち教育や社会福祉の領域における公金の違法または不当な運用の防止にあると理解することができる。

4　公の支配の意義

「公の支配」の概念については、厳格に解釈する見解と、緩和的に解釈する見解がある。前者は、私的事業に対する公的補助が原則として禁止されているという前提のもとに、「公の支配」とは公的機関が事業内容や人事など事業の具体的な内実について決定的な支配力を持つことを意味すると解する。これによれば、例えば私学助成法による私立学校に対する私学助成や、国有財産特別

措置法による公益法人等に対する国有財産の減額譲渡または貸付は、89条後段に反し違憲であると判断されよう。後者は、私的事業に対する公的補助が原則として許容されるという前提のもとに、「公の支配」とは私的事業が公金の支出に伴う使途の公的統制に服することを意味するにとどまると解する。これによれば、例えば私学助成については、会計報告や質問検査などの使途についての公的統制が伴っているから合憲であると判断される。

「公の支配」の意義は、89条後段の趣旨との関連で理解すべきである。教育や社会福祉の私的事業に対して国が援助を行うことは、本来的には推奨されるべきことである。これが89条後段によって制限されるのは、公金支出の公益適合性を確保することであるとすれば、その制限の範囲に関する「公の支配」とは、違法または不当な公金の支出を防止するために必要な程度の、公権力による介入を意味するものであり、かつ、その目的を実現できる程度のもので足りると解される。これを基本として、ある程度ケース・バイ・ケースで考えることが許されよう。通常の教育・社会福祉に関する私的事業に対する公金の支出については、原則として厳格なコントロールが必要である。この点を緩和すれば、公金を食い物にする公金補助ビジネスを許容することにもなりかねない。ただし、法律によって公金による補助対象の特定がなされ、かつ、濫費防止の制度が確立している場合には、法の趣旨に基づき公的補助が許容されている場合であると解することができるから、「公の支配」も緩和されたもので足りるというべきであろう（幼児教室事件［東京高判平成2年1月29日判時1351号47頁］）。

5　89条のその他の適用領域

次に、89条前段の宗教および後段の教育・社会福祉いずれにも当てはまらない私的事業に対する公金支出について、どう考えるべきか。

前提として、89条に明文がないということが、そこに明記されていない事業に対する公金支出を全く許さないとすることを即座に意味するのではない。89条の趣旨が、公金の違法または不当な運用の禁止にあるとすれば、公金の支出を受けた私的事業については、公共の利益に沿った事業運営が求められることになる。そのため、公金の支出にあたる公的機関は、公益を図るために、一定の私的事業に対する公的補助を行いうるが、公金の支給を受けた事業が公共の利益に沿わない場合には、これを是正する権能を有するとともに義務を負うと

解される。これらの権能は、国や地方公共団体に認められる一般的行政権限の範疇に含まれているものであり、その範囲で行使することが認められよう。このような是正を行うためには、あらかじめ是正を行うための制度的基盤が整備されていることが望ましい。公金を支出する以上は、何らかの方法において、当該事業への公的コントロールの方法が確保されているのでなければならない。私的事業といえども公金の支出の対象となる以上、「公の支配」に服していることが、憲法上の当然の前提となっているのである。

7　租税に対する憲法的統制

1　租税法律主義の意義

　租税法律主義とは、「あらたに租税を課し、又は現行の租税を変更するには、法律又は法律の定める条件によることを必要とする」(84条) ことを内容とする財政原則である。

　この規定は、財政国会中心主義の一般原則を、租税の賦課徴収について具体化したものである。租税の新設および変更については、すべて法律の形式による国会の議決が必要となる。この租税法律主義は、財政国会中心主義の一般原則において既に要請されているところではあるが、租税の賦課徴収が国民の経済生活に与える影響の重大性にかんがみ、議会の課税同意権と立法権の沿革の相違などに留意して、特に明文をもって定められるものである。これは、刑罰における罪刑法定主義と一般の立法権との関係に例えられる。

2　租税法律主義の内容

　租税法律主義は、第一に、税務行政の公正の確保の見地から、厳格な法律適合性を要請する。税務法規の解釈については、類推解釈や拡張解釈は、納税者に有利なものを除き、原則として許されない。

　第二に、租税法律主義は、納税者である国民への予測可能性の担保の観点から、課税の要件および手続が、法律自体のなかでできる限り詳細に規定されることを要請する。すなわち、租税の種類、課税根拠についてのみならず、納税義務者、課税物件、課税標準、税率等の課税要件、さらには納付や徴収の手続などについても、法律で定めることが原則として要求される。もっとも、租税

の賦課徴収は専門的・技術的要素を含む行政作用であることも事実であり、そ
れゆえに、租税に関する事項の細目に至るまでをすべて法律で規定すること
は、現実的には困難である。したがって、命令への委任は許容されうると解さ
れている。ただし、命令への委任は、租税法律主義の意義を没却しない程度に
個別的かつ具体的なものであることが要請される。いわゆる通達課税について
争われたパチンコ球遊器課税事件［最二判昭和33年３月28日民集12巻４号624
頁］においては、「課税がたまたま所論通達を機縁として行われたものであつ
ても、通達の内容が法の正しい解釈に合致するものである以上、本件課税処分
は法の根拠に基く処分と解するに妨げがな」いものとし、租税法の正しい解釈
を反映したものである限りにおいて、通達によって課税の詳細を定めることは
許容されるとされた。

　第三に、納税者である国民への告知を確保し法の運用の安定性を実現するた
め、租税法律主義は、課税法規については、だれでもその内容を理解できるよ
うに、明確に規定することを要請する。これは、国民の財産関係に対する不測
の侵害の発生を防ぐとともに、それによる租税法規および税の制度それ自体に
対する国民の信頼を確保することを目的とする。実際に、年度途中の課税法規
の変更があった場合の納税者の地位の変更について、判例（租税特別措置法事件
［最一判平成23年９月22日民集65巻６号2756頁］）は、「暦年途中の租税法規の変更及
びその暦年当初からの適用による課税関係における法的安定への影響が納税者
の租税法規上の地位に対する合理的な制約として容認されるべきものであるか
どうかという観点から判断す」るとした。

　なお、通常、立法は恒久法として制定されるため、租税を法律で規定する場
合には、原則として永久税主義によることになる。ただし、このことは、一年
税主義を否定する趣旨を含むものではないと解されている。

3　租税法律主義の適用範囲

　憲法84条は、「租税」について法律主義を定めている。同条がどの範囲での
国民の負担に及ぶかについては、「租税」概念の広狭に依存する。

　判例は、租税について「国又は地方公共団体が、課税権に基づき、その経費
に充てるための資金を調達する目的をもって、特別の給付に対する反対給付と
してではなく、一定の要件に該当するすべての者に対して課する金銭給付は、

その形式のいかんに関らず、憲法84条に定める租税に当たる」としている（**判例25-1　旭川市国保料訴訟**［最大判平成18年3月1日民集60巻2号587頁］）。

　一般に、租税の特質として以下の4点が指摘される。

　①当該金銭を徴収する主体が国または地方公共団体であること。

　②当該金銭の徴収目的が、国または地方公共団体の経費の調達にあること。

　③当該金銭の徴収は、権力的関係の下で強制的に行われるものであること。

　④当該金銭の徴収は何らかの反対給付を伴うことなく、無償でなされるものであること。

　所得税、法人税、消費税など一般に「税金」と呼ばれるものは、ほぼこの概念に当てはまり、これらの「税金」に84条が適用されるということについては疑問の余地はない。したがって、例えば犯罪捜査の過程において行われる差押えは②を欠くであろうし、また、公営水道使用料のような特定のサービスの対価として徴収される金銭は④を欠くため、いずれも「租税」には含まれないことになる。なお、④の対価性が極めて低い手数料等の負担については、84条の適用があるかどうかが問題とされることがある。この場合、当該負担を根拠付ける制度の目的や特質、および、当該負担自体の租税との類似性を総合的に考慮して、84条の趣旨が及ぶかどうかを、具体的に判断することになる。

判例25-1

争点

　租税法律主義の対象となる租税の範囲―旭川市国保料訴訟［最大判平成18年3月1日民集60巻2号587頁］

事案

　国民健康保険法は、国民健康保険事業の運営に当たる市町村に対して、保険料または保険税の形式で、その事業に充てる財源の一部を被保険者から徴収することを認めている。条例で保険料の形式を採用していたＹ市が、被保険者Ｘに対して条例に基づく保険料の賦課処分を行ったところ、Ｘは、賦課された保険料について減免の申請をした。その減免申請について非該当の決定を受けたＸは、国保料は租税であるのにＹ市条例はその具体的な賦課規定を置いておらず憲法84条の租税法律主義に違反すると主張し、不服申し立て等を経た上で賦課処分の取消等を求めて出訴した。第1審［旭川地判平成10年4月21日民集60巻2号672頁］はＸの請求を認容したが、控訴審［札幌高判平成11年12月21日民集60巻2号713頁］はＹ市条例は憲法84条に違反しないとして請求を斥けたので、

Xが上告。
判旨
　上告棄却。「国又は地方公共団体が、課税権に基づき、その経費に充てるための資金を調達する目的をもって、特別の給付に対する反対給付としてでなく、一定の要件に該当するすべての者に対して課する金銭給付は、その形式のいかんにかかわらず、憲法84条に規定する租税に当たる」。「租税以外の公課であっても、賦課徴収の強制の度合い等の点において租税に類似する性質を有するものについては、憲法84条の趣旨が及ぶと解すべきであるが、その場合であっても、租税以外の公課は、租税とその性質が共通する点や異なる点があり、また、賦課徴収の目的に応じて多種多様であるから、賦課要件が法律又は条例にどの程度明確に定められるべきかなどその規律の在り方については、当該公課の性質、賦課徴収の目的、その強制の度合い等を総合考慮して判断すべきものである」。国民健康保険料は「租税に類似する性質を有するものであるから、これについても憲法84条の趣旨が及ぶと解すべきであるが……条例において賦課要件がどの程度明確に定められるべきかは、賦課徴収の強制の度合いのほか、社会保険としての国民健康保険の目的、特質等をも総合考慮して判断する必要がある」。

判例25-2

争点
　市有地を神社に無償で使用させることが政教分離に反するか―砂川政教分離訴訟［最大判平成22年1月20日民集64巻1号1頁］
事案
　A神社は、Y市の市有地上に設置された神社であり、Y市はこの土地を神社の敷地として神社施設等の所有者である連合町内会に無償で使用させていた。Y市の住民であるXらは、このようなY市の行為は憲法20条1項及び3項、89条に違反して財産を宗教団体の利用に供するものであるなどと主張して、地方自治法に基づき、財産管理を怠る事実の違法確認を求める住民訴訟を提起した。第1審［札幌地判平成18年3月3日民集64巻1号89頁］、控訴審［札幌高判平成19年6月26日民集64巻1号119頁］とも、Y市がA神社の敷地として無償で土地を使用させる行為は憲法20条3項に規定する宗教活動に該当し、憲法20条1項後段及び89条に規定する政教分離に違反するものであり、従って市有地上からのA神社の収去を請求しないことが財産管理を怠る事実に当たるとしてXの請求を認容したので、Yが上告。
判旨
　破棄差し戻し。「国又は地方公共団体が国公有地を無償で宗教的施設の敷地としての用に供する行為は、一般的には、当該宗教的施設を設置する宗教団体等に対する便宜の供与として、憲法89条との抵触が問題となる行為であるといわなければならない」。「国公有地が無償で宗教的施設の敷地としての用に供されている状態が、前記の見地から、信

教の自由の保障の確保という制度の根本目的との関係で相当とされる限度を超えて憲法
89条に違反するか否かを判断するに当たっては、当該宗教的施設の性格、当該土地が無
償で当該施設の敷地としての用に供されるに至った経緯、当該無償提供の態様、これら
に対する一般人の評価等、諸般の事情を考慮し、社会通念に照らして総合的に判断すべ
きものと解するのが相当である」。

　「本件利用提供行為は、市が、何らの対価を得ることなく本件各土地上に宗教的施設を
設置させ、本件氏子集団においてこれを利用して宗教的活動を行うことを容易にさせて
いるものといわざるを得ず、一般人の目から見て、市が特定の宗教に対して特別の便益
を提供し、これを援助していると評価されてもやむを得ないものである」。「以上のよう
な事情を考慮し、社会通念に照らして総合的に判断すると、本件利用提供行為は、市と
本件神社ないし神道とのかかわり合いが、我が国の社会的、文化的諸条件に照らし、信
教の自由の保障の確保という制度の根本目的との関係で相当とされる限度を超えるもの
として、憲法89条の禁止する公の財産の利用提供に当たり、ひいては憲法20条１項後段
の禁止する宗教団体に対する特権の付与にも該当すると解するのが相当である」。ただ
し、神社の収去請求の他に政教分離違反状態を解消するための行為の余地がＹ市にはあ
ったと言うべきであるから、その点について原判決を破棄、原審へ差し戻し。

　藤田裁判官補足意見

　「過去の当審判例上、目的効果基準が機能せしめられてきたのは、問題となる行為等に
おいていわば『宗教性』と『世俗性』とが同居しておりその優劣が微妙であるときに、
そのどちらを重視するかの決定に際してであって……明確に宗教性のみを持った行為に
つき、更に、それが如何なる目的をもって行われたかが問われる場面においてではなか
ったということができる」。「その意味においては、本件における憲法問題は、本来、目
的効果基準の適用の可否が問われる以前の問題であるというべきである」。「本件におけ
る固有の問題は、一義的に特定の宗教のための施設であれば（すなわち問題とすべき
「世俗性」が認められない以上）地域におけるその存在感がさして大きなものではない
（あるいはむしろ希薄ですらある）ような場合であっても、そのような施設に対して行わ
れる地方公共団体の土地利用提供行為をもって、当然に憲法89条違反といい得るか、と
いう点にあるというべきであろう」。

［主要参考文献］

・大石眞『憲法講義Ⅰ［第３版］』（有斐閣、2014年）

・小嶋和司『憲法概説』（信山社、2004年）

・佐藤幸治『日本国憲法論』（成文堂、2011年）

・野中俊彦・中村睦男・高橋和之・高見勝利『憲法Ⅰ［第５版］』（有斐閣、2012年）

第26章

地方自治

── 本章のねらい ──

　「地方自治は民主主義の学校」（J. Bryce）と言われるとおり、地方自治は住民に身近な事項に関わる政治過程である。日本国憲法における地方自治は、間接民主制を基本としつつ、「地方自治の本旨」に基づいて、地方公共団体の自主性と住民の自己決定を地方政治に反映できるように設計されている。本章では、まず、地方自治の存在理由とそれを憲法が保障することの意味を理解する。その上で、憲法上の地方自治の理念を具体化するために法律によって設けられる地方公共団体の組織やしくみ、住民の参加を念頭に置いた地方自治の運営に関わる諸制度について見ていくことにする。

1　地方自治の憲法的保障の意義

　憲法は、「地方公共団体の組織及び運営に関する事項は、地方自治の本旨に基いて、法律でこれを定める」と規定する（92条）。ここにいう「地方自治」とは具体的にどのようなものであろうか。「地方自治」の語は、古くから用いられてきた一般的な用語ではあるが、歴史性の強い概念であり、時代によって、また国によって、その内容を異にしている。例えば英語の "local government" が、地域が自然的に有するホームルールの制定権や自主的な租税徴収権を含めた地方政府像を前提にしているのに対して、ドイツ語の "kommunale Selbstverwaltung" は、国制（帝国の勅許や諸邦の法）の下であらかじめ許諾された範囲内における自律的行政運営に重点を置いているという区別が論じられることからも、そのような事情を垣間見ることができよう。

　我が国の地方自治も、地方自治に関する規定を持たなかった大日本帝国憲法の下において、独立した法人格を有する地方公共団体が、その領域の範囲内で、固有の意思と目的をもち、固有の機関によって活動する地方行政の仕組み

は根付いたが、府県知事および北海道庁長官・樺太庁長官・東京都長官は官選
であるなど、明治以来の中央集権的な発想が色濃く反映された独自の制度とし
て展開してきた経緯がある。終戦に伴う民主化の下で戦前の府県制・市制・町
村制、北海道地方費法および北海道会法、ならびに東京都制等の従前の地方法
制は廃止され、地方自治法に置き換わった（1947年施行）。その地方自治法も、
1999年の地方分権一括法による地方公共団体と国の関係の見直しなど幾多の改
正を経て、現在の地方自治制度を形作っている。

1　「地方自治の本旨」

　日本国憲法が定める「地方自治の本旨」とは何か。一般に、この「地方自治
の本旨」は2つの原理からなるものとされる。ひとつは団体自治、もう一つは
住民自治である。

　前者の団体自治とは、地方公共団体が、その地域的領域の内部における自治
的権能を有することを意味する。ここにいう「団体」とは、法によって定めら
れた地方自治を行う権限を有する地方公共団体である。すなわち、中央政府が
国家の全領域においてすべての公共事務を処理するのではなく、自治団体の存
在を認めたうえで、この自治団体に地域の公共事務を処理させることが、地方
自治の基本となる。これは、地域の行政に対する需要を、その地域の自己責任
によって実現することを内実とする意味で、自治の要素となっている。94条
は、地方公共団体の自治行政権、自治立法権、財産管理権（自治財政権）を定め
ることで、この団体自治を具体化している。

　後者の住民自治とは、地域における行政が、その住民の意思に基づいて行わ
れることを意味する。住民自治は、地方公共団体の内部における地方政府と住
民との関係にかかわる原理であり、中央政府と地方との関係にかかわる団体自
治の原理とは異なる。地域の行政にかかわる決定が、地域の行政に対する需要
を抱える住民自らの手によって行われることが、地方自治の基本となる。93条
2項は、この住民自治の原理に基づいて、地方公共団体の長、その議会の議員
等の選出について、地方公共団体の住民による直接選挙を定めている。

　団体自治の原理が、国制の下での都市の自律を地方自治の基本と位置づける
ドイツ自治体法に源流をもつのに対して、住民自治は民主主義と不可分一帯の
関係を有するものとして、英米法にその源流をもつ。このように地方自治の観

図　地方自治の全体像

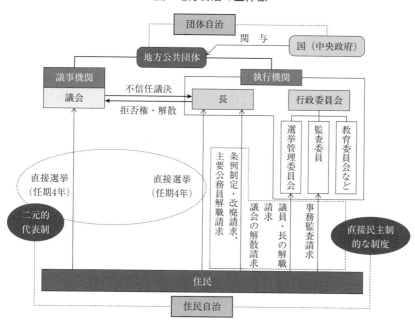

念は歴史的なものであり、その事情は時代や国によってまちまちであるから、「地方自治」という言葉そのものから当然に「自治体」「自治行政」の像が得られるわけではなく、地方自治関連法令について、憲法の趣旨を反映し、かつ地方の現状を考慮に入れた不断の解釈の試みが必要となる。

2　地方自治の保障の法的性質をめぐって――伝来説と固有権説――

　憲法は地方自治を保障するが、自治体の自治権は何に由来するものかが問題となる。すなわち、自治の淵源の問題であるが、この点については、伝来説と固有権説の二つの見解が対立していた。

　前者の伝来説は、自治権は憲法による保障によってはじめて生じたものであると理解する。したがって、地方公共団体の自治権は、憲法から直接に伝来し、または憲法が中央政府から独立した地方公共団体を設けることで、国の統治権の一部が伝来したものと解釈する。

　後者の固有権説は、自治権は、憲法以前からすでに存在しており、憲法より

高次の自然法規範に基礎を置くものであるとする。したがって、地方公共団体の自治権は、個人の基本的人権と同じように、自然的に享有される固有の権利であると解釈する。

　伝来説をとると、自治権の範囲が憲法や法律の規定に依存することになるため、これがほとんど自治の権能を行使できないまでに縮減され、極端には廃止されることになっても、それが憲法の法意である以上は、違憲の問題を生じ得ないとされることが問題となる。固有権説にも、法人である地方公共団体が自然権を持つという解釈が不自然であること、また個人の基本的人権に対して抑制的な効果を持つ地方公共団体の統治権を、同じ自然権的な発想で基礎づけてよいのかとの疑問が妥当する。なお、伝来説よりも固有権説によった方が、自治権の範囲がより広くなるものとして解釈されるとの理解も存在するが、この両説の違いは本質的には自治権の由来に対する説明の方法であり、伝来説においても憲法や法律の規定により自治権を極大化する可能性が存在しうる以上、この両説の争いは自治権の範囲の問題とは無関係であると考えるべきである。

3　地方自治保障の現代的理解——制度的保障——

　日本の裁判例および学説の多数は、この両説には依拠することなく、地方自治は憲法上の制度的保障であると理解する見解に立つ。制度的保障とは、既存の特定の制度を憲法によって保障することで、立法による侵害から保護しようとする憲法上の考え方であり、憲法がその構成要素とする制度について、その制度を形成する法律が改正または廃止されることによる不安定化を防ぐために用いられるものである。

　そこでは、地方自治の制度的保障によって保障される「制度」とは何であるかが問題となる。憲法上の地方自治制度は、様々なルールの複合体として成立している。条例制定権や長および議会の直接公選の保障などは、明文化された憲法規範として存在する一方、上述したような都道府県と市町村の２層構造とその間の権限配分のように、憲法規定に明示されていないものも存在する。例えば、「地方公共団体が統治団体としての経費に充てるために自ら租税を徴収することができる」という規範は、憲法の規定に明示されているわけではないが、憲法が地方公共団体を統治機構の構成機関として承認している以上、その存立を支える憲法規範であると解すべきであり、これに反する法律は違憲とさ

れなければならない。例えば、地方税法を廃止して、地方公共団体が自ら租税を徴収する権限をすべて奪うとすれば、それは憲法92条および94条に違反することになろう（大牟田電気税訴訟［福岡地判昭和55年6月5日判時966号3頁］）。一方で、地方税法が課税の準則を定め、地方公共団体の課税権をその範囲内に制限することは、課税権一般の剥奪ではないため、憲法には違反しないと考えられる（臨時企業税条例事件［最一判平成25年3月21日民集67巻3号438頁］）。このように、地方自治を制度的に保障するということは、地方自治の歴史的発展を踏まえ、それが前提とする諸制度に関する規範を含めた制度の総体に対して、憲法上の保障を与えようとすることを意味する。

　このような歴史的方法による以上、地方自治のどのような要素が問題となっているのか、その要素がどのような経緯を持つものか、さらにはその要素の法律上の形成のあり方など、様々な要素によって、この制度的保障によって保護される地方自治の内容には大きなブレが生じうることも確かである。その意味では、制度的保障は、極端な制度形成を排した伝来説の変型と理解することもできよう。

2　地方公共団体の意義

　地方公共団体といえば、通常は都道府県や市町村が容易にイメージされるであろう。しかし、地域における自治を担う団体である地方公共団体については、他の例えば会社などの「団体」とは何が違うのか、同じく統治的権力を行使することが認められている中央政府（国）とは何によって区別されるべきか、など、実はその本質については複雑な問題がある。地方公共団体は統治機構としての性格と自主的な地域団体としての性格を併せ持つ存在であるため、地方自治の本質の理解はどうしても複雑にならざるを得ないのである。

　一般に、地方公共団体の特徴として挙げられるのは、以下の4点である。

　①地方公共団体は、地域における公共の事務を行うことを存立目的とする公共の団体である。この点において私的団体とは区別される。

　②地方公共団体は、国の領土のうちの一定の区域を基礎とし、原則としてその領域のみにおいて活動する権能を有する地域団体である。この点において国および公共組合などと区別される。

③地方公共団体は、自ら権利義務の主体となりうる地位および資格を有する法人である。この点において国の行政機関の一部である出先機関などと区別される。

④地方公共団体は、その地域において住民に対する統治権を行使する統治団体である。その統治権は課税および刑罰の制定にも及び、この点において国以外のすべての団体と区別される。

1　法律用語としての「地方公共団体」の意義

「地方公共団体」の語は、憲法で用いられる場合と、法律（地方自治法）で用いられる場合とでは異なる意味を有している。

地方自治法は、地方公共団体を普通地方公共団体と特別地方公共団体に区分している（自治法1条の3）。前者は全国どこにでも存在する普遍的な団体であり、都道府県および市町村がこれに含まれる。後者は特別の目的のために、区域や組織、権能等に特殊な性格をもつものとして法が特に設置を認めるものであり、特別区、地方公共団体の組合および財産区がこれに含まれる。特別区は、普通地方公共団体の一部に特に地方公共団体たる性格を付与したものであり、東京都ならびに大都市地域特別区設置法に基づき特別区を設置する大都市地域に設置される（自治法281条以下）。地方公共団体の組合は、複数の地方公共団体が事務を共同で処理する目的で設置するものであり、現在、一部事務組合と広域連合がある（自治法284条）。財産区は、地方公共団体の一部の領域において、独立して財産または公の施設を管理する権能のみを有するものとして設置される（自治法294条）。

地方自治法におけるこのような地方公共団体の用法は、憲法の用語法とは全く異なる。憲法上の地方公共団体には93条が適用されるのであるから、地方議会は憲法上の必要的設置となり、その団体の長や議会の議員は住民の直接選挙によって選ばれることが必要とされることになる。しかし、地方自治法上の特別地方公共団体のすべてについてまでこの規定の徹底を求めることは困難であり、また必要とされるわけでもない。実際に、財産区の議会は任意的設置であり、一部事務組合の管理者は住民による直接選挙によらなくてもよい。

判例および学説の多数は、憲法上の地方公共団体と法律上の地方公共団体とを概念的に区別しており、地方自治法にいう地方公共団体のうち議会をもつこ

と、そして長や議員について直接選挙を行うことが憲法上要求されているのは地方自治法上の普通地方公共団体たる都道府県および市町村だけであると理解している。そのため、特別地方公共団体については、都道府県や市町村と同様に扱う必要はないことになる（**判例26-1　特別区長公選制廃止事件**［最大判昭和38年3月27日刑集17巻2号121頁］）。

2　地方公共団体の2層構造

　また、普通地方公共団体たる都道府県と市町村は2層構造をとって存在するが、この2層構造自体が憲法上の保障を受けるものかどうかも争われる。学説の多数および実務の運用は、都道府県と市町村の両方を憲法上の地方公共団体であるものとみなし、基礎自治体たる市町村と広域自治体たる都道府県が相互に権限配分をしながら地方自治が行われる構造を前提とする。

　近年では、基礎自治体である市町村は廃止できないものの、それを包含する権限を有するのみの都道府県は法律によって定められたものにすぎないから、廃止しても憲法違反ではないとして、そのうえで道・州への再構成を主張する向きもある（道州制論）。行政の広域化により二重行政の弊害を除去するとともに、財政力格差など地域的問題の解消と水資源や道路交通など広域的な問題に柔軟に対処する体制を作ることを目指すものであるが、現状では道および州の区割りや目指す広域行政像が論者によってまちまちであり、政策論の域を出るものではないと思われる。

3　特別区と憲法上の「地方公共団体」

　なお、東京都ならびに大都市地域特別区設置法に基づき特別区を設置する大都市地域においては、市町村レベルの基礎自治体に代えて、都（または道府県）の一部である特別区を置く制度がとられている。現在の地方自治法では特別区の区長および区議会議員について当該特別区の住民による直接選挙が定められ、実際にも特別区は市に近い役割を果たすようになっているが、この特別区の法的性格が問題とされたことがある。特別区は地方自治法上は特別地方公共団体に区分されるが、実際には市に準ずる任務を担っていることから、区が憲法上の地方公共団体に含まれるべきであるかが争われたのである。この点については、これを否定する見解と、肯定する見解がある。前者は、憲法上の地方

公共団体はあくまで都道府県と市町村のみに限られることを前提に、特別区は憲法上の地方公共団体ではなく、93条の適用もないとする。したがって、特別区については長や議員の公選制度は、憲法上の要請でなく単なる法律上の制度にすぎないから、法律の改正によってこれらを廃止したとしても、違憲の問題は生じないとする。後者は、憲法上は地方公共団体の2層構造が要求されていることを前提に、特別区も憲法上の特別地方公共団体に含まれるものと解釈し、したがって特別区の長や議員の公選制度を廃止することは違憲であるとする。また、特別区の長や議員の公選を廃止すれば、通常の市町村の住民が市町村と都道府県の長と議会の選挙権を有するのに対して、特別区の住民は都道府県の長と議会の選挙権しか有しないことになるから、この点が差別に当たるとの主張もある。

　判例（判例26-1　特別区長公選制廃止事件［最大判昭和38年3月27日刑集17巻2号121頁］）は、前者の立場に立ち、特別区は憲法上の地方公共団体ではないとしている。同判決は、憲法上の地方公共団体といい得るためには、単に法律で地方公共団体として取り扱われているだけでは足らず、事実上住民が経済的文化的に密接な共同生活を営み、共同体意識をもっているという社会的基盤が存在し、沿革的にも、また現実の行政の上においても、相当程度の自主立法権、自主行政権、自主財政権等地方自治の基本的権能を附与された地域団体であることを要するとする。当時の特別区については、未だ完全な自治体としての地位を有していたことはなく、そうした機能を果たしたこともなかったということが、特別区が憲法上の地方公共団体と認められない理由とされているが、この判断は、戦後の地方自治法によって特別区が特別地方公共団体としての地位を認められてから間もない時期のものであり、現状、歴史的に自治行政の経験を積み重ね、市に準ずる役割を担うようになるに至った現在の特別区に当てはめるには、事情が異なり過ぎると思われる（自治法283条参照）。

3　地方公共団体の構成

1　地方議会の構成

　93条1項は、「地方公共団体には、法律の定めるところにより、その議事機関として議会を設置する」と規定し、地方議会を憲法上の必要的機関としてい

る。これは、住民の意思を地方公共団体の運営に反映させることによって、住民自治および団体自治を実現しようとする趣旨であると理解される。

　地方公共団体の議会は、都道府県議会および市町村議会と称する。地方議会は、住民の代表機関であり、議決機関である。ただし、国会とは異なり、地方公共団体の議会は地方公共団体の最高機関ではなく、執行機関とは独立・対等の関係にある。

　なお、町村には議会を置かず、それに代えて選挙権を有する住民によって構成される町村総会を置くことができる旨の法律の規定がある（自治法94条、ただし現行法下で実際に設置されていた例は1例のみにとどまる）。これが93条1項に違反しないかが問題となるが、町村総会は住民の意思を直接地方行政に反映しようとする制度であり、住民自治・団体自治の精神に反するものとは言えないため、憲法に違反するものではないと理解されている。今後、町村においては、人口の動きに伴って町村議会の議員のなり手の確保が困難になることもありうるが、そのような場合に備えるためにも、直接民主制的な制度のメリットとデメリットが再検討されるべき時に来ているといえよう。

2　地方議会の権能

　地方議会の主な権能としては、条例制定権（憲法94条、自治法96条1項1号）、予算の議決および決算の認定権（自治法96条1項2号・3号）、執行機関の事務に対する検査権（自治法98条）、地方公共団体の事務に関する調査権（自治法100条、この調査を行うことを議決により定められた地方議会の委員会を100条委員会という。）長に対する不信任決議権（自治法178条）、会議規則制定権（自治法120条）、議員に対する懲罰権（自治法134条以下）、会期の決定および議会の開閉に関する権能（自治法102条の2など）を挙げることができる。なお、地方議会は自律的に解散することが認められている（地方議会解散特例法2条）。

　地方議会はあくまで地方公共団体の議事機関であり、国会のように唯一の立法機関であるわけではないため、その権能の行使は、立法のために国会が行使できる権能のあり方とは異なる。例えば、地方議会の議決事件は自治法96条1項各号に限定列挙されており、それ以外の議決は原則として法的効力を有しないものとされる。また、国会の各院とは異なり、司法権に対する意味での自律行為の余地を認められていない（ただし、地方議会は部分社会とみなされ、内部事項

に関しての司法審査に対する自律性は肯定される［最大判昭和35年3月9日民集14巻3号355頁］。自律行為および部分社会に関する司法審査については**第23章6の3**を参照。）。

3　地方議会の議員

　地方議会の議員の選挙の方法は、国会議員の選挙と同様の選挙原則が適用され、公職選挙法に則る。すなわち、普通選挙・平等選挙・秘密選挙・直接選挙・自由選挙の原則によらなければならない。なお、地方議会の議員の被選挙権には居住要件がある（公選法10条1項3号・5号）。当選後の議員の任期は4年である。

　上述の通り、議決機関たる地方議会と国の唯一の立法機関たる国会とでは権能の行使のあり方に違いがあり、その違いはその構成員たる議員の地位に影響を与える。例えば、国会議員に対する不逮捕特権・免責特権は、地方議会の議員には適用ないし類推適用されることはない。また、国会議員の会派に配分される立法事務費に対応して、地方公共団体によっては地方議会の議員の会派に政務活動費を配分することがある（自治法100条14項）が、その不適切な使用例が全国的に頻発しており、議会自体の自浄に加え、住民による不断の監視が必要とされる。さらに、地方議会の議員は地元に密着した活動を行うことが想定されているため、地方公共団体との間で請負等の契約を行う業務について兼業の制限を受ける（自治法92条の2）。近年では、親族会社等への利益誘導を禁止するため議会倫理条例を制定し、議員の親族等による地方公共団体との請負契約を制限する例も見られるが、議会の信頼の確保・議員の政治活動の公明性に基づくやむを得ない制限であって合憲であるとの司法判断が示されている（府中市議会政治倫理条例事件［最三判平成26年5月27日集民247号1頁]）。

4　地方公共団体の長

1　地方公共団体の長の位置づけと権能

　地方公共団体の長は、地方議会の議員と同様、当該地方公共団体の住民による直接選挙によって選出される。地方公共団体の長として、都道府県に知事、市町村には市町村長がおかれる（自治法139条）。

　長の被選挙権には、地方議会の議員とは異なり居住要件はない（公選法10条1

項4号・6号）。任期は4年である。また、地方議会の議員と同様に、他の公職との兼職に加えて、利益相反となる兼業が禁止されている（自治法141条・142条）。

長は、当該地方公共団体を統轄し、これを代表する権能を有する執行機関である（自治法147条）。長の権限は地方公共団体の事務一般のすべてに及ぶため、その担任事務は法律に例示列挙されている（自治法149条）。

2　地方自治と首長制

現行法における長と地方議会の関係は、しばしば首長制（大統領制）に例えられるが、首長制を基本としつつも協働性の要素を導入したものと理解すべきである。具体的には、議会は長に対して条例や予算の議決権、検査権、調査権などによってその権能の行使に影響を与えるほか、不信任決議権を行使しうることが特徴的である。それに対して、長は拒否権の行使（付再議権、自治法176条・177条）や専決処分による処理（自治法179条）をなしうるほか、不信任決議がなされた場合に限ってであるが、地方議会を解散することができる（自治法178条1項）。

5　地方公共団体の権能と事務

1　地方公共団体の権能

憲法94条は「地方公共団体は、その財産を管理し、事務を処理し、及び行政を執行する権能を有し、法律の範囲内で条例を制定することができる」と定め、地方公共団体にその地域における広範な権能を認めている。憲法上の地方公共団体の権能は、自治行政権と自治立法権（条例制定権）に大別することができる。自治行政権の内容として、「財産を管理」するとは、財産を取得・利用・保管・処分することをいう。「事務を処理」するとは一般行政事務の処理など主として非権力的な作用を意味し、それに対して「行政を執行」するとは警察や課税など主として権力的な作用を意味するものである。自治立法権は、自主法たる条例の形式によって、当該地方公共団体の範囲内における法規を定立する作用である。これについては、後述する。

2　国と地方公共団体：事務区分における関係性

　地方公共団体の事務の区分については、現在、自治事務と法定受託事務の2種類がある（自治法2条8項および9項）。前者は「地域における事務」であり（自治法2条2項）、地域における事項を広く包含して地方公共団体の権限を基礎づける。後者は「その他の事務で法律またはこれに基づく政令により処理することとされるもの」（同）であり、特に必要と認められた事項について国等からの委託を受け、地方公共団体の自らの事務として処理される。

　地方公共団体の事務については、従来の機関委任事務と法定受託事務との区別が重要である。1999年の地方分権一括法によって廃止された機関委任事務は、地方公共団体の執行機関（長）が国の下級官庁としての立場で実施する国の事務であった。地方の事務にこれが占める比率は極めて高く、最盛期には地方公共団体の事務の7〜8割を占めたとされる（「3割自治」などの比喩はこれに由来する）。国の事務であるため、地方公共団体の執行機関が国から一般的な指示を受ける場面も多く、訴訟による職務執行命令の制度まで存在した（例えば沖縄軍用地署名代行職務執行命令訴訟［最大判平成8年8月28日民集50巻7号1952頁］）ため、自治を圧迫するものとして問題とされていた。それに対して、機関委任事務に代わって新たに設けられた法定受託事務は、国全体の利害にかかわり、または国がその執行について一定の関心を向けているものではあるが、あくまで地方公共団体の事務として執行される。地方公共団体の事務となった以上、国はその執行について一般的な指示をすることはできないが、一定の場合には、国が地方公共団体の法定受託事務の執行について、法律に基づく関与を行うことが認められている（自治法245条以下）。

6　条例制定権とその限界

1　条例の意義

　「条例」には、広義で用いられる場合と狭義で用いられる場合とがある。前者は、地方公共団体が制定する自主法の総称であり、地方議会が制定する条例、長や委員会が制定する規則などが含まれる。これに対して後者は、地方議会が制定する自主法たる条例を意味する。

　94条にいう条例がいずれの意味によるものであるかについては、学説は2分

している。しかし、94条が条例制定権を明文で規定した趣旨は、国法秩序における「条例」という自主法規の形式の重要性を強調するとともに、それを団体自治・住民自治の観点から根拠づけることにあると解される以上、住民の代表機関である地方議会が当該地方公共団体の範囲内における法規として定立する条例のみが、憲法による直接的な授権の対象となっているものと解するのが適当と考えられる。法律が、住民に義務を課しまたは権利を制限する場合には地方議会の条例によることを規定し、また罰則を設けることを認めている（自治法14条）のも、この趣旨を具体化したものと解釈される。

　条例制定権は、憲法によって地方公共団体に直接授権されたものである。したがって、条例は当該地方公共団体の範囲内においては完全なる法規としての効力を有し、住民の権利の制限や義務の賦課を内容とするものであっても、法律の授権や委任を必要としない。

　また、条例は、地方公共団体の自主法としての性格をもつ。自主法は、国家法に対置される概念であり、いずれも国法体系の一部をなすものであるが、特に自主法はその根拠や妥当範囲が国家法とは区別され、独自の法体系を形成する。国法体系上、国家法である政令は自主法である条例よりも上位に位置づけられることが多いが、委任命令・執行命令としてのみ制定されうる政令とは異なり、条例にはこのような制限はない。なお、条例は自主法である以上、その効力は原則として当該地方公共団体の地域的範囲を超えることはないが、その地域内においては住民のみならず全ての者に適用される（条例の属地主義）。

2　条例制定権の範囲

　条例制定権は、いかなる事項についても及ぶわけではない。条例による規律の対象は、地域における事項であるが、その地域における事項については、国法体系上は法律もその適用対象とすることがあるため、その競合関係が問題となる。この競合関係は、もっぱら法律のみが規律対象とする（条例の規定が常に排除される）場合と、法律と条例が競合しうる場合とを分けて考えることができる。

　まず、条例制定権は、もっぱら法律のみが規律対象とする事項、すなわち国の専権事項には及び得ない。条例の内容に、仮に国の専権事項にかかわる事項があるとすれば、その条例は94条によって授権された権限を踰越したものとし

て、違法・無効となる。地方自治法は、このような事項として、①「国際社会における国家としての存立にかかわる事務」、②「全国的に統一して定めることが望ましい国民の諸活動若しくは地方自治に関する基本的な準則に関する事務」、③「全国的な規模で若しくは全国的な視点に立つて行わなければならない施策及び事業の実施」を列挙している（自治法1条の2第2項）。

　次に、もっぱら法律のみが規律対象とする事項以外の事項については、規定振りが異なる法律と条例とが併存し重なり合うことになるが、このような現象を競合という。このような場合については、条例は「法律の範囲内」で制定されることになっている以上（94条）、その効力は法律に劣後せざるを得ない。国法体系上の位置としては、あくまで条例は法律の下位におかれているのである。もっとも、条例が国の法律に抵触するかどうかの判断は、必ずしも容易ではない。この点、判例は「条例が国の法令に違反するかどうかは、両者の対象事項と規定文言を対比するのみでなく、それぞれの趣旨、目的、内容及び効果を比較し、両者の間に矛盾抵触があるかどうかによつてこれを決しなければならない」としている（徳島市公安条例事件［最大判昭和50年9月10日刑集29巻8号489頁］）。例えば、大気汚染防止の目的で、汚染物質の排出について法律よりも厳しい基準を条例で設定しようとする、いわゆる「上乗せ条例」の場合においては、文言だけを見れば法律優先になろうが、それにとどまらず、当該法律による規制が排他的な最大限規制であるか、ナショナル・ミニマムを定めるにとどまるのかを検討して、条例による上乗せを認める趣旨かを判断することになるわけである。

7　法律留保事項と条例

　条例によって刑罰を設定し、住民の財産権を規制し、あるいは租税を課す場合には、上述の一般的な説明とは別個の検討が必要となる。なぜなら、これらの事項はそれぞれ憲法の明文により法律で規律することが必要とされる事項だからである。このように、一定の権利や利益については、形式的意味における法律のみによって制限しうるものとすることを、法律の留保という。法律の留保は、本来的には政令など行政府の命令による規律を排除することに重点を置くものであるが、この法律の留保の趣旨が条例に対しても及ぶのだろうか。

1 罪刑法定主義と条例

　罪刑法定主義を厳密に貫けば、形式的意味における法律ではない条例によって刑罰を定めることは許されないことになる。

　しかし実体的には、条例によって刑罰を定めることはむしろ常態であり、地方自治法も科刑の上限を設けてはいるもののそれを認めている（自治法14条3項）。この根拠について、94条は、条例の実効性の担保の要請を含んでおり、そのためには適正な罰則の運用も必要であるから、31条と並列して刑罰の運用を定めたものであるとの見解も存在する。ただ、罪刑法定主義は自由主義・民主主義に裏打ちされて国民の代表者に刑罰の設定を委託しているという考え方から、端的に、条例が地方議会において民主的に成立するものであることに着目すれば、その自由主義的・民主主義的要請は果たされている、と考えることで足りよう。判例（大阪市売春防止条例事件［最大判昭和37年5月30日刑集16巻5号577頁］）もこの立場から「条例は、法律以下の法令といつても、……公選の議員をもつて組織する地方公共団体の議会の議決を経て制定される自治立法であつて、……むしろ国民の公選した議員をもつて組織する国会の議決を経て制定される法律に類するものであるから、条例によつて刑罰を定める場合には、法律の授権が相当な程度に具体的であり、限定されておればたりる」としている。

2 財産権の規制と条例

　憲法29条2項は財産権の内容は法律で定めるものと規定しており、したがってこれを文字通りに解釈すれば、地域ごとに経済活動や財産に対する規制を設けることは認められないことになる。

　財産の用途や経済活動には様々なものがあり、その中には地域的に存在するものもあろうし、その内容について公共の福祉を考慮する場合においては、地域の事情を考慮した方が、社会全体との調和により適するということもあろう。そのため、29条2項の「法律」は、公共の福祉の実現を図るための法規範が広く含み、その中には条例も含まれていると見るべきであろう。判例（**判例15-2 奈良県ため池条例事件**［最大判昭和38年6月26日刑集17巻5号521頁]）も「（財産権の）事柄によつては、特定または若干の地方公共団体の特殊な事情により、国において法律で一律に定めることが困難または不適当なことがあり、その地方公共団体ごとに、その条例で定めることが、容易且つ適切なことがある」と

し、29条 2 項の「法律」に条例を含めて解釈している。

3　租税法律主義と条例

84条は、課税については形式的意味における法律によるものとすることで、国民の財産を不当な課税から保護することを趣旨としている。この規定によれば、本来的には課税について条例で定めることは認められないはずである。

しかし、地方公共団体がその経費に充てるために自ら課税権を有することを認める以上、法律は条例による地方税の賦課を認めている（地税法 2 条）。租税法律主義が財政国会中心主義に由来する原則であり、その根本が、国民の財産の不当な課税からの保護と法の安定性を図ることにあるとするならば、地方議会が制定する自主法規である条例で課税を規定することも、その条件を満たす場合であれば許容される余地があると考えられる。

判例の立場は明確ではないが、例えば**判例25-1　旭川国保料訴訟**［最大判平成18年 3 月 1 日民集60巻 2 号587頁］は「賦課要件が法律又は条例にどの程度明確に定められるべきかなどのその規律の在り方については、当該公課の性質、賦課徴収の目的、その強制の度合い等を総合考慮して判断すべきである」として、特に注記することなく、条例は84条にいう法律に含まれるものとして扱っている。また、臨時企業税条例事件［最一判平成25年 3 月21日民集67巻 3 号438頁］は、地方税法の定める準則自体が憲法84条の「法律の定める条件」であると解し、または課税条例の制定は当然に地方税法の委任に基づくものとみなす立場を示している。

8　地方公共団体の住民

1　地方公共団体の住民の意義

地方公共団体の最も重要な意思決定機関は、有権者団としての住民である。憲法93条 2 項は、「地方公共団体の長、その議会の議員及び法律の定めるその他の吏員」についての直接選挙を、住民の権利として保障し、住民自治の原則を具体化している。

「地方公共団体の長」とは、都道府県にあっては知事、市町村にあっては市町村長である。大日本帝国憲法下では知事（北海道庁、樺太庁長官および東京都長

官を含む）は中央政府の任命する官吏であったが、現在はこのような中央任命制度を設けることは許されない。「その議会の議員」とは、当該住民が居住する市町村の議会とそれを包含する都道府県の議会のすべての議員である。戦前の北海道には1878年制定の府県制の適用が認められず、1901年の北海道会法の制定まで地方議会が開設されなかったが、このような取扱いは許されない。「その他の吏員」とは、長や議会の議員以外の地方公務員を意味するものであるが、法律によって公選制が設けられている場合には、住民による公選の対象となる。例えば海区漁業調整委員は、漁業法に定める範囲の住民の公選によって選出され、その選挙にあたっては公職選挙法が準用される（漁業法85条など）。かつては教育委員会委員や農業委員会委員についての公選制が採用されていたこともあった。

　なお、93条2項にいう「住民」は、選挙権を有し地方政治に参加することを前提としているため、日本国民たることを要する概念であると理解され、外国人はこれに含まれない（自治法18条）。地方自治法では一方で「市町村の区域内に住所を有する者」を住民と定義しているが（自治法10条）、この概念とは区別されることに留意する必要がある。

2　直接請求制度と住民訴訟

　地方自治法は、国政レベルでは存在しない様々な直接民主制の制度を定める。地方自治において、憲法は本来的には93条の規定のように代表民主制によることを基本としていると解されるが、特に住民自治の見地からは、身近な行政に対して住民が意見を直接に表明するための制度を設けることが望ましい。そのため、地方自治法に規定される住民の直接請求権は、直接民主制の原理に基づく住民の重要な権利である（**判例26-2　東洋町解職請求署名無効訴訟**［最大判平成21年11月18日民集63巻9号2033頁］）。

　こうして、地方公共団体の住民には、条例の制定改廃の請求（自治法74条以下）、事務の監査請求（自治法75条）、議会の解散請求ならびに議員の解職請求（自治法76条以下）、長の解職請求（自治法81条）、副知事・副市町村長および一部の行政委員会委員の解職請求（自治法86条）を行う権利が認められている。現行法上の直接請求の制度は、表に示す通りである。

　また、地方自治法は、住民監査請求と住民訴訟の制度を設けている。住民

表　直接請求と住民監査請求

制度	必要署名数	請求先	請求後の処理	備考
条例の制定または改廃	有権者総数の50分の1以上（74条1項）	長	20日以内に議会を召集して付議（74条3項）	地方税の賦課徴収ならびに分担金、使用料および手数料の徴収に関する条例は対象外（74条1項括弧書き）
事務の監査	有権者総数の50分の1以上（75条1項）	監査委員	監査を行い、その結果を請求代表者に通知し、かつ、公表する（75条3項）	
議会の解散	有権者総数の3分の1以上（76条1項）	選挙管理委員会	有権者による住民投票に付し、過半数の賛成があれば議会は解散（76条3項、78条）	大規模地方公共団体における必要署名数の特例あり（有権者数のうち40万以下についてはその3分の1、40万を超え80万以下についてはその数の6分の1、80万を超える数についてはその数の8分の1を加算して得た数）
議員の解職	選挙区有権者総数の3分の1以上（80条1項）	選挙管理委員会	選挙区の有権者（選挙区がないときは全有権者）による住民投票に付し、過半数の賛成があれば失職（83条）	大規模地方公共団体における署名数の特例あり（議会の解散請求と同じ）、就職の日から1年以内の議員または長についての解職請求はすることができない（84条）
長の解職	有権者総数の3分の1以上（76条1項）	選挙管理委員会	有権者による住民投票に付し、過半数の賛成があれば失職（83条）	
主要な公務員（副知事、副市町村長、選挙管理委員など）の解職	有権者総数の3分の1以上（86条1項）	長	議会に付議し、議員総数の3分の2以上の出席でその4分の3以上の賛成があれば失職（87条1項）	大規模地方公共団体における署名数の特例あり（議会の解散請求と同じ）、就職の日から1年以内の公務員についての解職請求はすることができない（88条1項）
住民監査請求	住民（有権者でなくても可）、署名は不要（242条1項）	監査委員	監査を行い、60日以内に結果を請求人に通知し、かつ公表するとともに、必要な場合には必要な是正措置を勧告（242条3〜5条）住民監査請求の結果に対して不服があるときは、請求人は住民訴訟を提起できる（242条の2）	対象は財務会計行為（違法または不当な公金の支出、財産の取得・管理・処分、契約の締結・履行、債務その他の義務の負担、公金の賦課徴収または財産の管理を怠る事実）に限る（242条1項）、期間制限あり（財務会計行為から1年以内、242条2項）

※表中の条文番号は全て地方自治法のものである

は、知事・市町村長や会計職員等の違法または不当な財務会計行為等による損害を防止し、またそれによる損害が現実に地方公共団体に発生したときはその賠償を求めて住民監査請求をすることができる（自治法242条）。さらに、この請求に基づく関係機関による処理について不服があるときは、請求人は違法な財務会計行為等について裁判所に出訴することが認められている（自治法242条の2）。この住民訴訟は、地方公共団体の公益の代表者として請求人が提起するものと見なされており、客観訴訟であると性格づけられている。

　なお、これらの制度は法律上の制度であり、憲法上の要請ではないとみなされている点には留意が必要である。すなわち、制度的保障の考え方の下では、地方自治法を改正してこれらの住民の権利をすべて廃止したとしても、違憲の問題は生じないと解される。

9　地方特別法の制定

　憲法95条は「一の地方公共団体のみに適用される特別法は、法律の定めるところにより、その地方公共団体の住民の投票においてその過半数の同意を得なければ、国会は、これを制定することができない」と規定する。

　地方特別法とは、特定の地方公共団体の組織・権能に関する基本的事項、またはその住民の権利義務について、一般地方公共団体とは異なった取り扱いを定める法律のことである。地方特別法は、特定の地方公共団体のみに適用される事項を定めるものであり、他の地方公共団体および国民一般との関係において法適用上の格差を生じさせるものであることから、通常の法律とは異なる制定手続が憲法上要求されているものである。

　地方特別法の制度は、憲法41条の国会単独立法原則（第21章1を参照）の例外である。また、憲法は国政・地方自治ともに間接民主制を前提としているが（43条・93条）、立法への住民の直接の参画を認める点において、地方特別法の制度はこの例外と位置づけられる。立法権との関係で団体自治を、住民投票を求めることで住民自治を、それぞれ具体化した制度といえる。

　地方特別法は戦後復興や地域振興策のために特定地域に優遇を与える目的で用いられることが多く、原子爆弾による被害のために根本的な再建が必要とされた広島市・長崎市に対する広島平和記念都市建設法ならびに長崎国際文化都

市建設法（いずれも1949年）を皮切りに、現在までに16本の地方特別法が制定されている。

　憲法の規定上は「一の地方公共団体」とされているが、ここにいう「一の」は「特定の」ないし「一部の」という意味であると解釈されており、地方特別法の適用を受ける地方公共団体は1つであることを要件としない。実際に、地方特別法である旧軍港市転換法（1950年）は横須賀、呉、佐世保および舞鶴の4市を適用対象としている。

　また、「適用される」とは地方公共団体たる性格に着目して適用されることを意味するものであり、特定の地域のみに適用されるものであっても、その地域における国の行政事務のみを規律するものは地方特別法に当たらない。例えば日米安全保障条約に基づく駐留軍用地特別措置法は、1961年以降は返還後の沖縄県にしか適用例はないが、その改正審議にあたっては、文言上は全国一律に適用しうるものであること、また日米安保条約に関する国の事務について規律するものであることから、地方特別法ではないとされた。

　なお、地方特別法を廃止する法律については、それ自体は国全体に適用される法律となるため、住民投票に付することを要しない。

判例26-1

争点

　東京都の特別区は憲法上の「地方公共団体」に当たるか―特別区長公選制廃止事件［最大判昭和38年3月27日刑集17巻2号121頁］

事案

　昭和27年の地方自治法改正においては、特別区の区長につき住民による公選制度を廃止し、それに代えて、特別区の議会が都知事の同意を得て区長を選任する方式が採用された。その制度の下で、Xは、渋谷区長を選任する権限を有していた渋谷区議会議員Aらに対して、次期の渋谷区長候補の選任に当たっては自己を区長候補として支持するよう懇請し、その見返りとして金銭を供与した。この行為について、Xが贈賄罪に、Aらが収賄罪にそれぞれ問われ起訴されたが、第1審［東京地判昭和37年2月26日下刑集4巻1・2号157頁］は、憲法93条2項は地方公共団体の長を地方公共団体の住民が直接これを選挙することを規定しているところ、特別区はこの地方公共団体に該当するから、特別区長について公選制を廃止した地方自治法の規定は違憲無効であり、従って特別区の議会が区長を選任することは正当な職務権限とは言えないとして、XおよびAらの贈

賄・収賄の罪についていずれも無罪を言い渡した。それに対して検察官が最高裁へ跳躍
上告。

判旨

　破棄差し戻し。「憲法が特に一章を設けて地方自治を保障するにいたつた所以のもの
は、新憲法の基調とする政治民主化の一環として、住民の日常生活に密接な関連をもつ
公共的事務は、その地方の住民の手でその住民の団体が主体となつて処理する政治形態
を保障せんとする趣旨に出たものである。この趣旨に徴するときは、右の地方公共団体
といい得るためには、単に法律で地方公共団体として取り扱われているということだけ
では足らず、事実上住民が経済的文化的に密接な共同生活を営み、共同体意識をもつて
いるという社会的基盤が存在し、沿革的にみても、また現実の行政の上においても、相
当程度の自主立法権、自主行政権、自主財政権等地方自治の基本的権能を附与された地
域団体であることを必要とするものというべきである。そして、かかる実体を備えた団
体である以上、その実体を無視して、憲法で保障した地方自治の権能を法律を以て奪う
ことは、許されないものと解するを相当とする」。「……地方自治法をはじめその他の法
律によつてその自治権に重大な制約が加えられているのは、……所詮、特別区が、東京
都という市の性格をも併有した独立地方公共団体の一部を形成していることに基因する
ものというべきである。……特別区の実体が右のごときものである以上、特別区は、そ
の長の公選制が法律によつて認められていたとはいえ、憲法制定当時においてもまた昭
和27年8月地方自治法改正当時においても、憲法93条2項の地方公共団体と認めること
はできない。従つて、改正地方自治法が右公選制を廃止し、これに代えて、区長は特別
区の議会の議員の選挙権を有する者で年齢25歳以上のものの中から特別区の議会が都知
事の同意を得て選任するという方法を採用したからといつて、それは立法政策の問題に
ほかならず、憲法93条2項に違反するものということはできない」。

判例26-2

争点

　直接民主制に基づく制度である直接請求への公務員の関与は許されるか—東洋
町解職請求署名訴訟［最大判平成21年11月18日民集63巻9号2033頁］

事案

　A町の非常勤の公務員であるXは、A町議会議員Bの解職請求代表者となって法定数
以上の署名を揃え、選挙管理委員会Yに対してBの解職請求を行った。これに対してY
は、公務員が議員の解職請求代表者となることを禁止する地方自治法施行令の規定を根
拠に、公務員であるXを請求代表者とする署名すべてを無効とする旨の決定をした。X
が異議を申し出たがYがこれを棄却したため、署名無効決定の取消を求めてXが出訴。
第1審［高知地判平成20年12月5日民集63巻9号2117頁］は公務員の職務遂行の中立性
を確保して手続の適正を期する観点から、請求手続への公務員の関与を禁止した地方自

治法施行令の規定は適法かつ有効であるとしてXの請求を斥けたため、Xが上告。

判旨

　破棄自判、Xの請求を認容。「地方自治法（地自法）は、議員の解職請求について、解職の請求と解職の投票という二つの段階に区分して規定しているところ、同法85条1項は、公選法中の普通地方公共団体の選挙に関する規定を地自法80条3項による解職の投票に準用する旨定めているのであるから、その準用がされるのも、請求手続とは区分された投票手続についてであると解される」。「地自法85条1項は、専ら解職の投票に関する規定であり、これに基づき政令で定めることができるのもその範囲に限られるものであって、解職の請求についてまで政令で規定することを許容するものということはできない」。地方自治法施行令の「本件各規定は、地自法85条1項に基づき公選法89条1項本文を議員の解職請求代表者の資格について準用し、公務員について解職請求代表者となることを禁止している」が、これは「地自法85条1項に基づく政令の定めとして許される範囲を超えたものであって、その資格制限が請求手続にまで及ぼされる限りで無効と解するのが相当である」。

［主要参考文献］

・大石眞『憲法講義Ⅰ［第3版］』（有斐閣、2014年）

・小山剛・駒村圭吾編『論点探究憲法［第2版］』（弘文堂、2013年）

・佐藤幸治『日本国憲法論』（成文堂、2011年）

・渋谷秀樹『憲法［第3版］』（有斐閣、2017年）

第27章

平和主義

本章のねらい

　平和主義は日本国憲法の最も重要な基本原理の一つである。だが、その具体的
内容や国際平和と国民の安全を実現する方法について、学説も判例も見解の一致
をみていない。本章では、9条学説や関係判例の論理構造を理解するとともに、
9条の下で形成されてきた日本の防衛政策の特徴と防衛立法の展開を考察する。

1　憲法原理としての平和主義

　日本国憲法前文は、「政府の行為によつて再び戦争の惨禍が起ることのない
やうに」することを制定目的に掲げ（1段）、「恒久の平和を念願し、人間相互
の関係を支配する崇高な理想を深く自覚」し、「平和を愛する諸国民の公正と
信義に信頼して」自国の安全と生存を保持しようと決意したと記す（2段）。そ
してその積極的方策として、9条に**戦争放棄条項**をおいた。

　20世紀、世界の諸国民は2度にわたる世界大戦を経験し、そのなかで多くの
人命と歴史的文化遺産が失われた。この反省から、第二次大戦後制定された諸
国の憲法は、国際協調主義を基本原理とし、平和主義をうたうものが多い。不
戦条約（1928年）による戦争違法化、国連憲章（1945年）による武力使用の一般
的制限を確実なものにするため、諸国は、憲法上、侵略的な戦争や武力使用の
禁止を確認し、国際平和維持機構を支持するため国家主権の制限に同意する規
定をおく憲法も登場した（ドイツ基本法24条2項・26条、イタリア憲法11条、大韓民国
憲法5条、フィリピン憲法2条2項など。）

　平和主義は、第二次大戦後の諸国の憲法トレンドともいえるものであるが、
諸外国の憲法の平和条項では、自国が不当な武力攻撃を受けた場合の自衛権の
行使と、それに必要な措置までも禁じるものでないことが明瞭である。これに
対して、日本国憲法9条は、国家固有の自衛権の行使までも禁じ、非武装を求

めるものであるかのような解釈の余地を残すものである。

　憲法 9 条は、国際法をも超越する非戦・非武装の理想を追求するものなのか。あるいは諸外国の平和条項と同様に、国際法上の武力不行使原則の国内法的効力を確保するための現実的法規範と理解すべきであろうか。

2　9条学説の争点

1　学説の諸相

　これまで主張されてきた 9 条学説を理解するには、以下に述べるように複雑な文理解釈を検討する必要があるが、最も重要な論点は、日本に対する外部からの武力攻撃がある場合に、自衛権の発動として、武力をもってこの侵害を排除できるのか、そのための実力組織を保有できるのかという点である。この点に照準を合わせて 9 条学説を整理するならば、以下の 5 説に大別することができる。

　(1) 9 条で禁じられるのは侵略戦争のみであり、自衛のための戦争および自衛のための戦力の保持は禁じられてはいないとする説。

　(2)自衛であるか侵略であるかを問わず、いかなる戦争も禁じられ、またいかなる目的であれ、戦力の保持は認められないとする説。

　(3)戦争はすべて禁じられるが、自衛権の発動としての武力行使（自衛措置）はこれとは別に認められ、そのための必要最小限度の実力の保有は認められるとする説。

　(4) 9 条の意義を一種の政治的マニフェストあるいは主権者国民の政治的意思決定の基礎となる政治規範と理解し、その裁判規範性を否定し、自衛権行使や自衛戦力の保持を政府に対して禁じる法的効力はないとする説。

　(5)**憲法変遷論**（当初違憲とされた事実が慣習として持続し、社会に受容された場合、憲法規範の社会学的意義変遷に憲法改正と同等の法的評価を与える説）に立ち、 9 条制定時の規範目的は(2)説であったが、その後の国際情勢や日本の国際的地位、国民意識の変化をふまえ、 9 条の意味に変遷が認められ、自衛権行使も自衛力の保持も一定の条件の下に容認されうるとする説。

　これらの学説のうち、とくに(1)〜(3)説の論拠は、戦争等の禁止対象の範囲、戦力不保持の目的、交戦権の定義といった論点について、錯綜した文脈のなか

で、ある点では一致し、またある点では対立する複雑な関係にある。

2　禁止事項の定義

　9条は、「国権の発動たる戦争」、「武力の行使」および「武力による威嚇」
を禁じている。

　「国権の発動たる戦争」とは、国際法上、国家の主権の発動として認められ
てきた戦争をさす。国際法上の「戦争」とは、形式的には開戦宣言もしくは最
後通牒の手続により明示的に戦意を表明するか（1907年「開戦ニ関スル条約」）、武
力行使に伴い外交関係を断絶することにより黙示的に戦意が表明されることを
要件とする。

　「武力の行使」は、上述のような戦意表明を伴わない事実上の武力紛争の生
起をさす。1928年の**不戦条約**以降、宣戦布告等による戦意の表明が侵略行為を
推定する根拠とされる可能性が生じたため、開戦宣言なく武力攻撃が開始され
ることが多くなった。1937年7月の盧溝橋事件に端を発する日中戦争（支那事
変）、戦後ではベトナム戦争などがその例に挙げられる。このような武力紛争
は、形式的には「戦争」の開戦要件を満たさないが、「事実上の戦争」として
戦時国際法の適用を受ける。

　「武力による威嚇」とは、武力を背景にして自国の国益を他国に強要するこ
とを意味する。日清戦争後ドイツ、フランス、ロシアが日本に対し行った三国
干渉（1895年）、第一次大戦中日本が中華民国に対し行った対華21箇条要求
（1915年）などがこれに該当する。

3　1項の「国際紛争を解決する手段としては」の意味

　「国権の発動たる戦争」および「武力の行使」「武力による威嚇」（以下、後二
者を「武力使用」と一括する）の禁止には、「国際紛争を解決する手段としては」
という留保がついている。この文言は、不戦条約1条（「締約国ハ国際紛争解決ノ
為戦争ニ訴フルコトヲ非トシ且ソノ相互ノ関係ニ於テ国家ノ政策ノ手段トシテノ戦争ヲ抛棄
スルコトヲ其ノ各自ノ人民ノ名ニ於テ厳粛ニ宣言ス」）の主旨を継承するものであると
考えられている。発案者であったアメリカ合衆国国務長官 F. ケロッグは、こ
の条約が締約国の自衛権を少しも制限し、また害することはなく、攻撃に対し
て自国の領土を防衛することは自由である旨締約国に通知していた。このこと

から「国際紛争解決ノ為」の戦争あるいは「国家ノ政策ノ手段トシテ」の戦争
とは、侵略的戦争のみを意味し、自衛権による防衛行動を禁じるものではない
と理解されてきた。

4　戦争・武力使用の禁止範囲

① **侵略戦争限定禁止説**　　9条1項の「国際紛争を解決する手段としては」
の留保を不戦条約にならって解釈することが正しいとすれば、9条1項が禁じ
る戦争・武力使用は侵略的なものに限定され、それ以外の措置、たとえば、国
連憲章第7章で認められる自衛権の行使（「自衛戦争」という表現が用いられること
もある）は、禁止の対象にはならないと解することができる。あるいは国連に
よる集団制裁措置への参加も禁止されないと解する余地もある。

② **全戦争禁止説**　　しかし、およそすべての戦争は「国際紛争を解決する」
ために行われるものであり、この字句を戦争放棄の対象を限定する意味にとる
ことは正しくないとする考え方もある。歴史上、多くの戦争は自衛を大義名分
として行われたのであり、戦争目的が侵略にあるか自衛にあるかを区別するの
は困難である。自衛や集団制裁のための軍事措置が許されるのであれば、憲法
に軍隊の設置やその統帥の規定があってしかるべきであるが、日本国憲法には
そのような規定はない。不戦条約は、形式的には「戦争」とはみなされない
（戦意表明を伴わない）自衛を名目とする武力行使を一般的に容認したがために第
二次大戦の発生を阻止できなかったのであるから、自衛権濫用の歴史の反省を
9条解釈に反映させ、いかなる目的の戦争もすべて禁止されるべきである、と
この説は主張する。

③ **戦争違憲・自衛措置合憲説**　　このほか、「国際紛争を解決する手段とし
ては」の留保が、「武力による威嚇又は武力の行使」にのみかかり、「国権の発
動たる戦争」にはかからず、国際法上の戦意表明を伴う「戦争」については無
条件に禁止されるが、「武力による威嚇又は武力の行使」については不戦条約
にならい侵略的意図によるものに限り禁じられ、外国による不法な侵害を排除
するための自衛措置として武力を行使することは禁止されていないとする説が
ある。とくにこの見解は、敵国の降伏に至るまで戦闘継続が許される自衛のた
めの「戦争」と、敵軍の侵攻を排除することに軍事行動が限定される、自衛権
の発動としての武力行使（自衛措置）を区別し、後者を合憲とする。

5 9条制定過程での「戦争」の意味

　いずれの説が妥当であるかを考えるにあたり注意すべきは、9条の原型である「マッカーサー・ノート」以降、9条制定過程で用いられた「戦争」の語句が、国際法の定義に即した意味ではなく、歴史上自衛を名目に繰り返された「事実上の戦争」全般を意味しているという点である。憲法制定時、吉田茂首相は9条に関連して、「近年の戦争の多くは国家防衛権の名に於いて行われたることは顕著なる事実である」と指摘し、「正当防衛権を認むることが偶々戦争を誘発する所以である」と述べ、「国家正当防衛権」の有害性を主張している（1946年6月28日衆議院本会議）。自衛権を否定したともとられかねないこの発言は、その後吉田自身により訂正されたが、彼の真意は、今日ほど「国家正当防衛権（自衛権）」行使に厳格な要件が課されなかった過去の非を訴え、自衛を大義名分とした侵略的戦争（いわば「侵略的自衛戦争」）を強く否定するところにあったと考えられる。

　9条は「戦争」のみならず侵略的な武力使用の全てを禁じることから「侵略的自衛戦争」が許されないのは明白である。しかし、前記③戦争違憲・自衛措置合憲説が指摘するように、外部から武力攻撃をうけた国がこれを排除するためとる自衛措置は、これとは異質なものである。

　国連憲章は、「戦争」はもとより、他国の領土保全や政治的独立を侵害し、国連憲章の目的に反する「武力による威嚇又は武力の行使」一切を加盟国に対し禁じている（2条4項）。他方、国連憲章51条は自衛権を国家固有の権利として認め、平和破壊国に対する有効な措置が国連によりとられるまでの間、攻撃をうけた国が自衛措置をとることを、武力不行使原則の例外として認める。9条1項は、国連憲章の主旨をうけ、目的のいかんを問わず「戦争」を放棄し、かつ侵略的な「武力による威嚇又は武力の行使」をあわせて禁じたものである。つまり、国際法上の武力不行使原則を国内法上確認した規定であると考えられる。そうであるならば、9条1項をもって国連憲章上許容された自衛措置をも否定するものと解するのは不当である。学説も日本国が自衛権を有することを否定するものはごく少数であり、米軍駐留を違憲とする**判例23-2　砂川事件**1審判決［東京地判昭和34年3月30日下刑集1巻3号776頁］や自衛隊を違憲とした**判例27-1　長沼事件**1審判決［札幌地判昭和48年9月7日判時712号24頁］ですら日本国が自衛権を有することを否定してはいない。

6　2項の「前項の目的を達するため」の意味

　次に解釈上問題となるのは、2項の戦力不保持が1項とどのように関係づけられるかである。2項冒頭の「前項の目的を達するため」が何を意味するのかが重要な論点となる。

　1項に関して、禁止される戦争・武力使用を侵略的なものに限定し、少なくとも自衛権行使については禁じてはいないとする前記①侵略戦争限定禁止説をとる論者の間でも、この点について見解(i)(ii)が対立している。

(i)　不保持目的明示説　　この説は、9条制定時の芦田修正（**第2章3を参照**）により1項に挿入された「日本国民は正義と秩序を基調とする国際平和を誠実に希求し」の句に表明された精神を重視し、日本の自衛権行使の可能性は否定しないが、その実施手段として「陸海空軍その他の戦力」を保持することは認められないとする。つまり、「前項の目的」とは、平和を求める国民意思の宣明をうけ、戦力不保持の目的を明示するものであり、一切の戦力の保持は禁じられると解するのである。この場合、自衛権の行使は、戦力以外の手段によることになる。

(ii)　不保持目的限定説　　これに対して、「前項の目的」を侵略的な戦争・武力使用を禁じる1項の目的全体ととらえ、保持できない戦力の特性を限定するものと理解することにより、侵略目的の戦力は保持できないが、少なくとも自衛目的の戦力は保持可能であると解する説もある。

(iii)　全戦力放棄説　　1項の解釈で②説をとる場合、「前項の目的」は戦争・武力使用を全面的に禁じることをさし、当然にすべての戦力の保持は禁じられることになる。この点で①－(i)説と②－(iii)説は結論において同じである。

(iv)　「自衛力」合憲説　　日本政府は、当初、9条1項は自衛権を否定するものではないが、「戦力」はいかなる目的であれ保持できないとしていた（前記①－(i)説）。しかし、1954年に自衛隊が創設されると、「戦力」とは自衛のための最小限度を超える実力を意味するもので、自衛のための必要最小限度の実力は「戦力」ではなく「自衛力」として保持できるとして、自衛隊の合憲性を主張した（後述）。

7　「自衛のための必要最小限度」の意味

　このように、①－(i)説、②－(iii)説をとれば一切の戦力の保持が禁じられる

が、①-(ii)、(iv)説に依拠するならば「自衛戦力」あるいは「自衛力」として日本の防衛のため必要最小限度の実力組織を設けることが許容されることになる。1項で③説をとる場合も、自衛措置に必要な最小限度の実力の保持は認められなければならない。

　ここで問題となるのは、かりに自衛（戦）力の保有が合憲であるとして、その実力の上限が具体的にどの程度に設定されるべきかである。この基準があいまいであれば、9条2項に軍備拡張を制約する効果は期待できず、自衛目的の実力組織が他国への侵略的攻撃に転用されるおそれも生じる。この点について、日本政府は、大陸間弾道ミサイルや長距離戦略爆撃機など、もっぱら他国の殲滅的破壊のために用いられる攻撃的兵器は保有できないと明言する一方で、自衛のための必要最小限度の実力が具体的にいかなる特性・規模のものであるかは、その時々の国際情勢や軍事技術の水準などに照らして総合的に判断すべきであるとしている（昭和53年2月14日衆議院予算委・提出資料）。

8　交戦権の否認

　2項後段で規定される「交戦権」について、学説の多くはこれまで、国際法上交戦国に認められる諸権利（中立国船舶の臨検、敵性船舶の拿捕、敵国兵力の殺傷・破壊、占領地行政権など）と理解してきた。

　すべての戦争を認めず、あるいは、自衛権は認めてもその行使手段として戦力保持の可能性を否定する説（①-(i)説、②-(iii)説）に立つ論者は、ここであらためて交戦国の諸権利を否認することにより、戦争放棄が完全なものになると主張する。自衛戦争を合憲とし、自衛戦力の保持を認める説（①-(ii)説）に立つ論者は、自衛戦争に際して日本国に交戦国の諸権利が認められるとする一方、2項冒頭の「前項の目的を達するため」の制限的句が後段の交戦権否認にもかかるものと解し、1項で侵略的行動を禁じたにもかかわらずこれを破り侵略的武力行使を行っても、日本国は交戦国の諸権利を主張できず、相手国に対しても戦争法規の順守を要求できないものと解釈する。

　日本政府の見解（①-(iv)説）はこれらの学説とは異なる。政府見解は、「前項の目的を達するため」の句は後段にはかからず、交戦権否認は無条件であるとしつつも、自衛措置に伴い認められる国際法上の諸権利を一般に交戦国に認められる諸権利より狭いものと観念し、これを9条2項にいう交戦権とは別個の

ものであると説く（昭和55年10月28日衆議院・政府答弁書）。

図　日本国憲法の「平和主義」

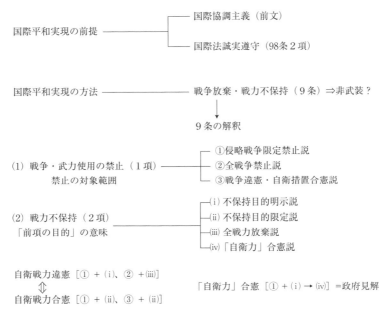

国際平和実現の前提 ─────── ─ 国際協調主義（前文）

　　　　　　　　　　　　　　　─ 国際法誠実遵守（98条2項）

国際平和実現の方法 ─────── 戦争放棄・戦力不保持（9条）⇒非武装？

　　　　　　　　　　　　　　　　　　9条の解釈

(1) 戦争・武力使用の禁止（1項）─── ─ ①侵略戦争限定禁止説

　　禁止の対象範囲 ─ ②全戦争禁止説

　　　　　　　　　　　　　　　　 ─ ③戦争違憲・自衛措置合憲説

(2) 戦力不保持（2項）───── ─(i) 不保持目的明示説

　「前項の目的」の意味 ─(ii) 不保持目的限定説

　　　　　　　　　　　　　　 ─(iii) 全戦力放棄説

　　　　　　　　　　　　　　 ─(iv)「自衛力」合憲説

自衛戦力違憲 ［① + (i)、② +(iii)］

　　⇕

自衛戦力合憲 ［① + (ii)、③ + (ii)］　　　「自衛力」合憲 ［① + (i) → (iv)］ ＝政府見解

3　政府解釈（「戦力」の定義）の変遷

1　警察予備隊

　9条制定当初、日本政府は「9条1項は自衛権を放棄しないが、2項で一切の戦力の保持と交戦権を否認する結果、自衛のための戦争も認められない。」とする見解をとっていた。しかし、1950（昭和25）年6月、**朝鮮戦争**の勃発を契機に日本の実質的再軍備が始まると、この見解との整合性を問われることになる。

　朝鮮戦争には在日米軍の大部分が投入されたため、マッカーサーは、占領軍の不足を補充し、日本国内の治安を維持するため、警察予備隊令（昭和25年8月10日）により7万5千人の警察予備隊を設置し、あわせて海上保安庁の増員を命じた。警察予備隊は文字通り国内治安維持を任務とする部隊であるため、

「戦力」には該当しないと説明されたが、左派社会党はその違憲確認を求めて最高裁判所に憲法訴訟を提起した。しかし、具体的な争訟が提起されていないとして却下された（**判例24-1**　**警察予備隊違憲訴訟**［最大判昭和27年10月8日民集6巻9号783頁］）。

2　保安隊・警備隊

1951（昭和26）年9月8日、サンフランシスコ平和条約とともに「日本国とアメリカ合衆国との間の安全保障条約（**日米安保条約**)」が調印され、翌年4月28日に発効した。これに伴い、日本政府は、警察予備隊と海上保安庁の海上警備隊を統合し、保安庁の下に保安隊（陸上部隊11万人）と警備隊（海上部隊7千590人）を設置した。保安隊・警備隊の規模と装備からみて、「戦力」に該当するとの声があがったため、吉田茂内閣は、「憲法9条2項は侵略目的か自衛目的かを問わず戦力の保持を禁じている」とする従来の見解を維持しつつ、次のように「戦力」を定義することで、その合憲性を説明した（昭和27年11月17日参議院予算委・政府答弁）。

①9条2項が保持を禁じている「戦力」とは、近代戦争の遂行に役立つ程度の装備編成を備えるものをいう。「戦力」に至らない程度の実力を保持し、これを直接侵略防衛の用に供することは違憲ではない。

②保安隊・警備隊は「わが国の平和と秩序を維持し、人命及び財産を保護するため、特別の必要がある場合において行動する部隊」（保安庁法4条）であり、その本質は警察上の組織であって、戦争を目的に組織されたものではない。また、その装備編成は近代戦を有効に遂行しうる程度のものではないから「戦力」には該当しない。

3　自衛隊

1954（昭和29）年3月8日「日本国とアメリカ合衆国との間の相互防衛援助協定」が調印され、5月1日に発効すると、日本は「自国の防衛力及び自由世界の防衛力の発展及び維持に寄与」する義務を負うことになった。これにこたえるため、同年6月9日、防衛2法（防衛庁設置法・自衛隊法）が制定され、7月1日に防衛庁・自衛隊が発足した。自衛隊法3条1項は、「我が国の平和と独立を守り、国の安全を保つため、直接侵略及び間接侵略に対し我が国を防衛す

ること」を自衛隊の主たる任務と規定したため、保安庁時代の政府見解によっては自衛隊の合憲性を説明できなくなった。

そこで、鳩山一郎内閣は、次のような「戦力」の再定義を行った（昭和29年12月22日衆議院予算委・政府答弁）。

①憲法は、日本が自衛権を有することを否定していない。憲法は戦争を放棄したが、自衛のための抗争を放棄するものではない。自国に対して武力攻撃が加えられた場合に、国土を防衛する手段として武力を行使することは、憲法には違反しない。

②自衛隊のような自衛の任務を有し、その目的のため必要相当な範囲の実力部隊を設けることは憲法に違反しない。つまり、憲法が保持を禁じる「戦力」とは自衛のための必要最小限度を超える実力をいうのであって、自衛隊はこの限度を超えない「自衛力」であるから、憲法に違反しない。

なお、自衛隊の憲法適否について、**判例24-2　恵庭事件**［札幌地判昭和42年３月29日下刑集９巻３号359頁］、**判例27-1　長沼事件**［札幌地判昭和48年９月７日判時712号24頁、札幌高判昭和51年８月５日行集27巻８号1175頁（判時821号21頁）、最一判昭和57年９月９日民集36巻９号1679頁（判時1054号16頁）］、**判例27-2　百里基地訴訟**［水戸地判昭和52年２月17日判時842号22頁、東京高判昭和56年７月７日判時1004号３頁、最三判平成元年６月20日民集43巻６号385頁（判時1318号３頁）］において争われてきた。下級審においては踏み込んだ司法判断を下した例はあるものの（長沼事件１審、百里基地訴訟１審）、最高裁判所は判断を回避している。

4　日本の防衛政策の基本原則

1　専守防衛

戦後日本の防衛政策は、これまで説明してきた９条の制約の下で形成されてきた。その特徴は、専守防衛という言葉に要約される。

専守防衛とは、他国から武力攻撃を受けた後にはじめて防衛力を行使し、侵攻してくる相手をその都度撃退するという受動的防衛戦略のあり方を意味する。したがって、自衛隊が防衛行動をとる地理的範囲は主に日本の領域内である。ただし、日本を防衛するために必要最小限度の実力を行使することができ

る場所は必ずしも日本の領域内に限定されるものではなく、公海および公空に及ぶ。また、外国領域内から発射される誘導弾等により日本が武力攻撃にさらされる場合には、これを防御するため他に手段がないと認められる限りにおいて、敵基地を攻撃することは、法理的には自衛の範囲に含まれ、許される（昭和31年2月29日衆議院内閣委・政府答弁）。

2　集団的自衛権

専守防衛を基本とする日本の防衛政策においては、自衛権の行使態様も狭く制限され、個別的自衛権のみが行使を許容されるものとしてきた。他方、「自国と密接な関係にある外国に対する武力攻撃を、自国が直接攻撃されていないにもかかわらず、実力をもって阻止する国際法上の権利」と定義される集団的自衛権について、日本政府は長い間、その行使は自衛のための必要最小限度を超えるものであり憲法の下では認められないとしてきた（昭和47年10月14日参議院決算委・提出資料）。

しかし、近年の安全保障環境の変化を背景に2016（平成28）年3月施行された**平和安全法制整備法**（平成27年9月30日法律第76号）により、自衛権行使の要件が見直され、「我が国と密接な関係にある他国に対する武力攻撃が発生し、これにより我が国の存立が脅かされ、国民の生命、自由及び幸福追求の権利が根底から覆される明白な危険がある」場合にも自衛権行使が許容されるものとされた（**存立危機事態**）。これは、従来違憲とされた集団的自衛権の行使を一部容認するものであるが、我が国の存立と国民の自由・権利が脅かされる場合に限定されていることから、専守防衛の基本原則は堅持されているといえる。

5　防衛・安全保障法制の拡充

1　国際平和協力のための立法

日米安保体制は、東西冷戦の構図のなかで生まれ、主に旧ソ連の軍事的脅威に対抗する目的で形成された。日本は、そのなかで専守防衛に徹することにより、周辺諸国に脅威を与えることを避ける一方で、米国のアジア・太平洋戦略の一翼を担うため、米軍に軍事拠点を提供することにより自由主義陣営の防衛に貢献した（日米安保条約5条、6条。日米安保条約の憲法適否については、**判例23-2**

砂川事件［最大判昭和34年12月16日刑集13巻13号3225頁］を参照）。しかし、1990年代、冷戦の終結により、軍事的脅威が低減する一方で、東西対立の狭間でそれまで抑制されていた民族的・宗教的地域紛争が再燃すると、国連中心の平和の維持が期待されるようになった。

　1991（平成3）年1月に勃発した**湾岸戦争**を契機として、世界平和維持のために国連の活動への貢献が重視されるようになると、日本は「国際連合平和維持活動等に対する協力に関する法律（国際平和協力法）」（平成4年6月19日法律第79号）を制定した。この法律では、**PKO参加5原則**に従い、派遣された自衛隊部隊が海外で武力行使に及ぶことがないよう、慎重な配慮がなされた。2016（平成28）年3月には平和安全法制整備法により、いわゆる安全確保業務と駆け付け警護業務が新たな任務として加えられ、この業務を実施するための武器使用権限も認められ活動範囲は拡大した。

　2001（平成13）年9月11日、テロリストが民間旅客機をハイジャックし高層ビルを標的に自爆攻撃を実行した米国同時多発テロが発生すると、国連安保理はこれを「国際の平和及び安全に対する脅威」と認定した（決議1368号）。米国とその同盟国がアフガニスタンでテロ掃討作戦を開始するなか、日本政府も、憲法の許す範囲内でこれを支援するため、「テロ対策特別措置法」（平成13年11月2日法律第113号）を制定し、インド洋において燃料等の補給支援活動を実施した。また、2003年には、米英軍等によるイラク攻撃と戦後の国家再建を支援するため、「イラク人道復興支援特別措置法」（平成15年8月1日法律第137号）を制定し、給水、医療、インフラ整備等のため、自衛隊を派遣した。

　国際協力活動への貢献には迅速な対応が重要であるが、このような特別措置法による対応では迅速性を欠く。このため、平和安全法制整備法とともに**国際平和支援法**（平成27年9月30日法律第77号）が制定され、国際社会の平和と安全を脅かす事態が発生し、その脅威を除去するために国際社会が国連憲章の目的に従い共同して対処する活動を行い、日本がこれに寄与する必要がある場合（**国際平和共同対処事態**）の支援を円滑に実施できるようになった。

2　地域の安全確保のための立法

　米ソ冷戦の終結により、日米同盟自体の意義も再検討された。1996（平成8）年4月の「日米安保共同宣言」は、日米安保体制を、アジア・太平洋地域にお

ける平和と安定を維持するための地域紛争対処の枠組として再定義し、日本の
防衛を柱としつつも、より広く、極東における平和と安全の維持を重視する日
米防衛協力体制を築く方向に向かうことになった。これをうけ、1997（平成9）
年9月に改定された「日米防衛協力のための指針（ガイドライン）」は、「平素か
らの協力」「日本に対する武力攻撃に際しての対処行動等」とともに、「日本周
辺地域における事態で日本の平和と安全に重大な影響を与える場合（周辺事態）
の協力」を日米協力の柱に加えた。1999年5月には、「周辺事態に際して我が
国の平和及び安全を確保するための措置に関する法律（周辺事態安全確保法）」
（平成11年5月28日法律第60号）が制定され、日本周辺で発生した地域紛争に米軍
が出動する場合の後方地域支援（米軍への物品・役務の提供、便宜供与等）や戦闘遭
難者の捜索救助活動を自衛隊が分担することになった。

　「日米防衛協力のための指針」は2015（平成27）年4月に改定され、日米同盟
が、平時から有事まで、日本の平和と安全を切れ目なく確保し、アジア太平洋
地域とこれを越えた地域の安定に寄与するグローバルな同盟であることを強調
し、関係を強化することがうたわれた。平和安全法制整備法の制定は、この要
請にこたえるものであった。同法により、周辺事態安全確保法は**重要影響事態
安全確保法**に改称され、活動地域の地理的制約を外し、支援対象も日米安保条
約の目的達成に寄与する活動を行う米軍だけでなく、そのほかの国連憲章の目
的達成に寄与する活動を行う外国軍隊やこれに類する組織にも拡大された。同
法による活動は、「現に戦闘行為が行われている現場」では実施されず、実施
場所やその近傍で戦闘行為が行われるに至った場合や、それが予測される場合
には一時休止され、活動が困難となれば中断されることになっており、他国に
よる武力行使との一体化のないものとして、憲法上の許容範囲内であると説明
されている。

3　日本国と国民の安全確保のための立法

　専守防衛を基本とする日本では、外部から武力攻撃がある場合に備え、自国
の防衛と国民の保護を有効に実施する措置を定めることは、本来は立法の最優
先課題のはずである。にもかかわらず、日本国憲法が軍隊の設置を明示的に定
めず、戦時対処に関する規定がないために、この分野の立法の取り組みが遅れ
た。

　1998（平成10）年8月の北朝鮮によるミサイル（テポドン）発射や翌年3月の不審船の領海侵入事件、2001年9月の米国同時多発テロ事件の発生による脅威認識の高まりをうけ、2003年6月に「武力攻撃事態等における我が国の平和と独立並びに国及び国民の安全の確保に関する法律（武力攻撃事態法）」（平成15年6月13日法律第79号）、翌年6月には「武力攻撃事態等における国民の保護のための措置に関する法律（国民保護法）」（平成16年6月18日法律第112号）などの**事態対処法制**が整備された。

　事態対処法制は、武力攻撃の危険の程度と性格に応じて、**武力攻撃事態**（日本に対する武力攻撃がすでに発生し、または、その明白な危険が切迫している事態）、**武力攻撃予測事態**（事態が切迫し、武力攻撃が予測される事態）、**緊急対処事態**（大規模テロなど武力攻撃に準ずる手段での殺傷行為が発生し、または、その危険が切迫している事態）のいずれかを認定し、所要の措置をとるよう構成されている。平和安全法制整備法により、**存立危機事態**（上述）が加わり、日本の防衛は他国との協力関係により深く組み込まれることになった。また、**在外邦人等の警護・救出**（自衛隊法84条の3）などの海外での国民保護措置もいっそう強化された。

表　平和安全法制（事態と活動）

	事態と自衛隊の活動	主な根拠法
日本の防衛	●武力攻撃事態（日本に対する武力攻撃が発生、またはそれが切迫する事態）⇒防衛出動 ●武力攻撃予測事態（事態が緊迫し武力攻撃が予測される事態）⇒防衛出動待機 ●存立危機事態（日本と密接な関係にある他国に対する武力攻撃が発生し、それにより日本の存立が脅かされ、国民の生命・自由等が根底から覆される危険がある事態）⇒防衛出動 ●緊急対処事態（大規模テロなど武力攻撃に準ずる手段での殺傷行為が発生し、または、その危険が切迫し、国の緊急の対処が必要な事態）⇒警護出動、治安出動、国民保護等派遣	武力攻撃・存立危機事態法 ※自衛権行使3要件：①我が国に対する武力攻撃が発生したこと、または我が国と密接に関係がある他国に対する武力攻撃が発生し、これにより我が国の存立が脅かされ、国民の生命、自由及び幸福追求の権利が根底から覆される明白な危険があること。②これを排除し、我が国の存立を全うし、国民を守るために他に適当な手段がないこと。③必要最小限度の実力行使にとどまるべきこと。
	●重要影響事態（そのまま放置すれば日本に対する直接の武力攻撃に至るおそれのある事態等日本の平和と安全に重要な影響を与える事態）⇒米軍等への非戦闘地域での後方支援、捜索救助、船舶検査	重要影響事態法＋船舶検査活動法
国際平和協力	●国際平和共同対処事態（国際社会の平和と安全を脅かす事態であって、その脅威を除去するため国際社会が国連憲章の目的に従い共同して対処する活動を行い、かつ、日本が国際社会の一員として寄与する必要があるもの）⇒協力支援・捜索救助・船舶検査	国際平和支援法＋船舶検査活動法
	●国連平和維持活動・国際連携平和安全活動（国連および国連以外の国際組織が主導する平和維持活動への協力）⇒人道復興支援、停戦監視、安全確保業務、統治組織の設立・再建援助等	国際平和協力法（PKO協力法） ※PKO参加5原則：①紛争当事者間で停戦の合意が成立していること。②紛争当事者が自衛隊の参加する平和維持活動に同意していること。③平和維持隊が中立的な立場を厳守すること。④上記の原則のいずれかが満たされない場合には撤収すること。⑤武器の使用は要員の生命等の防護のために必要な最小限度のものに限られること。ただし、受入れ同意が安定的に維持されていることが確認されている場合、いわゆる安全確保業務および駆け付け警護の実施に当たり任務遂行のための武器使用が可能。

判例27-1

争点

　憲法前文2段の「平和的生存権」は裁判で救済を求めうる具体的権利か。自衛隊は9条2項にいう「戦力」に該当するか——長沼事件（1審）[札幌地判昭和48年9月7日判時712号24頁]。

事案

　(旧)防衛庁は、第3次防衛力整備計画に基づき、航空自衛隊の施設とこれに付設する連絡道を建設するため、北海道長沼町にある国有林の一部につき、保安林指定の解除を農林大臣に申請した。1969（昭和44）年7月7日、農林大臣は、森林法26条2項に照らし、「公益上の理由」により必要が生じたものと認め、保安林指定解除処分を行った。これに対して地元住民は、憲法9条により違憲であるべき自衛隊の施設建設は「公益上の理由」には該当せず、農林大臣の処分は違法であるとして、処分の取り消しを求める行政訴訟を提起した。その際、原告住民側は、憲法前文2段の**平和的生存権**を訴えの利益の一つとした。

判旨

　請求容認。第1審札幌地方裁判所は、以下のように判示した。森林法が定める「保安林制度の目的も……地域住民の『平和のうちに生存する権利』……を保護しようとしているものと解するのが正当」であり、「森林法上の［保安林指定解除］処分によりその地域住民の……平和的生存権が侵害され、また侵害される危険がある限り、その地域住民にはその処分の瑕疵を争う法律上の利益がある」。「基地は一朝有事の際にはまず相手国の攻撃の第一目標になるものと認められるから、原告らの平和的生存権は侵害される危険」があり、「このような侵害はいったん事が起きてからではその救済が無意味に帰するか、あるいは著しく困難になる」から、原告らには保安林指定解除処分の瑕疵を争い、その取消を求める法律上の利益が認められる。そして、自衛隊が「戦力」であるか否かについては、憲法9条2項で「いっさいの『戦力』の保持をしないとされる以上、軍隊その他の戦力による自衛戦争、制裁戦争も、事実上行うことが不可能になった」と判断し、「『戦力』という概念は、それが自衛または制裁戦争を目的とするものであるか、あるいは、その他の不正または侵略戦争を目的とするものであるかにかかわらず……その客観的性質によってきめなければならないものである」として、自衛隊が9条2項により保有を禁じられる「戦力」であり、自衛隊施設の建設は「公益上の理由」には該当しないとして原告勝訴の判決を下した。

　これに対して、札幌高等裁判所は、「平和的生存権」について、「なんら現実的、個別的内容をもつものとして具体化されているものではない」として裁判規範性を否定する一方で、農業用水、飲用水の確保および水害防止の観点から原告の訴訟適格を認めたが、これについては堰堤などの代替施設の建設により、生命・身体の安全を侵害される不利益は除去されたとして1審判決を破棄した。自衛隊違憲の主張に関しては、砂川事件最高裁判決で採用された裁量論的**統治行為論**を自衛隊訴訟にはじめて適用し、「一見極

めて明白に違憲、違法と認められるものでない限り、司法審査の対象ではない」と判示
した［札幌高判昭和51年8月5日行集27巻8号1175頁（判時821号21頁）］。最高裁も高裁
判決を支持し、上告を棄却した［最一判昭和57年9月9日民集36巻9号1679頁（判時
1054号16頁）］。

- -
判例27-2
- -

争点

　国による自衛隊のための土地取得行為は、憲法98条の「国務に関するその他の
行為」として、違憲審査の対象となりうるか──百里基地訴訟［最三判平成元年
6月20日民集43巻6号385頁］

事案

　1956（昭和31）年5月、（旧）防衛庁は、茨城県小川町百里原に航空自衛隊基地の建設
を決定し、建設予定地の買収を開始した。建設反対派である町長は、反対運動の一環と
して建設予定地内にあるXの所有する土地を取得するため、使用人であるYの名義で売
買契約を結び、内金をXに支払った。しかし、残金が期日経過後も支払われず、受け取
った小切手も不渡りとなったため、Xは債務不履行を理由にYとの契約を解除し、国に
土地を売り渡すとともに、Yに対し抹消登記を求め提訴、国もYを被告として土地所有
権の確認を求めて提訴した。Yは、自衛隊基地のためにする土地取得は、憲法98条にい
う「国務に関するその他の行為」として違憲審査の対象となり、憲法9条に違反するの
みならず、平和的生存権を侵害し、その反社会性から民法90条の公序良俗にも反するも
ので無効であると主張した。

　第1審水戸地方裁判所は、「わが国が、外部からの武力攻撃を受けた場合に、自衛のた
め必要な限度においてこれを阻止し排除するため自衛権を行使することおよびこの自衛
権行使のため有効適切な防衛措置を予め組織、整備することは、憲法前文、第9条に違
反するものではない」と判示したものの、自衛隊の合憲性については、統治行為論によ
り判断を回避し、Xと防衛庁の売買契約は有効とした［水戸地判昭和52年2月17日判時
842号22頁］。東京高等裁判所は、1審の事実認定を支持し控訴を棄却したため［東京高
判昭和56年7月7日判時1004号3頁］、Yは上告した。

判旨

　上告棄却。憲法98条1項にいう「『国務に関するその他の行為』とは、同条項に列挙さ
れた法律、命令、詔勅と同一の性質を有する国の行為、言い換えれば、公権力を行使し
て法規範を定立する国の行為を意味し、……私人と対等の立場で行う国の行為は、右の
ような法規範の定立を伴わないから、『国務に関するその他の行為』には該当しない」。
また、「国が行政の主体としてでなく私人と対等の立場に立って私人との間で個々的に締
結する私法上の契約は、当該契約がその成立の経緯及び内容において実質的にみて公権
力の発動たる行為となんら変わりがないといえるような特段の事情のない限り、憲法9

条の適用を受けない」。「上告人らが平和主義ないし平和的生存権として主張する平和とは、理念ないし目的としての抽象的概念であつて、それ自体が独立して、具体的訴訟において私法上の行為の効力の判断基準になるもの」とはいえない。民法90条の公序良俗違反の主張については、以下のようにこれを却けた。「憲法9条の宣明する国際平和主義、戦争の放棄、戦力の不保持などの国家の統治活動に対する規範は、私法的な価値秩序とは本来関係のない優れて公法的な性格を有する規範であるから、私法的な価値秩序において、右規範がそのままの内容で民法90条にいう『公ノ秩序』の内容を形成し、それに反する私法上の行為の効力を一律に否定する法的作用を営むということはないのであつて、右の規範は、私法的な価値秩序のもとで確立された私的自治の原則、契約における信義則、取引の安全等の私法上の規範によつて相対化され、民法90条にいう『公ノ秩序』の内容の一部を形成するのであり、したがつて私法的な価値秩序のもとにおいて、社会的に許容されない反社会的な行為であるとの認識が、社会の一般的な観念として確立しているか否かが、私法上の行為の効力の有無を判断する基準になるものというべきである」。しかし、このような「一般的観念」は成立していないとして上告を棄却した。

[主要参考文献]

・田村重信編著『新・防衛法制』（内外出版、2018年）

・内閣法制局『憲法関係答弁例集（第9条・憲法解釈関係)』（内外出版、2017年）

第28章

国法の諸形式・
憲法秩序の保障

───**本章のねらい**───
　近代立憲主義国家においては、近代立憲主義の基本原理を内容とする基本的法
秩序（憲法秩序）が実現された。本章では、憲法秩序を構成する法の形式にはど
のようなものがあるか、また、その形式にはどのような序列と所管事項があるの
かを学んでゆく（**国法の諸形式**）。それを踏まえた上で、憲法自体が憲法秩序をど
のように維持しようとしているのかを学ぶ（**憲法秩序の保障**）。

1　国法の諸形式

　国家機関が制定する成文法には、それを制定する機関および手続の違いに応
じて、いくつかの形式のものがあり、それぞれの形式で定められるべき事柄が
異なっている。また、それぞれの形式の間で定められている内容が矛盾する場
合には、いずれの内容を優先させるかも問題となる。これらの問題の多くが憲
法で定められる。

1　憲法（憲法典）

　立憲主義国家において、形式的意味の憲法である憲法典には、最高法規とし
ての位置づけが与えられるようになった。日本国憲法も、「この憲法は、国の
最高法規であつて、その条規に反する法律、命令、詔勅及び国務に関するその
他の行為の全部又は一部は、その効力を有しない。」（98条1項）と定め、日本
国憲法が他の法令との対比で最高の効力を有することを明らかにしている。日
本国憲法は、その制定によって成立し（**第2章を参照**）、その改正手続により改
正される（**第29章2を参照**）。

2 法 律

広い意味では、法律とは、法または法令を一般に指している（「法律学」「法律文書」など）。しかし、憲法を学ぶ際には、法律ということばは、より狭く、国会が制定した法の形式という意味である（**形式的意味の法律**）。法律は、国会の議決によって成立し（法律制定の手続については、**第21章4**を参照）、天皇によって公布される（7条1号）。なお、予算が法律かどうかについては、議論がある（**第25章3**を参照）。

必ず法律で定めなくてはならない事項は、「立法」（41条）に属する事項、および、その他憲法が法律で定めることにしている事項（皇位継承・摂政、日本国民の要件および選挙事項など）である（**必要的法律事項**）が、その他の事項についても法律で定めることができる（**任意的法律事項**）。

3 命 令

命令とは、内閣・行政機関によって制定される法を指している。日本国憲法は、内閣が政令を制定できることを予定している（73条6号）。その他にも、各大臣が制定する省令・内閣府令、委員会または庁の長が制定する委員会規則・外局規則がある。法律で定めるべき事項につき法律の委任を受けて制定される命令は、**委任命令（受任命令）** と呼ばれる。これに対して、法律の規定を執行するために必要な細目・手続などを内容とする**執行命令**がある。

命令は、内閣・行政機関が制定するもので、国民代表機関である国会が制定する法律よりも効力が劣る。

4 規 則

日本国憲法は、両議院が制定する議院規則（58条2項）、および最高裁・下級裁が制定する裁判所規則（77条）の存在を予定している。両議院および裁判所が自律的に活動できるようにするためである。議院規則は、各議院の議決により成立し、例としては、衆議院規則や参議院規則などがある。最高裁判所規則は、最高裁が裁判官会議の議決によって制定する（77条1項、裁法12条）。最高裁判所規則には、刑事訴訟規則や民事訴訟規則などがある。

議院規則では、「その会議その他の手続及び内部の規律に関する規則」（58条2項）が定められ、最高裁判所規則では、「訴訟に関する手続、弁護士、裁判

所の内部規律及び司法事務処理に関する事項」が定められる（77条1項）。なお、最高裁は、下級裁に関する規則の制定を下級裁に委任することができる（77条3項）。

議院規則の効力については、法律優位説が通説であるが、規則優位説が有力になっている（**第21章5**を参照）。また、最高裁判所規則と法律の関係についても議論がある（**第23章3**を参照）。

5　条　例

条例とは、地方公共団体が制定する法の形式をいう。通常、条例ということばは、地方議会が制定したものを指すが、日本国憲法で「条例」（94条）という場合には、地方公共団体の長が制定した規則も含まれる。条例では、普通地方公共団体の事務について定めることができる。

条例は、「法律の範囲内で」制定されうる（94条）ので、法律よりも効力が劣る（**第26章6**を参照）し、命令にも効力が劣る（自治法14条1項）。

6　条　約

条約とは、国家（または国際機構）の相互間の合意に基づいて、国際法の法的関係を創設・変更する文書を総称し、これには様々な名前のものがある（条約、憲章、協定、規約、取極、議定書、交換公文など）。但し、日本国憲法61条に従って国会の承認が求められる「条約」の意味は、より狭く、政府見解によれば、①「いわゆる法律事項を含む国際約束」、②「いわゆる財政事項を含む国際約束」、③「わが国と相手国との間あるいは国家間一般の基本的な関係を法的に規定するという意味において政治的に重要な国際約束であって、それゆえに、発効のために批准が要件とされているもの」をいう（1974［昭和49］年2月20日大平正芳外務大臣答弁）。

憲法や法律などは国内法に属するのに対して、条約は、まずは国際法に属する。この場合、国内法と国際法がそもそもどのような関係にあるかが問題になる。これについて、大きくみると、この二つが異なった次元にあると考える見方（**二元論**）と、同じ次元にあると考える見方（**一元論**）がある（国際法優位の一元論。国内法優位の一元論は、もはや支持されていない）。その理解の違いは、条約がどのような方式によって国内法的効力をもつかという問題に波及しうる。

　国際法としての条約が国内法的効力をもつためには、国内法の立法によって「変型」しなくてはならないという方式（**変型方式**）を採用している国がある（イギリス、カナダなど）が、他方、国際法としての条約が国内法として一般的に受容されるという**一般受容方式**を採用している国もある（アメリカなど）。また、承認法による受容という方式をとる国（ドイツ、イタリア、フランスなど）もあり（**承認法による受容方式**）、その方式は一般受容方式と区別される場合がある。日本国憲法の下では、条約は、その執行のために国内法的措置が特に必要な条約を除き、天皇の公布（7条1号）をもって国内法に受容され、国内的効力をもつ。

　さらに、条約が国内的効力をもつ場合に、条約と国内法令の間にどのような効力の優劣があるかが問題となる。日本国憲法の下では、条約が法律に優越することには異論がない。これに対して、憲法と条約の関係については、条約が憲法に優位すると考える説（**条約優位説**）と憲法が条約に優位するとする説（**憲法優位説**）がある。条約優位説は、①国際協調主義（前文）、②条約の誠実遵守義務（98条2項）、③違憲審査権・違憲無効の対象に「条約」が挙げられていないこと（81条、98条1項）などを根拠とする。これに対して、通説は、日本国憲法に反する内容の条約が締結された場合、条約優位説によると憲法改正はおろか法律よりも簡単な手続きで日本国憲法の内容が実質的に変更されてしまうこ

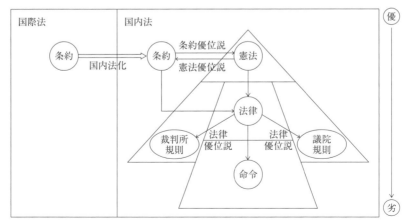

図　国の法令の形式的効力の優劣

とになること、また、上記①から③までの根拠は、条約優位の直接の根拠にはならないことなどを理由に、憲法優位説に立っている。最高裁は、砂川事件において、条約が裁判所の違憲審査の対象となりうることを認めたが、この場合、憲法優位説に立っていると考えられる。憲法優位説によれば、条約に対して裁判所が違憲審査権を行使する可能性が出てくる（**第24章3を参照**）。

　なお、日本国憲法と確立された国際法規（98条2項）との関係については、特別の議論がある。確立された国際法規とは、国際社会において一般的に拘束力のある規範として承認され、その同意の有無にかかわらず国家を拘束する国際法規のことを指し、それが成文であるか不文であるかは問わない。憲法優位説の立場からも、特に確立された国際法規については別格として憲法に優位することが指摘されてきた。政府答弁でも、「国際自然法」ともいえる「確立された国際法規」は、日本国憲法に優位すると説明されたことがある（1959〔昭和34〕年11月17日林修三内閣法制局長官答弁）。

2　憲法秩序の保障の概念と理念

1　憲法秩序の保障

　近代的意味の憲法は、近代立憲主義の基本原理（**第1章4を参照**）を内容とする基礎的な法である。それは立憲国家において基本的な法秩序として実現され、憲法秩序を成している。放っておいても憲法秩序がおのずと維持されるのであれば、それは理想的な姿であるといえるかもしれない。けれども、特に為政者の側から憲法秩序が損なわれて破壊されてしまうこともあったし、また、他方で、憲法秩序に対する国民の支持が弱い国家では、社会の側から憲法秩序が損なわれて破壊されることもありうる。このような問題に対処するために、近代立憲主義国家では、憲法秩序を維持・回復するためのしくみを発展させてきた。

2　憲法秩序の保障の種類

　人権や統治機構には、憲法秩序の保障の機能を発揮するものが少なくない。例えば、表現の自由が人権として保障されていることによって、違憲の国家行為に対する批判的な世論が形成され、民主政の過程を通じてその是正をはかる

ことができる。それが二重の基準論の重要な根拠の一つであったことは、既に
みた。また、権力分立が確保されていることによって、他の国家機関が違憲の
活動を予防・是正することができる。

　このような間接的方策とは別に、立憲主義国家において、憲法秩序の保障を
直接の目的とする様々な装置が生まれた（大臣弾劾制度、刑法上の内乱罪など）。こ
こでは、日本国憲法との関係で、通常の保障手段として、憲法の最高法規性の
維持、さらに、非常の保障手段として、抵抗権および国家緊急権を学んでゆ
く。

3　憲法の最高法規性の維持

　憲法典には人権保障や権力分立など近代的意味の憲法の内容が書き込まれ、
最高法規という性格が認められるようになった。日本国憲法も、憲法が最高法
規であるというイメージを明らかにしている（98条）。日本国憲法が最高法規で
ある理由として、学説では、①他の法令や国家行為が日本国憲法による授権に
基づいて派生したものであること、②日本国憲法の改正が通常の法律よりも手
続上困難であること（96条）が挙げられる（**形式的最高法規性**）が、実質的には、
日本国憲法が「個人の尊厳」の原理を根本にした人権体系を内容として定めた
点にある（97条）と考えられている（**実質的最高法規性**）。

　最高法規としての憲法典は、実質的意味の—特に近代的意味の—憲法を基本
的な内容としているので、その内容が法律など下位の法形式やその他の国家活
動によって変更または侵犯されることを事前に予防または事後に正すこと
が、憲法秩序の維持にとって決定的な意味をもつ。このような憲法の最高法規
性の維持は、**憲法保障**と呼ばれてきた。最高法規性のイメージを実現するため
に、日本国憲法は、次のような具体的制度を備えている。

1　憲法改正手続の厳格化

　憲法の改正手続を厳格なものとすることで、憲法秩序が軽率に変動させられ
ることを予防し、その安定をはかることが可能となる。日本国憲法の改正手続
きも厳格であり、時代変化に憲法を適応させることを困難にする側面をもつ
が、そのことは他面で、人権保障や権力分立原理など、近代立憲主義を原理的

に否定してしまうような、憲法秩序の変動に対して解除しにくい錠をかけておくことを意味する。また、憲法改正の限界に関する限界説（**第29章 3**を参照）は、その錠を解除すること自体が否定されていると理論構成する。

2　公務員の憲法尊重擁護義務

憲法が国家機関の行為によって侵されることを予防するためには、その国家機関を担当する公務員に憲法の内容を擁護すること法的に義務づけることが直接的である。立憲主義国家では、国家機関の担当者に対して憲法への宣誓を求め、それを擁護する義務を課してきた。

日本国憲法は、「天皇又は摂政及び国務大臣、国会議員、裁判官その他の公務員は、この憲法を尊重し擁護する義務を負ふ。」（99条）と定めている。それが法的義務を規定したものかについては学説で議論があるが、現在の法律（国公法82条、裁弾法 2 条）の下では、少なくとも憲法秩序の侵犯・破壊をしないという義務（不作為義務）の違反が公務員・裁判官の懲戒・弾劾の理由になることは疑いがない。また、公務員には日本国憲法の遵守を誓うことが求められ（国公法97条）、「日本国憲法施行の日以後において、日本国憲法又はその下に成立した政府を暴力で破壊することを主張する政党その他の団体を結成し、又はこれに加入した者」は、公務員になれず、既に公務員である場合には、その資格を失う（国公法38条 5 号）。

3　違憲審査制

憲法秩序の保障にとって極めて重要な役割をはたしているのが、違憲審査制である。違憲審査制は、憲法秩序の維持を目的とするものと権利保障を目的とするものに分けられるが、いずれも憲法秩序の保障として働く点では共通している。違憲審査制については、**第24章**で既に学んできた。

4　非常手段による憲法秩序の保障

以上の通常手段による憲法秩序の保障が機能しない場合には、非常手段による憲法秩序の保障が問題になる。これに属するものとして、抵抗権と国家緊急権を挙げることができる。

1　抵抗権

　抵抗権とは、政府が人権または憲法秩序を侵害・破壊した場合において、他の合法的な救済手段が尽きたとき、国民が自ら実力をもって抵抗し、人権保障または憲法秩序の回復をはかる権利である。近代の抵抗権は、自然権の保障を目的としていたので、実定法による制度化と相容れないところがあり、また、それに基づく実力行使が濫用されれば、むしろ憲法秩序が著しく混乱してしまう危険もあり、憲法秩序の保障の制度としての位置づけには、難しいものがある。

　抵抗権の思想は、古くからあったが、近代立憲主義が確立した時代に、人権の理念との関係で大きな意味をもつようになった。その後、近代立憲主義国家では、理念としての人権は、憲法上の権利として憲法で保障され、その侵害に対する人権の保護・救済の制度が整備され、特に憲法裁判権による人権救済の役割が大きくなってゆくと、抵抗権の人権保障上の意味はより小さくなり、抵抗権を定める憲法典は姿を消していった。しかし、戦後ドイツでは、ナチスの全体主義支配に対する反省に基づいて抵抗権思想が復活し、いくつかの州憲法 (ヘッセン州憲法147条、ブレーメン州憲法19条) で抵抗権規定が定められた。また、その後、1968年の改正によってドイツの連邦憲法にも抵抗権の規定が設けられた (ドイツ基本法20条4項)。もっとも、これらの抵抗権は、実定法で定められたもので、自然権を背景とする超実定的な権利とは、その性格が異なっている。

　日本国憲法の下で抵抗権が認められるかどうかについては、抵抗権の定義や性格をどのように理解するかに関連して学説で議論されてきた。日本国憲法においても、憲法12条などを根拠として、憲法秩序の回復のために実定法上の抵抗権として実力行使も許されると考える見解がある。この見解においても、極めて異常な例外的状況に限ってしか抵抗権の行使は許されないと考えられている。下級審判決には、「憲法の各条規の単なる違反ではなく民主主義の基本秩序に対する重大なる侵害が行われ憲法の存在自体が否認されようとする場合」に、政府の行為が「不法であることが客観的に明白」であって、現行法令下の一切の法的救済手段が有効に目的を達成する見込がなく、「法秩序の再建のための最後の手段」として抵抗のみが残されていることが必要と判示したものがある [札幌地判昭和37年1月18日下刑集4巻1・2号69頁]。

2　国家緊急権と緊急事態法制

　国家緊急権とは、戦争、内乱、経済恐慌および大規模自然災害など通常の立憲的憲法秩序の下では対処ができない緊急事態（または非常事態）において、国家の存立を維持するために、政府が立憲的憲法秩序を一時停止して非常措置をとる権限を意味する。この意味での国家緊急権は、立憲的憲法秩序の一時停止という特徴をもつ。より具体的には法の支配、権力分立および人権保障など、憲法の原理や法規範が緊急事態の間に限って一時的に停止され、緊急事態に効果的に対処するために、執行府に権限が集中される。

　この意味における国家緊急権（狭義の国家緊急権）は、憲法によって制度化されているかどうかの違いによって、①超憲法的に立憲的憲法秩序を一時停止するもの（**超憲法的な国家緊急権**）と、②憲法に従って立憲的憲法秩序を一時停止するもの（**憲法制度上の国家緊急権**）に分けられる。いずれも、たとえ立憲的憲法秩序やその前提にある立憲主義国家の存立を維持するという目的のためであれ、立憲的憲法秩序それ自体を一時的に「停止」するという根本的なジレンマを抱えており、国家緊急権が憲法秩序の「保障」と「破壊」のいずれをもたらすかは、予断を許さない。近代の歴史をみても、国家緊急権が濫用されて、むしろ憲法秩序が損なわれ破壊されてしまった経緯が少ないわけではない。君主などの統治者が近代的な憲法を廃止するために、（①の意味での）国家緊急権に訴えた例がみられるし、また、ワイマール憲法の下では（②の意味での）国家緊急権が独裁体制確立への足がかりとなってしまった。国家緊急権は、このような特徴をもっているので、憲法秩序を保障するものと整理してよいのかについても、評価が大いに分かれている。

　日本では、明治憲法には、上記の②の意味での国家緊急権に属するものとして、戒厳（明憲法14条）および非常大権（明憲法31条）の規定が存在し、臣民の権利停止や軍隊による統治が予定されていた。しかし、日本国憲法には、国家緊急権の規定は設けられなかった。日本国憲法には、緊急事態に関係するものとしては、**参議院緊急集会**の規定（54条2項、3項）があるに過ぎないが、その規定は、衆議院解散時において緊急の必要がある場合に関する規定であるので、戦争、内乱、および大規模な自然災害などの緊急事態と重なる部分はさほど大きくはない。

　このような日本国憲法の明文規定の現状にあって、緊急事態、特に国家緊急

権との関係で日本国憲法上どのように解釈するのかが問題になる。日本国憲法が国家緊急権について沈黙していることは、これを積極的に否定する趣旨であると考える見解（否定説）が学説にはより広くみられるが、限られた要件の下で国家緊急権が不文の法理として認められているとする見解（不文の法理説）もみられる。

　他方、国家緊急権と似ているが区別すべきものとして、緊急事態法制がある。緊急事態法制とは、緊急事態に実効的に対処するために、国家緊急権のように憲法の原則や規範を一時停止するまでではなくその効力を維持しながらも、緊急事態に特有の一時的な例外を認めるにとどめる法制度である。現代の立憲国家には、戦争、重大テロ、自然災害および重大事故などの緊急事態に関する法令を整備し、特に緊急事態法制の主要な部分を憲法典にも定める国も少なくない。そのような立法例がみられるのは、国家権力に対する法的な制約および統制を緩めて緊急事態に効果的かつ柔軟に対処できるようにしながらも、同時に、緊急事態に特有の法的制約および統制を国家権力に対して課すことが模索されているからである。このような緊急事態法制も、緊急事態に対処するためにより大きな権限を政府に集中して人権のより広い制限を認める点で国家緊急権と同様の特徴があるので、立憲主義や人権保障と緊張関係にあり、常に問題をはらむものでもあった。

　日本国憲法には、緊急事態について明示的に定めた条文がほぼないなかで、現在の日本の緊急事態法制は、委任立法の根拠規定（憲法73条6号但書）および公共の福祉と人権の関係に関する総則規定（13条）などを根拠に法律でつくられている。主なものを挙げると、災害については、1962年に改正された災害対策基本法で災害緊急事態が、外国からの武力攻撃や重大テロなど武力攻撃に準じる事態については、2003年に制定された武力攻撃事態対処法、2004年に制定された国民保護法で武力攻撃事態と緊急対処事態が予定され、それぞれの緊急事態の特徴に応じた緊急事態法制となっている。また、2020年に改正された新型インフルエンザ等対策特措法（いわゆる「新型コロナウイルス特措法」）では、「新型インフルエンザ等緊急事態」（32条）が定められ、これも緊急事態法制として位置づけることができるが、緊急事態の特例としては、諸外国との比較では、より弱い措置を定めるにとどめている。これら緊急事態法制は、権力分立や人権保障の停止を予定するものではないので、国家緊急権を定めるものではな

い。とはいえ、これら法律が予定している内容が、憲法の原則や規範との関係で緊急事態の特例として正当化しうる限度にとどまっているかが、緊急事態における特別の事情も踏まえつつ、具体的・現実的に問われることになる。

[主要参考文献]

・芦部信喜［高橋和之補訂］『憲法［第7版］』（岩波書店、2019年）
・大石眞『憲法講義Ⅰ［第3版］』（有斐閣、2014年）
・佐藤幸治『日本国憲法論』（成文堂、2011年）
・高橋和之『立憲主義と日本国憲法［第5版］』（有斐閣、2020年）

第29章

憲法改正

---本章のねらい---

憲法改正は、憲法改正手続にしたがって成文憲法の内容を変更する作用である。本章では、まず、総論として、憲法改正の意義について説明する。その上で、日本国憲法の改正手続に課された要件に関して、3つの段階に分けて説明する。最後に、憲法改正とは異なるが、実質的に、憲法改正と同じ効果を生じさせるとされる憲法の変遷について説明する。

1 総 論

憲法改正とは、所定の**憲法改正手続**にしたがって、成文憲法の内容を意識的に変更する作用である。この点、現行の憲法を廃止して、始原的に新たな憲法を制定する作用は**憲法制定**であり、憲法改正とは区別される。

憲法が現実に対して規範性を維持するためには、安定性と社会適応性の調和に基づく**憲法変動**が不可欠となる。最高法規である憲法が不安定な状態に陥ると、国家の存立そのものに問題が生じ得る。したがって、憲法に対しては安定性が求められる。他方で、現実の政治、経済、社会は動態的であり、日々変動している。こうした動態的な現実に対して、憲法自身が適応する必要がある。なぜならば、現実に適応できなくなった憲法はその規範性を喪失してしまい、立憲主義という考え方そのものが危機に陥るからである。こうした立憲主義の危機を避けるために、憲法に対しては社会適応性も求められている。しかし、安定性が「静」の要請であり、社会適応性が「動」の要請である以上は、両者は根本的には相反する性質である。したがって、この相反する2つの性質―安定性と社会適応性を調和させた憲法変動の方法を確立することが憲法の規範性を維持する上で重要な課題となる。

この点、憲法変動は、原則として条文の解釈の変更により行われなければな

らない。一般的に、憲法の規定は、法律の規定と比較して抽象的なものとなる。抽象的であるため、条文を解釈する必要性が生じ、かつ、複数の解釈が可能となる。変動する現実に対して、複数の解釈の中からより適合的な解釈を選択することで、憲法の社会適応性が維持される。ただし、どのような解釈も許されるわけではなく、憲法の条文から導かれる範囲内での解釈が要求されることは言うまでもない。

他方で、解釈の変更では現実の変化に対応できない場合の憲法変動の方法が憲法改正である。現実の変化に対応するために無理な条文の解釈、すなわち条文から導かれる範囲を逸脱した解釈を行うことは、立憲主義とは相容れない。したがって、憲法の条文から導かれる範囲内での解釈により対応できなくなった場合には、憲法改正により対応する必要がある。こうした事態を想定して、現代の憲法には憲法改正手続が規定されていることが一般的である。

この点、**硬性憲法**の採用は、安定性と社会適応性とを調和させた憲法変動のための一つの手段である。硬性憲法を改正するための要件は、一般の法律を改正するための要件と比較して厳格である。（**第1章を参照**）。改正手続が厳格である結果として、憲法は通常の法律よりも安定性が高いものとなる。他方で、憲法改正による社会適応の可能性も、憲法自身により制度化されている。その意味で、安定性と社会適応性を調和させた上で憲法の規範性の維持が図られているのである。現在、日本を含め多くの国において硬性憲法が採用されている。

2 憲法改正の手続

日本国憲法の改正手続は、96条において規定されている。前述のとおり、日本国憲法は硬性憲法であり、改正手続には通常の法律の改正よりも厳格な要件が課されている。日本国憲法の改正手続は、**国会の発議、国民の承認、天皇による公布**という3つの段階に分類できる（比較対象となる通常の法律の改正手続については、**第21章を参照**）。なお、憲法改正案の発議に関しては、両院の権限は対等である。すなわち、衆議院の優越は認められない。

1 国会の発議

憲法改正手続の第一段階は、国会の発議である。憲法改正手続では、国会が

国民に対して憲法改正案を発議する。国会の発議の過程は、**発案、審議、議決**の３つの段階に分類できる。

　第一に、発案に関しては、憲法に明文規定は存在しない。発案の要件は、国会法により規定されている。具体的には、衆議院においては100人以上の議員、参議院においては50人以上の議員の賛成で**憲法改正原案**を発案できる旨を規定している（国会法68条の２）。この人数は、通常の法律の場合よりも加重されている。その意味で、国会法68条の２も、日本国憲法を硬性憲法とする規定の一部である。また、議員だけでなく、各議院に設置された**憲法審査会**にも発案権が認められている（国会法102条の７）。このように、発案権が国会議員および国会に設置された委員会に認められている点は当然である。問題は、内閣に発案権が認められるかどうかである。この点に関しては、明文規定は存在しない。学説は、肯定説と否定説とで争われている。肯定説は、議院内閣制の下での国会と内閣の協同関係という観点に着目し、法律案と同様に内閣の憲法改正発案権を認める。他方で、否定説は、憲法と法律の違いを重視し、憲法改正の発案権は国民の代表機関である国会に限定すべきとして、内閣の憲法改正発案権を認めない。ただし、この肯定説と否定説との議論の実益は少ない。議院内閣制の下では、内閣は与党の国会議員を経由することで憲法改正の原案を提出できるからである。なお、発案に関しては、内容において関連する事項ごとに区分して行われなければならない（国会法68条の３・102条の７）。

　第二に、審議に関しても、憲法に明文規定は存在しない。この点、国会法において、憲法改正原案などの審査を管轄する憲法審査会が設置される旨が規定されている（国会法102条の６）。また、両院は、憲法改正原案に関して合同審査会を開くことができる（国会法102条の８）。その他の事項に関しては、法律案の審議に関する手続が準用される。衆参ともに、憲法審査会での議決は出席委員の過半数により、可否同数の場合には会長が決する（衆憲規11条、参憲規11条）。また、憲法審査会における議事・議決定足数は委員の過半数である（衆憲規10条、参憲規10条）。他方で、本会議における審議の定足数については、学説上争いがある。特別の規定が存在しない以上は56条１項において規定される一般の議事と同様に総議員の３分の１を定足数とする説と、憲法改正の重要性を考慮して総議員の３分の２を定足数とする説がある。

　第三に、議決に関しては、96条は**各議院の総議員の３分の２以上の賛成**と

いう要件を明示している。この要件は、出席議員の過半数の賛成で足りる通常の立法手続との違いが強調されることが多い。この点、総議員の意味について、**法定議員数説**と**現在議員数説**とが対立している。法定議員数説は、法律で定められた議員の数を総議員と解する。他方で、現在議員数説は、法定の議員数から欠員を差し引いた人数、すなわち現職の議員を総議員と解する。この点、56条1項が規定する総議員に関しては、実務上は法定議員数として運用されている。しかし、56条1項が規定する総議員は定足数の分母の問題であり、96条1項が規定する総議員は可決要件の分母の問題である。問題の性質が異なる以上、56条1項の解釈を96条1項の解釈に適用することは妥当ではない。むしろ、欠員を反対と見なすことに合理的な理由が見いだせない以上は、理論的には現在議員数説が妥当であろう。

2　国民の承認

　憲法改正のための手続の第二段階は、国民の承認である。この国民の承認は、特別の国民投票または国会の定める選挙の際に行われる投票のいずれかにおける**過半数の賛成**を必要とする（96条1項後段）。この点に関して、2007年に制定された**日本国憲法の改正手続に関する法律**（以下、国民投票法とする）により、国民投票による承認方法が具体的に規定された。

　まず、国民の範囲に関しては、**年齢満18歳以上**の日本国民である（国民投票法3条）。2010年に国民投票法が施行された時点では、投票権を有する年齢が確定していないという問題が生じていた。これに対して、2014年に国民投票法の一部が改正されたことにより、投票権を有する者の年齢が満18歳以上に確定した。

　次に、過半数の意味に関しては、**有効投票総数の過半数**である（国民投票法126条）。国民投票法が制定される以前は、過半数の意味に関して学説上の争いがあった。具体的には、有権者総数の過半数とする説、投票者総数の過半数とする説および有効票総数の過半数とする説である。国民投票法は、これらのうち、有効投票総数の過半数を採用した。投票用紙に印刷された賛成の文字を囲んで○の記号を自書した（国民投票法57条1項）投票用紙が有効投票の2分の1を超えれば、国民の承認が得られることになる。なお、投票が有効となるための最低投票率についての規定はないため、投票率の高低は問われない。

　なお、国会の発議後に、憲法改正案について国民に広報するための事務を行う**国民投票広報協議会**が国会に設置される（国民投票法11条）。協議会は、衆参それぞれから選任された10名の議員により構成される。公報の対象としては、憲法改正案とその要旨、新旧対照表、憲法改正案に対する賛成意見および反対意見などが挙げられる。広報の方法としては、ラジオ放送、テレビ放送および新聞広告が挙げられる。政党は自らの意見を無料で広告できるが、賛成と反対の双方に対して同等の利便（同一の時間数・同等の時間帯など）を提供しなければならない。

　また、国民投票法は、**国民投票運動**についても規定している。国民投票運動とは、憲法改正案に対して一定の投票行動をするように勧誘する行為である。国民投票においては、主権者である国民による自由な発言や議論が求められる。したがって、国民投票運動は原則として自由であり、規制は例外的なものに留まる。この規制については、公務員による国民投票運動が許されるかどうかが問題になる。国民投票法は、原則として公務員による国民投票運動を許容する一方で、従来の法令の規定により禁止されている政治的行為を伴うものは許容されない（国民投票法100条の2）。また、投票事務関係者や特定公務員（裁判官、検察官、警察官など）による国民投票運動は禁止される（国民投票法101条、102条）。さらに、公務員や教育者がその地位を利用した国民投票運動を行うことも禁止される（国民投票法103条）。

　投票結果に関して、投票人は、**国民投票無効訴訟**を東京高裁に提起できる。期日は投票結果告知の日から30日以内であり、被告は中央選挙管理委員会となる（国民投票法127条）。この点、訴訟の提起によりただちに国民投票の効力は停止しない（国民投票法130条）。しかし、憲法改正が無効とされることにより生じる重大な支障を避けるために緊急の必要がある場合には、裁判所は憲法改正の効果の発生の全部または一部を停止できる（国民投票法133条1項）。停止の決定が確定した場合には、憲法改正の効果の発生は判決が確定するまでの期間停止する（国民投票法133条2項）。

3　天皇による公布

　憲法改正のための手続の第三段階は、天皇による公布である。この天皇による公布は、7条1号に規定された国事行為の一つである。天皇による公布が求

図 憲法改正手続の流れ

国会の発議	①発案：議員（100人以上の衆議院議員／50人以上の参議院議員） 　　　　憲法審査会 ②審議：管轄の委員会は憲法審査会 　　　　基本的には通常の立法手続に準じる ③議決：各議院で総議員（現在議数）の3分の2の議員の賛成

国民の承認	投票権者：18歳以上の日本国民 有効投票総数の過半数の賛成で承認

天皇による公布	国民の名で憲法と一体を成すものとして公布（国事行為）

められている点は、通常の立法手続と共通している。ただし、96条2項は、「国民の名で、この憲法と一体を成すものとして」と規定している。「国民の名で」という文言については、憲法改正が主権者である国民の意思である旨を明らかにする趣旨である。また、「この憲法と一体を成すものとして」という文言については、改正条項が日本国憲法と同等の形式的効力を有することを示す趣旨である。

3 憲法改正の限界

憲法改正の限界とは、憲法改正手続にしたがっても改正できない内容を指す。諸外国の憲法には、憲法改正の対象とならない内容が明示されているものもあれば、あらゆる内容が改正対象となる旨が明示されている憲法もある。この点に関して、日本国憲法には憲法改正の限界についての規定が存在しない。したがって、憲法改正に限界があるのか、また限界があるとすればどのような憲法改正が許されないのかが問題となる。

1 限界の有無

日本国憲法の改正に限界があるかどうかについては、**限界説**と**無限界説**との間で争いがある。通説は限界説であり、憲法には憲法改正手続によっても変更

できない内容が含まれると解する。他方で、無限界説は、憲法改正には限界がなく、所定の手続によればいかなる内容の改正も許されると解する。

　限界説の特徴は、憲法改正権と憲法制定権力の区別を重視している点にある。限界説は、憲法改正をあくまでも憲法の継続性を維持できる範囲内での変更であると捉えた上で、憲法の継続性が損なわれるようなものは憲法改正ではないため、憲法改正権が及ばないと解している。この点を前提に、限界説の理論的根拠はさらに2つに大別できる。第一に、主権原理を根拠とする説である。この説は、主権者である国民が憲法制定権力により憲法を制定し、その憲法により憲法改正権が生じているという段階構造を重視する。その上で、憲法により生じた憲法改正権によっては憲法制定権力を排除できないと解する。第二に、根本規範を根拠とする説である。この学説は、憲法典の背景にある根本規範の存在を重視する。根本規範とは、憲法が憲法であるための基本的な規定であり、憲法制定権力すらも拘束する。したがって、根本規範は憲法改正により変更することはできないと解する。

　他方で、無限界説の特徴は、憲法改正権と憲法制定権力の区別を重視しないまたは区別しない点にある。すなわち、限界説では憲法改正ではなく新憲法制定に該当する内容であっても、両者を区別しない無限界説では等しく憲法改正に該当すると解している。この点を前提に、無限界性の理論的根拠もさらに2つに大別できる。第一に、憲法改正権と憲法制定権力を区別はするものの、両者の間に段階構造を認めないとする説である。段階構造がない以上、憲法制定権力の対象と憲法改正権の対象に違いはないと解する。第二に、そもそも憲法改正権と憲法制定権力とを区別しない説である。両者が同一のものであり、主権者として憲法制定権力を有する国民は、いかなる憲法改正をも行えると解する。

2　限界の内容

　通説の立場からは憲法改正には限界があることになるが、どのような限界があるかが問題となる。この点については、前述した限界説の理論的根拠の違いにより、導き出される限界の内容も異なってくる。

　第一に、主権原理を根拠とする説からは、憲法制定権力を排除する憲法改正は許されないという限界が導き出される。具体的には、憲法改正によって主権

者を変更することは許されない（大日本帝国憲法から日本国憲法への移行については、**第２章**を参照）。また、憲法改正手続に課されている国民投票という要件の削除も、主権者である国民の憲法制定権力を制限するため、許されないと解される。

第二に、根本規範を根拠とする説からは、根本規範を変更する憲法改正は許されないという限界が導き出される。ただし、この説は、何が根本規範なのかが必ずしも明確ではないという問題点がある。この点に関して、日本国憲法の場合には、基本的人権の尊重、国民主権、平和主義といった基本原理が根本規範に該当すると一般的には解されている。もっとも、これらの規定に関する改正が一切許されないわけではない。例えば、基本的人権の尊重に関しては、新たな人権規定を憲法に追加することは当然認められる。要するに、根本規範の趣旨を損なう改正が許されないのであり、根本規範の趣旨を損なわない改正であれば許容されている。

4 憲法の変遷

憲法の変遷とは、憲法改正手続を経ていないにもかかわらず、実質的に憲法改正と同じ効果が生じていることを指す。憲法の変遷はドイツの国法学において誕生した概念であり、日本の憲法学にも影響を与えている。

憲法の変遷は、**社会学的意味の憲法の変遷**と**法的意味の憲法の変遷**の二段階で構成される。第一段階の社会学的意味の憲法の変遷とは、憲法違反の事態の発生を指す。ここでは、憲法と現実の間にずれが生じるか否かが問題となる。第二段階の法的意味の憲法の変遷とは、憲法違反の事態のほうに法的効力が認められ、その事態と矛盾する憲法の条文に法的効力が認められない事態を指す。ここでは、憲法違反の事態に法的効力を認めることが許されるかどうかが問題となる

憲法学上の論点として、社会学的意味の憲法の変遷が生じるかどうかは問題とならないが、法的意味の憲法の変遷が許されるかどうかは問題となる。この点に関して、通説は否定説であり、法的意味の憲法の変遷を許容しない。憲法改正はあくまでも正規の改正手続にしたがって行われることが立憲主義の要請である。違憲の現実はあくまでも現実であり、法的性格をもち得ないとして、

法的意味の憲法の変遷を否定する。他方で、肯定説は、一定の要件を満たした
場合には法的意味の憲法の変遷が認められるとする。ここでの一定の要件とし
て、長期かつ継続的な違憲の現実という客観的要件や違憲の現実に対する国民
の支持という主観的要件を挙げられる。特に、主観的要件に関して、違憲の現
実に対する国民の支持とは、換言すれば憲法の条文に対する支持の喪失であ
る。肯定説は、この点に着目して、国民の支持を失って実効性を伴わない憲法
の条文はもはや法とはいえないとして、法的意味の憲法の変遷を肯定する。た
だし、この点に関しては、どの段階まで国民の支持を喪失すれば実効性を伴わ
ないと判断できるのかが不明確であるとの批判がなされている。したがって、
法的意味の憲法の変遷を許容するためには、より厳格かつ明確な要件を示す必
要がある。

[主要参考文献]
・芦部信喜［高橋和之補訂］『憲法［第 7 版］』（岩波書店、2019年）
・小林昭三監修 憲法政治学研究会編『日本国憲法講義』（成文堂、2009年）
・駒村圭吾・待鳥聡史編『「憲法改正」の比較政治学』（弘文堂、2016年）
・佐藤幸治『日本国憲法論』（成文堂、2011年）
・野中俊彦・中村睦男・高橋和之・高見勝利『憲法Ⅱ［第 5 版］』（有斐閣、2012年）

日本国憲法

　朕は，日本国民の総意に基いて，新日本建設の礎が，定まるに至ったことを，深くよろこび，枢密顧問の諮詢及び帝国憲法第73条による帝国議会の議決を経た帝国憲法の改正を裁可し，ここにこれを公布せしめる。

御名御璽

　昭和21年11月3日

内閣総理大臣兼外務大臣		吉田　茂
国務大臣	男爵	幣原喜重郎
司法大臣		木村篤太郎
内務大臣		大村清一
文部大臣		田中耕太郎
農林大臣		和田博雄
国務大臣		斉藤隆夫
逓信大臣		一松定吉
商工大臣		星島二郎
厚生大臣		河合良成
国務大臣		植原悦二郎
運輸大臣		平塚常次郎
大蔵大臣		石橋湛山
国務大臣		金森徳次郎
国務大臣		膳桂之助

日本国憲法

　日本国民は，正当に選挙された国会における代表者を通じて行動し，われらとわれらの子孫のために，諸国民との協和による成果と，わが国全土にわたつて自由のもたらす恵沢を確保し，政府の行為によつて再び戦争の惨禍が起ることのないやうにすることを決意し，ここに主権が国民に存することを宣言し，この憲法を確定する。そもそも国政は，国民の厳粛な信託によるものであつて，その権威は国民に由来し，その権力は国民の代表者がこれを行使し，その福利は国民がこれを享受する。これは人類普遍の原理であり，この憲法は，かかる原理に基くものである。われらは，これに反する一切の憲法,法令及び詔勅を排除する。

　日本国民は，恒久の平和を念願し，人間相互の関係を支配する崇高な理想を深く自覚するのであって，平和を愛する諸国民の公正と信義に信頼して，われらの安全と生存を保持しようと決意した。われらは，平和を維持し，専制と隷従，圧迫と偏狭を地上から永遠に除去しようと努めてゐる国際社会において，名誉ある地位を占めたいと思ふ。われらは，全世界の国民が，ひとしく恐怖と欠乏から免かれ，平和のうちに生存する権利を有することを確認する。

　われらは，いづれの国家も，自国のことのみに専念して他国を無視してはならないのであつて，政治道徳の法則は，普遍的なものであり，この法則に従ふことは，自国の主権を維持し，他国と対等関係に立たうとする各国の責務であると信ずる。

　日本国民は，国家の名誉にかけ，全力をあげてこの崇高な理想と目的を達成することを誓ふ。

第1章　天　皇

第1条　天皇は，日本国の象徴であり日本国民統合の象徴であつて，この地位は，主権の存する日本国民の総意に基く。

第2条　皇位は，世襲のものであつて，国会の議決した皇室典範の定めるところにより，これを継承する。

第3条　天皇の国事に関するすべての行為には，内閣の助言と承認を必要とし，内閣が，その責任を負ふ。

第4条　天皇は，この憲法の定める国事に関する行為のみを行ひ，国政に関する権能を有しない。

②天皇は，法律の定めるところにより，その国事に関する行為を委任することがで

きる。

第5条 皇室典範の定めるところにより摂政を置くときは，摂政は，天皇の名でその国事に関する行為を行ふ。この場合には，前条第1項の規定を準用する。

第6条 天皇は，国会の指名に基いて，内閣総理大臣を任命する。

②天皇は，内閣の指名に基いて，最高裁判所の長たる裁判官を任命する。

第7条 天皇は，内閣の助言と承認により，国民のために，左の国事に関する行為を行ふ。

1 憲法改正，法律，政令及び条約を公布すること。

2 国会を召集すること。

3 衆議院を解散すること。

4 国会議員の総選挙の施行を公示すること。

5 国務大臣及び法律の定めるその他の官吏の任免並びに全権委任状及び大使及び公使の信任状を認証すること。

6 大赦，特赦，減刑，刑の執行の免除及び復権を認証すること。

7 栄典を授与すること。

8 批准書及び法律の定めるその他の外交文書を認証すること。

9 外国の大使及び公使を接受すること。

10 儀式を行ふこと。

第8条 皇室に財産を譲り渡し，又は皇室が，財産を譲り受け，若しくは賜与することは，国会の議決に基かなければならない。

第2章 戦争の放棄

第9条 日本国民は，正義と秩序を基調とする国際平和を誠実に希求し，国権の発動たる戦争と，武力による威嚇又は武力の行使は，国際紛争を解決する手段としては，永久にこれを放棄する。

②前項の目的を達するため，陸海空軍その他の戦力は，これを保持しない。国の交戦権は，これを認めない。

第3章 国民の権利及び義務

第10条 日本国民たる要件は，法律でこれを定める。

第11条 国民は，すべての基本的人権の享有を妨げられない。この憲法が国民に保障する基本的人権は，侵すことのできない永久の権利として，現在及び将来の国民に与へられる。

第12条 この憲法が国民に保障する自由及び権利は，国民の不断の努力によつて，これを保持しなければならない。又，国民は，これを濫用してはならないのであつて，常に公共の福祉のためにこれを利用する責任を負ふ。

第13条 すべて国民は，個人として尊重される。生命，自由及び幸福追求に対する国民の権利については，公共の福祉に反しない限り，立法その他の国政の上で，最大の尊重を必要とする。

第14条 すべて国民は，法の下に平等であつて，人種，信条，性別，社会的身分又は門地により，政治的，経済的又は社会的関係において，差別されない。

②華族その他の貴族の制度は，これを認めない。

③栄誉，勲章その他の栄典の授与は，いかなる特権も伴はない。栄典の授与は，現にこれを有し，又は将来これを受ける者の一代に限り，その効力を有する。

第15条 公務員を選定し，及びこれを罷免することは，国民固有の権利である。

②すべて公務員は，全体の奉仕者であつて，一部の奉仕者ではない。

③公務員の選挙については，成年者による普通選挙を保障する。

④すべて選挙における投票の秘密は，これを侵してはならない。選挙人は，その選択に関し公的にも私的にも責任を問はれ

ない。

第16条　何人も，損害の救済，公務員の罷免，法律，命令又は規則の制定，廃止又は改正その他の事項に関し，平穏に請願する権利を有し，何人も，かかる請願をしたためにいかなる差別待遇も受けない。

第17条　何人も，公務員の不法行為により，損害を受けたときは，法律の定めるところにより，国又は公共団体に，その賠償を求めることができる。

第18条　何人も，いかなる奴隷的拘束も受けない。又，犯罪に因る処罰の場合を除いては，その意に反する苦役に服させられない。

第19条　思想及び良心の自由は，これを侵してはならない。

第20条　信教の自由は，何人に対してもこれを保障する。いかなる宗教団体も，国から特権を受け，又は政治上の権力を行使してはならない。

②何人も，宗教上の行為，祝典，儀式又は行事に参加することを強制されない。

③国及びその機関は，宗教教育その他いかなる宗教的活動もしてはならない。

第21条　集会，結社及び言論，出版その他一切の表現の自由は，これを保障する。

②検閲は，これをしてはならない。通信の秘密は，これを侵してはならない。

第22条　何人も，公共の福祉に反しない限り，居住，移転及び職業選択の自由を有する。

②何人も，外国に移住し，又は国籍を離脱する自由を侵されない。

第23条　学問の自由は，これを保障する。

第24条　婚姻は，両性の合意のみに基いて成立し，夫婦が同等の権利を有することを基本として，相互の協力により，維持されなければならない。

②配偶者の選択，財産権，相続，住居の選定，離婚並びに婚姻及び家族に関するその他の事項に関しては，法律は，個人の尊厳と両性の本質的平等に立脚して，制定されなければならない。

第25条　すべて国民は，健康で文化的な最低限度の生活を営む権利を有する。

②国は，すべての生活部面について，社会福祉，社会保障及び公衆衛生の向上及び増進に努めなければならない。

第26条　すべて国民は，法律の定めるところにより，その能力に応じて，ひとしく教育を受ける権利を有する。

②すべて国民は，法律の定めるところにより，その保護する子女に普通教育を受けさせる義務を負ふ。義務教育は，これを無償とする。

第27条　すべて国民は，勤労の権利を有し，義務を負ふ。

②賃金，就業時間，休息その他の勤労条件に関する基準は，法律でこれを定める。

③児童は，これを酷使してはならない。

第28条　勤労者の団結する権利及び団体交渉その他の団体行動をする権利は，これを保障する。

第29条　財産権は，これを侵してはならない。

②財産権の内容は，公共の福祉に適合するやうに，法律でこれを定める。

③私有財産は，正当な補償の下に，これを公共のために用ひることができる。

第30条　国民は，法律の定めるところにより，納税の義務を負ふ。

第31条　何人も，法律の定める手続によらなければ，その生命若しくは自由を奪はれ，又はその他の刑罰を科せられない。

第32条　何人も，裁判所において裁判を受ける権利を奪はれない。

第33条　何人も，現行犯として逮捕される場合を除いては，権限を有する司法官憲が発し，且つ理由となつてゐる犯罪を明示する令状によらなければ，逮捕されない。

第34条　何人も，理由を直ちに告げられ，且つ，直ちに弁護人に依頼する権利を与へられなければ，抑留又は拘禁されない。又，何人も，正当な理由がなければ，拘禁されず，要求があれば，その理由は，直ちに本人及びその弁護人の出席する公開の法廷で示されなければならない。

第35条　何人も，その住居，書類及び所持品について，侵入，捜索及び押収を受けることのない権利は，第33条の場合を除いては，正当な理由に基いて発せられ，且つ捜索する場所及び押収する物を明示する令状がなければ，侵されない。

②捜索又は押収は，権限を有する司法官憲が発する各別の令状により，これを行ふ。

第36条　公務員による拷問及び残虐な刑罰は，絶対にこれを禁ずる。

第37条　すべて刑事事件においては，被告人は，公平な裁判所の迅速な公開裁判を受ける権利を有する。

②刑事被告人は，すべての証人に対して審問する機会を充分に与へられ，又，公費で自己のために強制的手続により証人を求める権利を有する。

③刑事被告人は，いかなる場合にも，資格を有する弁護人を依頼することができる。被告人が自らこれを依頼することができないときは，国でこれを附する。

第38条　何人も，自己に不利益な供述を強要されない。

②強制，拷問若しくは脅迫による自白又は不当に長く抑留若しくは拘禁された後の自白は，これを証拠とすることができない。

③何人も，自己に不利益な唯一の証拠が本人の自白である場合には，有罪とされ，又は刑罰を科せられない。

第39条　何人も，実行の時に適法であつた行為又は既に無罪とされた行為については，刑事上の責任を問はれない。又，同一の犯罪について，重ねて刑事上の責任を問はれない。

第40条　何人も，抑留又は拘禁された後，無罪の裁判を受けたときは，法律の定めるところにより，国にその補償を求めることができる。

第4章　国　会

第41条　国会は，国権の最高機関であつて，国の唯一の立法機関である。

第42条　国会は，衆議院及び参議院の両議院でこれを構成する。

第43条　両議院は，全国民を代表する選挙された議員でこれを組織する。

②両議院の議員定数は，法律でこれを定める。

第44条　両議院の議員及びその選挙人の資格は法律でこれを定める。但し，人種，信条，性別，社会的身分，門地，教育，財産又は収入によつて差別してはならない。

第45条　衆議院議員の任期は，4年とする。但し，衆議院解散の場合には，その期間満了前に終了する。

第46条　参議院議員の任期は，6年とし，3年ごとに議員の半数を改選する。

第47条　選挙区，投票の方法その他両議院の議員の選挙に関する事項は，法律でこれを定める。

第48条　何人も，同時に両議院の議員たることはできない。

第49条　両議院の議員は，法律の定めるところにより，国庫から相当額の歳費を受ける。

第50条　両議院の議員は，法律の定める場合を除いては，国会の会期中逮捕されず，会期前に逮捕された議員は，その議院の要求があれば，会期中これを釈放しなければならない。

第51条　両議院の議員は，議院で行つた演説，討論又は表決について，院外で責任を問はれない。

第52条　国会の常会は，毎年1回これを召集する。

第53条　内閣は，国会の臨時会の召集を決定することができる。いづれかの議院の総議員の4分の1以上の要求があれば，内閣は，その召集を決定しなければならない。

第54条　衆議院が解散されたときは，解散の日から40日以内に，衆議院議員の総選挙を行ひ，その選挙の日から30日以内に，国会を召集しなければならない。

②衆議院が解散されたときは，参議院は，同時に閉会となる。但し，内閣は，国に緊急の必要があるときは，参議院の緊急集会を求めることができる。

③前項但書の緊急集会において採られた措置は，臨時のものであつて，次の国会開会の後10日以内に，衆議院の同意がない場合には，その効力を失ふ。

第55条　両議院は，各々その議員の資格に関する争訟を裁判する。但し，議員の議席を失はせるには，出席議員の3分の2以上の多数による議決を必要とする。

第56条　両議院は，各々その総議員の3分の1以上の出席がなければ，議事を開き議決することができない。

②両議院の議事は，この憲法に特別の定のある場合を除いては，出席議員の過半数でこれを決し，可否同数のときは，議長の決するところによる。

第57条　両議院の会議は，公開とする。但し，出席議員の3分の2以上の多数で議決したときは，秘密会を開くことができる。

②両議院は，各々その会議の記録を保存し，秘密会の記録の中で特に秘密を要すると認められるもの以外は，これを公表し，且つ一般に頒布しなければならない。

③出席議員の5分の1以上の要求があれば，各議員の表決は，これを会議録に記載しなければならない。

第58条　両議院は，各々その議長その他の役員を選任する。

②両議院は，各々その会議その他の手続及び内部の規律に関する規則を定め，又，院内の秩序をみだした議員を懲罰することができる。但し，議員を除名するには，出席議員の3分の2以上の多数による議決を必要とする。

第59条　法律案は，この憲法に特別の定のある場合を除いては，両議院で可決したとき法律となる。

②衆議院で可決し，参議院でこれと異なつた議決をした法律案は，衆議院で出席議員の3分の2以上の多数で再び可決したときは，法律となる。

③前項の規定は，法律の定めるところにより，衆議院が，両議院の協議会を開くことを求める事を妨げない。

④参議院が，衆議院の可決した法律案を受け取つた後，国会休会中の期間を除いて60日以内に，議決しないときは，衆議院は，参議院がその法律案を否決したものとみなすことができる。

第60条　予算は，さきに衆議院に提出しなければならない。

②予算について，参議院で衆議院と異なつた議決をした場合に，法律の定めるところにより，両議院の協議会を開いても意見が一致しないとき，又は参議院が，衆議院の可決した予算を受け取つた後，国会休会中の期間を除いて30日以内に，議決しないときは，衆議院の議決を国会の議決とする。

第61条　条約の締結に必要な国会の承認については，前条第2項の規定を準用する。

第62条　両議院は，各々国政に関する調査を行ひ，これに関して，証人の出頭及び証言並びに記録の提出を要求することができる。

第63条　内閣総理大臣その他の国務大臣は，両議院の1に議席を有すると有しな

いとにかかはらず，何時でも議案につい
て発言するため議院に出席することがで
きる。又，答弁又は説明のため出席を求
められたときは，出席しなければならな
い。

第64条　国会は，罷免の訴追を受けた裁判
官を裁判するため，両議院の議員で組織
する弾劾裁判所を設ける。

②弾劾に関する事項は，法律でこれを定め
る。

第5章　内　閣

第65条　行政権は，内閣に属する。

第66条　内閣は，法律の定めるところによ
り，その首長たる内閣総理大臣及びその
他の国務大臣でこれを組織する。

②内閣総理大臣その他の国務大臣は，文民
でなければならない。

③内閣は，行政権の行使について，国会に
対し連帯して責任を負ふ。

第67条　内閣総理大臣は，国会議員の中か
ら国会の議決で，これを指名する。この
指名は，他のすべての案件に先だつて，
これを行ふ。

②衆議院と参議院とが異なつた指名の議決
をした場合に，法律の定めるところによ
り，両議院の協議会を開いても意見が一
致しないとき，又は衆議院が指名の議決
をした後，国会休会中の期間を除いて10
日以内に，参議院が，指名の議決をしな
いときは，衆議院の議決を国会の議決と
する。

第68条　内閣総理大臣は，国務大臣を任命
する。但し，その過半数は，国会議員の
中から選ばれなければならない。

②内閣総理大臣は，任意に国務大臣を罷免
することができる。

第69条　内閣は，衆議院で不信任の決議案
を可決し，又は信任の決議案を否決した
ときは，10日以内に衆議院が解散されな
い限り，総辞職をしなければならない。

第70条　内閣総理大臣が欠けたとき，又は
衆議院議員総選挙の後に初めて国会の召
集があつたときは，内閣は，総辞職をし
なければならない。

第71条　前2条の場合には，内閣は，あら
たに内閣総理大臣が任命されるまで引き
続きその職務を行ふ。

第72条　内閣総理大臣は，内閣を代表して
議案を国会に提出し，一般国務及び外交
関係について国会に報告し，並びに行政
各部を指揮監督する。

第73条　内閣は，他の一般行政事務の外，
左の事務を行ふ。

　1　法律を誠実に執行し，国務を総理す
ること。

　2　外交関係を処理すること。

　3　条約を締結すること。但し，事前に，
時宜によつては事後に，国会の承認を
経ることを必要とする。

　4　法律の定める基準に従ひ，官吏に関
する事務を掌理すること。

　5　予算を作成して国会に提出するこ
と。

　6　この憲法及び法律の規定を実施する
ために，政令を制定すること。但し，
政令には，特にその法律の委任がある
場合を除いては，罰則を設けることが
できない。

　7　大赦，特赦，減刑，刑の執行の免除
及び復権を決定すること。

第74条　法律及び政令には，すべて主任の
国務大臣が署名し，内閣総理大臣が連署
することを必要とする。

第75条　国務大臣は，その在任中，内閣総
理大臣の同意がなければ，訴追されない。
但し，これがため，訴追の権利は，害さ
れない。

第6章　司　法

第76条　すべて司法権は，最高裁判所及び
法律の定めるところにより設置する下級

裁判所に属する。

②特別裁判所は，これを設置することができない。行政機関は，終審として裁判を行ふことができない。

③すべて裁判官は，その良心に従ひ独立してその職権を行ひ，この憲法及び法律にのみ拘束される。

第77条　最高裁判所は，訴訟に関する手続，弁護士，裁判所の内部規律及び司法事務処理に関する事項について，規則を定める権限を有する。

②検察官は，最高裁判所の定める規則に従はなければならない。

③最高裁判所は，下級裁判所に関する規則を定める権限を，下級裁判所に委任することができる。

第78条　裁判官は，裁判により，心身の故障のために職務を執ることができないと決定された場合を除いては，公の弾劾によらなければ罷免されない。裁判官の懲戒処分は，行政機関がこれを行ふことはできない。

第79条　最高裁判所は，その長たる裁判官及び法律の定める員数のその他の裁判官でこれを構成し，その長たる裁判官以外の裁判官は，内閣でこれを任命する。

②最高裁判所の裁判官の任命は，その任命後初めて行はれる衆議院議員総選挙の際国民の審査に付し，その後十年を経過した後初めて行はれる衆議院議員総選挙の際更に審査に付し，その後も同様とする。

③前項の場合において，投票者の多数が裁判官の罷免を可とするときは，その裁判官は，罷免される。

④審査に関する事項は，法律でこれを定める。

⑤最高裁判所の裁判官は，法律の定める年齢に達した時に退官する。

⑥最高裁判所の裁判官は，すべて定期に相当額の報酬を受ける。この報酬は，在任中，これを減額することができない。

第80条　下級裁判所の裁判官は，最高裁判所の指名した者の名簿によつて，内閣でこれを任命する。その裁判官は，任期を10年とし，再任されることができる。但し，法律の定める年齢に達した時には退官する。

②下級裁判所の裁判官は，すべて定期に相当額の報酬を受ける。この報酬は在任中，これを減額することができない。

第81条　最高裁判所は，一切の法律，命令，規則又は処分が憲法に適合するかしないかを決定する権限を有する終審裁判所である。

第82条　裁判の対審及び判決は，公開法廷でこれを行ふ。

②裁判所が，裁判官の全員一致で，公の秩序又は善良の風俗を害する虞があると決した場合には，対審は，公開しないでこれを行ふことができる。但し，政治犯罪，出版に関する犯罪又はこの憲法第3章で保障する国民の権利が問題となつてゐる事件の対審は，常にこれを公開しなければならない。

第7章　財　政

第83条　国の財政を処理する権限は，国会の議決に基いて，これを行使しなければならない。

第84条　あらたに租税を課し，又は現行の租税を変更するには，法律又は法律の定める条件によることを必要とする。

第85条　国費を支出し，又は国が債務を負担するには，国会の議決に基くことを必要とする。

第86条　内閣は，毎会計年度の予算を作成し，国会に提出して，その審議を受け議決を経なければならない。

第87条　予見し難い予算の不足に充てるため，国会の議決に基いて予備費を設け，内閣の責任でこれを支出することができる。

②すべて予備費の支出については，内閣は，事後に国会の承諾を得なければならない。

第88条　すべて皇室財産は，国に属する。すべて皇室の費用は，予算に計上して国会の議決を経なければならない。

第89条　公金その他の公の財産は，宗教上の組織若しくは団体の使用，便益若しくは維持のため，又は公の支配に属しない慈善，教育若しくは博愛の事業に対し，これを支出し，又はその利用に供してはならない。

第90条　国の収入支出の決算は，すべて毎年会計検査院がこれを検査し，内閣は，次の年度に，その検査報告とともに，これを国会に提出しなければならない。

②会計検査院の組織及び権限は，法律でこれを定める。

第91条　内閣は，国会及び国民に対し，定期に，少くとも毎年1回，国の財政状況について報告しなければならない。

第8章　地方自治

第92条　地方公共団体の組織及び運営に関する事項は，地方自治の本旨に基いて，法律でこれを定める。

第93条　地方公共団体には，法律の定めるところにより，その議事機関として議会を設置する。

②地方公共団体の長，その議会の議員及び法律の定めるその他の吏員は，その地方公共団体の住民が，直接これを選挙する。

第94条　地方公共団体は，その財産を管理し，事務を処理し，及び行政を執行する機能を有し，法律の範囲内で条例を制定することができる。

第95条　1の地方公共団体のみに適用される特別法は，法律の定めるところにより，その地方公共団体の住民の投票においてその過半数の同意を得なければ，国会は，これを制定することができない。

第9章　改　正

第96条　この憲法の改正は，各議院の総議員の3分の2以上の賛成で，国会が，これを発議し，国民に提案してその承認を経なければならない。この承認には，特別の国民投票又は国会の定める選挙の際行はれる投票において，その過半数の賛成を必要とする。

②憲法改正について前項の承認を経たときは，天皇は，国民の名で，この憲法と一体を成すものとして，直ちにこれを公布する。

第10章　最高法規

第97条　この憲法が日本国民に保障する基本的人権は，人類の多年にわたる自由獲得の努力の成果であって，これらの権利は，過去幾多の試練に堪へ，現在及び将来の国民に対し，侵すことのできない永久の権利として信託されたものである。

第98条　この憲法は，国の最高法規であつて，その条規に反する法律，命令，詔勅及び国務に関するその他の行為の全部又は一部は，その効力を有しない。

②日本国が締結した条約及び確立された国際法規は，これを誠実に遵守することを必要とする。

第99条　天皇又は摂政及び国務大臣，国会議員，裁判官その他の公務員は，この憲法を尊重し擁護する義務を負ふ。

第11章　補　則

第100条　この憲法は，公布の日から起算して6箇月を経過した日（昭22・5・3）から，これを施行する。

②この憲法を施行するために必要な法律の制定，参議院議員の選挙及び国会召集の手続並びにこの憲法を施行するために必要な準備手続は，前項の期日よりも前に，これを行ふことができる。

第101条 この憲法施行の際,参議院がまだ
成立してゐないときは,その成立するま
での間,衆議院は,国会としての権限を
行ふ。

第102条 この憲法による第1期の参議院
議員のうち,その半数の者の任期は,こ
れを3年とする。その議員は,法律の定
めるところにより,これを定める。

第103条 この憲法施行の際現に在職する
国務大臣,衆議院議員及び裁判官並びに
その他の公務員で,その地位に相応する
地位がこの憲法で認められてゐる者は,
法律で特別の定をした場合を除いては,
この憲法施行のため,当然にはその地位
を失ふことはない。但し,この憲法によ
つて,後任者が選挙又は任命されたとき
は,当然その地位を失ふ。

事項索引

判例索引
*ゴチックは主要判例

執筆者紹介（掲載順、＊は編著者）

山中　倫太郎　（やまなか　りんたろう）　防衛大学校公共政策学科教授
　　　第1章・第4章・第28章

＊松浦　一夫　（まつうら　かずお）　防衛大学校公共政策学科教授
　　　第2章・第27章

横手　逸男　（よこて　いつお）　浦和大学こども学部講師
　　　第3章

西土　彰一郎　（にしど　しょういちろう）　成城大学法学部教授
　　　第5章・第10章・第11章・第12章

水谷　瑛嗣郎　（みずたに　えいじろう）　関西大学社会学部准教授
　　　第6章・第8章・第9章

河嶋　春菜　（かわしま　はるな）　慶應義塾大学グローバルリサーチ
　　　　　　　　　　　　　　　　　インスティテュート特任准教授
　　　第7章・第16章・第20章

上代　庸平　（じょうだい　ようへい）　武蔵野大学法学部教授
　　　第13章・第25章・第26章

團上　智也　（だんがみ　ともや）　日本文化大学法学部准教授
　　　第14章・第15章・第17章

北村　貴　（きたむら　たかし）　名古屋商科大学経営大学院准教授
　　　第18章・第19章・第29章

＊奥村　公輔　（おくむら　こうすけ）　成城大学法学部教授
　　　第21章・第22章・第23章・第24章

憲法概説［第2版］

2017年10月15日　初　版第1刷発行
2020年10月10日　第2版第1刷発行
2022年3月20日　第2版第2刷発行

編著者　　　松　浦　一　夫
　　　　　　奥　村　公　輔

発行者　　　阿　部　成　一

〒162-0041　東京都新宿区早稲田鶴巻町514
発行所　　　株式会社　成文堂
電話　03（3203）9201（代）　Fax　03（3203）9206
http://www.seibundoh.co.jp

印刷・製本　藤原印刷
ISBN 978-4-7923-0675-5　C 3032
定価（本体3000円＋税）